北京农村社区建设与管理创新研究

首都新农村建设论丛 第五辑

刘新成 主编

梁景和 田国秀 副主编

首都师范大学「首都新农村社会与文化建设研究中心」主办

首都师范大学出版社
CAPITAL NORMAL UNIVERSITY PRESS

图书在版编目(CIP)数据

北京农村社区建设与管理创新研究/刘新成主编. 一北京:首都师范大学出版社,2013.11(2014.03重印)
(首都新农村建设论丛;5)
ISBN 978-7-5656-1725-6

Ⅰ.①北… Ⅱ.①刘… Ⅲ.①农村社区一社区建设一研究一北京市 Ⅳ.①D669.3

中国版本图书馆CIP数据核字(2013)第275098号

BEIJING NONGCUN SHEQU JIANSHE YU GUANLI CHUANGXIN YANJIU
北京农村社区建设与管理创新研究
刘新成 主编
梁景和 田国秀 副主编

首都师范大学出版社出版发行
地 址 北京西三环北路105号
邮 编 100048
电 话 68418523(总编室) 68982468(发行部)
网 址 www.cnupn.com.cn
三河市博文印刷厂印刷
全国新华书店发行
版 次 2013年12月第1版
印 次 2014年3月第2次印刷
开 本 787mm×1092mm 1/16
印 张 19.5
字 数 332千
定 价 40.00元

目录

序

首都师范大学是一所包括文、理、工、管、法、教育、外语、艺术等学科专业的综合性师范大学。作为北京市属重点大学，长期以来，学校充分发挥人才培养、科学研究、社会服务和文化传承创新等方面的优势和特色，以服务首都发展为己任，积极围绕北京经济、政治、文化和社会建设方面的理论和现实问题开展应用对策研究，服务政策决策，为北京市基础教育和经济社会文化发展做出了积极贡献，学校的核心竞争力和社会贡献率明显提升，取得了良好的社会反响。

时任总书记胡锦涛同志曾在庆祝清华大学百年校庆的重要讲话中强调指出："全面提高高等教育质量，必须大力服务经济社会发展。"如何着眼国家和社会发展需要，深入开展政策研究，积极参与决策咨询，主动开展服务于国家和区域发展的战略研究和对策研究，努力为政府科学决策、民主决策做出积极贡献，是高等学校义不容辞的责任，也是新形势下提高高等教育质量、提升协同创新能力的关键环节。

近年来，首都师范大学牢固树立社会服务意识，先后与教育部、北京市有关政府部门成立了文明区划研究中心、中国教育政策评估研究中心、北京市发展与决策研究院、首都教育政策与法律研究院、北京文化研究院、首都新农村社会与文化建设研究中心、北京基础教育研究基地等，依托这些机构平台，整合学科资源，凝练研究方向，组建科研队伍，以现实问题和需求为导向，以具有实践价值的项目为抓手，以推出高质量的应用型研究成果为目标，实现产、学、研、用有效衔接，为首都经济社会文化发展提供决策咨询和理论支持。

特别是首都新农村社会与文化建设研究中心成立以来，作为北京社会建设研究基地，在北京市委社会工作委员会、北京市社会建设工作办公室等相关部门的指导和支持下，坚持深入京郊、深入农村、深入实际，先后开展了

“首都新农村社会建设应用对策研究”、“首都新农村生态文明建设与对策研究”、“世界城市与城乡一体化建设研究”、“首都社会管理与区域协调发展创新研究”等项目的研究工作，推出了一批有思路、有对策的高质量研究成果和报告，部分成果得到了北京市相关领导的批示。经过五年多的研究实践，有效形成了学术研究与成果应用转化的合力，大大增强了研究工作的针对性、实效性和可操作性。

2012年以来，研究中心组织了“北京农村社区建设与管理创新研究”的课题研究，围绕七个子课题开展了专题研究，本书就是这些研究成果的汇编。希望我们的这些专题研究，能够更好地发挥参谋服务作用，为加强和改进首都社会管理、促进区域协调发展做出积极的贡献。

刘新成

2013年4月

首都社区文化建设研究*

包晓光

《中共中央关于深化文化体制改革推动社会主义文化大发展大繁荣若干重大问题的决定》提出：要提高社区文化建设水平，完善公共文化服务体系。胡锦涛同志在党的十八大报告中指出："让人民享有健康丰富的精神文化生活，是全面建成小康社会的重要内容。要坚持以人民为中心的创作导向，提高文化产品质量，为人民提供更好更多精神食粮。坚持面向基层、服务群众，加快推进重点文化惠民工程，加大对农村和欠发达地区文化建设的帮扶力度，继续推动公共文化服务设施向社会免费开放。"北京作为国家的文化中心，在全面建设小康社会的伟大征程中，应该大力推进社区文化建设，繁荣社区文化，促进首都社区文化建设向更高质量、更高水平发展。

一、首都社区文化建设的背景、作用与重要性

(一)首都社区文化建设的背景

我国的社区文化建设开始于20世纪80年代中期，兴盛于90年代初期。1992年江泽民同志在党的十四大报告中提出要搞好社区文化，1995年在党的十四届五中全会上又一次强调要搞好社区文化建设，此后社区文化建设在全国各地尤其是城市蓬勃开展起来了。2004年，中共十六届四中全会通过的《中共中央关于加强党的执政能力建设的决定》，把"不断提高构建社会主义和谐社会的能力"同"驾驭社会主义市场经济的能力"、"应对国际局势和处理国际事务的能力"相提并论。在2005年2月19日召开的"省部级主要领导干部提高构建社会主义和谐社会能力专题研讨班"上，胡锦涛同志明确提出："随着我国经济社会的不断发展，中国特色社会主义事业的总体布局，更加明确地

* 本报告亦系包晓光教授主持之首都师范大学文化研究院重大招标课题"北京精神的文化内涵与践行路径研究"(ICS－2012－01)之阶段性成果。

由社会主义经济建设、政治建设、文化建设三位一体发展改为社会主义经济建设、政治建设、文化建设、社会建设四位一体。”①

党的十六届六中全会通过的《中共中央关于构建社会主义和谐社会若干重大问题的决定》，将现代化战略目标由三位一体发展为四位一体。2011 年 2 月 19 日，在中共中央党校召开的“省部级主要领导干部社会管理及其创新专题研讨班”开班式上，胡锦涛总书记指出了社会管理与社会建设的密切关系，提出“社会管理要搞好，必须加快推进以保障和改善民生为重点的社会建设。要把保障和改善民生作为加快转变经济发展方式的根本出发点和落脚点”。② 2011 年 3 月 14 日，十一届人大四次会议上通过的《中华人民共和国国民经济和社会发展第十二个五年规划纲要》，则拿出两个专篇来阐述社会建设的内容——分别是《第八篇 改善民生建立健全基本公共服务体系》、《第九篇 标本兼治加强和创新社会管理》，这表明“十二五”期间，社会建设的重要性被提到了空前的高度、社会建设的推进力度也将大大增加。

社区文化建设的兴起与国民经济的持续高速发展密切相关。目前，我国经济总量已跃居世界第二位，人均 GDP 也已超过 3000 美元。首都的经济发展水平更是处于全国前列，已达到国际中上等发达国家的水平。随着首都经济的迅速发展，居民收入的不断增长，人们闲暇时间的增加，使得文化需求在人们日常生活中所占的位置和比重愈来愈突出。人们的文化消费层次也在不断提高，已不再满足于被动地接受文化，单纯地欣赏文化，而是要求主动参与各种形式的文化实践活动。为了满足人们日益增长的文化需求，社区文化建设越来越受到各级政府的重视。实践证明，搞好社区文化建设，不仅可以丰富群众生活，融洽各种人际关系，提高人们的文化素质和思想道德水平，而且对于促进经济的发展、文化的繁荣和社会的进步也会起到不可估量的作用。

（二）首都社区文化建设的作用

1. 营造积极健康的首都社区文化精神

北京是全国的首都，是全国政治、经济和文化的中心，北京的社区建设与发展会对全国的社区建设起到引领和带头作用。大力推进社区文化建设，

① 胡锦涛：《在省部级主要领导干部提高构建社会主义和谐社会能力专题研讨班上的讲话》，北京：人民出版社，2005 年版。

② 胡锦涛：《在省部级主要领导干部社会管理及其创新专题研讨班上的讲话》，2011 年 2 月 19 日。

树立正确的价值观念和良好的行为规范，倡导健康文明的生活方式、积极上进的思想模式和社会行为规范，有利于塑造首都社区文化精神，促进首都社区形成健康向上和相互关爱的文化氛围，使居民群众自觉树立良好的社会公德和家庭美德，努力形成高尚文明的社会风尚。开展各种有益的社区文化活动，吸引广大社区居民积极参加，能够不断提高社区的凝聚力和向心力，营造和谐稳定的社会环境。通过一系列社区文化建设活动，可以有效地消除各种不良现象的影响，避免各种不健康思想的侵蚀，从而促进人的身心和谐及整个社会大环境的和谐稳定。

用丰富多样的文体娱乐活动寓教于乐，传播中华民族优良传统美德以及现代社会的文明行为习惯，营造良好的社区精神和积极、健康、文明的文化氛围。积极利用社区各种团体、娱乐设施，组织各种集体或非集体的活动，比如“社区大舞台，居民大联欢”、“亲情携手，共建家园”、“和谐杯”系列文体比赛等活动。开展广场文化活动，举办文艺晚会、演讲辩论以及各种节日文化活动，发动更广大的社区职工群众积极参与，因势利导地倡导健康向上的生活方式，培养高尚的生活情趣。利用小区广播、有线电视、网络等各种现代科技手段提高社区职工的思想认识、文化素质。通过寓教于乐的方式，推动社区群众思想文化、价值观念、生活方式等不断进步和提高，增强人们的竞争力和创新力，满足人们走向社会的能力需求，实现自身的发展目标，为首都经济的发展提供智力支持。

2. 提高首都居民的综合素质

社区居民的综合素质是首都社区建设中一个非常重要的影响因素，是一个具有基础性、系统性和层次性的大概念，它不仅体现在作为首都的社区居民的文化教育水平、道德状况、精神面貌和生理心理健康等人文状况，还充分反映了首都社区的人力资源状况。只有全面提高首都居民的综合素质，才能不断推动社区建设向前发展，而要提高社区居民的综合素质水平，就不能忽视社区文化的重要作用。社区文化在提高首都社区居民综合素质方面的作用主要体现在它的教育功能上，社区文化教育除了学校教育和专业教育外，还有社会性自我教育，比如传播科学文化知识、开设各类培训班等，这不仅可以提高首都居民的社会科学和自然科学知识水平，而且还可以使其在活动中学到各种技能。同时，在首都的各大社区中，各种各样的国家大政方针、法律法规的宣传活动和群众性的自娱自乐活动等都可以使居民在精神上得到慰藉，在思想和道德上受到历练与提升。这些对于提高居民整体综合素质，有着良好的效果。

3. 提升首都居民的幸福指数

社区文化有利于加强首都居民的情感联结，密切社区群众的邻里关系，促进居民的交流与沟通。在首都的社区当中，普遍以“营造共建共享文化”为主题，以“社区一家亲”为龙头，按照“小型、分散、就近、特色”的原则，创新一系列特色文化活动。如开展群众喜爱的“社区运动会”、“农民运动会”、“金秋艺术节”、“青少年科学文化节”以及“五月的鲜花”夏日文化广场等群众文化活动和“五一”、“十一”等节庆活动。在广泛开展各类群众性文化体育活动的同时，积极开展“文明楼道”、“文明家庭”、“好儿媳、好婆婆、好伴侣”等评选，改善了邻里关系，又增进了大家的理解和沟通，在社区营造出文明、向上、和谐的氛围，提升了社区居民的幸福指数。

4. 增强社区成员间的归属感和凝聚力

社区建设要和首都协调发展有机结合起来，不断提升首都的服务能力，使教育、卫生、文化等优质资源都能延伸到社区。广泛搭建沟通交流平台，顺畅沟通交流渠道，让广大居民参与到社区文化的建设中来。实施“建言献策”工程，宣传社区政策，听取职工群众意见，让居民参与社区各项日常工作以及文化建设的管理与监督，确保社区各项管理工作及文化建设拥有良好的群众基础，减少和化解矛盾。另外积极组织开展“同居民面对面真情沟通交流”服务活动，对居民提出的问题认真落实解决，营造浓厚的和谐氛围。在社区文化活动上，努力做到文化娱乐、休闲健身、环境美化、思想教育、科技普及、艺术培训、网络咨询等包罗万象；歌舞音乐、说唱弹奏、琴棋书画、体育竞技等形式多样。通过各种社区文化活动，培育和发展“街道—社区”精神，增强横向的沟通、联系，在传递笑声的同时，传递健康有益的信息，形成共同的价值观，推进以社会主义核心价值体系为根本的和谐文化建设，增强社区的凝聚力、归属感、幸福感，激发区域发展合力，实现首都的和谐发展。

（三）首都社区文化建设的重要性

社区文化建设是建设有中国特色社会主义文化的重要组成部分，与发展先进生产力、建设先进文化和满足最广大人民群众的根本利益密切相关。加强社区文化建设，从根本上说，是加强党的思想文化阵地建设，是弘扬和传播马克思主义大众文化的需要，是提升和满足社区成员非物质民生需求的需要，是构建社会主义和谐社会的需要。使社区全体成员更加便捷、充分、丰富地享受优秀传统文化和当代先进文化的成果，生活得更加美满幸福。

近年来，中央及北京市委市政府对加强社区文化建设提出了一系列要求。自从 20 世纪 90 年代民政部提出开展社区建设工作以来，社区建设在全国蓬勃开展，社区文化在社区建设中的重要作用越来越受到广大社区建设者和社区成员的肯定。北京市作为中华人民共和国的首都，社区文化建设的发展给全国的社区起到了模范带头作用，是其他省市学习的标杆。因此，首都的社区文化建设发挥着越来越重要的作用。党的十七大报告中把“加强文化建设，明显提高全民族文明素质”作为全面建设小康社会的一项重要要求。并提出使“社会主义核心价值体系深入人心，良好思想道德风尚进一步弘扬；覆盖全社会的公共文化服务体系基本建立，文化产业占国民经济比重明显提高、国际竞争力显著增强，适应人民需要的文化产品更加丰富”①，再次肯定了文化建设的重要地位。

北京市近年来又相继出台了一系列指导社区文化建设的文件，并不断加大投入，在推进公益性社区文化建设方面开展了大量工作。目前，全市已经建立起以政府为主导的“四级两线”文化管理体系，形成了四级文化设施网络体系，打造了一批各具特色的社区文化活动品牌和文艺精品节目。内容上丰富多彩，种类繁多，有体育竞技、歌舞比赛、艺术科技展览等，都各具特色，并且日益呈现出传统文化与现代化、国际化相结合的趋势。

二、社区文化建设的概念、内涵、历史阶段性

(一)社区文化的概念

社区文化的概念是由社区(community) 和文化 (culture) 两个概念经过长期发展而合成的。因此，我们可以通过对社区与文化这两个概念的分别考察和综合，来对社区文化的概念加以界定。

“社区”一词源于拉丁语，含共同的东西和亲密伙伴关系的意思，其含义在产生之后一直处于不断地变化之中。自从德国社会学家滕尼斯(Ferdinand Tnnies)于 1887 年发表《社区与社会》以来，又有英国的麦基文(R. M. Maciver)的社区与社团的分离、美国芝加哥学派帕克(Robert Park)等人的在社区概

① 胡锦涛：《高举中国特色社会主义伟大旗帜 为夺取全面建设小康社会新胜利而奋斗——在中国共产党第十七次全国代表大会上的报告》，《人民日报》，2007 年 10 月 25 日第 1 版。

念上增添的地域性含义。社区概念历经了多次变迁，可以说，其原始意义已经不可能再表达当下的社区含义了。20 世纪 20 年代至 30 年代，伴随着社会学引入中国，社区概念也传入中国。中国最早引入的社区概念实际上源自帕克的芝加哥学派，受其人文区位学的浓厚影响。1932 年，帕克在燕京大学讲学，燕京大学师生首次将“community”译为社区。社区这个词，在中文中是由“社”和“区”组成的。“社”为以祭祀为中心的乡民共同体，强调社区的文化含义，而“区”有地理意义的区域含义。中国学者一般把社区定义为：特定地域范围内人们社会生活的共同体。

一般认为，现实中的社区具有如下基本特征：它是一个社会实体，其中既包括一定数量和质量的人群，又包括这些人群的多种生活和社会关系，以及他们赖以生活的各种设施，在一定程度上是社会的缩影；它具有组织经济、政治和文化活动，实施社会管理，促进社会整合等多重功能；它是人们参与社会生活的基本场所，是社会成员的日常生活领地；它是以人口和设施的聚落作为依托和载体的，如居住场所、村落、集镇、城市等；它是人类活动的产物，是随着经济、社会发展而不断发展变化的。一般而言，社区的基本要素包括：地域、人口、组织结构和社会心理等几个方面。

(二)社区文化的内涵

我们可以把文化简略地分为物质文化、制度文化和精神文化。物质文化包括物质生产的文化和物质消费的文化，是人的物质生活活动、方式及其成果在人的心理和行为上的凝聚与内化，既包括物质化的文化，也包括文化的物质化。制度文化就是社会生活的文化和规范制度的文化，主要包括社会生活中的风俗、习惯和制度以及社会理想和社会意识。精神文化包括人的精神生活的文化和精神形态的文化。总而言之，文化虽然具有极其宽泛的内涵，但是重在意指那种经过了人的认识、活动而得到人化的物质和非物质的东西。

我们将社区文化界定为在特定区域范围内的社会生活共同体所共同反映出来的行为模式、社会习俗、生活方式、价值观念、宗教信仰、社会规范等文化现象的总和。广义的社区文化概念将社区居民在特定区域范围内的所有物质和精神生活的产物总和作为内容，它使得实践中如何认定社区文化的内容、范围，进而开展社区文化建设活动较为困难；狭义的社区文化定义只包括社区各种精神性文化现象，也就是只包括社区居民在特定区域内经过长期社会生活实践逐步形成的特定的价值观念、生活方式和群体意识。社区文化广泛涉及如下一些基本内容：

其一，社区文化是社区的文化认同和文化归属感。社区文化是在社区共同体中人们之间长期经常的互动所逐步凝聚起来的对于社区和社会生活的相同或者是相似的生活经验和认识。它主要表现在两方面：一方面，社区文化认同和文化归属感是由社区之外的人或者社会来把握这个社区所给予的一种判断；另一方面，社区文化认同也发生在社区内部。社区成员基于相同的社会生活条件、社区环境、地理方位以及其他方面的相似性，而具有了一种对于社区和社会的共同或者是相似的认识和理解。当遇到社区内外的冲突或者社区文化变迁的时候，这种认同和归属感往往能充分发挥出来。

其二，社区文化是社区的历史和当下以及未来走向的文化要素的结合。不同类型的社区会有差异极大的文化遗产、文化建筑和文化象征。而社区形成的历史事件和社区性节庆等活动都是一种新型的文化遗产和象征产物。

其三，社区的群众性文化体育娱乐活动。这是社区文化中一个比较表层的方面，但核心的或深层的含义往往由此表现出来。社区的群众性文化活动和文化形式往往是切合社区成员的精神需求和文化需求的实际，希望通过开展更多的社区群众性文化活动来培育和建设良好的社区文化。

其四，社区的文化体育设施和公共设施。它们是物化的社区文化的重要体现。社区的文化体育设施是否齐备，怎样被社区成员使用以及人们在这些设施中的活动方式、时空分布都是社区文化的重要向度。社区文化设施直接决定着社区文化的质与量，这在世界各国也得到了认同和重视。

(三)社区文化的特征

首先，社区文化具有地域性特征。社区文化是伴随着社区的产生和发展而历史性地形成和发展的，不同地域的社会生活共同体在不同的自然、社会和文化环境中活动，必然会形成不同的社区文化类型，从而社区文化也就带上了地域性的特点。

其次，社区文化具有群体性特征。社区文化是由社区居民共同体创造的，这个居民共同体，不仅包括当下的居民，还包括已经成为历史的居民，社区文化是在当下和历史的纠结中体现出来的。因此，社区文化就是社区内所有居民普遍接受共同创造的文化成果。群体性的社区文化不仅是群体认同的基础，也是群体中的个人确定自己被社区认同身份的基础。因此，一般而言，社区成员不仅会对社区内违反或者侵害社区文化的思想和行为进行排斥和惩罚，而且会极力维护社区文化的正当性。

再次，社区文化具有归属性特征。社区不仅是一个人口聚集的区域社会生活共同体，而且由于在这个区域内经常性的直接和间接的人际互动和沟通，以及经常面临一些共同的社区公共事务，需要采取共同行动。因此，在这个平台中形成的社区文化具有一种归属感的特征。社区居民由于长期生活在特定区域，具有相对稳定的人际关系和文化习俗，拥有相互之间共同认可的文化价值观或者是宗教信仰。这样，社区居民对于社区的文化具有一种潜在的归属欲望。即使是激烈批评和反叛社区文化的社区成员其实也在某种程度上具备这种社区归属感。

最后，社区文化具有历史的承继性。文化都是历史的产物，是千百年来不断积累的结果。后人正是在继承前人创造出来的文化的基础上进行自己的文化创造实践的。社区文化同样具备这种特性。特定社区的历史经验会通过一代代人的言传口述和社会记忆而被延续下来。

(四)中外社区文化发展的历史阶段性与特点

1. 国外社区文化发展的阶段和特点

近代社区文化是从最早进行工业革命的英国发源而来的，由于其最早进行工业化运动，社会由传统向近代的转变也比较早。产生的标志是：开始注重社区文化和社区福利在整个社会政策和社会发展中的作用。在西方社会，近代社区文化的发展十分丰富。如果要对其发展阶段进行划分，一般而言，可以划分为社区文化产生的早期阶段、发展阶段和复兴阶段。社区文化的发展历程和社区在整个发展中的地位密切相关，对社区的重视和对社区文化的重视基本上是直接相关的。下面我们对各阶段的社区文化发展状况进行概述。

第一，近代社区文化产生的早期阶段。1601 年英国的济贫法案使得社区或者是教区成为济贫的主要载体，成为政府社会政策的基础，近代社区文化开始发展并持续发挥作用。以教区或者是社区作为国家社会政策的基础环节，使社会与社区连接起来但又相互区别。其后又出现了慈善组织会社运动以及睦邻组织运动，该运动扩展到很多国家，对早期社区文化的发展产生了积极影响。

第二，西方社区文化的发展阶段。这个阶段的时间界限是 19 世纪末到 20 世纪 50 年代。这个时期，不少经典社会理论家都对社区以及社区文化给予了不同程度的关注。滕尼斯(Ferdinand Tonnies)提出社区概念，并且以社区文化和社会文化的不同特点来分析 19 世纪西方社会在工业化时期变迁的模式和规律。法国社会学家涂尔干(Emile Durkheim)宣告了由于社会分工所导致的社会团结方式从机械团结走向有机团结，从社区式的情感联结走向社会式的职业分工联结。

与理论家对于社区的概念化理解导致所谓社区消失不同，在社会实践中，社区和社区文化却在新的社会中发挥着重要的作用。睦邻运动发展到此时，对于社区组织机构、社区组织和行动文化的发展都有一些基础性的贡献。1929 年世界经济危机一直到二战之后和战后恢复时期，社区文化主要是以社区福利的发展为主线。政府在推进社区福利和社区发展的同时，促进了社区组织的发展，从而进一步促进了社区文化的发展和变迁。

第三，社区文化的复兴阶段。20 世纪 40 年代之后，现代西方社会的城市化程度大大提高，传统乡镇社区几乎消亡，城市社会成为主导的社会形态。城市社会的发展并没有使社区消亡，社区在新的环境中仍然存续了下来，到了 20 世纪 70 年代，社区还成为了城市人寻求解放的一个渠道。当 20 世纪 80 年代高福利国家开始实行改革削减福利，社区和志愿组织再次受到重视。同时，“助人自助”和“参与发展”等社区原则重新获得生命力，社区文化由此得以复兴。

我们认为国外的社区文化在以下两方面极具特点：

第一，社区文化发展的物质载体较齐备，文化活动较有成效。

社区文化发展需要一些相关的物质设施作为基本载体，这些物质设施的组合本身也就成为社区文化的一个重要层面。在美国，社区文化是美国社会发展战略的重要组成部分，美国“市长会议”和“国际城市与州县管理者协会”都将利用社区文化资源服务社区居民，引导社区居民关心社区、建设社区、服务社区，作为一项战略性措施。如美国的亚利桑那州菲尼克斯市的“南部菲尼克斯青年中心”就是一个集公园、文化娱乐场所和图书馆三位一体的文化服务中心。新加坡的社区文化设施建设也很有特色。新加坡根据社会生活的内容将社会单位进行全面规划，形成由邻里组团中心、邻里中心、新镇中心和区域中心等构成的多层次的社区公共活动中心。

第二，建立起政府扶持、社区自治、志愿组织为行动主体的社区组织体系。

较为发达的国家，往往建立起一种政府和社区组织合作的社区组织文化，共同致力于社区的发展和文化建设。非政府组织既是居民生活区的代理者，又是政府管理社区的合作者，可以有效沟通政府和社区，并接受政府和社区的双重约束，保障其工作的责任意识。在日本，活跃在社区的非政府组织主要是町内会组织。町内会并没有法律依据，是居民任意结成的组织，活动经费由会员费支持。町内会对于社区事务的参与管理和组织体系及其活动，对于形成日本基层社区文化起到了十分重要的作用。

2. 中国社区文化发展的阶段和特点

20 世纪 80 年代中期，民政部最初在城市倡导社区服务，直到 90 年代初才发展为城市社区与社区文化建设，以 1996 年党的十四届六中全会作出的《中共中央关于加强社会主义精神文明建设若干重要问题的决议》和 1997 年党的十五大提出的“大力加强有中国特色社会主义文化建设”为标志，我国城市社区文化建设可划分为两个发展阶段。

第一个阶段，1996 年以前是我国社区文化建设的初始阶段，这一时期，我国的社区文化建设发展模式主要由政府推动，社区文化建设的内容侧重于社区的基础文化设施即硬件的建设，以及社区群众性文体活动的总称。在这种发展模式中，社区更多的是一种行政化的共同体，这种行政化的共同体一般受基层政府的派出机构即街道办事处的直接领导或指导。社区是一种更为广泛意义上的居民委员会复合体，仍旧是以街道办事处为中心、以居民委员会为基点的社会组织的代称。因此，在推动社区建设以及社区文化建设的过程中，政府的力量仍然占据主导性地位，社会自主性力量相对弱小。这个时期的我国社区文化建设仍处在比较初级的发展阶段，其内容主要集中于建设社区所谓“标志性”文化基础设施上，相对忽视了诸如社区自治组织的建设、社区共同文化价值理念的培育等软件建设，使得社区文化建设的发展步伐相对缓慢，而且难以适应新形势的发展需要。

第二个阶段，1996 年以后为社区文化建设的复合阶段。它是指社区文化建设的发展模式主要由市场推动兼有政府推动，且内容包括“硬件”和“软件”两方面建设。在这种市场推动型的社区文化建设的发展模式中，社区往往是在城市发展过程中以各类生活小区、居民小区为基础而组建的业主委员会、社区委员会以及物业管理公司的代称。这种社区组织形式基本上是社区居民自发缔造的，由居住在同一社区内的居民对共同关心的问题进行磋商，并通过业主委员会、社区委员会与小区物业管理公司或基层政府的派出机构进行协调，以更好地维护社区居民的利益。这种社区组织由于立足于社区内成员的基本利益需要，相对于政府外在的推动力要更持久一些，而且这种自发参与的深度与广度也大大增强。自从党的十四届六中全会提出要把物质文明建设和精神文明建设有机结合起来，落实到基层，通过开展群众性精神文明创建活动这一有效途径，全面提高人们的思想道德素质和科学文化水平，以及党的十五大提出要把培育适应社会主义现代化要求的一代又一代有理想、有道德、有文化、有纪律的公民，作为我国文化建设长期而艰巨的任务以来，我国各地在社区文化建设上有了巨大的变迁。党的十六大召开之后，更是提出了全面奔小康的重要口号。这不但需要物质文明快速发展作为基础，还需要精神文明的全面提高。对于个体而言，家庭是个体群的最基本单位，而社区正是由一定数量的家庭组成的。从某种意义上来说，社区文化开展的优劣是精神文明建设的一个重要标志，同样也是反映人民生活质量的一个重要指标。

北京作为历史古都、新文化运动的发祥地和新中国的首都，传统文化底蕴丰厚，革命历史遗存丰富。北京又是全国政治、文化的中心，以建设世界城市为目标，具有集各民族、各省市、各地区资源的首都文化优势。改革开放以来，北京又接受了大量的西方优秀文化，可利用及待开发的资源相当丰厚。北京有许多具有现代国际一流水准的文化设施，有历史悠久的文化古迹。江泽民同志在党的十五大报告中指出："有中国特色的社会主义的文化，是凝聚和激励全国各族人民的重要力量，是综合国力的重要标志。它渊源于中华民族五千年文明史，又植根于中国特色社会主义的实践，具有鲜明的时代特点。"①

随着经济增长、社会的创新发展以及具有精神引导作用的先进文化、高雅文化的发展和传播，北京逐渐成长为一个文化气息浓厚的国际化大都市，成为都市化城市的潮流引领者。为使北京的社区文化建设与国际接轨，实现北京在社会转型期经济与社会的协调发展，北京要充分挖掘社区文化资源，形成首都社区文化特色。要有意识地规划、设计、培育、营造自己的社区精神文化，逐步使社区开放化、自主化，做到包容全国各民族的文化，再做到包容世界各民族的文化。

三、首都社区文化建设的类型、结构和运行机制

（一）首都社区文化建设的类型

依照不同的标准，我们可以将社区文化分为不同的类型。按照社区文化在实践中的具体表现，可将其分为社区公益文化、娱乐文化、民俗文化、群

① 江泽民：《高举邓小平理论伟大旗帜，把建设有中国特色社会主义事业全面推向二十一世纪——江泽民在中国共产党第十五次全国代表大会上的报告》，1997 年 9 月 12 日。

体文化、科教文化、休闲文化、规范文化和观念文化等几个方面。

1. 社区公益文化

“社区公益文化是社区文化中非常能够体现社区文化精髓的部分，是社区文化中的核心环节，也比较为社区各个群体所欢迎。它是社区公共文化消费的重要部分。社区公益文化一般都是依托社区的各种公共文化和服务设施来开展的，包括社区博物馆、社区图书馆、社区纪念馆、社区文化活动室、社区美术馆、社区科技馆等。”①

始建于1958年的朝阳区文化馆是目前面积最大、设施较齐全的文化馆。文化馆主楼有“九个剧场”、“朝阳艺苑”展厅、“凤朝阳”大厅、“偶人博物馆”、贵宾室、书屋等。② 配楼有艺术培训学校，馆前有占地3500平方米的金台文化广场，文化馆还拥有自己的艺术团队。在其新馆建成以后，多次获得“首都精神文明单位”称号，在2003年4月被中宣部列为全国文化体制改革试点单位。朝阳区文化馆的建立为推进该区的具有基层文化特色的品牌文化，提高社区群众的精神文明程度以及丰富广大居民的业余生活发挥着不可替代的作用。

2. 社区娱乐文化

社区娱乐文化是以社区的娱乐设施和机构为载体开展的具有一定营利性的社区文化形态，例如社区的健身房、歌舞厅、影视厅、酒吧、咖啡馆、电子游戏厅等。

朝阳区安贞街道安华西里社区的社区居民文体活动中心分地上、地下两部分。地上全是塑胶地面，设有羽毛球场、乒乓球区和健身器材区，同时设有舒适座椅，供居民活动时休息。地下设有编织屋、棋牌室、协会之家、电教室、音控室、多功能厅，可满足社区居民开展秧歌表演、羽毛球、乒乓球、消夏、绘画、书法、唱歌、跳舞、棋牌、编织、授课、讲座等多种文体活动需要。该小区环境优美，治安良好，人际关系和谐，被国家授予“全国文明小区”、北京市授予“安静小区”称号。

3. 社区民俗文化

民俗起源于人类群体生活需要，在特定的民族、时代和地域中不断形成、

---

① 袁德主编：《社区文化论》，北京：中国社会出版社，2010年版，第114页。

② 韩子荣、连玉明主编：《中国社区发展模式——文化型社区》，北京：中国时代经济出版社，2005年版，第110页。

发展和演变，为民众的日常生活服务。民俗一旦形成，就成为规范人们行为、语言和心理的一种基本力量。而社区的民俗文化是指社区中具有浓郁的地方色彩和民族传统的社会习惯、风俗，以及以这些风俗习惯为历史记忆的社会交往等文化活动的总和。社区民俗文化活动一般都具有一定的社会和民族的历史传统，得到社区群众的积极主动参与。

北京的天桥是老北京民俗文化艺人的故乡，是老北京的娱乐中心。近年来，在党和国家保护非物质文化遗产的一系列新政策的推动、指引下，北京市宣武区天桥街道进行了大量有关挖掘、保护和传承天桥民俗文化的工作，使得民俗文化的传承和发展工作取得显著效果。一年一度的天桥民俗文化节已经成为居民群众体验老天桥民俗风情的大集市。在天桥街道有个先农坛社区，该社区民间组织中参加公益活动的人达到100％，有力地推动了社区的公民道德建设和创建市级文明社区目标的实现，对安定、有序、和谐、向上的社区建设起到有力的促进作用。

4．社区群体文化

社区群体文化指的是社区群众为了丰富社区和个人的文化生活而开展的丰富多彩的群体性和参与性都很强的文化体育活动。在当前的社区建设中，以社区群体文化作为出发点和关键点来消解社区居民的社区冷漠感，推动社区居民的积极参与，提高参与意识，是一项基本的行动策略。群体性文化活动强调自发参与，强调参与者自身的智慧支持，强调大家的相互协作，这些都是社区建设中不可忽视的重要因素。

2011年5月18日，北京市社区体育协会正式宣告成立。自此，北京市社区体育工作又向居民自我管理、自我完善、自我发展，实现群众体育自治化、社会化发展，迈出了崭新且至关重要的一步。目前，北京市100％的街道和有条件的社区均配建了全民健身工程，市级全民健身晨晚练辅导站达到4905个。北京市2005年后，为探索社区体育发展新途径，满足居民日益增长的健身需求，提出创建体育生活化社区、社区体育健身俱乐部等社区体育管理体制和运行机制新模式。目前，北京市有国家级社区体育健身俱乐部14个，市级俱乐部73个，北京市体育生活化社区129个。北京市以社区为单位通过开展群众性体育活动，鼓励和引导广大人民群众积极参加体育锻炼，不断提升科学健身意识，养成良好的体育锻炼习惯，使得参与社区体育活动的群众队伍不断壮大，在全社会形成崇尚健身、参与健身，追求健康文明生活方式的良好环境和氛围。

5. 社区科教文化

在当代社区，科教文化也是社区文化中的重要组成部分。一般而言，所谓科教文化，主要包括社区科学知识文化、科学知识普及和社区教育文化活动中体现出来的社区文化形态。

社区科教文化对于宣传和普及现代科学技术知识和社会人文知识，用科学的思想引导人、丰富的知识培养人、文明的行为规范人、高尚的情操陶冶人，促进社区文化发展具有重要的作用。

近几年，朝阳区医学会以“健康促和谐”为主题，积极参与市、区科协的各项科普宣传活动，开展健康科普讲座，传授卫生科学知识，提升健康生活理念，将高血压、冠心病、糖尿病、高血脂四大慢性病的防治关口前移至社区，突出疾病防治；曾在朝阳区科协举办的“2009 年科教进社区”活动中，积极组织朝阳区二、三级医院心脑血管病、糖尿病学科的医学专家走进社区举办慢性病防治的健康科普讲座，受到了社区百姓的热烈欢迎，得到了良好的社会评价。

6. 社区休闲文化

闲暇是社会发展带给人类的民生净福利之一。闲暇的文化意义也是十分巨大的，研究人类闲暇的时间分布、空间安排以及闲暇时间的利用方式，是社会科学尤其是社会学的一个重要的主题。社区休闲文化的载体一般有社区特色家庭、绿色社区健康环保的生活方式建设、书法、集邮、下棋、宠物养殖、养生保健、养花种草等。

在丰台区西三环六里桥东南侧，曾建有多处平房和临时性建筑物，北京西站建成后，这个地方也就闲置起来，部分地面黄土裸露，环境脏乱影响周边居民的正常生活。而如今，这块曾被垃圾覆盖的地面，早已是一座占地 1.2 万平方米的精图社区文化休闲广场，成为了周边社区居民休闲的新去处。

7. 社区规范文化

生活在社区中，可以时时刻刻感受到一种独特的社区社会生活秩序。这种秩序的构建，并不仅仅是单纯的社会规范的强行管制的结果，而是社会规范和社区规范被社区居民和社会组织内化之后的结果。这种体现在个人和组织层面的社区社会生活的规范状态，就可以被称为社区规范文化。

北京市出台了《北京市和谐社区建设指导标准》等一系列文件，在社区的公共安全制度、治安防控措施、矛盾纠纷调处、居民身体及心理健康、社区环境、社区发展规划等方面提出了详细的指导要求，以规范社区的管理和居民的生活秩序。

8. 社区观念文化

社区观念文化主要是指社区生活的理想和生活价值观。社区观念文化构成社区文化的精神性内核，它不仅影响社区中的人的素质和社区社会生活质量，而且在无形中创造社区的整体精神风貌。

我们在社区中经常会发现像“手下留情，脚下留青”、“社区是我家，建设靠大家”等文化观念的物化语言，还有大量关于社区生活邻里关系、健康生活方式等精神文明的内容。通过这些观念的倡导和熏陶，有助于统一社区居民的文化观念，提高居民的素质，构建社会主义和谐社区。

(二)首都社区文化建设的结构

社区文化是由各种要素构成的一个复合性整体。我们把基本构成要素总结为社区文化的精神要素，物质要素，语言、文字要素，制度规范要素，社会关系要素和社会组织要素。以下分别论述。

1. 社区文化的精神要素

精神要素是社区文化结构中占主导地位的组成部分。我们从对社区文化的解读来看，也是更为侧重社区文化精神层面的含义。社区文化的精神要素包括一段时期内流行于社区中的思想观念、价值观念、伦理道德、文化艺术和宗教信仰等，其中尤以价值观念最为重要，是社区文化精神要素的核心部分。从实质上看，社区文化的精神要素是社区文化中最活跃的因素，是社区居民创造性的文化活动得以开展的最直接的动力源泉。而价值观念则是社区居民评价事物和进行目标选择的重要依据，是社区居民精神风貌的具体体现。它深深植根于每一个社区居民个体的内心世界，并通过他们的态度、行为显现出来，最终左右着居民生活目标和生活方式的形成。

2. 社区文化的物质要素

社区文化的物质要素是指社区文化活动的物质载体、物质条件、物质环境。这里所说的物质要素，并不是泛指社区内的所有人的物质创造和物质财富，而是强调对于形成社区文化的精神层面具有较大作用的物质条件和物质设施。从这个意义上来讲，社区的公共服务设施、公共文化体育设施、广场、花园等，都是社区文化物质要素的基本组成部分。这些有助于居民和群体之间的文化服务和情感沟通、能够帮助建立起良好的人际联系和良好的社区组织运作的物质设施，对于社区文化的发展是极其重要的。

3. 社区文化的语言、文字要素

社区语言、文字要素是社区文化积累和文化保存的首要条件，是使社区文化得以延续和更新的重要手段。语言、文字的使用，既可以使不同生活经历的社区人在人际交往的过程中能够互相沟通，加深了解，以便彼此适应，协调相处，又可以保障居民之间的社会互动可以顺畅地进行，从而为创造社区文化奠定基础。语言、文字在各个社区当中可能基本相同，但是在一个特定的社区文化氛围中，会产生一些只有该社区居民才能够理解的语言方式和表达方式。也就是说，在大范围的语言、文字之外，还有一种特定场景和情景中的语言文字的使用。某种特定称谓、口头禅、频率较高的表达方式等，被赋予了特定的语言和文字以特定的意义。

4. 社区文化的制度规范要素

制度规范要素是社区文化的重要组成部分，它主要指社区个人和组织行为的制度规范，是在社区生活中约束个体和组织行为的重要力量。制度规范要素对于社区行动的塑造和导向作用，一般通过约定俗成或者是明文规定的方式，使得某种思想或者行动方式成为人们生活中的自动认同。社区制度规范要素主要包括两个层面：一是社区生活的风俗习惯，它是无须专门去建立和维护的，仅仅依靠个体在社区生活中的互动就可以使其得到高效的发挥；二是社区明文规定规章制度，例如社区章程、社区组织工作章程、社区事务处理规章、社区接待和信访工作章程等，它是带有一定的强制性的制度规范，要得到遵循不仅要靠潜移默化的文化规范力量，还要诉诸一定的政治或者经济权力资本。如果社区制度规范要素相互之间缺乏一种总体的一致性，就会导致社区生活的不顺畅。社区制度规范体系协调了社区不同的利益关系，规定了社区居民和组织的行为方式和活动方式。

5. 社区文化的社会关系要素

社区文化的社会关系要素是社区文化其他要素形成的必要条件。正是在社会关系之中，人类才成为社会，才可以谈论文化。社区社会关系是社区中的个人在社区中的社会关系和社会中的社会关系紧密联系的关系形态，是一个围绕社区内外个人社会关系圈子的叠合。社区社会关系形态一般有血缘关系、地缘关系、业缘关系三种。血缘关系是以居民的生理的生产和再生产联系为基础，是人类社会最早也是最深刻的社会关系。血缘关系不会随着其他任何条件的变化而发生变化，具有较大的稳定性。它是社区文化的基础，是社区凝聚力形成的首要条件。地缘关系是社区居民因为长期居住和生活在特定的社会空间和地理区域，相互接近，经常发生社会互动而形成的社会关系。地缘关系是在血缘关系的基础上建立起来的，是人类定居生活的附属品，保障社区内社会生活的稳定和持续。业缘关系是在社会分工高度发达的基础上形成的。业缘关系的出现使得相同行业的个体产生广泛的社会联系，扩大了血缘关系和地缘关系的横向连接范围，十分有助于社区整体文化的构建。

6. 社区文化的社会组织要素

社会组织是实践社会关系的结构实体，是社区其他文化要素存在的基础和保障，也是生产新的社区文化的组织基础。社会组织(社区组织)建立的目标就是调整某种可能失衡的社会关系从而满足居民的需求，使得各种社会关系可以在一个较好的协调关系中发挥作用，体现正常职能。家庭、楼宇、居民小组、居民委员会、社区党组织、社区志愿服务组织、社区群团组织等，这些组织在其构成上一般都具有一定的目标模式、规章(成文或者不成文)、组成人员以及相应的群体行动物质设施，是一种融合精神和物质的双重社会结构。社会组织要素是社区文化中形成行为模式和思想方式并使之稳定下来的力量。

(三)首都社区文化建设的运行机制

对社区文化的运行机制的讨论，实际上就是研究社区文化形成和发展的机制问题。运行机制是一个行动着的动态的过程，其背后有着特定的目标取向和社会价值取向。分析社区文化的运行机制主要从以下三个方面展开，即政府主导机制、社会参与机制和居民认同机制。

1. 政府主导机制

政府在社区文化建设上的主导作用主要体现在：其一，政府可以运用已有的经济力量，在对社区文化发展进行认真的规划之后，帮助社区建设良好的社区文化设施。例如制定社区发展纲要、社区文化建设标准等，建设社区服务中心、社区文化体育活动设施、社区文化广场和社区图书室、文化室等。其二，政府着眼于社区文化和社会主导文化形态相互衔接的考虑，在社区宣扬社会传统优秀文化和当前的主流社会文化形态。充分利用传统节日、社区民俗节庆活动以及法定节庆活动，开展文化建设。这样就可以在社区文化的发展与社会文化的发展之间建立一种稳定的联系，从而实现社区与社会文化的相对同步发展。政府导向的道德文化活动、政治文化活动、生活方式文化活动等，对于社区文化运行都是十分必要的。但是，政府主导作用应该限制在为社区文化建设进行总体规划、为社区文化运行提供外部动力和刺激以及建立健全社区文化组织机制以及必要的物质条件方面，而不是包办代劳。在社区文化运行的具体方面，要使社区内部群体和个人之间进行文化互动，只有这样，才可以既不会使得社区文化运行完全与社会主流文化脱离，又可以在社区居民自己的手中建设属于自己的社区文化。

2. 社会参与机制

各种群众性文化活动和社区文化共建活动是社区文化的主要内容和推动社区文化发展的主体力量。高频度的社会参与性社区文化活动不仅会大大提高社区文化的总体水平，而且能产生跨越社区的社会影响。社区文化运行的社会参与机制，实际上就是在社区范围内寻求不同社会群体和社会组织在文化运行中的参与合作体制，形成在社区文化运行中的参与合作行为，推动社区文化运行的持续和文化成果的壮大。

居民群众参与社区文化一般以自发参与为主，在参与中可以满足自身的文化需求。在社区中，一些兴趣群体活动，如书法比赛、晨练舞蹈、戏曲连唱和表演等，是社区文化运行中最为基础，也最为普遍的形式。既满足了居民的文化需求，又可以在这个过程中进行社会交流，从而增强社区凝聚力。

3. 居民认同机制

社区文化的运行机制中，居民对于社区文化的认同机制是十分关键的。如果居民并不喜欢这种文化形态，在心理上并不认同这些文化创造，那样的话，再优秀的社区文化也会失去基本的意义。社区文化的运行机制，实际上就是要形成社区居民在文化运行中自觉的社区共同认识和社区归属感。在传统的单位体制下，人们被分割在大大小小不同单位组织之中，单位组织的维系依靠的是行政权力或者准行政权力的自上而下的运作。这种状况抹杀了公民对于共同体的自觉主动意识，总是被动地等待组织的行动，被动地承受后果。因此，社区文化运行必须有居民认同机制作为基本支撑。这种认同机制表现在：对于政府、社区单位组织的社区文化活动以及文化成果的正向认识，主动参与、协助他们的工作，配合具体的文化创建活动。另一种认同机制就是将社区文化创建当做自己的社区认同感的一部分，主动积极地开展公益性文化建设，为社区文化活动的顺利开展出谋献策、亲力参与。

四、首都社区文化建设的现状与问题

(一)首都社区文化建设的现状

北京作为中国的首善之区和文化之都，其社区文化的建设起步较早，社区的发展思路和模式的探索已经走在了全国社区文化建设的前列，北京对全国社区文化建设具有非常重要的榜样示范作用，北京的社区文化建设从不同侧面折射出了国际化的特色，从不同层面反映出了北京市民丰富多彩的精神生活、健康向上的精神世界。为了更好地推进首都社区文化建设，北京市已经制定并下发了《关于加强北京社区文化建设的意见》、《北京市关于加强基层文化建设的意见》等一系列基层文化建设的指导性文件，相继出台了一系列扶持政策和管理规定，统筹指导着社区文化工作的开展。

1. 城市的社区文化建设

第一，首都社区文化由封闭逐渐向开放发展。社区文化具有社会参与的属性，它是一种开放性的文化，是一种大文化。它把人们的生活方式、衣食住行、道德风尚、风俗习惯、社会风气、知识学习、职业技能，乃至园林、绿化、环境建设等，都归入了文化范围。这种文化必然区别于专业文化所强调的一定程度上的封闭性。同时，北京作为全国政治、经济、科技的中心城市，具有国际性的影响，为了向世界性的国际化大都市迈进，逐步与世界上最先进的社区文化接轨，成为国际第一流都市，就必然要走一条开放性的文化之路。“目前，在北京已经出现了几个具有一定规模的外籍人口聚居区。比如，朝阳区的望京、海淀区的五道口和顺义开发区等地出现了韩国人相对集中居住的区域；而在长富宫以及麦子店附近形成了日本人相对集中的居住区；在以燕莎友谊商城、凯宾斯基饭店为中心的地区有一定数量的德国人集中居住。”①他们渗入当地社区，与当地居民混居于同一社区之内，一方面改变了当地社区的社会结构；另一方面又传递着国外的信息、理念和价值观念，在社会生活的方方面面发生着广泛的互动。

第二，各社区都组织形式多样的文化娱乐活动，多以群众喜闻乐见的文艺节目为主，特别是在节日或某一宣传高潮日期间。首都的社区文化充分发挥了自身的特点与优势，一年中各种文化活动连绵不断，高潮迭起。春季有“五月的鲜花”群众歌咏活动，夏季有娱乐纳凉的“夏日文化广场”活动，秋季有围绕国庆、重阳等节庆纪念日开展的金秋系列文化活动，冬季有元旦、春节期间的拜年、联欢活动和文化庙会等。北京各区政府和各社区街道在群众文化社团开展活动的基础上，组织了艺术节、运动会、音乐会、演唱会、歌咏比赛、书画笔会、舞会、庙会、民间花会、时装表演、收藏展览、居室美化设计和各种单项体育比赛，可谓五光十色，异彩纷呈。

① 马晓燕：《国际化大都市外国人聚居区的和谐社区建设研究》，《中国社区发展报告》，北京：社会科学文献出版社，2011 年版，第 146 页。

原崇文区广大居民积极参与文化艺术、社区教育、科普宣传、体育健身和休闲娱乐活动，据不完全统计，全区每年由街道组织的有主题、有规模的文化活动800多次，由居委会组织的小型文化活动9000多次，由居民自发组织的自娱自乐活动数量更多，无法统计。

西城区以群众文化活动为主导，积极为群众文化活动进行组织、策划、服务和包装，已在全区范围内基本形成了纵横交错的文化活动网络。常年组织、策划、参与的大型文化活动有：白云观民俗迎春会、“西城之春”艺术节、“十颗明珠耀西城”夏日文化广场活动、“相约北京广场群众联欢”、“百场文化艺术讲座进社区”等活动。其中，月坛街道在2007年4月份成功举办了“SOTX-索德士”杯北京社区羽毛球的首届比赛，共有30个代表队360名队员参加。① 通过开展社区活动，丰富了社区居民的业余生活，提高了社区的凝聚力。

第三，文化工作队伍建设不断壮大。建好队伍，充分发挥他们的专长、兴趣和带头作用，是发展社区文化的重要基础。这几年，北京各社区街道在队伍建设上普遍加大了力度。通过调整人员、健全组织、抓好培训，使队伍日益扩大，素质明显提高。例如，原崇文区文化馆坚持把培训基层文化干部中的业余文艺骨干作为一项重要任务，每年都举办培训班，并派人或请人到各街道进行指导。目前在岗的街道文化干部全部参加过文化馆组织的业务培训，90%的文艺团队接受过专业人员的指导。广大文化干部和兼职人员常年活跃在社区文化建设的第一线，为普及群众文化、传播精神文明做出了积极贡献。

第四，辖区内各单位成员积极参与。社区是所有社区成员和驻区单位共同的家园，社区内企事业单位在努力搞好自己单位文化活动的同时，参与社区文化建设工作是驻区单位义不容辞的责任。在政府的大力倡导下，北京市不少社区企事业单位把社区文化建设当成自己分内的事情，尽可能地为社区综合性文化活动出谋划策，出人出力，使得社区文化工作扩展了空间，扩大了资源，扩充了实力。

第五，重视社区文化设施建设。政府加大首都社区文化设施投入，各社区基本设置了形式多样的文化活动场所，配备了电脑、图书、桌椅和音响设

① 包路芳：《以社区建设协会为龙头，培育多种形式的社会组织》，《北京社会服务管理创新》，北京：社会科学文献出版社，2011年版，第276页。

备，多数住宅小区都建了宣传窗口和读报栏。例如，北京清河地区，大力举办市民学校，建设文化广场，提供大众文化传播阵地，逐渐形成社区文化特色。清河街道对“碧水风荷公园”进行升级改造，兴建“广济月波园”、“绿馨安宁园”，使这些园区成为社区居民集休闲、娱乐、健身为一体的大型公共活动场所。据统计，街道已投资兴建或开辟了为广大群众喜闻乐见的露天文化广场十二个，建成健身文体广场十八个。

第六，综合性文化机构正在逐渐成为首都社区文化经营的主体。首都的社区服务功能不断丰富，已有的文化机构都在积极地将服务方向向社区发展，并不断创新、拓展自己的功能，如图书馆、广播电视传媒、文化馆、城市计算机信息网络都在建立社区信息服务网络或知识服务网络。特别是新技术的应用，摆脱了过去文化欣赏必须到剧院、音乐厅、美术馆、博物馆去的束缚，人们可以在综合性文化机构，如社区图书馆中利用影视播放设备或计算机网络设备来满足需求。

第七，突出社区特色。为了不断提高社区居民的文化素质，使社区居民的艺术修养和艺术水平在现有基础上再上一个台阶，同时也为了更加丰富社区居民的业余文化生活，近年来各区都在与专业文艺单位进行联系和合作，从而大大提高了社区文化活动的吸引力和影响力，并使社区文化活动越发红火起来。例如，东城区是首都的中心区之一，有着丰厚的文化底蕴和各类社区文化资源。“东城区的相声俱乐部自开办以来深受广大群众的喜爱，众多相声名家轮番与观众见面，让观众在笑声中感受相声艺术的魅力。”①为了配合旧城改造和古都风貌保护，东城区还创编了实验话剧，并在全区巡演，受到广泛欢迎。

2. 新农村社区文化建设

(1)加强新农村社区文化建设的重要性。

新农村社区是首都现代城镇体系的末端节点。开展新农村社区建设，对于提升社会主义新农村建设水平，加快农村城镇化步伐，促进率先形成城乡经济社会发展一体化新格局具有重要意义。当下进行的新农村建设的实质，就是农村社区的重建，而农村社区建设的重心应是社区文化。胡锦涛总书记在党的十七大报告中指出：“当今时代，文化越来越成为民族凝聚力和创造力

① 刘立军：《社区文化发展现状解读》，《2007年：北京社区发展报告》，北京：社会科学文献出版社，2007年版，第229页。

的重要源泉、越来越成为综合国力竞争的重要因素，丰富精神文化生活越来越成为我国人民的热切愿望。要坚持社会主义先进文化前进方向，兴起社会主义文化建设新高潮，激发全民族文化创造活力，提高国家文化软实力。”胡总书记这一精辟论述，不仅仅是文化建设的指导思想，同样是农村社区文化建设的指导思想。加强农村社区文化建设，是全面建设小康社会的内在要求，是坚持以人为本，树立和落实科学发展观，建设社会主义新农村的有效途径。对于促进农村经济发展和社会进步，实现首都物质文明、政治文明和精神文明的全面、协调和可持续发展，具有重要的战略意义。

(2)新农村社区文化建设的现状。

新农村建设是北京市“十一五”规划的重要内容。在党中央的号召和指导下，北京市政府以农村社区为平台，积极开展农村公益性文化活动，把文化、体育、广播、信息等引进农村社区。大力开展健康活泼、群众喜闻乐见的文化体育活动，全面推进全民健身计划，坚持文化下乡等措施，依托农村文化资源，以城带乡，促进农村文化体育事业的发展。目前，北京市已树立了许多特色鲜明的新农村建设典范，形成了不同区县不同发展水平下新农村社区文化建设的特色。新农村文化的不断推广逐渐影响着广大村民的意识，促使他们参与到新农村社区文化建设中来。在多方的共同努力下，首都新农村的社区文化呈现了“群众参与，特色鲜明”的格局，对首都的文化建设起了极大的推动作用。

(二)首都社区文化建设存在的问题和不足

首都社区文化向开放式发展，文娱活动的丰富多彩、文化工作者队伍的不断壮大、各单位成员的积极参与、政府对文化设施建设的高度重视、综合性文化机构渐成主体以及首都社区特色凸显等，都为首都社区文化建设的顺利开展创造了较好条件，打开了良好局面。但是，我们也要看到社区文化建设在轰轰烈烈的活动背后，还存在一些不足。

1. 管理机制不健全，主体缺位

从1999年民政部进行社区建设试验开始，到现在全面推进社区建设，也不过十几个年头，许多工作还处在不断摸索的阶段，社区文化建设的管理机制尚未理顺。社区文化建设是一项由政府主导、社会共同参与的事业，需要多方共同沟通协作。由于社区的管理体制还没有理顺，现有的社区建设思路，基本上还是以行政强制为主，实际上是“分级管理、条块结合、条专块统”，不可避免地使首都社区文化建设受到一定的影响。社区文化发展的长期规划和具体实施方案力度不够，行政色彩浓厚，无论是从思路、步骤、内容还是形式上，依然是以自上而下的行政安排为主，距离社区居民实际需要仍有一段距离，社区文化活动流于形式。从对社区文化资源的调配方面看，政府是社区文化建设的主导力量，但是社区文化建设真正的主体应该是广大社区居民，只有社区居民的积极参与，社区文化才能真正具有本社区特色。目前，首都社区文化真正的主体——社区居民，依然处于被动状态，除去自发性的、得到政府允许的兴趣团体活动外，对社区文化发展的决策和实施的参与度很低。另外，社区文化建设的覆盖存在着明显的缺陷，老年人、儿童以及其他弱势群体一定程度上成为参与社区文化活动的生力军，而真正有能力为社区文化建设的决策、实施尽一份力的广大中青年却被忽视。社区文化建设中主体的错位以及主体功能的缺失，导致政府付出高额的综合成本却难以赢得社区成员的认同，另一方面也会导致社区文化缺乏可持续发展的动力，这些都直接影响到首都社区文化资源的综合利用，制约了首都社区文化的可持续发展。

2. 法律法规不健全，缺乏保障

首都的社区文化建设不仅关系到首都社区的和谐，更关系到首都社会的稳定与发展，是一项系统工程。社区文化建设除了要在管理机制方面下工夫外，还需要相关法律、法规等制度条件的保障。政策、法规的支持是实现社区文化管理的坚强后盾，只有在政策法规的保障下，社区文化才有可能实现政府指导下的自治管理。目前，我国还没有出台一部专门针对社区文化管理的法规。首先，在社区文化内容、组织结构、工作人员编制、经费、场地设施、群众文化组织合法地位等诸多方面，都没有明确规定，造成工作无头绪、统计无依据、考核无标准、管理不规范；其次，关于政府对社区文化管理的权利、责任和指导范围也没有给予详细的规定，这在一定程度上导致主管部门随意下派任务，造成社区文化自治管理趋于行政化；再次，对于鼓励社区文化建设社会化运作缺乏相应的政策支持，不利于打破政府投资一元独大、多元弱小的局面，更不利于多重管理主体的培育；最后，对于新出现的社区建设方式没有作出相应的规定，如对于社会力量，尤其是私营企业主投资社区文化建设的管理缺乏具体规定，在实际工作中很难操作，经费开支难以完全保障，建设水平参差不齐。

3. 居民主体意识不强，参与度不高

社区居民是社区文化的主体，然而，在不少社区，居民的社区文化参与意识相当淡薄。他们虽然生活在社区，但却没有意识到自己属于社区建设的主体，没有意识到自己应该对社区文化建设尽一份责任和义务。作为社区文化主体的社区居民，如果对社区文化的参与意识不强，甚至毫不关心，那么社区文化的开展就很困难。从总体上来看，有如下问题：

社区居民对社区文化建设参与度不够高，居民参与社区文化活动的面不够，相当多的社区居民尤其是中青年居民尚未经常参与社区文化建设活动。在许多社区，经常参与社区建设活动的主要是少数老人和青少年，尤以老年妇女居多。这是因为多数社区在开展文化活动方面比较重视帮助老年人解决生活上的实际问题，引导他们开展健康有益的文体活动；比较注重引导青少年开展生动活泼、积极向上、健康有益的社会实践活动，使广大青少年在社区里受到良好的道德影响和思想熏陶，但对于中青年的文化需求关注相对较少。这些居民当中，大多数都是“上班族”，有沉重的工作压力、社会压力，他们在外努力工作，应对竞争，内心亦有孤独感，这种孤独感甚至比老人的孤独感更甚，易造成心理疾病。把他们广泛吸纳进来，为他们提供放松自我的机会，是社区文化建设急需解决的问题；外来人口对社区文化建设的参与度不够，一些社区文化建设往往把外来的“新移民”变成了文化建设中“被遗忘的角落”。

4. 社区文化资源和文化设施利用率不高

社区文化场地和设施遭遇冷落。北京作为历史古都，可利用及待开发的资源相当丰厚。但是，由于社区公共文化设施的覆盖面相对较小，已有设施和场地也存在面积小、数量不够、设施简陋等问题，难以满足实际需要，利用率很低。而增加文化设施建设需要大量经费，资金不足又是困扰社区文化建设发展的一大问题。据调查，目前北京市社区文化资源共享率超过50％的社区数量很少，资源的开发与共享总体上不是十分令人满意。以图书馆为例，北京的社区图书馆屈指可数，而且面积、藏书量以及借阅量都很小，经费支持也不足。各区县级的图书馆也是如此，除去被少数家庭在附近的学生用作自习场所外，馆藏图书少有问津。一方面公共图书馆的藏书闲置，另一方面社区图书馆藏书不足甚至缺乏，这都带来社会资源的浪费。如何充分利用这些文化资源，对社区居民进行优秀的传统文化与革命文化的教育，如何保护与开发社区内的历史文化景观，有待我们去进一步研究。另外，北京市作为大都市具有现代国际一流水准的文化设施，这些文化设施向世界展示着文化古都的风采，让北京人骄傲，但这些高档娱乐场所的票价昂贵，超过了普通群众的实际支付能力和心理承受能力，一般老百姓难以问津，在北京部分社区高消费的社区文化场地和设施遭遇了门庭冷落的尴尬。

5. 社区文化功能弱化

构建和谐社区，需要充分发挥社区文化功能，而实际上，在首都的一些社区当中，社区文化应有的功能并没有发挥出来。

第一，社区文化休闲娱乐功能没有充分发挥出来。大多数社区在举办的社区文化活动中，从设计方案到实施过程基本上都是由街道办事处牵头进行的，上面怎么安排，社区机构就怎么做。这样，社区文化活动过度依赖政府，社区居民在被动状态下接受社区文化活动，使社区文化休闲娱乐功能难以发挥出来。同时，有的社区在社区文化建设中，普遍存在着形式主义，热衷于做表面文章，追时髦，赶任务，搞“政绩工程”、“形象工程”，脱离了与当地居民社区文化需求之间的关系，违背了社区文化建设的初衷，也使社区文化难以发挥休闲娱乐功能。

第二，社区认同意识薄弱，缺乏心理凝聚力。虽然很多社区都以开展文化活动的方式来增强居民对社区的认同意识，培养归属感，但由于传统邻里社区的变迁，社区文化认同在逐渐淡化，社区居民之间存在严重的疏离感。甚至在有些社区，一部分居民对社区共同利益的态度十分淡漠，使社区文化建设缺乏认同意识与心理凝聚力。

第三，社区文化教育功能弱化。人的文化价值观往往受到家庭、学校、同辈群体、工作环境、居住社区等的影响，特别是社区居民之间通过相互学习、相互影响的潜移默化式的教育等，对于人们最初形成的价值观产生很大的影响，这种影响甚至会伴随他们一生。因此，搞好社区教育对提高社区内居民的整体素质具有积极作用。但在现实中，由于一些地方的社区教育目标模糊，如社区教育对象大多为社区中的青少年，青少年以外的其他社区居民教育投入不足或者根本就没有投入，社区教育形式单一，社区教育的内容无法满足居民的实际需求等，使社区文化教育功能弱化。

第四，社区文化活动的形式与内容无法满足社区居民的需求，影响了其社会沟通功能，使人际关系的和谐程度下降，居民对社区文化建设满意率不高。随着生活水平的不断提高，北京市民对生活品质、精神文化的需求也不断增长，层次也越来越高。居民对文化的需求不仅是多元的，而且不同社区居民的文化水平、知识结构、艺术修养的差异，体现在对文化需求上也是有差别的。从社区居民目前能享受的文化产品结构来看，需求与供给结构不尽合理，文化供给不能满足社区居民对文化多元化、多层次的需求。在一些新型的社区，由于居住者多是新迁居民，大家互不熟悉，居住封闭，人际交往少，而社区文化活动的形式与内容无法满足他们的需求，影响了其社会沟通功能，使人际关系的和谐程度下降。此外，一些社区文化的价值导向功能、行为规范功能也存在明显的弱化现象，社区文化建设的目的在于增强居民自我约束、自我控制的能力，这种自我约束和控制的能力在一些社区居民中表现得并不理想。

6. 资金筹集渠道单一，投入不足

经费是开展社区文化活动的基本物质保证，没有经费支持，社区文化活动很难维系。当前，受我国社区文化建设与管理中政府主导机制的影响，首都社区文化的管理资金依赖于政府财政下拨的款项，投入主体呈现一元化的特征。同时，基层社区由于长期过度依赖政府，使社区文化管理资金一直采取“等、靠、要”的消极方式，未能积极整合社区内的各类资源(如驻区单位、企业的资金、场地支持)，开拓多种社区文化资金筹集渠道，吸引社会资金参与，努力实现社区文化建设的社会化运作机制。社区文化建设中政府投资一元独大的局面，导致政府对社区文化建设的投资多少取决于政府层面对社区文化的认识。有些领导未能从构建社会主义和谐社会、巩固党的执政基础的高度来认识和重视社区文化建设，简单地认为社区文化建设与经济发展关系不大，也不能短期就见效果，对社区文化建设重视不够，投入不足，导致基层社区文化建设资金短缺，基础设施严重不足；有些领导将社区文化建设简单化，认为文化建设就是添一些健身器材、盖几间文体活动室的事情，导致社区文化基础设施单一、重复，文化设施利用率低。首都社区居民对社区文化的需求不断增强，社区文化建设的进程也在不断加快，而政府一元独大的投资模式越来越难以满足日益增长的社区文化管理资金的需求，改革投资模式势在必行。

7. 社区文化工作者队伍结构不合理，人才匮乏

社区文化建设是首都文化建设的重要基础之一，建设一支高素质的社区文化人才队伍是搞好社区文化建设的必要条件。近年来，首都在加强社区文化建设、培育基层文化人才队伍方面做了很多工作，也取得了一定成效。但由于种种原因，社区文化人才队伍的建设还不能适应实际工作的需要。

第一，社区文化工作者中兼职人员多，专职文化工作者相对缺乏。目前，首都的很多社区是由街道办事处工作人员兼职领导协调社区文化，由于工作、

时间、精力等多种原因，他们很难全身心地投身到社区文化建设中来。同时，由于街道文化干部的待遇偏低，加之工作任务繁杂，不同程度上存在着现有文化管理干部队伍人员不稳定的问题。

第二，社区文化骨干队伍缺乏。搞好首都社区文化建设，需要有一支具有较高文化素质和道德水平，同时具有一技之长、热心于社区文化的骨干队伍。然而，现实的情况是社区文化建设的骨干力量、各类文化人才普遍较为缺乏，支撑社区文化工作的多数为年纪较大、专业层次偏低的非专业工作人员。即便有这样的人，其主要精力也无暇顾及社区文化活动的组织和开展上。且由于开展文化活动和培训的经费不足，社区文化骨干队伍的培养力度不够。这种情况严重地制约了首都社区文化活动档次和水平的提高。

8. *新农村社区文化建设水平参差不齐*

除了上述问题以外，在北京的很多新农村社区中出现了社区文化建设水平参差不齐的状况。这个问题的出现，主要是由于各区县之间经济社会发展不均衡，起点存在着差异造成的。部分区县的新农村社区文化建设取得了令人瞩目的成就，对社区整体建设和新农村建设起到了促进和协调作用，真正做到了物质文明和精神文明的双丰收。而在相对偏远的山区，由于经济发展水平较低，加之对社区文化建设认识不到位，文化设施缺乏，农民积极性不高，进而导致在部分新农村建设中社区文化建设成果不明显，相应地也阻碍了新农村建设的步伐。

五、首都社区文化建设的对策与建议

(一)完善首都社区文化建设管理体制

首都社区文化建设的主体是：政府、社区组织、社区成员。建立健全首都社区文化体制，关键是处理好以上三者的关系，使政府的行政主导转向社区的民主自治。

首先，要加强政府的自身建设与管理。这是政府在文化领域积极作为、实现“高效务实”行政目标的前提，也是提高思想认识、纠正行为偏差、强化行政能力、消除体制障碍、有效推动社区文化建设的基础。众所周知，我国政府的自身建设与管理能力较弱，体制问题已成为制约经济文化发展和社会变革的最大障碍。目前，我国政府自身管理弱化的主要问题是：政府宗旨在实际工作中得不到很好地贯彻，或夭折或走样；政府体制的各环节即地区政府之间、政府内部部门之间和上下级之间，由于利益驱动导致价值和行为取向不一，造成关系不顺、协调困难；政府官员腐败失职，使政府行为背离政府目标。政府要在它管理的外部领域取得成功，发挥最佳管理效能，就必须先管理好自身，提高政府的自身能力和素质。在社区文化领域，政府必须明确自身的职能定位和管理范围，实行职能转变，理顺关系，找准角色，干好该干的事。社区建设应该确立在社区党建统领下以社区文化为龙头的指导思想，建立社区文化建设的领导机构，提高文化部门的政治地位。例如在政府文化部门成立"社区文化建设指导委员会"，统一规划、部署、考核社区文化工作，政府财政提供必要的建设资金。只有赋予相应的权力和财力，才能充分发挥文化部门对社区文化的指导和管理作用，真正强化社区文化的行政协调和整合运作能力。

其次，加强首都社区文化的制度建设和法律保障。社区作为居民共同生活的场所，传统的道德规范与行政管理在各项建设中仍发挥着重要作用。而在现实中，更需要相应的法律法规将社区文化建设纳入到法制化的轨道上来，实行依法治区。尽快制定与公共文化设施、文化活动相关的管理条例，健全居民委员会规章制度，保证社区文化建设有法可依，充分保障居民的基本文化权利。健全社区文化管理的政策、法规。近年来，社区发展取得的成就离不开国家的重视与推动。随着社会主义市场经济的不断发展，诞生于计划经济时代的居委会，其功能与性质都已经不能适应市场经济条件下现代社区的管理要求，与之相对应的《中华人民共和国城市居民委员会组织法》也无法与当前的社区管理体制相适应。为了顺应现代社区的发展要求，也为了保证首都社区建设有章可循、有法可依，制定和颁布新的社区管理政策、法规已成为必然。社区文化建设的发展离不开国家政策、法规的有力支持。出台社区文化管理的政策、法规，一方面，有助于理顺政府与基层社区在社区文化管理中的权利、职责关系，明确两者在社区文化建设中的地位与作用，进而有效避免社区文化工作的行政化；另一方面，有助于进一步明确社区文化内容、组织结构、人员编制、经费来源以及群众文化组织的合法地位。完善社区文化管理的政策、法规，不仅能为首都社区文化建设提供制度保障，而且有助于把社区建设成为管理有序、服务完善、文明祥和的社会生活共同体。

再次，要积极培育社区文化市场和各种文化团体、中介组织，充分调动社会各方力量，增强社区文化建设的活力和动力。社区建设的最终目标是要由政府的"行政主导"向社区的"民主自治"转变，社区文化建设最终也要由政府独立支撑和主导推动，向社会、市场与社区的自我发展共同推进转变，这是社会主义市场经济体制下城市基层社会和社区文化发展的必然趋势和客观需要。培育新型社区文化组织，是政府推动社区文化的一个重要方面。随着政府机构改革和职能转变，越来越多的地区性、社会性、群众性、公益性的事务将由社会的基层组织来承担。政府文化主管部门要主动梳理现有职能，改变社区文化自上而下单向运行的模式，归还社会和社区的文化自主权力，明确规范社区组织的职责，制定各种有利于社区文化建设的政策和配套措施，建立和完善新型的文化服务关系和激励机制，积极培育民间文化团体和社会文化中介组织，倡导和发展社区文化志愿者队伍，支持、鼓励他们积极参与社区文化事务，将一些政府不该管、管不了、管不好的社区事务转移给市场或社会文化中介组织，实行委托管理和市场运作。一方面既可充分调动社会力量，发挥广大社工群众的积极性、创造性；另一方面又使社区群众有文化发言权，社区组织能根据自己的实际情况和先进文化要求做出文化选择，创出社区文化特色。在现有基础上积极探索适合社区文化建设要求的市场化运作新路，面向社会和市场，实行从单一性、低层次、福利型的消遣享受文化向全方位、多样化、高档次的发展教育文化转变，建立灵活开放、自我约束、自我开拓的运行模式，不断开创社区文化建设新局面。

目前，在国内已经具有一定影响力的 NGO——“北京社区参与行动服务中心”就是一个致力于社区能力建设的非营利民间机构。该组织成立于 2002 年 12 月，从 2004 年初开始，相继在北京市大兴区清源街道、东城区建国门和交道口街道等发展了不同模式的社区参与式治理模式，对于社区文化建设起到了积极作用。未来北京要逐渐建立起符合各社区实际情况的 NGO 组织，发挥民间组织治理社区的能力。

最后，提高社区居民主体意识、参与度和自主组织的能力。要转变政府职能，减少直接行政，给予居委会宏观上的指导，同时，要加强社区居委会自身的建设，就要加大民主决议、民主监督的力度。社区居民既是社区文化的创造者，又是社区文化的受益者。加强首都社区文化建设，必须充分调动和发挥居民参与的主动性、积极性和创造性。应当从以下几方面开展工作。一是创新文化活动形式，增强社区文化活动的吸引力。要把促进实际工作与满足群众需求紧密结合起来，创作思想向上、形式多样、群众喜闻乐见的精神产品，积极开展群众喜爱的广场文化、楼宇文化、家庭文化等丰富多彩的文化活动，提高社区居民的参与度。二是创新文化活动内容，调动广大居民的参与热情。社区文化活动要想吸引更多的社区成员参与，就必须根据社区成员的具体情况，开展能够适合社区成员的实际需要、满足他们不同需求的活动。要充分考虑传统文化与现代文化的结合，做到既继承优秀传统文化遗产又广纳现代文明成果，既重视乡土文化又不排除外来文化。三是以人为本，为居民服务。举办社区文化活动主要是为了丰富社区居民的文化生活，关键点应体现在“服务”上。作为社区组织者在开展各类社区文化活动时，要力求更好地为提高居民文化生活质量服务。四是发挥社区志愿者组织在社区文化建设中的积极参与作用。通过志愿精神的倡导，形成健康向上的社区意识，在社区意识的驱使下，社区成员出于对社区的热爱，自觉参加社区文化活动，有效提高社区居民的参与性。

(二)繁荣社区文化，创建特色品牌

加强社区文化设施建设，争取每个街道都能建立文化广场、文体活动中心、图书馆、社区文化活动站等设施。建立并完善区、街、居三级文化网络，围绕功能区定位，坚持“抓大带小、以强扶弱”，促进街道之间强强联合、优势互补，打造街道系统社区文化活动品牌。培育街道特色文化活动队伍和优秀文体活动骨干；大力发展家庭文化、青少年文化和社会文化，全面提升各项工作的文化底蕴；加强文化队伍建设，培养文艺创作人才和文化艺术人才。以思想道德建设为核心，以文体设施建设为基础，以丰富多彩的文体活动为载体，深入开展社会公德、职业道德、家庭美德、民主法制教育和国防教育。加大社区教育投入，建立较为完善的社区教育管理运行机制，充分发挥社区学校作用，开展各种社会文化生活及职业技能培训教育；继续推进学习型社区创建活动，加强和改进未成年人思想道德建设，实施“新市民素质教育工程”和“和谐家庭创新教育工程”。

将街道为民服务体系进行横向整合、纵向梳理、流程再造、规范管理，打造一个“便捷、高效、亲民”的为民服务品牌。建设“学习型、服务型、宜居型”等一批具有示范意义的和谐社区。要坚持以人为本，服务居民，紧紧抓住民主自治这个根本，紧紧抓住服务群众这个主题，在新型社区总体框架下，努力推进“学习型、服务型、宜居型”等具有示范作用的新型社区建设品牌，建设一批内涵丰富、特色鲜明、功能完善的和谐示范社区，实现社区建设工作质量和水平的跃升。

例如，大兴区的清源街道社区服务中心本着“服务急需、照顾弱势、引导助推”的原则，主动与社区组织合作开展社区参与式行动计划，在积极开展社区需求调查的基础上，将“参与式社区服务项目”的申请单位定位在社区层面，每年在众多项目申请中，经过评估筛选，优先确定 4 个具有社区特色、对社区发展有重要影响、可以满足相对多数社区成员需求、重点照顾社区弱势群体的服务项目给予资金和技术支持。到 2010 年大兴区清源街道已经有 16 个社区服务项目纳入“参与式社区服务项目”计划，主要涉及社区老人服务、流动人口社区融合、社区环境保护和社区文化建设等领域，并建立了一整套包括咨询、培训、社区项目管理和社区参与机制等在内的城市社区参与式治理模式，这些模式在实践过程中得以不断完善并逐步扩展到更多的地区。①

(三)完善资金筹措机制，加大文化基础设施建设

在目前情况下，由于政府一元独大，首都社区文化建设的资金来源渠道单一，资金短缺。无论是社区文化设施的购置、添加，社区文化场馆的建设，还是文化设施、场馆的管理与维护，社区文化人才的引进、培养，都需要资金，而且首都社区居民对文化方面的需求正日益强烈，社区文化建设对资金的需求也越来越明显。鉴于此，要整合首都社区资源，建立资源共建、共享机制，拓宽社区文化建设资金的来源渠道，是解决社区文化建设资金来源渠道单一、短缺的根本途径。

首先，应切实加大政府主渠道资金投入力度，确保文化事业经费的投入增长幅度不低于当年财政收入的增长幅度。社区文化是公益性为主的基层群众文化，其设施建设、活动经费等方面主要依靠政府的支持和提供。应将社区文化建设纳入公共文化服务体系建设的范畴，在文化事业发展专项经费中划拨一定比例经费专门用于社区文化建设，以保障社区文化硬件、软件建设的资金来源。在城区改、扩建社区工作服务用房建设过程中，要充分考虑社区文化设施的配套。文化设施用房达到一定条件的社区应建设具有宣传教育、休闲娱乐、艺术修养、身心健康、文化交流等功能的“社区文化活动中心”；在旧城改造及新区、小区建设中要做好社区各项设施规划，确保社区文化设施配套建设落到实处。

其次，鼓励社会力量积极参与社区文化建设，加大在社区文化设施上的投入，逐步形成多渠道、多元化的经费投入体制，拓宽筹资渠道，以弥补社区文化建设资金的不足。许多社会资本想参与社区文化建设却无相关渠道。社区文化建设的资金来源仅靠政府单方面的努力是不够的，必须取得社会各

① 冯晓英主编：《北京社会服务管理创新》，北京：社会科学文献出版社，2011 年版，第 214 页。

方面的大力支持，充分鼓励民间力量投资社区文化建设，形成社会各界共同建设社区文化的局面。特别是要争取一些企业家参与和支持文化活动，使文化事业与企业发展产生互动作用。在社区文化建设中，应确立以政府办文化为主导的，社会各界和各种经济类型共同参与的，形式多样的，与社会主义市场经济相接轨的文化格局，形成多元化的文化形态发展思路。

如文化广场建设，可采取“政管企办，官助民办”的运作模式。对一些小区的文化设施，允许私营和民营企业主投资建设，政府只进行宏观调控。这样，就可以实现文化事业与企业经济发展的互动，既可提高企业的声誉，又可以为社区文化建设提供场所和经费，实现政府与企业的双赢。

最后，充分利用和进一步整合现有的社区文化资源。社区文化建设过程实际上就是社区文化资源的开发利用过程。针对闲置的文化设施和场地，要充分开发利用，实现资源共享。实行文化设施和场地资源共享不仅是社区文化发展的需要，也是首都社区实现现代化和国际化的需要。在社区中多配建公共文化设施，确保文化硬件条件。除此之外，一些单位、学校的图书馆、运动场馆等要创造条件，积极向社区居民开放，实现资源共享。可以在社区中建立国家图书馆或首都图书馆等图书馆的分馆，将一部分资源转移到社区中来，以提高利用效率。同时，采取市场化运作，适当收费，低偿服务。社区文化建设中也要贯彻取之于民用之于民的原则，在开展社区文化活动服务项目时，应适当收费，以维持社区文化的持续运转，否则，社区文化建设会由于经费短缺，难以为继。同时，低偿服务也能促使社区文化活动不断提高质量，提升品质，真正满足社区居民的精神文化需求，促进社区文化的可持续发展。

（四）文化资源与现代技术结合，构建数字化文化社区

应做到文化资源与现代技术结合，构建数字化文化社区。首先，互联网信息资源丰富、传播速度快、覆盖面广，应充分利用互联网的这些特点，在网上系统宣传马列主义、毛泽东思想、邓小平理论和“三个代表”重要思想，深入贯彻落实科学发展观，宣传党的路线、方针、政策，弘扬主旋律文化，引导社区居民形成积极向上的人生态度、健康高尚的精神追求和良好的社会公德意识，提高社区居民的思想道德素质。其次，现代社会工作节奏加快，竞争激烈，人们的精神压力、情绪困扰随之增多，而在互联网上许多网站都设有娱乐休闲频道，可为社区居民提供音乐欣赏、影视观赏、连线游戏等众多的文化娱乐服务，使人们在休闲娱乐中得到心灵的抚慰，平衡身心，缓解各种精神压力。再次，人们通过虚拟的网络，可以较为随意地与他人交流，克服了面对面交往时容易产生的心理障碍。社区居民通过互联网相互沟通、相互帮助，增进了双方的联系与感情，增强了居民的社区认同感和社区凝聚力，有助于创造出一种友善、和谐的社区生活氛围。

2012 年 2 月 23 日，北京首个“数字文化社区”在朝阳区潘家园街道图书馆正式对外开放。居民免费办一张读者卡，就可以在家里通过高清交互电视、电脑等设备，免费享用 300 万册电子书、2 万场讲座、2000 种中华文化视频等数字资源。“数字文化社区”工程建设是将现有的有线电视线路引入街道和社区的文化站，依托歌华高清交互平台，结合互联网无线技术，整合利用首都图书馆、艺术院团、文化共享工程等多渠道资源，创建一个多媒体、跨平台、多终端的文化信息资源共享平台。市文化局相关负责人介绍，以传统的社区图书馆存书 3000 册为例，一般每月可更新图书 1000 册。但在“数字文化社区”工程的帮助下，居民能在家门口就遍览首都图书馆的电子资源，可以免费享用 300 万册电子书、1 万种电子期刊、2000 种中华文化视频、2 万场讲座以及大量文艺演出等专题视频，极大地开阔了视野。

这项工程是 2012 年市政府“为群众拟办的 35 件重要实事”之一，也是市文化局 2012 年在公共文化服务方面的“十大惠民”工程之一。2012 年，这项工程走进 300 个社区，让更多文化资源与现代技术结合，服务于人们的生活。“十二五”末期，“数字文化社区”将覆盖全市。

由此可见，随着首都城市信息网络建设和应用的不断加强，互联网正深入社区生活的方方面面，一个数字网络化的社区正在形成。在未来的首都社区文化建设过程中，应高度关注、积极运用互联网推动首都社区文化建设。

(五)重视社区文化人才队伍的建设和管理

繁荣社区文化，加强首都社区文化队伍的建设和管理。建设一支高素质的社区文化工作者队伍，是搞好社区文化活动的组织基础，也是完善首都社区文化建设的必要条件。

第一，应重视抓好专业社区文化工作者队伍的建设和管理。以往社区文化管理人员由街道办事处工作人员兼任，由于时间、精力等方面的限制，通常难以将社区文化活动深入开展下去，因此，建立一支专业化的社区文化工作者队伍成为社区文化建设的必然要求。具体来看，在专业队伍建设方面，社区文化工作者队伍应贯彻“稳定队伍，提高素质”的方针，及时解决社区文化工作者的编制问题，加强对社区文化工作者的专业技能培训，提高其专业技能与职业素养，并创造条件对符合标准的人员评定职级。北京社区各种单位人才济济，藏龙卧虎，这是其他城市都不具备的资源优势，要通过开展社区人才资源调查和各种文化活动，积极发掘社区文化人才，充分发挥他们的特长。还可采取“输血”的办法，向社会招聘有志于社区文化事业、年纪较轻的人员进入文化站工作，可安排大专院校有关专业毕业生到文化站工作，充实社区文化建设的专业化队伍，使社区文化更具活力、魅力。

第二，应充分发挥社区业余文化工作者的作用，建立一支社区文化志愿者队伍。社区业余文化工作者通常是真正热爱社区文化事业的热心人士，他们或者本身就是文艺工作者，或者是长期居住在本社区的老居民，或者是具有良好的沟通协调能力的热心人士，充分发挥他们的力量与作用，有助于整合社区内的文化资源，提高社区文化资源的利用效率，丰富完善社区文化活动。

（六）大力推进新农村社区文化建设

新农村社区文化建设的基础是发展农村经济。市政府应切实加强对新农村社区文化建设的组织领导，将新农村社区文化建设列入首都国民经济和社会发展战略规划，通过政府主导、市场运作，构建与完善农村公共文化服务体系。采取招商引资、调整和优化农业产业结构、农产品精深加工等措施大力发展农村经济，促进城乡协调发展，推进新型工业化、农业产业化和农村城镇化的进程。新农村文化建设，要坚持以人为本，贯彻落实科学发展观，发挥农民的主体作用。农村社区文化建设，要充分调动农民的积极性、主动性、创造性，切实加强农村社区文化队伍建设，建立专业人才脱颖而出的机制和体制。注重发挥地方特色，卓有成效地挖掘地方特色文化。要真正落实新农村社区文化建设，必须确保必要的精力和经费投入，不断充实和完善农村社区文化的基础设施，提高农村广播、电视、网络的覆盖率，加快文化信息资源共享工程建设，推进“科技、卫生、文化”三下乡和农家书屋等文化惠民工程建设。构建“民主法治、公平正义、诚信友爱、充满活力、安定有序、人与自然和谐相处”的和谐农村新社区，努力为社会主义新农村建设提供精神动力、思想保障。

社区文化建设是首都文化软实力发展的基础载体，是构建和谐社会，推进国际化大都市发展的需要。社区党员群众要坚定社会主义发展方向，树立正确的世界观、人生观、价值观，积极投身社会主义现代化建设的伟大实践。

首都社区文化建设要加强和改进思想道德建设，培养社区群众以爱国主义为核心的民族精神和以改革开放为核心的时代精神，弘扬集体主义、社会主义思想。培育社区群众良好的社会公德、职业道德和家庭美德，形成良好的邻里关系、家庭关系，营造团结和睦的社会环境。着力提高社区群众的科学文化知识和信息化水平，培育良好的文化素质，增强人们的竞争力和创新力，满足人们走向社会的能力需求，实现自身的发展目标，为首都经济社会发展提供智力支持。因势利导，倡导健康向上的生活方式，培养高尚的生活情趣，通过寓教于乐的方式，充分发挥宣传引导作用，推动首都社区居民的思想文化、价值观念、生活方式和综合素质的全面提高，提升居民生活的幸福指数，构建社会主义和谐社会。

参考文献

[1] 袁德主编：《社区文化论》，北京：中国社会出版社，2010年。
[2] 冯晓英主编：《北京社会服务管理创新》，北京：社会科学文献出版社，2011年。
[3] 于燕燕主编：《中国社区发展报告》，北京：社会科学文献出版社，2011年。
[4] 韩子荣、连玉明主编：《中国社区发展模式——文化型社区》，北京：中国时代经济出版社，2005年。
[5] 刘立军：《社区文化发展现状解读》，《2007年：北京社区发展报告》，北京：社会科学文献出版社，2007年。
[6] 北京城市服务管理广播：《北京社区魅力指数报告2008～2009》，南京：凤凰出版社，2010年。
[7] 邱晓里、淦家辉：《北京市城市社区建设实践与思考》，《中国行政管理》，2012年第3期。
[8] 彭京华：《对首都社区文化建设的思考》，《首都经济贸易大学学报》，2006年第6期。
[9] 常林：《面向国际化大都市的北京社区文化建设》，《中国特色社会主义研究》，2003年第1期。
[10] 刘学：《如何加强社区文化建设构建文明和谐小区》，《科技与企业》，2010年第5期。
[11] 孟固：《北京市社区文化建设中的问题与对策》，《城市问题》，2004年第

3 期。
[12] 谭善勇、胡茜：《基于国际经验的北京社区文化建设方向探讨》，《商业时代》，2011 年第 33 期。
[13] 方秀云：《社区文化建设中政府推动问题》，《中共杭州市委党校学报》，2003 年第 1 期。
[14] 杜桂娥、王丹：《变迁与创新中的我国城市社区文化建设》，《经济与社会发展》，2009 年第 11 期。
[15] 孟固：《大力加强首都社区文化建设》，《城市问题》，2003 年第 2 期。
[16] 白昕：《城市文化型社区建设研究》，中国地质大学硕士学位论文，2007 年 5 月。
[17] 雷洁：《社区建设与“特色文化”——城市社区的特点与创新》，《湖北广播电视大学学报》，2012 年第 3 期。
[18] 鄢圣文：《北京城市管理社区参与路径探索》，《北京行政学院学报》，2011 年第 2 期。
[19] 沈望舒：《北京社区文化建设的不足与问题》，《北京观察》，2003 年第 8 期。
[20] 吕新江、王文霞：《加强社区文化建设提高社区建设品位》，《理论界》，2007 年第 1 期。
[21] 张燕妮：《社区文化建设的现状、存在问题和解决途径》，《大众文艺》(理论)，2009 年第 8 期。
[22] 左群：《城市社区文化建设的现实分析》，《中山大学学报论丛》，2004 年第 1 期。
[23] 张华：《和谐社会背景下社区文化建设存在问题及对策》，《边疆经济与文化》，2011 年第 11 期。
[24] 黄立营：《我国城市社区文化建设存在的问题与对策选择》，《煤炭高等教育》，2004 年第 6 期。
[25] 党志敏、褚延华：《社区文化在建设社区和谐中的重要作用》，《中国职工教育》，2010 年第 9 期。
[26] 马海燕：《城市社区文化建设的意义及对策研究》，《北京城市学院学报》，2009 年第 6 期。
[27] 李丽萍：《对城市社区文化建设的战略与对策研究》，《内蒙古民族大学学报》，2011 年第 1 期。

[28] 康之国：《构建和谐城市社区中的文化建设：问题与对策》，《中共天津市委党校学报》，2008 年第 3 期。
[29] 周亚峰：《关于社区文化建设若干问题的研究》，《长春工业大学学报》(社会科学版)，2008 年第 3 期。
[30] 康之国、刘娴静：《和谐社区建设中的文化功能弱化问题及解决路径》，《社会主义研究》，2008 年第 3 期。
[31] 金鸣娟、贾红彩：《加强城市社区文化建设有关问题的探析》，《城市发展研究》，2003 年第 3 期。
[32] 戴志伟：《国外社区文化建设的特点和启示》，《学习月刊》，2011 年第 11 期。
[33] 毕英涛：《当代中国社区文化建设的价值、内涵与路径》，《四川文理学院学报》，2011 年第 3 期。
[34] 于洪卿：《对我国社区文化建设的思考》，《青海社会科学》，2007 年第 6 期。
[35] 陈宁：《对社区文化建设居民参与不足的思考》，《岭南学刊》，2004 年第 2 期。
[36] 郑文：《网络时代我国城市社区文化建设的思考》，《厦门广播电视大学学报》，2002 年第 1 期。
[37] 王从江、赵立秋：《互联网对城市社区文化建设的影响》，《学习与探索》，2007 年第 3 期。
[38] 欧阳莉：《新农村社区文化建设浅析》，《新闻世界》，2010 年第 8 期。
[39] 许敏亚：《社会主义新农村社区文化建设的思考》，《常熟理工学院学报》，2007 年第 7 期。
[40] 王扬铭：《和谐社会视野下的新农村社区文化建设》，《党史文苑》，2007 年第 18 期。
[41] 朱幸福：《加强农村社区文化建设浅探》，《安徽文学》，2011 年第 5 期。

课题负责人：包晓光(首都师范大学文学院　教授)
课题组成员：王森、施采采、崔力为

北京农村社区体制机制管理创新研究

聂月岩

胡锦涛同志在党的十八大报告中指出："提高社会管理科学化水平，必须加强社会管理法律、体制机制、能力、人才队伍和信息化建设。改进政府提供公共服务方式，加强基层社会管理和服务体系建设，增强城乡社区服务功能，强化企事业单位、人民团体在社会管理和服务中的职责，引导社会组织健康有序发展，充分发挥群众参与社会管理的基础作用。"①改革开放 30 多年来，农村基层民主政治建设取得了一定的成效，成为中国特色社会主义民主政治建设的重要组成部分。近年来，随着社会主义新农村建设的不断深入，关于农村社区问题的研究逐渐引起理论界的重视。2003 年北京农村社区建设开始全面推进，2011 年北京市政府确定了 10 个新型农村社区建设试点。农村地区基层组织管理的中心正逐步从村向社区转移，社区的重要作用日益突出。按照北京市委、市政府加强社会服务管理创新和创建全国文明社区的工作要求，农村地区将继续以精细化管理和人性化服务为目标，努力提高社区建设整体水平，逐步建立符合北京市功能定位和世界城市要求的现代新型社区。因此，认真研究北京农村社区体制机制创新课题，对于学习宣传贯彻落实党的十八大精神，进一步拓宽和加深政治社会学研究领域，促进北京农村基层民主政治建设和中国特色世界城市建设，都具有十分重要的理论意义和现实意义。

一、北京市农村社区建设的背景、经验启示与重要意义

农村社区建设，是指在党和政府的领导下，依靠农村社区的力量，利用社区资源，强化社区功能，解决农村社区的问题，改善农村社区的经济、社

① 胡锦涛：《坚定不移沿着中国特色社会主义道路前进 为全面建成小康社会而奋斗——在中国共产党第十八次全国代表大会上的报告》，北京：人民出版社，2012 年版，第 38 页。

会、文化、教育、福利等状况，不断提高农村社区成员的生活水平和生活质量的过程。① 农村社区建设主要包括社区党建、社区教育、社区文化、社区服务等方面，它以中国特色社会主义理论体系为指导思想，紧紧围绕社会主义新农村建设，大力发展农村社会事业，进一步加强基础设施建设，健全农村管理体制，完善社区服务功能，改善生活环境，繁荣群众文化，维护社区治安，促进农村经济发展、社会稳定和社会各项事业的全面进步。

(一)北京市农村社区建设的背景

2003 年 10 月，中共中央在十六届三中全会上提出了“农村社区服务”“农村社区保障”“城乡社区自我管理、自我服务”等有利于农村社区建设的相关政策。2006 年 7 月，民政部在全国民政工作年中分析会议上第一次提出了“开展农村社区建设试点”的新要求。随后下发了《关于做好农村社区建设试点工作推进社会主义新农村建设的通知》，对试点工作进行部署，得到各地积极响应，确定了 251 个“全国农村社区建设实验县(市、区）”于 2007 年进行试点工作。2006 年 10 月，中国共产党第十六届中央委员会第六次全体会议通过了《中共中央关于构建社会主义和谐社会若干重大问题的决定》，明确提出在全面开展城市社区建设的同时，也要积极推进农村社区建设。2007 年 10 月，胡锦涛同志在十七大报告中更是进一步强调“把城乡社区建设成为管理有序、服务完善、文明祥和的社会生活共同体”。2008 年 10 月，中国共产党第十七届中央委员会第三次全体会议通过了《中共中央关于推进农村改革发展若干重大问题的决定》。《决定》提出：“我国总体上已进入以工促农、以城带乡的发展阶段，进入加快改造传统农业、走中国特色农业现代化道路的关键时刻，进入着力破除城乡二元结构、形成城乡经济社会发展一体化新格局的重要时期。我们要牢牢把握我国社会主义初级阶段的基本国情和当前发展的阶段性特征，适应农村改革发展新形势，顺应亿万农民过上美好生活新期待，抓住时机、乘势而上，努力开辟中国特色农业现代化的广阔道路，奋力开创社会主义新农村建设的崭新局面”，“坚持服务农民、依靠农民，完善农村社会管理体制机制，加强农村社区建设，保持农村社会和谐稳定。”②

① 汪丽君：《浅议新农村背景下的农村社区建设》，《今日南国》(理论创新版)，2009 年第 1 期。

②《中共中央关于推进农村改革发展若干重大问题的决定》，http：/www. gov. cn/jrzg/2008－10/19/content _ 1125094. htm。

1. 破除城乡二元结构是中共中央的重要战略举措

新中国成立以后，毛泽东特别强调我国必须通过工业化来促进城市化，并且带动农村人口进城。从1950年开始我国就逐渐放开城门，鼓励城乡之间形成自发的市场交易。同时，苏联也开始大规模地向中国进行一系列的设备转移性投资。于是，“一五”时期有两千万壮劳力进城，那个时候还没有提出所谓的“城乡封闭”、“城乡二元结构”。直到1957年苏联中止了对我国的投资，导致我国的国家工业化建设戛然而止。为了解决这一重大问题，我国于1958年在全国建立了人民公社，开始了人民公社化运动，以这种高度组织化的体制来集中农村最多的劳动力，使之成为代替资本投入的要素，来继续国家的工业化发展。与此同时，我国的城乡二元结构正式产生。然而，随着城乡二元化的长期发展，产生了各种各样的问题，社会矛盾也愈演愈烈。

1985年中国开始明确提出要“开通城乡，打破城乡二元结构”。当时指出城乡二元结构本质上是一种城乡的对立关系，是城市对农村的剥夺，或者说是所有城市市民对农民的一种剥夺，因此破除城乡二元结构就成为中国共产党的重大战略举措。近年来，中共中央也一直致力于打破城乡二元结构，促进城乡发展一体化进程。2002年11月召开的党的十六大明确提出“全面繁荣农村经济，加快城镇化进程”，要使城乡经济及城镇化发展成为农村全面建设小康社会的重要任务。2003年10月，党的十六届三中全会更加明确地提出必须统筹城乡发展，建立有利于逐步改变城乡二元经济结构的体制。2005年10月，党的十六届五中全会提出要建设社会主义新农村，并将它的内涵科学地规范为“生产发展、生活宽裕、乡风文明、村容整洁、管理民主”五个方面。2006年3月，十届全国人大四次会议上通过了《中华人民共和国国民经济和社会发展第十一个五年规划纲要》，进一步强调了要从中国特色社会主义现代化建设的全局出发，统筹城乡区域协调发展，努力实现我国从“城乡分割”到“城乡一体”，从“城乡隔绝”到“城乡融合”，从“城乡二元发展”到“统筹城乡发展”的新格局。而形成城乡经济社会发展一体化新格局，也是党的十七大提出的新的战略部署。2008年10月，中国共产党第十七届中央委员会第三次全体会议在北京召开，全会审议通过了《中共中央关于推进农村改革发展若干重大问题的决定》，其中提出了八项举措彻底破除城乡二元结构，进一步彰显了破除城乡二元结构的重要性和紧迫性。党的十八大报告进一步强调指出：“统筹城乡发展、区域发展、经济社会发展、人与自然和谐发展、国内发展和对外开放，统筹各方面利益关系，充分调动各方面积极性，努力形成全体人民各尽其能、各得其所而又和谐相处的局面。”①这是我党在解决这一重大问题上所做出的又一重要战略举措，是一种新的突破。在新的历史条件下，中国共产党将始终坚持这一重要战略举措，努力实现城乡经济社会的一体化发展的新格局。

2. 我国加快城乡经济社会发展一体化的进程

党的十六大以来，在市场化改革加快、城镇化进程加速、统筹城乡力度加大的共同推动下，统筹城乡发展迈出了重大步伐。胡锦涛同志在党的十八大报告中总结了十七大以来的五年经验，特别强调：“城镇化水平明显提高，城乡区域发展协调性增强。”②党的十八大报告进一步强调：推动城乡发展一体化。解决好农业农村农民问题是全党工作重中之重，城乡发展一体化是解决“三农”问题的根本途径。要加大统筹城乡发展力度，增强农村发展活力，逐步缩小城乡差距，促进城乡共同繁荣。近年来，为了进一步推动我国农业的发展、农民的增收以及农村的繁荣，党和政府出台并实施了一系列重要举措。

首先，深化农村内部改革，努力调动农民的主动性和积极性，挖掘农村自身的潜力，以便激发其活力。具体而言，我国“近年来，以破除城乡二元结构为重点的各项改革不断深化，实行以农村税费改革为核心的国民收入分配关系改革，扭转了长期以来农民负担过重的局面；实行以促进农村上层建筑变革为核心的农村综合改革，着力解决农村上层建筑与经济基础不相适应的深层次问题；推进城乡户籍、就业、财税、金融、社保等方面改革，探索建立城乡统一的劳动力市场和公平竞争的就业制度，加快形成保障农民工合法权益的政策体系和惠及农民工的城乡公共服务体制”③等。其次，加大公共财政倾向“三农”的力度，切实把国家基础设施建设和社会事业发展的重点放在农村。再次，我国加大工业反哺农业、城市支持农村的力度，加快构建以工

---

① 胡锦涛：《坚定不移沿着中国特色社会主义道路前进 为全面建成小康社会而奋斗——在中国共产党第十八次全国代表大会上的报告》，北京：人民出版社，2012年版，第9页。

② 胡锦涛：《坚定不移沿着中国特色社会主义道路前进 为全面建成小康社会而奋斗——在中国共产党第十八次全国代表大会上的报告》，北京：人民出版社，2012年版，第2页。

③《国家发展改革委：统筹城乡发展新机制正在形成》，《农村财政与财务》，2008年第10期。

促农、以城带乡的长效机制，充分发挥城市的辐射带动功能，推动城乡产业协调和融合，促进城市资金、人才、技术、信息等要素向农村流动，推进城市文化、教育、卫生等公共服务向农村延伸等，这些都是我们近年来一直坚守的原则和策略，也为我国形成城乡经济社会发展一体化的新格局做出了巨大的贡献。

2008年，在党的十七届三中全会上通过的《中共中央关于推进农村改革发展若干重大问题的决定》明确提出，我国总体上已进入着力破除城乡二元结构、形成城乡经济社会发展一体化新格局的重要时期。这对我国来说，是一个重大成果，但我们仍要在此基础上实现更多的发展与突破。首先，我国必须坚持努力推进社会主义新农村建设，坚持把发展现代农业、繁荣农村经济作为首要任务，要在工业化、城镇化的进程中推进我国农业的现代化。其次，要注重保持乡村特点、民族特色、地域特征，保护原有的自然环境和优秀的乡土文化，努力逐步实现农村现代化。最后，要坚持走中国特色的城镇化道路，促进我国大中小城市和小城镇的协调发展，把小城镇建设成市场、产业、人口、文化、信息适度集中的经济社会发展平台，发挥其承接城市、带动乡村的桥梁纽带作用；继续积极采取措施，推进农村劳动力转移就业等，这样才能够进一步巩固和推进我国城乡经济社会发展一体化的新格局。

3. 北京市农村社区建设全面展开

在巩固和推进我国城乡经济社会发展一体化新格局的背景下，北京作为全国政治、经济、文化的中心，对农村社区建设特别重视。因为“三农”问题也直接关系到北京市改革发展稳定的大局，没有农村的现代化就没有首都的现代化。2008年12月25日召开的中共北京市委十届五次全会正式做出决定：到2020年北京要在全国率先形成城乡经济社会发展一体化的新格局。

北京市提出的率先形成城乡经济社会发展一体化新格局，“就是要按照科学发展观要求，着眼于建设‘人文北京、科技北京、绿色北京’全局，充分发挥城市在资金、人才、技术、信息等方面的优势，充分挖掘农村地区在生态环境、发展空间等方面的巨大潜力，加大城乡统筹力度，在全国率先建立起以工促农、以城带乡长效机制，率先在统筹城乡规划、产业布局、基础设施建设、公共服务一体化等方面取得突破，率先构建起新型的工农、城乡关系，促进公共资源在城乡之间均衡配置，促进生产要素在城乡之间自由流动，促进城乡经济社会发展融合互动、优势互补、互利互赢。”①

但是，北京经济社会发展也面临一些突出矛盾和问题。城乡二元结构造成的深层次矛盾依然突出，城乡社会事业和公共服务水平差距依然较大，农民持续增收困难依然较多，城乡居民收入差距持续扩大，人口资源环境的矛盾日益显现，加强农村民主法制建设、基层组织建设和社会管理任务繁重。

针对以上问题，北京市在2011年5月的政府工作报告和市农村工作会议上，提出了开展新型农村社区试点建设的要求，制定下发了《关于开展新型农村社区试点建设的意见》，在全市重点启动了10个新型农村社区试点建设。文件要求紧紧围绕率先形成城乡经济社会发展一体化新格局的战略目标，通过开展新型农村社区试点建设，深入落实城市总体规划和城乡一体化规划，转变农村经济发展方式，促进优质资源和要素向农村转移，实现农民充分就业和人口集聚，提高农村地区公共服务水平，努力探索郊区城镇化和新农村建设协同发展的新途径。通过试点建设，实现试点社区“产业发展、就业充分，环境宜居、住房舒适，设施完善、服务均等，管理民主、文明和谐”的目标。同时，通过试点探索规划、土地、筹资、就业、新民居建设以及社区服务的新途径。

这10个新型农村社区建设试点，分别是：昌平区南口镇李庄、延庆县八达岭、密云县穆家峪镇华润希望小镇、房山区青龙湖镇晓幼营、门头沟区王平镇韭园、怀柔区庙城镇史山、通州区宋庄镇五合村、大兴区魏善庄镇羊坊、顺义区北石槽镇凤凰新村、平谷区平谷镇西鹿角，这一共涉及25个村庄。按照“地域相近、产业相似、习俗相同、便于发展”的原则，农村社区可以由几个村联建，也可以由一个村庄单独建设。其中2011年，密云县穆家峪镇华润希望小镇、房山区青龙湖镇晓幼营新型农村社区、延庆县八达岭新型农村社区率先启动。与此同时，北京市正在编制的《北京市新型农村社区规划编制指导意见》，对村落进行社区化管理，与市区水平相同的管理和服务，都将深入村里乡间。北京市新型农村社区建设试点工作逐步展开。

第一，积极探索农村社区试点建设。

北京市被确定为全国农村社区建设首批实验县(市、区)后，市委、市政府高度重视，成立了市农村社区建设工作领导小组，农村社区建设累计投入

---

①《中共北京市委关于率先形成城乡经济社会发展一体化新格局的意见》，http://cpc.people.com.cn/GB/64093/64387/8601852.html。

专项资金1000多万元，为推进农村社区建设提供了强有力的组织和财力保障。在广泛调研的基础上，确定农村社区建设主导模式为"一村一社区、多村一社区"型，在全市选择18个村先行进行试点。在推进过程中，按照"行政管理、社会管理、自治管理""三位一体"的要求和"宜居社区"的建设目标，社区普遍建立了专业工作者、志愿者和市场化人才三支队伍。

以密云县穆家峪镇华润希望小镇为例。希望小镇是按照"地域相近、产业相似、习俗相同、便于发展"的原则，在完善乡镇总体规划、土地利用规划和新农村建设规划的基础上，统筹考虑穆九沟区域整体发展，编制的新型农村社区建设规划。

穆家峪镇的新型农村社区建设试点采用"党组织引领、政府支持、企业参与、农民主体"的"四位一体"模式建设社会主义新农村。在县级层面，成立了由县委书记任政委、县长任总指挥的希望小镇建设领导小组，县组织部、发改委、土地、规划、建委等相关部门负责总体协调指导小镇建设项目的推进。在镇级层面，组建了希望小镇党委，组成人员包括穆家峪镇、华润集团、天福号农庄以及项目涉及的6个行政村党组织有关人员。在村级层面，村党支部履行宣传引导、协调关系、维护稳定等五项职责；农村党员则带头宣传政策、了解民意、执行决议。

希望小镇建设分为两期进行。一期阁老峪村建设项目由居住、农业和休闲三个领域的示范区构成，采取将5个自然村迁村并点、原址改造的方式改善农民居住条件，提升村内基础设施建设。在产业发展上，投产了天福号农庄、木棉花乡村酒店、五丰农业基地等产业项目。二期涉及的5个行政村将采取集中建设新社区、集中上楼的形式，实现农民"居住在社区、工作在园区"。社区内，建立了大型文化广场和集村务办公、商业服务于一体的公共服务区，让百姓足不出村就能享受到医疗、社保、司法等"一站式"公共服务。同时，他们还成立了多元化农村经济组织，发展生态、休闲、观光产业，实现农民在家门口就业。

第二，不断创新村级组织管理体制。

借鉴农村社区建设的工作理念及做法，锐意改革，大胆创新，积极探索村级组织社会管理体制和工作机制，推进新农村建设。一是加快农村基础设施建设步伐。整合资源，公共财政和新增财力向农村重点倾斜，全市支农总投入9.6亿元，完成通村水泥路1500公里，农村人口饮水安全覆盖面达到87.2%，电话普及率达到72%，广播电视综合覆盖率达96%，建设了一批各具特色的“生态新村”。二是创建村级组织便民服务平台。全市 123 个行政村统一按照农村社区综合服务大厅模式，建立了便民服务站，为村民生产生活提供“一站式”服务。三是大力培育和发展农村社会组织。全市成立农民专业经济合作社 48 个，农村专业经济协会 95 个，科技服务队 191 个，形成产、供、销一条龙，一体化服务。四是构建农村社会管理体系。全市广泛开展“文明社区、平安社区、卫生社区”创建活动，加强思想道德建设，提高村民文明素质，规范村民行为习惯，逐渐形成友好和谐的人际关系。五是不断完善村民自治。充分发挥农村社区建设的示范辐射作用，将完善农村服务贯穿于村民自治工作的全过程，不断充实村民自治内容，提升村民自治水平。

第三，稳步推进乡镇政府职能转型。

在新形势下，为了更好地服务人民群众，实现乡镇政府行政管理与农村基层群众自治有效衔接和良性互动，北京市打破部门“壁垒”，整合行政资源，改革运行模式，大力推进乡镇政府转型，组建乡镇四大服务中心：一是整合民政、土管、城建、残联、计划生育、劳动保障、林业等部门及社区的职能，成立便民服务中心；二是整合司法、工会、妇联等部门职能，成立维权中心；三是整合畜牧、林业、农业、水利等农口部门职能，成立农业服务中心；四是以乡镇财政为依托，成立财务服务中心。这样就实现了零距离服务和无盲区覆盖，也从根本上改变了基层政府职能“服务缺位”和“管理越位”的问题，群众满意度不断提高，生活幸福指数不断提升。

由于北京市新农办、市相关部门和郊区各区县，认真组织落实各项工作，北京市农村社区建设取得了阶段性成果，新型农村社区建设模式已经初露端倪，“党组织引领、政府支持、企业参与、农民主体”“原址重建、滚动发展”“多村集并、异地建设”以及原址古村保护、民俗保护型等多种模式涌现出来，创造了基层联合党组织、村经济组织和社会资本共建等多种机制。目前，区县级试点有 30 多个，其中，平谷区黄松峪乡大东沟村的独栋农民住宅已完成 140 多户，顺义区木林镇长林新村也已建成，农户已入住宽敞明亮的新民居。在已取得成效的基础上，北京市需要努力在加快城乡经济社会发展一体化步伐上取得更大进展。

第一，加大统筹城乡发展力度。提高首都发展的整体实力，完善区县功能定位实现机制。首都功能核心区要强化政治中心、文化中心、国际交往中心功能，加强历史文化名城保护，推进旧城功能优化和人口疏解，提高服务能力，着力打造政治文化中心功能承载区、历史文化名城魅力展示区、宜居宜业示范区。要发挥门头沟、平谷、怀柔、密云、延庆等区县的生态优势，提高生态涵养发展水平。

第二，加快城市化进程。进一步落实聚焦通州战略，分类推进重点新城建设，打造功能完备的城市副中心，尽快发挥新城对区域经济社会发展的带动作用。深入推进城南行动计划，落实西部转型发展意见，下大力气抓好南中轴线、永定河绿色生态发展带建设，提升南部和西部地区基础设施、公共服务水平。稳步推进城乡结合部地区城市化，分类推进现代特色小城镇建设，推动集中居住、集约用地、服务完善、管理科学的新型农村社区建设。

第三，提高郊区经济发展水平。统筹推动资源在城乡之间的合理配置，推动投资重点、建设重点、发展重点向郊区转移，推动优质公共服务资源向农村转移、城市基础设施向农村延伸，更好地发挥郊区的战略腹地作用。做好农村集体土地确权工作，稳步推进农村集体建设用地流转试点，统筹利用城乡建设用地，逐步建立城乡统一的建设用地市场，使集体土地要素流动起来。加大农村集体经济产权制度改革力度，积极探索实现农村集体资产的有效形式，把农民集体资产经营起来，使更多农民成为拥有集体资产的新市民。加强对农民的技能和就业培训，加大农民转移就业和农转非力度，提高农村社会保障水平，增加农民收入。

(二)国外和台湾地区农村社区建设的经验及启示

党的十八大报告指出："在改革开放三十多年一以贯之的接力探索中，我们坚定不移高举中国特色社会主义伟大旗帜，既不走封闭僵化的老路、也不走改旗易帜的邪路。中国特色社会主义道路，中国特色社会主义理论体系，中国特色社会主义制度，是党和人民九十多年奋斗、创造、积累的根本成就，必须倍加珍惜、始终坚持、不断发展。"①我们不照搬西方政治制度的模式，但是要借鉴人类政治文明的有益成果。西方国家在农村建设和管理方面有些经验值得我们借鉴。

1. 法国、德国、美国的乡村建设的经验

(1)法国的农村社区建设。

法国农业社会的转型从 19 世纪中叶开始，到 20 世纪初结束。法国的农

① 胡锦涛：《坚定不移沿着中国特色社会主义道路前进 为全面建成小康社会而奋斗——在中国共产党第十八次全国代表大会上的报告》，北京：人民出版社，2012 年版，第 12 页。

村建设以基础设施发展，特别是交通运输业的发展为动力，这就降低了农业流通的成本，促进了统一市场的形成，有利于产业的进步和发展。乡村企业逐渐被以农业产业化为核心业务的大企业所代替。随着各国经济联系的加强，农村居民的传统观念发生了重大改变，法国的农村社会发生了根本性变革。法国为振兴农村，修建了众多深入到农村和落后地区的公路和铁路，还在国家预算中专列了“农村发展整治基金”，拨出巨款对农村地区进行整顿、改造。为进一步增强农村的活力，1985 年法国政府拨出 40 亿法郎用以建设乡村的公用设施，城乡差距大大缩小。

早在 20 世纪 70 年代，法国城乡之间的生活条件就达到了相同的水平，乡村不但拥有城市生活的一切舒适，还有城市所没有的美好环境。乡村成为一个生活场所，其空间功能发生了深刻的变化。新型乡村空间不但有传统的农业生产功能，而且具有居住、娱乐、工业和自然保护区等多种功能。乡村功能的增加，导致乡村活动的多样化和乡村就业的多样化，也促使乡村重新焕发了新的活力，出现了所谓“乡村复兴”。

在过去，随着农业贡献率的急剧下降，乡镇似乎失去了一切活力，好像已经走到了尽头；然而，经济发展一旦进入到抹平城乡生活条件差别的阶段以后，甚至连那些最小的乡镇都萌发出了一种新的社会、文化、政治、经济的生命力。村庄成为一种“既非城市、又非乡村”而是二者兼有的地方社会。人们在乡村社会找到了在城市社会难以找到的个性化、归属感的空间。在这样的条件下，尽管出现了乡村的人口外流，但是法国 3.2 万个乡村市镇始终保持着自己的政府和议会。法国学者认为，乡镇的合法性体现了民主精神的根深蒂固，体现了一种尊重地方自治的明智。他们在总结这一时期的经验时说：一切将乡镇再次集中的努力都失败了；人们可以制定把乡镇集中为专辖区的市镇的计划，但是很难强迫乡镇再次集结。直到 20 世纪 90 年代，法国的乡村市镇数量都没有多大变化，只是有不少乡镇的农业人口减少、居住人口增加。从规模上看，百人以下的市镇约占 13%，100～1000 人的约占 76%，1000 人以上的约占 11%。

(2)德国的农村社区建设。

德国是一个强调整体均衡、协调发展的国家，无论是大城市还是乡村，都有着优美的环境、便捷的交通、完善的基础设施，城乡几无差别。简陋破旧、生活贫困的农村地区在德国已成为历史。而清新的空气、优美的景观、接近自然的生活品质使村庄拥有现代城市所无法比拟的独特魅力。几乎所有后发展中国家或者地区都曾经是二元格局社会，也就是城市先进而农村却远远落后，它们要发展，就必须拉近城乡差别，使得农村和农业摆脱困局。

20世纪30年代的德国土地规划，以城市和临近地区为主，农村地区处于陪衬角色，并未深入研究有关农村发展问题。这种不均衡的城乡发展，促使德国政府自20世纪30年代末开始在全国范围内推行村落更新计划，以挽救日益衰退的乡村。

德国的农村建设大致可分为四个阶段：第一阶段为19世纪30年代，德国是一个以农业为主的国家，农业人口占总人口的80%，《帝国土地改革法》使德国农村建设逐步走上法制轨道，农村的自由发展状态结束。农村给排水设施的建设、土地的规整与合并、荒地的开发利用都遵循该法实施。自二战之后，许多工业场所迁至农村地区，第二阶段的农村改革与建设开始，这一阶段村庄更新的重点主要集中在新村建设和完善基础设施两个方面，虽然这在一定程度上破坏了老村庄的原有肌理和风貌，但在提升农村生活水平，消灭城乡差距方面取得了很大进步。第三阶段，20世纪70年代，城市居民为了追求宽敞的住房、良好的空气和宜居的环境而出现的无计划的“返乡运动”，导致了农村地区建筑密度增大、交通拥挤杂乱、土地开发过度、土地使用等矛盾的加剧，村庄失去原有的特色和魅力。1976年，联邦政府对《土地整理法》进行了修订，将农村建设纳入法律条文中。这一阶段实施的农村建设开始审视村庄的原有形态和村中建筑，重视村庄内部道路的布置和对外交通的合理规划，关注村庄的生态环境整治，农村不再是城市的复制品，而是有着自身特色和发展潜力的村落。进入20世纪90年代，第四阶段的农村建设融入了可持续发展的理念，农村开始注重生态价值、文化价值、旅游价值、休闲价值与经济价值的建设。

(3)美国的农村社区建设。

美国至今只有200多年历史，其农村发展模式是一个移民的工业化国家解决农村问题的典型模式，又是以城市化带动农村发展的典型模式。美国通过工业化的发展，利用扩散效应影响和带动城市周围的农村发展。其中，最重要的内容是统一规划建设全国城乡道路、水利和能源等基础设施。例如：美国在20世纪30年代就统一规划建成了全国高速公路网络和快速铁路网络，高速公路多为8车道硬化路面，纵横分别以阿拉伯数字和英文字母组合编号，快速铁路里程达30万公里(我国目前铁路运营里程为8万公里)；美国的主要江河上都修筑了大小密布的水闸、水坝，满足全美的电力需求，同时从根本上治理了水患和水土流失，为农业生产提供了重要的水利灌溉支撑，并且促进了农业生态(土壤)环境的保护。当时美国国力远不能支撑完全由政府来投资建设花费如此巨大的基础设施，政府主要是通过融资(发行国债)手段实现对以上基础设施建设的投资，体现出政府的根本职责即服务功能。同时，在城市化过程中，对于如何处理城市与农村、工业与农业的关系，以及如何促进乡村发展等方面，美国的成功经验值得我们学习和借鉴。

第一，美国在工业化、城市化过程中，农工关系比较协调，农业发展一直比较顺利，为城市化提供了条件，同时也促进了乡村地区经济社会繁荣发展。美国是一个以农村、农业开始其历史的国家，城市化起步比欧洲国家晚，但城市化速度却不比任何国家逊色，1920 年城市人口就超过了农村，1998 年城市化率为 76%。美国的工业化是以消费品工业中的纺织工业，更具体地讲是从棉纺织业开始的。这种工业化特点使农业等基础产业发展较快，反过来又刺激了工业发展，农工协调发展促进了城市化的较快发展。美国不像欧洲和日本那样，在工业化、城镇化过程中农业出现了衰退，美国农业一直发展较快，为城镇化解决了粮食问题，提供了原料和广大的国内市场。同时，农业是美国城镇化初期资本积累两个主要来源之一。

第二，美国在加强大都市圈和城市带建设的时候，非常重视中小城市和中心镇的发展。美国从 20 世纪 30 年代开始，小城镇人口的比重显著上升。20 世纪 60 年代，美国实行了“示范城市”的试验计划，其实质就是通过大城市人口的分流，充分发展小城镇。近几十年发展起来的大都市区、城市圈或称为卫星城集中起来的城市带，是大批小城镇的集合。美国城市的规模差别很大，从几百万人口到几百人的都有，但以 10 万人以下的小城镇居多，大约占城市总数的 99.13%。美国自 1968 年国会通过《新城镇开发法》后，又于 20 世纪 80 年代提出建设“都市化的村庄”。同时，美国在长期的发展中还注意到了村镇原有景观被破坏的威胁，为防止在现代化的过程中牺牲农村，1984 年于马萨诸塞州成立“乡村中心”，专门研究农村面临的特殊问题。“乡村中心”成立后，该中心的人员编写乡村规划的实用手册，指明如何通过创造性的建设规划，实现保留乡村特色的目标，帮助村镇确定最合适建房的区域和值得长期保留的风貌，开展乡镇规划效果的讨论会，出版有关乡村景观特色及规划、设计的期刊。

第三，在城市化进程中，美国的城乡关系也逐渐趋于协调和融合。第二次世界大战以来，随着产业活动及就业活动的郊区化，美国经济活动和人口持续不断地由城市中心向外围、由大城市向中小城市迁移和扩散，郊区人口在总人口中的比例越来越大，制造业和服务业成为地方经济的支柱产业，乡村和城市的生活方式逐步融合，经济上的差别正在变得越来越不明显，城乡一体化格局逐步形成。

2. 日本、韩国、印度的乡村建设的经验

(1)日本的乡村建设。

日本在20世纪60年代以后乡村城市化飞速发展，农村地区人口外流情况严重。之后，农业又出现了食物自给率明显下降、生产成本较高的农产品国际竞争力减弱、农户经营规模小、兼业农户占主体地位、农业劳动力老龄化、山区农村经济衰退等一系列的问题。为此，日本政府制定了有名的农村整备计划，先后出台了《町村合并法》、《过疏法》等一系列法规，目的是控制大城市的盲目发展，引导工业的合理分布，促进农村的开发，在农村实现工业化和生活现代化，即造村运动。在日本的造村运动中最具知名度的是由1979年开始提倡的“一村一品”运动。它要求一个地方(县、乡、村)根据自身的条件和优势，发展一种或几种有特色的、在一定的销售半径内名列前茅的拳头产品，也包括特色旅游项目及文化资产项目，如文化设施或地方庆典活动等。造村运动的主要做法是以开发农特产品为目标，培育各具优势的产业基地，增加产品的附加价值，并以开发农产品市场为手段，促进产品的生产流通。同时开设各类补习班，提供农业低息贷款。随着造村运动的发展，运动的内容扩及整个生活层面，运动的地域也由农村扩大到都市，变成了全民运动。

日本农村建设的历史从总体上来说，可以分为两个阶段：第一阶段，以农业现代化带动农村发展阶段。这一阶段从1961年到1998年。第二次世界大战后，随着日本经济的高速发展，农业人口急剧减少，工农和城乡差距日益扩大。面对这种情况，日本政府从1961年开始，颁布了《农业基本法》、《农业现代化资金筹措法》等一系列法律，并修订了《农地法》和《农振法》等法律。基本思路就是从产业振兴的角度切入，以促进农业发展为主线，来增加农民收入，促进农村发展。主要内容都是围绕如何推进农业现代化，提高农业生产率，扩大农户经营规模，增加农民收入，以缩小工农产业和城乡收入差距。这些法律法规虽然从农业角度涉及了农村发展问题，但并没有系统、专门地关注农村建设问题。第二阶段，农村与农业并行发展阶段。这一阶段从1999年开始。20世纪90年代后，日本农业面临食物自给率明显下降、生产成本较高的农产品国际竞争力减弱、农户经营规模小、兼业农户占主体地位、农业劳动力老龄化、山区农村经济衰退等一系列问题的挑战。基于这种情况，在旧《农业基本法》的基础上，从1999年起，日本又出台了《食品、农业、农村基本法》以及《山区振兴法》等配套法律，并制定了具体的实施计划。这些法律和计划将如何振兴农村列为重要内容，采取了如下措施：一是支持山区半山区农民从事农业生产；二是大力增加农村基础设施投入，吸引年轻人留在农村和新的农业劳动者进入农村；三是制定地域性的产业重振计划，推进农村、山村及渔村地区振兴；四是设立"农村建设专项费"，支持农村个性化、亲环境型发展；五是鼓励农村地区发展非农产业；六是建立城市与农村共存及双向交流的机制，通过创建绿色观光事业及体验农村生活等活动，增强城乡国民间双向交流。

通过这些方面的努力，日本的农业生产率得以提高，农民收入得以增加，工农产业和城乡收入差距得以缩小，很快实现了农业现代化。

(2)韩国的乡村建设。

20世纪60年代，韩国仍然是一个落后的农业国。农村人口约占人口总数的60%，国民生产总值的40%左右依赖于农业。"住草房、点油灯、吃两餐"是当时韩国农民生活的真实写照。在全国农村人口中，经营不足1公顷耕地的农户占67%，他们的年平均收入还不到城市居民的50%。农村劳动力老龄化、弱质化，农业后继无人，加上农业机械化发展滞后，导致部分农村地区的农业濒临崩溃。这一时期一方面韩国城乡差距、工农差距日益扩大，使得农村问题成为韩国政府必须解决的迫切问题，另一方面，由于政府采取出口导向型发展模式取得成功，政府能够拿出财力支援农业和农村。

韩国政府自1970年开始发起了"新乡村运动"，大力倡导"勤勉、自助、合作"理念来振奋农民精神，以项目开发为纽带，以政府支援和农民自主为基本动力，带动农民开展家乡建设活动。它可以分为三个阶段：第一阶段主要是农村基础设施建设；第二阶段以增加收入为主，政府推出增加农、渔民收入计划，支持农村调整农业结构，推广良种和先进技术；第三阶段主要是发展以农产品加工为主要内容的农村工业。这场运动旨在引导农民参与农村的基础设施建设，主要成果包括农村道路建设、农民住房改造、自来水设施建设、农村电气化、农作物高产新品种的普及、乡村礼堂建设以及大规模培训乡村领导人。它的最大特征，就是始终以农民为主体、以农民脱贫致富为内在动力，是以农民亲身实践、政府扶持为主要形式的社会实践，是广大人民群众和学者、公务员通过亲身实践逐渐总结出来的。

这场运动进行了差不多十年的时间，在这10年间，韩国政府财政累计向“新乡村运动”投入2.8万亿韩元，相当于财政支出的1%。效果十分明显，突出变化是农民生产生活条件显著改善。在交通方面，通过改善农村公路，全国都实现了村村通车。居住方面，通过改善住房条件，使得农村面貌焕然一新。在农村生活条件的改善方面，通过实施农村电气化工程，20世纪90年代农村家电就已普及，全国已实现了电气化；通过改善农民饮水条件、兴建村民会馆、增加农民收入等措施，使农民得到极大的实惠。从20世纪70年代到现在，韩国城乡居民的收入比始终保持在1∶0.8～1∶0.9之间。韩国以改善生产、生活环境为重点的“新乡村运动”，创造了发展中国家农村建设跨越式、超常规发展的成功模式。

(3)印度的乡村建设。

印度近年来发展迅猛，它的政治、经济制度日益引起国际社会的广泛关注。当然，人们会去关注它在发展过程中的优势，但是同时也会注意到它的劣势。那就是印度70%的人口居住在农村，贫困人口的近70%也集中在农村。据印度政府2001年的人口普查数据，人口总数为10.27亿，其中农村人口为7.41亿，占人口总数的近70%。总劳动力人口4.02亿，从事农业生产的劳动力人口为2.34亿，占总劳动力人口的58%，其中男性劳动力为1.4273亿，占男性劳动力总数的51.9%，女性劳动力为0.9133亿，占女性劳动力总数的71.8%。上述数据显示，印度劳动力人口的一半以上从事农业生产，但其农业产值只占约1/4。有近3亿人口即人口总数的1/4强生活在贫困线以下，如果按照1美元的国际贫困标准计算，则贫困人口约为3.9亿。在这种情况下，农村的各项基础设施、生存环境、教育和医疗等社会保障水平都大大落后于城市。加强农村基础设施的建设，改善农村居民的生存环境，成为印度政府关注的焦点。

为了农村发展，为了改变农村严重贫困的状况，印度政府从20世纪80年代开始，制定了许多推动农村发展的政策措施，并且不断地增加资金投入，在全国范围内推行“乡村综合开发运动”，其战略着眼点是缓解乡村的贫困，制止农村人口的外流。其农村发展战略指导思想强调的是，通过自治机构动员民众积极参与政府设立的各项工程，改变过去的项目和工程都是自上而下地由政府设立和执行，没有群众参与而效果不佳的状况。具体办法是，政府将权力下放给自治机构，通过自治机构协调政府政策和民众的愿望与需求。

具体措施有：一是发展农业技术，推进“绿色革命”，提高农业生产水平；二是发展劳动密集型的手工业和乡村工业；三是在农村地区大力建设以工业为主体的小城镇；四是合理调整村庄的规模，着力解决农民的住房问题。

在各项政策顺利实施的推动下，印度的农村建设取得了不小的成绩，农村面貌有所改变，农民生活水平有所提高。印度的建设经验，受到国际的广泛关注，成为各国借鉴的对象。

3. 台湾地区的农村社区更新运动的经验

台湾地区进行的农村社区更新运动，针对逐渐被吞噬的农村社会，希望能在发展与保存中找到新的道路，有计划地使农村居民采用新的理念，进而产生新的发展模式。它的主要内容有以下几个方面：整建老旧社区；保存及使用古迹；保护生态环境；改善农村环境品质；改良交通系统；维护具有历史及保存价值的居住环境等。其中有几点经验值得我们借鉴：

(1)完善农村制度建设，提供政策保障。

第一，改革土地制度。台湾的土地制度主要经历了三次调整。第一次土地改革是土地分配制度的改革，其目的是调动广大农户的积极性，增加农业产出，为工业发展积累资本，其主要内容包括实行三七五减租、公地放领及耕者有其田等政策。第二次土地改革是为了提高农业经营效率、扩大农业经营规模，主要包括提供扩大农场经营规模的购地贷款；推行共同委托与合作经营；加速办理农地重划；加强推行农业机械化；修订法规并推动农地利用区域规划。第三次是20世纪90年代以来农地政策的调整措施，主要包括建立新的耕地租赁制度，废除三七五减租条例；实施《农地释出方案》，保留适量农地，依法加速部分农地的变更使用；修订《农业发展条例》，允许个人和企业购买土地，促进农地所有权的流通；推动农地利用综合规划，形成区域性经营规模。

第二，强化农业金融制度。台湾农民所需资金由农会信用部及农民银行、土地银行、合作金库等三家银行提供。自1984年起政府设置农业发展基金，配合农会信用部及银行资金，以优惠条件提供各种政策性项目贷款，诸如购地贷款、农业机械化贷款、农业产销贷款、农宅贷款、农村青年创业贷款及农业天然灾害贷款等，对于促进农业发展贡献非常大。台湾强化农业金融制度的措施主要有：推动改善中壮年农民农业经营条件和扶持农业产销方面的政策性贷款，加强支持农业发展和照顾农渔民生产经营的优惠贷款；调整降低贷款利率；修订相关贷款规定，放宽贷款条件，扩大贷款对象，增加经办机构。

第三，构建农会组织，积极实施农业救助。农会不仅推行农业政策，提供满足农业生产、农民生活与农村文化所需的各种服务，同时通过教育培训提高了农民的知识技术水平，促进了台湾农村经济社会的快速发展。农会的主要任务包括：保障农民权益，传播农业有关规定，调节农事纠纷；协助有关土地农田水利改良、水土保持及森林保护；农业生产指导、示范，优良品种繁殖，促进农业专业区经营；农业推广、培训及农业补助的发放等。为减轻自然灾害给农渔民带来的损失，协助农渔民迅速办理复耕、复建及复养，农委会于1991年颁布《农业天然灾害救助办法》，设置灾害救助基金。根据相关政策，台湾地区通过发放老年农民福利津贴、办理农渔民子女助学业务、开办农民健康保险等措施，增加了农民福利，保障了农民生活。

(2)发展农业生产与营销，优化经济结构。

第一，调整农业生产结构。台湾在农业结构调整过程中，逐步减少稻米、杂粮、甘蔗的生产，发展具有优势的重点产业。渔业方面着重加强国际渔业合作，培育沿近海渔业资源，鼓励发展娱乐渔业、养殖渔业；畜牧业方面着重扩大经营规模，强化疫病控制和污染防治；林业方面以保护森林资源、维护生态环境、提高木材自给潜力与发展森林游乐为重点。精致农业是指科技密集、设施先进、品质优良、有市场潜力、能维护生态环境的新型农业，其重点是设施农业和观光农业。这样一来，农民既是生产者，又是产品的直接销售者，集生产与销售于一身，减少了农产品的采摘、装货、分级、包装、加工、运销等环节，增加了农民的收入。

第二，健全农产品流通市场。首先，拓展农产品营销通路，如推动农产品批发市场经营主体民营化，推行业务自动化；辅导农产品共同运销、直销，强化农产品物流系统；加强国内农产品促销活动，建立消费者对国产农产品的信心；发展新兴外销农产，以拓展国际市场。其次，建立现代化的产销资讯服务系统，及时报道农产品市场交易行情及市场分析，这样不仅可减少交易时间，同时也可为农民提供及时准确的市场信息，有利于促进公平竞争。

第三，创新农业科技，优化产业结构。首先，重视农业科技的投入。“台湾目前农业科技投入占整个科技投入的12.2%，在各产业中居第二位，仅次于工业；科研经费投入常年稳定在较高水平，科技进步对农业增长的贡献率达到60%，科技成为台湾农业发展的重要因素。”①其次，具备强大的科研力量。台湾农业研究资源丰富，农委会下辖16个试验研究机构，共有1600余位研究人员，每年预算高达100亿新台币。最后，注重农业科技推广和技术成果的转化。台湾制定了一系列促进农业技术成果的转化的政策法规，如农委会于2001年制定了《农业科技计划产学合作实施要点》，以便提高农业科技研发绩效，鼓励企业界积极参与农业科技研究与开发利用。

(3)加大教育投入，培养农民人才。

第一，加强科技培训。农业科技培训主要由政府的农业场站负责，培训对象以成年农民为主，其任务是增进农民知识、技能与观念。农业场站注重有关生产技术、经营管理、市场营销方面的教育培训，还经常举办各种研习会，开展咨询服务工作。台湾的科技培训不是主观、生硬地向农民灌输，而是把学习的权利交给农民。

第二，加强素质教育。素质教育主要由农委会负责，教育对象以农村青年为主，使其成为手脑并用、身心俱健，能够利用最新技术与方法从事现代农业经营的优秀农民。同时，农村青年教育也日益制度化，通过建立永久性的专门化农村培训中心，对受过专业训练的农村青年进行继续教育，逐步将农村青年教育纳入到继续教育轨道。

第三，加强家政服务教育。家政服务教育由农业及社会相关部门负责，教育对象主要是农村妇女。随着时代的发展和生活水准的提高，人们对家政服务质量的要求也越来越高。为了适应时代前进的步伐，从事家庭后勤服务的农村妇女也要投入到家政服务队伍的学习之中。

4. 国外和台湾地区农村社区建设的启示

通过以上对国外及我国台湾地区农村社区建设经验的介绍可以看出，农村社区建设的发起原因主要是基于不同发展阶段所面临的不同农村问题。发达国家处于城市化后期或逆城市化时期，城市突出的问题是居住与环境，这导致越来越多的居民重返生态环境优美的农村，农村生态及文化的保护成为西方发达国家农村建设的重点。而发展中国家处于快速城市化阶段，农村人口的流失、耕地的抛荒成为主要的问题，因此，发展农村产业，改善农村环境已成为发展中国家农村社区建设的重中之重。从中我们可以得到如下启示：

① 覃永晖、吴晓、张连彪、张强：《台湾地区农村建设对环洞庭湖区新农村规划的启示》，《中国农学通报》，2009年第11期。

第一，政府主导，规划先行。虽然西方国家实行市场经济体制，美国和德国等西方发达国家也非常重视农村建设规划的制定，但农村社区建设的主体依旧是政府。政府规划的制定能够更好地减少农村社区未来建设的不确定性，既保证公众参与又能尊重当地居民的选择，让居民主动地参与到农村社区建设中，确保其顺利实施。以政府为主导，形成分工合作的多部门管理协调机制，加强对农村社区建设的倡导和指导。充分发挥各级政府部门的协调作用，在各自功能范围内，各司其职，加强协作，形成完善健全的工作机制，各部门统筹规划，分类指导，共同发展农村社区建设事业。

第二，制度完善，法规保障。西方国家重视制度建设，在农村社区建设方面也出台了相关的法律法规，美国、日本都有关于农村社区建设的专门性法规来保证其合法性与有序性。例如美国的规划法规体系十分完善，可以明确地分为联邦、州、地方政府 3 个层级。“在联邦层级，与农村社区规划相关的法律首先由《农业法》、《土地法》以及相关的《环境保护法》等组成。《农业法》由美国农业部提出，并经正式公告成为法案，农业法案牵涉到民生、产业、福利、环境、外交等跨领域专业的议题。”①农业部为此还成立了一个农村发展机构，旨在促进美国农村经济发展和提高农民生活质量。此外还有与农村社区规划相关的法律——《住房和社区发展法案》，其中包含了对于农村社区住房与发展的专门法规内容。除了立法之外，联邦层面还制定一些与农村社区规划相关的政策性文件，作为立法的辅助工具，如《精明增长的城市规划立法指南》。因此我国应加强全国及地方人大的关于农村社区建设的立法工作，建立起完善的相关法律体系，以切实保障农民的合法权益。

第三，与农村产业的发展相结合。农村产业是农村经济兴旺与持续的基础。在改善生活条件的同时，注重农村产业的发展。增加农业的科技投入、发展绿色农业、开辟休闲旅游业成为振兴农村经济的重要措施。我们应该以社区为基础，因地制宜，发挥优势，形成完善健全的农村社区建设网络。在社区内，以家庭为依托，充分发挥各个机构、设施、人员的作用，实现社区资源共享，融入到社区产业发展中。

第四，重视公共基础设施建设。农村与城市的重大差距之一就是农村地区公共基础设施的不足。基础设施的建设是改善农村生活条件的基本措施，

① 黄怡、刘璟：《北美农村社区规划法规体系探析——以美国和加拿大为例》，《国际城市规划》，2011 年第 3 期。

西方发达国家不惜花费重金建设农村公共基础设施以此缩小城乡之间的差距。例如英国政府长期重视农村发展规划，并不断完善农村基础设施和公共服务建设。“2000年英国出台农村白皮书，要求政府各部门在制定任何政策时必须考虑到对农村的影响，考虑到政策是否会给农村带来不利影响，避免侵害农村利益。2004年英国出台农村战略，重点有3个方面：一是提出农村经济社会发展计划；二是推行全民享有的社会公平，改变农村社会服务落后，机会不均等的现状；三是提升农村价值，为子孙后代保护好自然环境。”①

第五，加强我国农村社区建设与世界各国的交流与合作，特别是加强与联合国有关组织及其他非政府组织的合作。加强国际农村社区建设经验交流，相互学习和借鉴是改进和完善我国农村社区建设工作的重要途径。一些发达国家在农村社区建设方面进行了多年的实践，已经取得了一些成功的经验，值得我们学习和借鉴。

国外及台湾地区的经验对我国农村社区建设有积极的借鉴意义，但我国与其他国家和地区的自然条件、人口压力、经济社会背景所处的层次不同，面临的资源、环境与空间压力更加突出，农村空间演化的机制也有其特殊性，因此我们在制定农村建设发展战略时，既要积极地吸取现有的成功经验，同时又要重视我国的基本国情。

(三)北京市农村社区建设的重要意义

北京市农村社区建设是北京市建设世界城市的保障工程，是贯彻落实科学发展观和新农村建设的重要载体，是北京市统筹城乡发展的新途径，是全国农村创新建设的积极探索和尝试，具有重要和深远的意义。

1. 农村社区建设是北京市建设世界城市的保障工程

北京市第十一次党代会明确提出了北京未来五年的发展战略，自此，开启了全面推动首都科学发展、努力建设中国特色世界城市的新航程。世界城市虽无定义性的概念，但一般认为，世界城市是国际城市发展的高端形态，是聚集世界高端企业总部和高端人才的城市，是国际活动的聚集地和对全球的政治、经济、文化等方面具有重要影响力的城市。

从形态上讲，世界城市是国际城市的高端形态。这包括三个层面。第一，世界城市是一种社会形态，即社会的发展模式，就是经济社会发展过程中的

---

① 王涛：《英国：不断完善农村基础设施和公共服务》，《经济日报》，2011年7月16日。

资源要素配置机制，通过资源要素的优化配置最终实现城市价值最大化。第二，世界城市必须首先是国际城市。城市成为资源集聚、辐射、流通和增长的载体，也成为资源配置的网络节点。中国有大大小小建制城市 660 多个，全世界的城市有 3000 多个。在资源配置过程中，根据城市等级的高低、能量的大小、联系的紧密程度，城市被分成不同层次，其中对全球政治、经济、文化或全球资源配置起到关键作用的主要城市，就是国际城市。国际城市也就是全球城市网络体系中的主要节点。第三，世界城市是城市的高端形态，高端形态是指全球性的国际城市，如纽约、伦敦、东京，目前在理论界、学术界公认的只有这三个；中端形态是指区域性国际城市，它在跨国界的区域资源配置中起关键作用，如巴黎、新加坡、香港等；低端形态是指国家性国际城市，即如中国的北京、上海、天津、重庆和广州。也就是说，目前的北京还处于国家性国际城市形态的阶段。

从作用上讲，世界城市应对全球政治、经济、文化具有影响力。影响力是一个城市拥有主导和改变思维模式与价值取向的能力及权利。在内涵上主要包括三个方面：一是公认度，世界城市不是自封的，而是公认的，是需要有社会认可度和国际公认度的。提升国际公认度的前提是要有国际知名度、美誉度、满意度等。二是话语权，从某种意义上说，影响力就是话语权。话语权是平等参与全球化事务的一种资格。影响话语权的要素有定价权、信息发布权、文化主导权、技术标准权、市场引领权和规则制定权等权利。三是软实力，软实力是影响力的本质。也有人把软实力翻译成软权力。软实力至少包括国际语言环境、国际机制和对外政策、人才、意识形态和价值观、文明程度和大众传媒等。国际语言环境是一国软实力的重要表现。这并不仅在于多少人会讲外语，关键是跨文化交流。语言是文化的外化，语言环境实际上是文化环境。世界城市不仅是全球战略性资源、战略性产业和战略性通道的控制中心，也是中外文明融合和多元文化的交流中心，是硬实力与软实力的高度统一体。

从特征上讲，世界城市至少应当具备五个基本特征。一是雄厚的经济实力。包括国内生产总值总量大，人均国内生产总值程度高，后工业化经济结构明显，特别是现代服务业发达，总部经济贡献率大。二是巨大的国际高端资源的交易和流量。国际高端资源就是国际高端的人流、物流、资金流、技术流和信息流。世界城市不仅看总量，更重要的是看流量，流量就是控制力，交易量就是影响力。三是发达的、现代化的、立体化的交通体系。要特别强调的是，一个城市的交通重在体系建设，这个体系包括战略、规划、建设、管理、可持续发展，也包括外部区域体系和城市内部体系。四是安全、稳定、宜居的社会环境。真正的宜居环境，是一个城市需要更加繁荣、更加开放、更加多元、更加包容、具有更多的选择性。五是良好的国际形象。这个形象包括政治形象和社会形象。比如诚信环境、公众素质、文明程度、社会风尚等，最根本的是人的素质，是一个城市的品质。比如，城市文明就是一个标志，实际上，厕所文明、垃圾文明及无障碍文明最能反映一个城市的文明程度。

根据国内外专家的研究，目前国际上公认的世界城市只有三个，即纽约、伦敦、东京，它们在世界金融体系及世界经济事务中发挥着核心作用。北京虽然已是一个国际化的大都市，各项指标也在不断攀升中，但是在经济实力、国际化功能、创新能力、生态环境、人均资源占有率等方面，与国际发达城市相比，还存在一定的差距。目前，北京市经济总量相当于伦敦的五分之一，纽约的六分之一。在北京目前的产业结构中，第三产业所占比重已超过70%，符合世界城市的发展趋势，但总量仍然偏小，以制造业为主的第二产业也需要大力发展。中国是一个拥有13亿人口、五千年历史和辽阔国土的发展中大国，在这样的国家实现城市现代化和国际化没有先例可循。作为首都，北京的发展不能套用别人的模式，只能按中国特色社会主义发展规律来探索和把握城市发展的规律和定位，建设国家首都、国际城市、文化名城和宜居城市。

建设世界城市是一个全方位、多层次的概念，囊括社会生活的各个方面，北京要建世界城市，首先要做的，就是进一步优化北京城市的空间布局，加快行政区域资源整合。而在这一过程中，农村社区建设无疑是最基础的一环，它有利于解决制约北京建设成为世界城市的一系列因素，对构建文明民主的城乡政治氛围、培育新的经济增长点、改善经济发展模式、调整城市人口与劳动力结构、解决北京市的人口就业压力、改善与维护城市生态环境、维持首都的社会稳定等起着至关重要的作用。

2. 农村社区建设是贯彻落实科学发展观和新农村建设的重要载体

科学发展观，是中共中央总书记胡锦涛在2003年7月28日的讲话中提出的，指明我们在社会主义建设中必须要按照“统筹城乡发展、统筹区域发展、统筹经济社会发展、统筹人与自然和谐发展、统筹国内发展和对外开放”的要求推进各项事业的改革和发展。它是一种“坚持以人为本，树立全面、协调、可持续的发展观，促进经济社会和人的全面发展”，其第一要义是发展，核心是以人为本，基本要求是全面协调可持续，根本方法是统筹兼顾。中国共产党十八大报告把科学发展观确定为党的指导思想，是建设中国特色社会主义理论体系的最新成果。通过全面准确把握科学发展观的深刻内涵和基本要求，我们可以看到，中国特色社会主义建设必须要坚持如下原则：

一是始终坚持以经济建设为中心不动摇，聚精会神搞建设，一心一意谋发展；二是在促进经济发展的基础上，必须推动社会的全面进步和人的全面发展，即在促进社会主义物质文明发展的同时，也要搞好政治文明、精神文明的协调发展，“两手抓，两手都要硬”；三是必须着力提高经济增长质量，努力实现又好又快的发展目标，实现速度和结构、质量和效益相统一，实现经济发展和人口、资源、环境相协调，不断保护和增强发展的可持续性；四是必须坚持理论与实际的结合，坚持具体问题具体分析，因地制宜，因时制宜，做到科学发展。

新农村建设是我国经济在总体上进入以工促农、以城带乡的发展新阶段后面临的新课题，是当今时代发展和构建社会主义和谐社会的必然要求。2005 年 10 月，中国共产党十六届五中全会通过《中共中央关于制定国民经济和社会发展第十一个五年规划的建议》，提出按照“生产发展、生活宽裕、乡风文明、村容整洁、管理民主”的要求，对农村进行经济、政治、文化和社会等方面的建设，最终实现把农村建设成为经济繁荣、设施完善、环境优美、文明和谐的社会主义新农村的目标。这是我们在建设中国特色社会主义的过程中必须坚持和贯彻执行的。我们知道，“三农”问题始终是关系党和人民事业发展的全局性和根本性问题，农业丰则基础强，农民富则国家盛，农村稳则社会安。它不仅关系到农业、农村的发展和农民的富裕，而且关系到实现国家的长治久安和民族的伟大复兴。因此我们必须下更大的决心、拿出更多的投入、进行更扎实的努力，推动现代农业建设迈出重大步伐，在构建新型工农、城乡关系方面取得突破性进展，为建设社会主义新农村打下坚实基础。

农村社区建设是一个综合发展的过程，是一个合理利用农村的现有资源以实现农村经济、社会、政治、文化等方面的可持续发展，是我们在贯彻科学发展观和进行社会主义新农村建设过程中进行的新的探索和尝试，符合当今时代的要求，是近几年来的热门话题。北京农村社区建设涵盖了农村政治、经济、文化、教育、卫生、体育、社会保障和社会服务事业的各个领域，坚持以人为本，注重增强农村社区的服务功能，是贯彻落实科学发展观和新农村建设的重要载体。自 2003 年北京农村社区建设开始全面推进以来，农村地区基层组织管理的中心正逐步从村向社区转移，社区的重要作用日益突出。北京农村社区建设有利于维护农村稳定，提高农民生活质量和文明素质，促进农村各项事业协调、健康发展；有利于调动群众和社会力量参与新农村建设的积极性，把社会主义新农村各项具体的政策措施落实到农村社区基层。

3. *农村社区建设是北京市统筹城乡发展的新途径*

统筹城乡发展是科学发展观中“五个统筹”中的一项内容。就是要求我们要更加注重农村地区的发展，切实解决好人们关心的“三农”问题，坚决贯彻执行工业反哺农业、城市支持农村的方针，逐步改变当前制约我国经济发展的城乡二元经济结构，逐步缩小城乡发展差距，通过实行以城带乡、以工促农、城乡互动、协调发展的模式，来实现农村经济社会全面发展以及农业和农村经济的可持续发展的目标。自从实行改革开放的政策以来，各级政府一直致力于农村改革和社会发展的工作，但是从总体上来说，目前中国城乡差距仍是过分悬殊并不断扩大。我们一直强调要解决“三农”问题，但是要真正地解决“三农”问题不能单靠农村自身，必须在城市与农村的互动中逐步解决，可以这样说，没有城市的积极参与和支持，农民的小康难以顺利实现。因此，只有按照党的十六大提出的统筹城乡发展的战略思路，创新城乡发展战略，才能有效解决“三农”问题，改变城乡二元结构，缩小城乡差距，加速全面小康社会的建设步伐。

民族要发展，社会要进步，就必须缩小城乡差距，提高城镇化水平。现今，统筹城乡发展、实现城乡一体化已成为社会各界的共识，同时也是建设“人文北京、科技北京、绿色北京”的重要内容。然而，就北京现在的状况来说，这还是一个异常艰巨的任务：北京地区的城乡二元结构造成的深层次矛盾依然突出，城乡社会事业和公共服务水平差距依然较大，农民持续增收困难依然较多，城乡居民收入差距还在持续扩大，人口、资源、环境的矛盾也在日益显现，再加上持续不断的外来人口的涌入，北京周边地区的境况受到了巨大的威胁和挑战，建设“人文北京、科技北京、绿色北京”的目标任重而道远。我们迫切需要寻找一条新的出路来解决这些问题。

针对以上问题，北京市在2011年5月的政府工作报告和市农村工作会议上，提出了开展新型农村社区试点建设的要求，围绕率先形成城乡经济社会发展一体化新格局的战略目标，制定下发了《关于开展新型农村社区试点建设的意见》，在全市重点启动了10个新型农村社区试点建设。通过落实城市总体规划和城乡一体化规划，转变农村经济发展方式，促进优质资源和要素向农村转移，实现农民充分就业和人口集聚，提高农村地区公共服务水平，努力探索郊区城镇化和新农村建设协同发展的新途径，北京地区有效地改变了周边农村地区的面貌，农村地区的面貌焕然一新。农村社区建设成为一条统筹城乡发展的新途径：农村社区创新建设能够有效拓展首都的战略发展空间，统筹城乡经济社会政策，整合城乡资源；有利于完善农村基础设施建设，是改善农村生产生活条件，构建和谐村镇，提高居民生活水平和生活质量的重要措施；有利于健全基层组织，延伸社会公共服务，加快推进农村社区的社会管理创新，使首都率先形成城乡经济社会发展一体化的新格局。

4. 农村社区建设是全国农村创新建设的积极探索和尝试

农村社区建设属于社会管理范畴，推进农村社区建设的总体要求是在服务中实施管理，在管理中体现服务，健全新型社区管理和服务体制，把社区建设成管理有序、服务完善、文明祥和的社会生活共同体。推进农村社区建设的具体任务是，完善村民自治、发挥驻区单位和各类组织在社区建设中的积极作用、实现政府行政管理与社区自我管理有效衔接、政府依法行政和居民依法自治良性互动、加强流动人口管理、开展社区群众性自助和互助服务、发展社区服务业。

首先，社区建设是建设社会主义新农村的新模式，是积极促进农村、农业、农民工作实效性的最佳选择。农村社区建设将在一个新的层次上进行社会各种资源、力量的重新整合，构建崭新的社会管理方式，促进中国农村社会向现代社会的过渡和转型。要通过政府主导建设农村社区，加强国际组织和非政府组织合作开展农村社区建设项目，完善农村社区自治，推进社会主义新农村发展进程。另一方面，构建和完善新农村公共服务体系有赖于新型农村社区的建设，在社区组织重构、社区文化融合、农民社区主体作用强化的基础上，新型农村社区必将会提供切实有效的农村公共服务体系，促进社会主义新农村建设任务的早日完成。其次，开展农村社区建设，是坚持科学发展观和构建社会主义和谐社会的重要措施。构建社会主义和谐社会，是我们党从中国特色社会主义事业总体布局和全面建设小康社会全局出发提出的重大战略任务，反映了建设富强、民主、文明、和谐的社会主义现代化国家的时代要求。再次，积极推进农村社区建设，主要是通过改善人们的生存环境，不断满足人们日益丰富的生活需要，提升人们的生活质量，以此构建人们对社区的归属感和认同感，从而形成现代社会生活共同体，同时，农村社区建设也是进行农村社会管理体制变革，构建起适应社会主义新农村建设需要，上下贯通、城乡一体的新型的制度平台。

随着2003年起北京农村社区建设的全面推进，农村新型社区率先在北京市的10个试点展开，涉及25个村庄。按照“地域相近、产业相似、习俗相同、便于发展”的原则，农村社区可以由几个村联建，也可以由一个村庄单独建设。2011年，密云县穆家峪镇华润希望小镇、房山区青龙湖镇晓幼营新型农村社区、延庆县八达岭新型农村社区率先启动。目前，密云县穆家峪镇华润希望小镇一期工程22套样板间已经完工；房山青龙湖镇晓幼营新型农村社区已完成回迁楼主体工程，延庆县八达岭新型农村社区已完成新民居建设700余套。北京市通州区是成功开展农村社区建设的典型区县，他们的工作经验曾被民政部推广。针对本区具体情况他们创造性地提出了“五大工作原则”、“四个工作步骤”和“七大任务”，并且制定了详细的实施步骤和保障措施，使得农村社区建设工作得以顺利地进行，切实提高了农村社区管理和服务水平，大力推动了社会主义新农村建设。

北京农村社区建设目前已取得显著成效，农村地区基层组织管理的中心正逐步从村向社区转移。开展农村社区建设，进一步调动了广大农民有序参与的积极性，组织动员农民投身村庄建设，实现政府行政管理与社区自我管理有效衔接；为政府各部门和社会各方面提供了中介，通过社区这一平台，把服务送给农民、把实惠带给农民；通过完善社区公共服务体系，较好地解决了长期存在的农村教育、卫生、文化、社会保障等社会事业发展滞后的矛盾，满足农民群众日益增长的物质文化需求，农村社区的重要作用日益突出。北京农村社区建设，对于破解城市管理难题、开辟城乡发展新道路、建设社会主义和谐城乡无疑是一次新的探索和尝试，其他地区可以有效地吸收借鉴北京市的成功经验，结合自身具体的政治、经济、文化、社会特点，走出一条适合当地发展的、具有浓郁地方特色的农村社区建设之路。

二、北京农村社区体制管理创新的现状分析

为了加快北京市农村社区在经济、社会、管理等方面的体制创新，北京市重点选择一些村庄大胆发扬农村社区体制改革创新精神，综合利用农村社区的各方面优势，经过长期的实践探索，形成了一批具有现代化特色的，能够为我国社会主义新农村建设提供示范作用的农村社区体制改革创新模式。

（一）北京农村社区体制机制探索

2003年北京市人民政府开始全面推进农村社区体制建设，并在2011年确

定了 10 个村庄作为试点。农村地区基层组织管理的中心正逐步从村庄向社区转移，村庄社区化的作用日益突出。按照北京市委、市政府加强社会服务管理创新和创建全国文明社区的工作要求，农村地区将继续以精细化管理和人性化服务为目标，努力提高社区建设整体水平，逐步建立符合北京市功能定位和世界城市要求的现代新型社区。这些试点为北京农村社区体制机制的探索积累了丰富的实践经验。

2005 年北京市委、市政府发布的《关于建设和谐社区和谐村镇的若干意见》，把“民主法制健全、基本社保均衡、公共服务完善、社会安全稳定、生活环境良好、邻里互助友爱”作为建设和谐社区、和谐村镇的目标；把“以邓小平理论和‘三个代表’重要思想为指导，全面贯彻落实科学发展观，以党的领导和党的建设为关键，以服务群众为重点，把维护社会公平放到更加突出的位置，创新基层社会管理体制，发育公共服务体系，完善基层民主自治制度，加强基层社会管理和建设，努力把社区、村镇建设成为各个社会群体和谐相处的社会生活共同体”作为建设和谐社区、和谐村镇的总要求。① 建设和谐社区、和谐村镇的目标与农村社区建设的任务有内在的联系，是一致的，建设和谐社区、和谐村镇也是农村社区建设的应有之义，也是农村社区体制机制探索所要达到的目标。

2008 年 12 月 25 日，中共北京市委十届五次全会通过了《中共北京市委关于率先形成城乡经济社会发展一体化新格局的意见》，为了缩小城乡发展差距，积极解决“三农”问题，为农村社区体制机制改革创新提供方向，《意见》提出“要积极推进城乡结合部综合配套改革试验，在绿化隔离带建设、土地使用制度、农民整建制转居、劳动就业、社会保障、管理体制等重点领域取得重大突破”，同时“加快农村地区新建居民区居委会的组建工作”，并要求“到 2020 年，城乡结合部、新城周边以及乡镇中心区的农村地区全部实现城市社区管理”。②

2011 年 6 月，北京市人民政府发布的《关于开展新型农村社区试点建设的意见》对建设社会主义新农村，促进北京市城乡经济社会一体化进程作了具体的部署，明确了农村社区建设的指导思想、内容、组织领导，并将“产业发

① 《中共北京市委北京市人民政府关于建设和谐社区和谐村镇的若干意见》，http://www.bj.xinhuanet.com/bjpd_bjzq/2005－08/31/content_5020051.htm。

② 《中共北京市委关于率先形成城乡经济社会发展一体化新格局的意见》，http://cpc.people.com.cn/GB/64093/64387/8601852.html。

展、就业充分、环境宜居、住房舒适、设施完善、服务均等、管理民主、文明和谐”作为试点农村社区建设的任务目标。2011年8月,《中共北京市委办公厅、北京市人民政府办公厅印发〈关于全面加强城乡社区居民委员会建设工作的意见〉的通知》要求进一步加强城乡社区居民委员会建设以适应不断变化的农村环境,达到完善基层群众自治制度和巩固党在基层的执政基础。这些标志着北京农村社区体制机制探索的速度进一步加快,为农村社区体制机制的改革创新提供了重要的指导方针。

2012年3月,北京市民政局和北京市社会主义新农村建设领导小组综合办公室联合发布了《关于进一步开展农村建设典型示范社区创建工作活动的意见》的通知。该通知明确要求加大对农村社区建设的投入力度,进一步提高农村社区的公共基础设施建设以及管理服务水平,最重要的是提出了北京市农村社区建设的试行指导标准,为探索农村社区体制机制改革创新,建设现代化农村社区,实现社会主义新农村建设的宏伟目标提供了更加详细的指标。

1. 办好试点,积极探索农村社区“宜都模式”

近几年来,位于湖北省西南部的宜都市积极贯彻党的十七大和十七届五中、六中全会精神,努力探索农村社区管理新体制和工作新机制,为建设社会主义新农村,取得了比较突出的成果,这些有益的实践探索被称为“宜都模式”。

宜都市被确立为首批全国农村社区建设的实验点后,农村社区建设迅速在全市范围内展开,并形成了一系列具有示范作用的农村社区建设特点。一是宜都市形成了“五联扶建”责任制。农村社区体制机制改革创新离不开市委、市政府的支持。因此,宜都市成立了农村社区建设工作领导小组作为传达市委、市政府要求的专门机构;同时派出机关的工作人员作为指导员进驻到农村社区,加强对农村社区建设的综合投入。二是形成了“三位一体”的农村社区管理体制。“三位一体”的管理体制将行政管理、社会管理以及自治管理有机统一起来,共同服务于农村社区建设,实现了农村社区管理体制的创新。三是形成了“一厅六室两阵地”的农村社区服务中心,切实完善农村社区生活娱乐的基础设施,为村民提供丰富多彩的业余生活内容。四是建立服务农村社区的“三支队伍”。宜都市认为要建设经济、政治、文化协调发展的农村社区,必须加强人才的投入,积极发展专业工作者、社区志愿者以及市场化的人才。

在“宜都模式”取得成功之际,北京市积极吸收“宜都模式”的经验成果并结合本地区的实际情况进行试点，试点地区都取得了较为突出的成绩，其中通州区农村社区体制机制的改革创新走在了全市的前列。2007 年被确立为民政部公布的全国首批农村社区建设实验县（市、区）后，通州区积极激发农村广大干部群众的参与热情，鼓励他们勇于探索，勇于实践，创建“文明祥和型、安全稳定型、服务完善型、环境整洁型、管理规范型、特色创新型、健康幸福型”的“七型”农村社区，在农村社区体制机制改革创新上积累具有北京特色的经验成果。首先，通州区建立健全了农村社区建设的各项政策，相继推出了《通州区关于开展“七型”农村社区创建活动指导意见》《通州区农村社区建设长效管理基金使用办法》《关于提升农村社区服务站能力建设的实施意见》《通州区关于开展“七型”农村社区创建活动实施方案》。这些完善的政策文件为农村社区建设提供了必要的指导和支持。其次，广泛建立农村社区服务站，为村民提供良好的各项服务。2007 年马驹桥镇成立了小周易社区服务站，这是北京市建立的第一家农村社区服务站，为其他农村社区建立服务站提供了许多宝贵的经验。2009 年通州区已经建成 59 个农村社区服务站，使全区农村社区的服务水平有了飞跃式的发展。2010 年通州区招标建设 294 个农村社区服务站，这些服务站将覆盖大部分的农村社区，并致力于为村民提供更为丰富、便利的服务。通州区广泛建立农村社区服务站的做法也为其他区、县起到了示范性作用。

大兴区也是北京市开展农村社区体制机制探索较早的试点地区，其中魏善庄镇羊坊是 2003 年北京市政府确定的 10 个农村社区建设试点之一。2012 年大兴区创建“全国农村社区建设实验全覆盖示范单位”工作通过了全国农村社区建设实验全覆盖示范单位评估组的验收，使大兴区农村社区建设取得了阶段性的成果。大兴区农村社区“一站式”的公共服务体系，为社区居民提供了基础全面的服务，初步满足了社区居民的日常需求。大兴区农村社区还普遍建立了村务监督委员会，对村干部、村务公开、民主法治情况进行有效的监督。这些都是大兴区农村社区建设取得的宝贵经验成果。

目前，北京市农村社区建设正在飞速发展，除了通州区和大兴区的试点之外，昌平区的南口镇李庄、房山区的青龙湖镇晓幼营、门头沟区的王平镇韭园等区县的试点地区的各项工作都在有条不紊地进行，也取得了优越的成绩。只要所有的农村社区建设试点地区都能积极贯彻科学发展观，立足地区实际情况，及时总结经验教训，一定能够形成适合自己的农村社区建设的“宜都模式”。

2. 示范引路，不断创新农村社区组织管理体制机制

北京农村社区一般处在城乡结合部的位置，复杂的综合环境给改革创新社区组织管理体制带来了难题。首先，居民缺乏环境保护的意识，社区广泛存在着卫生环境恶劣的问题；其次，社区流动人口的增长也增加了组织管理的难度；最后，由于农村社区均是几个村庄建设一个社区，如何全面对几个村庄实施组织管理也是一个迫在眉睫的难题。北京市完善农村社区管理体制，着力建设体系健全、设置合理的社区党组织，积极发挥社区党组织对居委会以及众多社区服务站的领导作用。社区居委会作为实施日常管理的机构，要自觉在党组织的领导下依法履行相关职责，依法维护社区居民的利益。北京市通过示范引路，有效地破除了这些难题，给出了一份份让广大农村社区居民满意的答卷。

通州区积极扩大基层民主，逐步完善村民自治，不断建立健全农村新型社区管理体制机制，着力理顺村委会与社区居委会，乡镇政府与社区居委会之间的关系，以提升农村社区居民自我管理的水平。通州区《关于开展农村社区建设试点工作的意见》指出，农村社区在工作中要积极发挥党组织以及村委会的作用，有效将矛盾化解在基层。进一步探索建立畅通的群众利益表达机制、民意诉求渠道，使民情接待室、恳谈室成为农民群众表达自身意见和利益诉求的重要地方。此外，根据实际情况创新流动人口的管理和服务工作，进一步完善流动人口管理机制，探索合适的流动人口管理方式，尽快实现管理与服务的有机结合。在充分发挥党组织和居委会的管理作用的同时，通州区还非常重视农村社区高素质管理人才的引入和培养工作，不断优化管理人员的年龄结构，通过培训提升管理人员的综合素质，积极发挥党员的模范带头作用，共同致力于形成科学的管理体制机制。

与通州区注重党组织和居委会的管理作用不同，大兴区的农村社区管理体制机制主要强调民主管理，通过保障农村社区居民的选举权、决策权以及监督权，不断提升村庄社区化管理水平。大兴区在实行村庄社区化管理之后，社区居民的环境卫生意识提高了，使社区的环境卫生状况有了明显的改善；对流动人口实施社区化管理之后，综合治安环境也得到了提升，违法犯罪案件明显减少；积极扩大社区管理范围，将商店、企业等统一纳入社区管理的重点对象；促进管理体制机制的改革创新与服务水平的提升协调发展，做到管理与服务互相配合；成立“村庄社区化管理工作督查小组”，有效保障了社区管理体制的贯彻落实。这些农村管理体制的改革创新将为北京市农村社区

管理体制改革提供重要的参考。

3. 深化改革，稳步推进乡镇政府职能转型

北京市自2011年确定了10个农村社区建设试点以来，北京市各区、县乡镇党委、政府严格按照“小政府、大服务”的要求，相继出台了《北京市社区服务中心管理办法(试行)》《北京市区县、街道(乡镇)社区服务中心评估工作方案》《北京市区县、街道(乡镇)社区服务中心评估标准》等文件。随后以这些文件为指导，制定了《北京市干净社区指导标准细则(试行)》《北京市规范社区指导标准细则(试行)》《北京市服务社区指导标准细则(试行)》《北京市安全社区指导标准细则(试行)》《北京市健康社区指导标准细则(试行)》，这些具体的标准细则进一步推进了乡镇政府职能转型，积极打造服务型政府，着眼于社区居民生产生活的实际需要，把为社区居民服务放在了突出位置，全力做好社区群众的“服务员”。

北京市农村社区建设积极贯彻落实科学发展观，社区创建工作坚持以人为本，切实解决好农村社区居民的诉求，维护好农村社区居民的权益，强化社区管理职能和公共服务体系。虽然，乡镇政府必须向服务型政府转变，但是基本的管理职能却不能丢。北京市面对农村社区建设的大好局面，一方面强化乡镇政府的管理职能，统筹安排，努力把相对落后的农村社区建设成为“生产发展、生活富裕、村容整洁、管理民主”的社会主义新农村。另一方面，在重视管理职能的同时，北京市各乡镇政府进一步提高服务水平。近年来，各乡镇政府加大资金投入，广泛建立了“一站式”的农村社区服务站，使乡镇政府服务社区居民的能力和水平得到了极大的提高。

此外，乡镇政府还扩展服务的途径，向社会购买社区专业服务和服务项目，加强社区服务机构的引入以及培育社区志愿者组织。这些组织包括志愿者协会、环境保护协会、红十字会、残联、妇联、共青团等。各乡镇政府针对这些组织的特点并结合农村社区的实际，让这些组织参与社区服务体系的建设，共同构筑全面而专业的社区服务体系。北京市为了更好地解决“三农”问题，坚持把发展农村生产力放在社区建设的首位，提高农民群众参与市场竞争的意识、抵御市场风险的能力。因此，各种为农民群众提供生产服务的农村经济合作组织应运而生，向广大农民群众提供市场信息、农机作业服务、植保服务、农资销售服务等。农村经济合作组织在长期的探索发展过程中，形成了“农民合作组织＋企业＋农户”的产业格局，提升了农村经济的产业化水平，既提高了农民的收入水平，也为农村社区建设积累了厚实的经济基础。

其中昌平区将“六型”农村社区建设与社区服务站的建设紧密结合起来，规范了社区服务站的运行，无论是从设施管理还是从服务人员方面，昌平区都下了大力气。由于农村社区与城市社区有一定的区别，地理位置多处于城乡结合部，社区居民主要由农民与流动人口组成，户籍居民的经济收入以农业生产和房屋出租为主，社区居民的文化水平比较低。面对农村社区特殊的情况，首先，昌平区扩展了服务站的服务职能，不仅认真贯彻落实市、区有关社区公共服务的各项要求，还在社区流动人口、信访调查、房屋出租、环境卫生、政策宣传等方面做了许多细致的工作，进一步满足了城市化生活的社区居民的要求。其次，昌平区高度重视培养社区服务人才，加强社区服务站的队伍建设。一方面千方百计组织社区工作者进行集中的培训，要求每年培训平均不少于40学时，充足的培训时间保证了培训的质量，对社区工作者掌握农村社区实际情况，贯彻落实党的政策方针，提高社区管理服务本领产生积极的作用。另一方面组织社区工作者参加国家社会工作者的职业水平考试，进一步提高社区工作者的资质和综合素质，促进社区工作者的后续发展。

(二)大兴区农村社区体制机制探索

大兴区农村社区体制机制的探索一直走在北京市各区、县的前列，是北京市农村社区体制机制探索的一个缩影。魏善庄镇羊坊是2011年北京市农村社区建设的10个试点之一，承担了农村社区建设的许多课题，见证了社会主义新农村建设的兴起。2010年大兴区榆垡镇西黄垡村综合信息服务站获得全国先进农村综合信息服务站称号。2012年大兴区通过“全国农村社区建设实验全覆盖示范单位”的评估验收，在社区管理体制、工作机制改革创新，社区服务站的建设，社区工作者的培养等各方面都取得了一定的成绩。随着时间的推移，大兴区在农村社区体制机制探索方面积累了丰富的经验，农村社区体制机制日臻完善。

1. 党政主导，民主决策

农村社区建设是一项关系千百万农民切身利益的系统工程，涉及编制科学的试点规划、实施合理的试点用地政策、引导农民建设新型住宅、完善社区基础设施和公共服务设施的建设、积极推动试点体制机制创新等各方面内容，这些复杂庞大的“工程”只能在党政的主导下才能顺利进行。北京市各政府部门积极参与大兴区农村社区建设，如由市发展和改革委员会统筹安排农村社区建设的各项工作；市民政局负责指导农村社区的基层自治组织建设、社区体制机制的改革和服务体系的完善工作；市财政局负责农村社区建设资金的管理、监督工作；市国土局负责农村社区建设用地的管理和审批工作。除了这些政府部门主导着农村社区建设的相关领域外，还有大量的其他的政府部门共同主导着农村社区建设，比如金融局、住房城乡建设委、商务委等。如果没有各级党组织和政府的领导，社区建设很容易产生矛盾，甚至发生群体性事件，严重危害社区的稳定发展。因此，农村社区建设必须坚持各级党组织和政府的领导。

大兴区坚持党政在农村社区建设中的主导作用，同时也要尊重社区居民的各项民主权利。农村社区建设的主体是广大的农民群众，充分尊重农民群众的创造成果，自觉维护农民群众的基本权益是农村社区建设中的重要原则。充分保障农民群众各项民主权利，包括知情权、参与权、决策权以及监督权，发挥农民群众在社区建设中的主体作用，让广大农民群众知道农村社区建设的具体内容，参与社区建设的各项工作；在遇到重大问题时，要尊重农民群众的意愿，需要进行决策时，还要尊重农民群众的决策权；此外，还要发挥农民群众对建设资金的使用、社区工作者的监督作用。只有让广大农民群众全方位参与农村社区建设，才能提高农村社区的政治、经济、文化建设的综合水平，尽快建成社会主义新农村。

2. 趋同管理，减少分歧

由于农村社区主要集中于城乡结合部地区，城乡结合部的各种消费水平都比核心城区要低不少，尤其是房租费用以及食品支出的巨大优势是城区所不具有的。近几年来，随着北京市城市化的加速，城区已经不能承受更多的人口压力，大量的非户籍人口涌入北京市各城乡结合部，导致这些地区管理混乱，户籍居民与非户籍居民的分歧日益严重。比如，大兴区的大生庄就处于城乡结合部，几年前只有300多名户籍居民，后来一下子涌入2000多名非户籍人口，户籍与非户籍人口的比例已经达到1∶6。人口的膨胀使大生庄一下子陷入了混乱状态，村庄的管理已经远远不能满足如此大规模的人口，实行的分别管理导致户籍人口与非户籍人口之间的分歧日益严重，双方对立情绪日益蔓延。

北京市农村社区建设潮兴起之后，2007年实施村庄社区化管理为大生庄彻底改变这种混乱的状态迎来了契机。第一，积极吸收外来人口进入社区管理队伍。如果仅仅由户籍人口来管理外来人口，容易产生矛盾；大生庄根据外来人口的数量，积极吸收优秀的外来人口进入社区管理队伍。一方面，提高了外来人口的归属感，把社区视为自己的家，而不仅仅是一个租房子的异乡人；另一方面，外来人口进入管理队伍，在外来人口之间容易产生共鸣，使数量庞大的外来人口的管理有了更强的针对性。第二，建立完善的外来人口登记核实措施。大生庄实施社区化管理之前之所以无法实现趋同管理，缺乏对外来人口详细的登记核实是其中一个重要的原因。大生庄建立登记核实措施之后，将外来人口的各项具体情况登记核实在册，为实现趋同管理打下了坚实的基础。第三，社区福利覆盖全部居民，一视同仁。福利的差别一直是户籍人口和外来人口产生分歧矛盾的主要原因，外来人口为城市的发展作出了巨大贡献，却不能享受户籍人口同等的福利待遇，这一直是无法解决的问题。大生庄在社区建设过程中积极直视这样的问题，在社区公共福利面前做到户籍人口和外来人口同等对待，甚至针对外来人口提供某些特殊的福利，如免收外来残疾人的公共卫生费用等。第四，外来人口也可以选举村代表。社区建设之前，外来人口一度是户籍人口的 7 倍，但选举产生的村代表均是户籍人口，作出的决策自然不能充分保障外来人口的利益。现在，大生庄每 20 户外来人口就可以选举一名村代表参与制定社区的各项政策，体现了对外来人口的尊重，充分保障了外来人口的利益，为外来人口及其家属与社区居民一样，享有各个方面平等的权利、均等化的公共服务和同质化的生活条件创造了条件。

3. 改建先行，和谐建设

出租房屋是户籍居民的主要收入来源，但存在着广告牌乱挂、出租市场混乱、出租房安防措施不足等情况。实施改建之后，出租户按照社区要求统一制作、悬挂广告牌，积极提高出租房屋的安防水平，排除各种隐患，这样不仅没有出现大规模的租户退房的现象，反而吸引了更多的外来人口前来洽谈业务，房屋出租市场规范了，户籍居民的收入水平也提高了。

传统的村庄是开放的，人车可以随意进出村庄，这会带来许多消极的影响，也是违法犯罪行为频发的重要原因。“改建”一定程度上就是进行“封村”，通过建筑围墙、安装街门、设置岗亭、把守路口等主要措施达到人车凭证出入的目的。第一，在村庄周围建筑必要的围墙才能实现相对独立的管理。建筑围墙之后，传统的自然村落就形成了像城市社区那样相对封闭的空间，使农村社区与相邻的村庄有了比较明显的界限，使外界的人和车不能随意进入辖区，最终实现井然有序的管理。第二，安装街门是与建筑围墙相互配套的，在合适的街道安装大门可以方便社区居民进出，也便于对外来人口和车辆进行登记核实。第三，在主要路口设置岗亭是把守重点位置的重要举措，这样可以与围墙、街门形成点线互联的效果，把整个社区置于一张安全网的控制之下，为建设和谐社区奠定坚实的基础。

改建使原本分散、混乱的管理变为集中、统一的管理，农村社区治安明显好转，值得向外推广，但应从实际出发。

4. 整合建站，完善职能

整合建站之前，社区警务室、流动人口管理服务站、巡防工作站和民调室处于相互独立的位置，各自行使相应的职责。社区警务站主要由片区派出所设立并派出警务人员建成，根据社区人口数量多少、面积大小以及治安情况等因素，根据当地实际情况进行派出人员的配备。其主要职责是方便社区居民进行户籍申报、身份证办理，宣传治安防范措施，有效打击社区里的违法犯罪行为。流动人口管理服务站的主要职责是对流动人口身份进行登记核实，在办证、劳动就业、卫生管理、维权与政策法律咨询等方面提供基础性的服务，负责流动人口计划生育的综合管理与服务工作等。巡防工作站主要负责社区的消防、安保、巡逻防范的工作以及打击违法犯罪行为。民调室组成人员主要为片区民警或者具有法律知识和调解能力的社区工作者组成，负责对社区内的家庭、邻里矛盾进行调解，将矛盾化解在社区，维护社区的和谐稳定。根据上述职能的分析，社区警务室、流动人口管理服务站、巡防工作站和民调室独立存在容易产生机构人员臃肿，不利于对农村社区有限的资源实施合理的配置；职能相互交叉，组织协调的难度加大，甚至出现相互推诿责任的弊端，不利于实现农村社区的综合管理服务。

实践证明，整合建站是农村社区体制机制探索的重要成果。大兴区经过长期的探索证明可以顺利将社区警务室、流动人口管理服务站、巡防工作站和民调室等“三站一室”整合为村综治中心。整合建站的优势主要体现在以下几个方面，首先，整合建站实现了社区机构和人员的精简，减轻了社区的负担。“三站一室”整合为一个综治中心，办公场地和工作人员有大幅度的精简，各项费用支出也有了明显的下降。其次，整合建站最显著的特点是整合了有限的资源，充分吸收了原“三站一室”的优秀人才，取得了原“三站一室”在人力、物力、资金上的支持，使过去分散的资源得到了加强并形成共享的优势。社区每年因此可少支出大量的各项办公经费用于改善社区公共环境，提高社区居民的福利。而低成本的农村社区机构体制改革已成为北京市建设新型农村社区的有力支撑。最后，同时对原机构的职能进行有机地整合，使综治中心的职能得到加强，权责更加清晰，多头管理、管理扰民现象明显减少。例如，综治中心可以高效率地实施一项新的治安措施，不像之前那样还要经过几个单位的协调才能推出，最大可能地缩短了时间；居民办什么事再不用跑几个单位，所有的事务都可以在综治中心办理，极大地方便了群众。

整合建站不仅提高了社区管理服务的效率，降低了管理服务的成本，而且为农村社区机构转变职能，深化农村社区体制机制改革创新提供了成功的模板。

5. 加强巡防，共保安全

目前，警务室还没有在传统的自然村落里建立，绝大部分的村落也没有配备专职的民警。缺乏警务室和专职民警的情况削弱了村庄的治安维稳力量，对打击犯罪、巡防守护、便民服务的工作也造成了不利的局面。一般的村庄都建立了巡防队和流动人口管理队，但两支队伍的人员数量较少，素质、安保装备参差不齐，并没有发挥其应有的作用。

大兴区在实践中彻底改变了农村社区警务室、巡防和流动人口管理队伍建设的不利局面，完成了对三者的改革任务。首先，建立社区警务室，由专职民警进行指导负责。其次，招收有志于服务社区安保的居民，提高巡防、流动人口管理队伍人员的数量，使其达到流动人口数量的5‰、实有人口的2.5‰；对工作人员进行专业培训，提高人员的素质和装备水平。双管齐下，大兴区在配强力量、共保安全领域取得了良好的效果。第一，有效防范治安隐患。工作人员在日常活动中注意密切联系群众，经常深入社区调查研究，摸清社区存在的治安隐患，建立治安“防控网”，及时排除各种隐患。第二，有效化解群众矛盾纠纷。警务室、巡防和流动人口管理队伍在日常群众工作中积极发挥深入基层、贴近群众的优势，及时发现群众的各种矛盾纠纷，进行有效的调解，争取早发现，早治理，把矛盾纠纷化解在社区，防止激化矛盾纠纷。对于无法处理的矛盾纠纷，工作人员如实登记，及时报告给上级单位，寻求更加专业的帮助。

6. 科技安保，提高能力

长期以来，广大农村地区的科学技术水平比较落后，科学技术在大部分农民日常生产领域应用较少，而将科学技术引入到农村日常管理服务中的更是凤毛麟角。进入21世纪以来，我国科学技术迅速发展，尤其是计算机技术和互联网技术已经广泛应用于安全领域。科学技术的应用是农村管理和服务发展的重要支撑力量，是惠及农民，改善治安的重要途径。一是科学技术与居民的生活基本需求密切相关，可以直接服务社区，造福百姓。居民的基本需求、新型的农民住房、方便快捷的服务、安全稳定的社区环境等都离不开科技进步。二是科技随着农村社会的发展而不断变化，在现阶段，科技在农村社区建设和稳定中的地位日益重要，作用日趋扩大，已经成为提高农村社区管理服务效率不可缺少的工具。

大兴区在农村社区建设过程中积极引入具有科技含量的先进设备，充分利用科技的优越性创建安全稳定的社区环境。首先，在社区周围安装监控摄像头。根据社区街道的分布和安全系数确定摄像头的数量和安装位置，力求把整个社区纳入监控的范围，避免出现监控死角。其次，建立两级监控中心。监控中心是整个监控系统的核心，担负着监控社区安全的重要任务。村级监控中心的建立使农村社区有了自己的安全监控网，可以随时对行人、车辆、街道、出租房屋进行实时的监控。这一措施使巡防队员可以足不出户就完成巡防任务，提高了巡防工作的效率；同时，完善的监控中心使违法犯罪分子充分暴露在监控之下，对其产生极大的威慑力，有效减少违法犯罪行为的发生。

目前，大兴区农村社区警情和可防性案件均有明显的下降，群众的平均治安满意度和居住环境满意度有了大幅度的提高，甚至许多社区实现了“零发案率”，据媒体报道实行村庄社区化管理的地区的百姓安全感位列全市第二位。这些成绩充分肯定了大兴区利用科技创安，提高防控能力的做法。

三、北京农村社区体制存在的问题分析与对策思考

随着市场经济的发展，农村经济及社会结构开始发生明显的分化。当代中国农村社区已不再是孤立存在的自然状态，它已成为各种利益关系的交汇点、社会问题的聚汇处和矛盾冲突的引发地。近几年来，随着农村市场及社会力量的逐步崛起，农村社区形态结构已经发生了明显的历史性变迁。从社区的边界来看，社区的封闭性逐渐被打破，传统的行政村界在土地流转、社会交往加快的趋势下日益变得模糊不清。从社区的经济结构来看，在市场经济的推动下，农村社会经济结构日益分化，出现了个体经济、私营经济、股份合作经济、集体经济等多元性质经济并存的局面。从社区的组织结构来看，在市场经济及农村社会内应力的推动下，当前农村社区内部已经出现了村集体经济组织、私营企业、股份制经济组织、各类民间组织、驻村单位等各类组织形式并存的局面。从社区的成员构成上来看，当前社区容纳了原村民、外来人口、临时打工者、退休返乡者等各类成员。农村社区的边界日益开放，

中国的农村社区也面临着新的转型。

同时，在新的历史时期，国家的宏观政策目标也在发生系列性的调整，政府的职能正在发生转变，即从管理型政府向服务型政府转型。传统的农村基层政府是以统治为特征的政府，主要体现在政府对经济、社会、文化的全面管理上，政府的权力渗透到了社会的每一个角落，甚至直达私人领域。现代农村社区形态的生成对传统管理体制产生了较大的冲击。在社区成员身份复杂和利益分化的条件下，如何使各种声音得到有效反映，各种利益主体在互动、协商中达成共识，以消除社会冲突、维护社会稳定，是当前亟待解决的问题。另外，建立服务型政府、效率型政府，仅靠政府自身的力量难以实现，在对现代农村社区的有效管理中，也需要形成政府与社会的互动合作机制，形成多主体共同参与下的社区治理。这一系列的变化都对新的历史条件下农村社区管理提出了新的要求。我们认为，解决上述问题，创新北京农村社区体制机制，应当从以下几方面着手。

(一)逐步实现北京农村社区建设与村民自治的有机统一

在现代化进程中，构建尊重民意、维护民权、获取农民认同的群众基层民主政治制度才是获取政治合法性、维护政权稳定的重要基础。在新形势下，构建多主体参与的农村社区管理体制已经成为基层社会治理的一个重要内容，在这一过程中，如何逐步实现北京农村社区建设与村民自治的有机统一是非常重要的课题。

1. 理顺乡镇政府与农村社区居委会之间的关系

乡镇政府和农村社区居委会是两个性质和功能完全不同的组织。乡镇政府是国家设在农村的基层政权组织，主要职能是进行行政管理、政府决策、经济调节、社会管理和公共服务等公共管理服务。根据《中华人民共和国城市居民委员会组织法》的规定，农村社区居委会是居民自我管理、自我教育、自我服务的基层群众性自治组织。农村社区居委会的建立和发展反映了新形势下国家政权重返农村基层的现实要求。“国家政权建设”的重要内容或重要标志就是国家政权“下沉”到广袤的农村，在国家的最基层建立政权或准政权组织。从立法上看，农村社区居委会作为群众行使“社会自治权”的基层组织，与乡镇政府只是“指导、支持、帮助”和“协助”的关系。但是，从实际运作上看，乡镇政府与农村社区居委会之间并未完全扮演好各自的角色，由于各种因素的影响，致使乡、村关系存在许多不相适应的方面，有些地方甚至存在着严重的矛盾和冲突，不但制约了乡镇职能的有效履行和村民自治的健康发展，而且不利于我国和谐农村社会的构建。

村民自治制度确立以来，乡镇政府和农村社区居委会之间建立了一种新型的关系。农村社区居委会是群众性自治组织，不是乡镇政府的分支机构，也不是乡镇政府的“腿”。① 乡镇政府和农村社区居委会不是上下级关系，乡镇政府对农村社区居委会不能行使领导权，不得干预农村社区居委会职权内的事务，农村社区居委会对国家法律负责、对村民负责。但农村社区居委会应依法协助乡镇人民政府开展工作，乡镇人民政府对农村社区居委会的工作给予指导、支持、帮助。但是，在实践中我们发现，这种关系往往发生错位：或是乡镇政府仍习惯于对农村社区居委会分任务、下命令、作指导，使农村社区居委会成为自己的从属，使两者关系变成领导与被领导关系；或是乡镇政府为了避讳“干预村民自治”，对农村社区居委会的工作不闻不问，放弃指导，使两者变成平行关系。对于乡镇政府的干预，农村社区居委会主要有两种典型回应：要么一味执行或迎合乡镇政府的要求，完全听命于乡镇政府，呈现出“附属行政化”倾向②；要么在感受到村民对乡镇政府不满的同时，作为村民利益的代表抗拒乡镇政府的不合理要求，抵制乡镇行政向村一级的渗透。农村社区居委会往往单纯从其利益出发，不愿接受乡镇政府指导，甚至力求摆脱乡镇政府的管理。

和谐的农村社会是我国和谐社会的重要组成部分，要构建和谐的农村社会，就要协调好乡镇政府和农村社区居委会之间的关系。

第一，转变乡镇政府的治理理念，实现从“管制政府”向“服务政府”的转变。

政府通过积极推进政务公开化、透明化进程，向老百姓公开重大问题的决策过程和结果，形成服务型政府的理念，使乡镇政府变政府权力本位为公民权利本位，变“管”本位为“服务”本位。转变基层政府工作作风，提高办事效率。经常深入群众，了解民情，体恤民众疾苦，改善干群关系，为村民自治的发展提供健康的外部环境。乡镇政府的干部要提高认识，转变观念，改进工作方式、方法，依法履行职责。实行人性化管理，协调乡镇政府与村民自治关系，探索建设社会主义新农村的有效办法。

---

① 张小华：《新农村建设中乡镇政府与村委会和谐关系的构建》，《兰州工业高等专科学校学报》，2007 年第 3 期。

② 周贤日、潘嘉玮：《论村民自治权与国家行政权》，《华南师范大学学报》(社会科学版)，2003 年第 1 期。

第二，完善法律法规，明确乡镇政府和农村社区居委会的权责。

明确划分乡镇政府和农村社区居委会之间在人、财、物等安排上的权力和责任，明确规定哪些事项属于村民自治的范围，哪些事项属于乡镇政府指导农村社区居委会工作的范围，哪些事项属于乡镇政府要求农村社区居委会协助的范围，以及乡镇政府应以何种方式、方法指导农村社区居委会，同时明确规定乡镇政府要求农村社区居委会协助的程序。

乡镇政府与农村社区居委会的关系，不应当是领导与被领导的关系，而是指导、支持和帮助的关系。乡镇政府是农村基层政权组织，承担着依法对本行政区域内的各项工作实施行政管理的职能，在所辖行政区域内依法开展各项政务工作。乡镇政府对农村社区居委会不能像对待行政组织那样，采用行政手段领导村里的工作，而要从法律、政策上给予指导。农村社区居委会也应当协助乡镇政府开展各项工作，教育和推动村民履行依法应尽的义务。

2. 理顺村委会与农村社区管委会之间的关系

“村民自治”制度从 1987 年试行以来，已有 25 个年头。应该说，实行至今，村民自治制度取得了很大成就，举世瞩目。但也不得不承认，村民自治制度一路走来，问题不断。最大的问题是村民委员会的“行政化”与“基层群众直接自治”的内在追求渐行渐远。其直接的表现是：在治理事务上，村委会角色混杂，政社不分，实际状况是村务可推、政务难违，村委会大部分精力是承接政务；在与政府关系上，乡、村关系“剪不断、理还乱”。由此导致全国许多地方的村委会运行方式摆脱不了传统的行政模式，表象自治化、实质行政化，村委会只是乡镇政府的下属机构，难以发挥自治功能。按《村民委员会组织法》规定，村民委员会不是国家一级机关机构，而是“基层群众自治组织”，其主要职责是“办理本村的公共事务和公益事业，调解民间纠纷”，只是“协助”乡镇政府办理政务，“村委会成员不脱离生产，根据情况可以给予适当补贴”，等等。实际上村民自治组织应该承担的“政务”只有两类，一类是国家宪法、法律规定的公民义务，以及国家政策、法规的贯彻实施要求公民完成的事务；一类是乡镇政府在其管辖范围内行使国家行政管理权要求村民完成的事务。

村委会在实践中面临种种困境之际，农村社区建设却在各地迅速开展，社区组织不断涌现，这种情形使得村委会处境尴尬。一方面，既无能为力在短期内克服自身缺点；另一方面，又不能改变人们的评价与喜好。而设立农村社区管委会，就是为了把村民自治组织承担的“政务”剥离出来，交由乡镇街道下派的社区管理委员会承担，也把村民自治组织从繁重的行政事务中解脱出来，腾出时间集中精力做好村民自治工作，真正履行自治职能。总之，此举是力图理顺“基层政权”与“自治组织”，“行政”与“自治”的关系，促进村民自治制度的深化和完善。尽管农村社区管理委员会不是一级行政管理机构，与所服务的村委会不存在隶属关系，但实践表明，由于农村社区管理委员会在资金以及人才方面，受到政府强大的支持，功能全面，服务到位，而这些都是村委会无法比拟的客观优势，因此，较之于村委会而言，社区组织显然在人们心目中更胜一筹，这种情形使得村委会在社区建设进程中身份以及职能发生收缩。与此同时，由于社区组织事实上已经代替村委会履行了一些公共服务职能，减轻了村委会的负担，所以，村委会的职能也随之而收缩。农村社区的兴起与发展势必对村民自治产生深远的影响，但农村社区建设不应被视为对村民自治制度的变革，而是在坚持村民自治基础上的改革和创新，因此，社区组织与村委会之间是相容的。

从当前的实际情况看，村委会不是全能组织但是却承担了繁重的职能，在不少方面存在不足属不可避免。但是应该看到，村委会作为村民自治载体的农民组织，对农村和农民而言，只要村庄存在，村委会就必然存在，而不会被淘汰。因此，在农村社区建设中，应该优化村委会职能，而不是要取消这一组织。在农村社区建设中，由于社区组织和村委会同时存在，所以，如何处理好两者的关系以使它们能够在实践中各司其职是一项重要课题。

十七届三中全会通过的《中共中央关于推进农村改革发展若干重大问题的决定》强调建立新型农业社会化服务体系，提出：力争三年内在全国普遍健全乡镇公共服务机构，逐步建立村级服务站点。其中对村委会与农村社区管委会职能的划分和机构的分设并不是两者泾渭分明，各行其是。落实政务，仍旧离不开村委会的协助；村委会要把村务治理好，也少不了管委会代表政府的支持。因此，今后的常态仍然是双方合作治理村庄，只不过因事务的性质不同，主导者不同罢了。理顺二者的关系是实现村民自治、构建和谐农村社会的必然要求。

第一，农村社区管委会与村级组织包括村委会之间不是“领导”与“被领导”的上下级关系。在原本实施村民自治制度的同一个建制村内插入了一个乡镇派出机构、增设了一个管理层次，这个派出机构的负责人又担任了作为村级各类组织“领导核心”的村党组织的书记，难怪人们要担心甚至质疑：管委会体制是否冲击、瓦解乃至取代了“村民自治”的法定制度。从制度设计的初衷来看，管委会与村级组织特别是村委会不构成“领导”与“被领导”的上下级关系，只是乡镇、村之间“指导、支持、帮助”和“协助”的关系的自然延伸。农村社区管委会主要是承担社区范围内政府性公共产品与服务供给的“服务”职能。村委会应该支持农村社区管委会开展各项工作，农村社区管委会应该协助村委会实施村民自治。

第二，在村委会与农村社区管委会分开设立的前提下，应该限制两者之间的交叉任职。在村庄中，村委会与农村社区管委会之间有不同的职能，因此两者之间应该保持相对的独立，过度的交叉任职，就无所谓职能划分以及角色差别问题，这样最终限制了农村社区管委会的积极意义。所以，实践中应该限制农村社区管委会和村委会之间的交叉任职程度，每一组织中至少有过半数的干部成员不是另一个组织的干部成员。农村社区管委会负责人不应担任村(社区)党组织书记，以免混淆管委会的角色身份，从“指导”、“帮助”和“服务”者变成“领导”者。农村社区管委会负责人应由乡镇派遣，其他成员不由主要村干部兼任而由招聘的专职社工担任。

3. 理顺各村党组织与农村社区党组织之间的关系

一直以来，在传统的村民小组管理体制下以村民小组为单元设置的党组织存在规模小、党员少、不少农村党小组实际已名存实亡、党组织作用严重弱化等问题。党组织的触角延伸受阻，党在农村的方针、政策和各项主张难以通过党组织和党员落实到群众中。同时农村社区发展给农村党组织设置提出了新任务、新要求。

首先，农村经济结构的多元化、经济组织和社会团体的多样化、党员从事行业的多元化和快速流动性，对党组织设置方式提出了新要求。农民工向城市的大量涌入，城市居民、大学生等非农业人口在乡镇农村兴办各类企业，进行各类经济、社会活动等，促使了各种生产要素跨区域、跨行业流动，原先的以镇、村行政区域分割的党组织设置方式已不适应经济发展带来的多样性，迫切需要建立新的组织形式。

其次，农村经济发展的不同步性和不平衡性对村级党组织设置方式提出了新要求。在一些地方，村与村之间出现了明显的贫富结构分化。迫切要求富村与穷村、企业与自然村之间能够实现优势互补，共同发展，实现共同富裕。这就要求突破按行政体制设置党组织的模式，根据经济发展的状况，进行党组织设置方式的创新。

最后，伴随着城乡一体化发展，在党组织发挥社会管理和公共服务作用方面提出了新要求。农民开始由原先的传统农村生活方式向城市生活方式转变，各种公共服务的需求也日趋强烈，这就促使传统的党组织要向功能型、服务型党组织转变。

4. 保证农民群众各项民主权利落实到位

十一届三中全会以后，我国许多农村就开始实行村务公开，推行民主管理，探索和开辟在党领导下由农民群众直接行使民主权利，依法管理自己事务，创造自己幸福生活的新途径。党的十六大以来，以胡锦涛同志为总书记的中央领导集体对村务公开和民主管理工作给予高度重视，多次做出重要指示，明确要求健全基层自治组织和民主管理制度，完善公开办事制度，保证人民群众依法直接行使民主权利，管理基层公共事务和公益事业，对干部实行民主监督。

第一，保证农民群众各项民主权利落实到位就要一切工作着眼于农民群众。健全和完善村务公开和民主管理制度的根本目的，是使农民群众在村级事务中的知情权、决策权、参与权和监督权得到保障，使我们党始终得到广大农民群众的拥护和支持，更好地团结和带领亿万农民群众建设农村小康社会。因此，进一步做好这项工作必须着眼于农民群众。让政策为农民群众所了解、所熟悉、所掌握。坚决纠正以群众觉悟低、文化水平低为借口，不让群众参与村级重大事务决策和管理的现象；要广泛地动员和组织村民群众参与社区民主实践活动，在实践中接受教育，更新观念，经受锻炼，提高自我教育、自我管理、自我服务、自我约束的能力；对农民群众在村级民主实践活动中暴露的不足和问题，应当区分主流与支流、普遍与个别，满腔热情地帮助和引导他们，用发展的办法解决前进中遇到的问题。

第二，狠抓制度建设。没有制度、没有程序，农民群众在村级事务中的知情权、决策权、参与权和监督权，往往得不到兑现。要按照中央文件的精神，对已有的规章制度进行一次检查和清理，重点检查村务公开的内容是否全面、真实；村务公开的形式、时间和基本程序是否规范、及时；涉及村民利益的事项是否按照程序实行民主决策；村民民主理财制度是否健全和执行；村务公开和民主管理工作的领导体制与工作机制是否建立并有效运行等。总之，只有以求真务实的精神和作风把村务公开和民主管理工作不断引向深入，才能实现好、维护好、发展好广大农民群众的根本利益，把农民群众各项民主权利落实到位。

(二)要加强北京农村社区管理队伍建设

由于农村社区是一个新生事物，存在着很多新情况、新问题。面对很多新的挑战，部分农村社区干部还很不适应：一是社区干部队伍年龄偏大，文化程度较低，整体素质相对不高。二是来源渠道比较单一。社区干部的选聘程序还有待进一步规范，选择的面还不够广。同时，对新聘用的社区干部缺乏后期的跟踪教育和管理，农村社区干部的实际工作能力还不够强。三是部分农村社区干部尤其是原村干部出身的干部有畏难情绪，缺乏开拓精神，依赖老办法、老经验办事的现象比较多。农民是农村发展的主体，而农村干部则是农村发展的主导。有什么样的社区干部，就有什么样的社区风貌和发展氛围。因此加强北京农村社区管理队伍建设，对建设社会主义新农村、充分实现村民自治具有重要意义。

1. 改变农村社区工作人员年龄偏大和工作效率偏低的情况

目前北京农村社区工作者年龄分布较不合理，形成老、中、青人员的倒梯形。45 岁以上人员的比例偏大，纳新难，新鲜血液不能及时补充。45 岁以上的人员多数是村委会干部留任至今，这种格局虽然有利于保持工作的连续性和平稳过渡，但也可能成为社会工作专业服务开展的障碍。部分村社区干部不注重培养年轻干部，造成农村基层干部队伍后备人才匮乏。一是不能在致富能手、入党积极分子中发展党员，总是害怕别人顶了自己的位置。二是对有能力的同志不能以诚相待，采取压制的手段不让这些同志进入到社区干部队伍中来。

另外在农村社区工作人员中还存在着由于学历层次偏低和缺乏专业知识的培训而导致的工作效率偏低的情况。目前社区工作者在学历分布上多数为高中，与社区建设的要求差距较大，学历层次亟待提高。农村社区工作人员尽管已有一些专业知识的培训，但总体说来，还普遍缺少对社会工作的专业理念和专业方法的掌握。招聘的社区专职工作者多数没有社会工作专业的学科背景，对专业化的社区工作方法并不熟悉，无法有效地开展社区工作中的专业性服务，难以按照社会工作的专业精神在社区实施民主管理和民主决策，只能做某一方面的政府服务，主要包括劳动保障、计划生育和残疾人服务，扮演的角色是协助政府开展工作的办事人员，而不是社区社会工作者。部分农村社区工作人员对如何加强社区建设，思路还不很清晰，普遍缺少对弱势人群、生活困难居民和外来居民的关注和帮助，难以适应社区建设的要求，更难以进行开创性的工作。

由于历史、经济、传统文化和社会环境等因素的影响，人才队伍建设尚未完全被社区工作者、社区居民所接受和认同，社区工作者的专业化和职业化水平滞后于社会发展进程，随着社区建设的推进，居民将对社区工作人员提出更多更高的专业化服务需求，职业化、专业化是社区工作人才队伍建设的发展方向，社会工作人才队伍的规范化建设成为大势所趋。

2. 明晰农村社区人员所承担的任务、职责，提升服务能力

居民对社区公共服务需求的层次越来越多、数量越来越大、质量越来越高，因而迫切需要建立一支职业化、专业化的社区社会工作人才队伍承接这项工作。然而在实际工作中，部分农村社区工作人员主动学习的意识不强，自我满足意识较浓，缺乏强烈的进取精神，不能适应推进城乡一体化发展和建设社会主义新农村的需要；一些社区工作人员观念陈旧，思想保守，缺乏带领群众致富的能力，在工作中方法简单，墨守成规，安于现状，在贯彻落实党的一些事关群众切身利益的政策时，与群众的联系和沟通、廉洁奉公等方面还有差距。更不能深入到群众当中搞调查研究，了解群众所思、所想、所盼。

按照《2006—2010 年北京市农村基层干部培训规划》，结合工作中出现的各种问题，目前需要着眼于提高农村社区工作人员履职能力和整体素质，有计划、有针对性地组织社区工作者进行系统的社会工作专业培训，帮助其明晰农村社区人员所承担的任务、职责，掌握社会工作价值观、理论知识和实务技能，确立专业认同，提高专业化服务水平。

3. 不断优化社区干部配置

当前，北京农村社区干部队伍中还存在着许多亟待解决的问题，如有的基层干部科技文化知识水平较低，缺乏专业技能；有的年龄偏大，缺乏闯劲和活力；有的思想观念守旧，工作能力不强，工作效率不高；有的宗旨观念不强，组织纪律松懈，工作作风不实等。这些都严重影响了党群、干群关系，难以完成组织和带领广大农民群众建设社会主义新农村的重大历史任务。

切实加强农村社区干部队伍建设、优化社区干部配置迫在眉睫：一是要通过社会招聘、选派机关干部下基层挂职锻炼、培养后备干部等有效途径，解决社区干部队伍来源不足的难题；同时，加大培训和教育管理的力度，定期举办新上岗社区干部培训班、新聘用社区干部培训班，努力提高社区干部的自身素质，建设一支创造力、战斗力、凝聚力强的社区干部队伍。二是要逐步提高和加大社区管理和服务工作的比重，逐步分离和淡化农村社区的经济职能，独

立运营集体资产，教育和引导社区干部树立服务意识和管理理念，努力提高社区管理和服务工作的水平。三是要精简社区干部，努力提高干部队伍整体素质。农村社区干部队伍素质的高低不是取决于数量多少，关键在质量。为此，必须采取公开选举的办法产生农村社区干部，真正把一批年纪轻、会经营、肯吃苦、有威信、开拓进取的同志选为社区干部，从而建设一支精干、高效的社区干部队伍，以适应社会主义新农村建设的需要。

4. 着力改善社区干部待遇

农村社区干部角色困惑，社区干部被称为“干部”但不是官，被称为干部，但又是农民，严格地说是农民干部，角色比较尴尬。同时农村社区干部处境亦比较艰难，他们面临的工作任务繁重而艰巨，处在上级政府与村民之间的夹缝中，但工作报酬尚未达到一个合理的水平。在一些经济欠发达的农村，社区干部不仅待遇更低，且常常不能按时、足额发放，这使得很多人宁愿出去打工也不愿意做社区干部，还有人提出了“21 世纪谁来当村官”的问题。① 社区干部是推动农村基层工作的主导力量，建立完善村干部激励保障机制，落实社区干部各项政治和生活待遇，不仅关系到农村干部队伍的稳定，更关系到农村基层政权的巩固。因此，应探索建立财政补贴村干部工资报酬、养老保险、医疗保险和离职补偿等制度，进一步落实村干部的政治和生活待遇，从体制上解决农村基层干部的社会保障问题。

第一，完善各项激励机制，建立社区干部待遇增长机制。一方面要提高基本工资，健全社区干部激励机制，不断完善村干部考核办法，实行一月一考核，一季一奖惩，每季根据考核情况发放基本报酬和绩效报酬，并设立年终奖金，进一步完善目标考核奖励机制。第二，落实各类报酬补贴，确保“收入有保障”。进一步提高村干部报酬，将村干部报酬资金全部纳入财政预算，直接拨付各乡镇，实行“零余额账户”授权支付。只有确立和不断完善提高社区干部补贴报酬制度，才能极大地稳定农村干部队伍，进一步调动农村干部的积极性。

① 潘宁：《21 世纪谁来当村“官”——村干部的困境与出路》，《调研世界》，1998 年第 3 期。

(三)建立多层次的农村社区参与机制

1. 培育和发展农村社区中介组织

我国正处于一个急剧而又迅速的社会转型期，新的社会格局尚未形成，旧的社会格局尚未完全瓦解，新旧格局发生着激烈的碰撞与摩擦。在新旧格局交替的过程中，社会阶层分化严重，社会流动加快，贫富差距越来越大，各种利益矛盾也不断出现。农村作为社会结构中的一个单元，农村社会阶层及其结构也相应地发生了变化和重组，呈现出多元化和复杂化倾向，从而导致农村社会成员彼此之间明显的地位差别和利益差别，均质性的农村社会分化为若干阶层和利益群体。在今天，农民这个大群体已经不再是一个意义和内涵单一的指称，农民这个大群体已经分化为农业劳动者、农民工、农村知识分子、个体劳动者和个体工商户阶层、私营企业主、乡镇企业管理者和农村管理者这八个阶层①。而且随着各阶层内部分化程度的逐渐加大，农民之间的贫富差距也呈逐步拉大的趋势。为了促使农村社会和谐健康发展，胡锦涛同志在“省部级主要领导干部建设社会主义新农村专题研讨班”开班讲话中也反复强调：“重视农业、农村、农民问题是我们党一贯战略思想，三农问题始终是关系党和人民事业发展的全局性和根本性问题，农业丰则基础强，农民富则国家盛，农村稳则社会安。”②在农村社会发生深刻变化的时代背景下，也必然要处理好农村社会的各种矛盾，促进农村发展、农业增效、农民增收。而要实现这些目标，不仅需要国家政策的扶持、农业经营方式的转变、农民素质的提高，更需要培育和发展各种农村社区中介组织。

农村中介组织的培育和发展任重而道远，不仅要从政策层面上去引导、扶持，从法律等制度层面上去监督、约束，而且更需要农村中介组织适应农村社会发展的实际，不断创新组织机制，强化组织功能，为发展中国特色的现代农业，培养有文化、懂技术、会经营的高素质新型农民，以及提高农民生活水平做出更大的贡献。

首先，进一步完善有关农村中介组织的立法制度，把农村市场中介组织的建设纳入法制化轨道。一方面，要建立健全有关中介组织组建、营运的法规，对其性质、职能、活动范围、应尽的义务和享受的权利都作出明文规定。另

① 陆学艺主编：《当代中国社会阶层研究报告》，北京：社会科学文献出版社，2002年版，第170页。

② 胡锦涛：《扎扎实实推进社会主义新农村建设》，《人民日报》，2006年2月15日。

一方面，要健全监督、引导、管理机制的法规，使中介组织业务的开展和有关部门对中介组织的监管做到有法可依。对于规范农村市场中介组织与政府、企业关系的法律也要出台，在具体实施监督的过程中，进一步明确政府部门在中介组织发展中的作用，充分发挥各个组织的协作互助功能。

其次，进一步增强政府的扶持力度，充分发挥政府在培育农村中介组织中的领导作用。由于农村中介组织自身的脆弱性决定其在市场竞争中经常会处于不利地位。因此，政府应采取切实有效的措施，加大对农村市场中介组织的扶持力度。重点做好以下几方面的工作：在资金支持上，财政部门应在年度预算中专门划拨“农村市场中介组织扶持款”，实行专款专用。在税收支持上，政府规定相关的税收减免与优惠政策。政府应根据国情，制定合理的、利于农村市场中介组织发展的税收政策。对那些刚刚起步、对整个行业有辐射力的中介组织，要有优惠政策出台，既要防止不法商人偷税漏税，又要能够激励中介组织更好地为农民服务。要使中介组织形成更大的规模，进而享受规模经济带来的好处。在服务支持上，工商、交通、检疫、计量、公安等部门都要为农村市场中介组织的发展做好服务工作，为农产品的流通开辟“绿色通道”，彻底整治市场环境，打击欺行霸市、乱收费、扰乱经营秩序和坑农、害农、骗农的行为，保护中介组织的合法权益。

再次，进一步加强对农村中介组织的教育与培训，不断增强农民的合作观念、民主观念、创新观念。第一，通过深入细致的合作教育工作，唤起农民的合作意识，培养农村中介组织的群众基础。引导农村中介组织实行民主决策、民主管理和民主监督，真正实现社会主义新农村建设目标中的“管理民主”。第二，加强合作业务培训，引导农村中介组织与高等院校、职能部门开展业务培训。针对各市、县、乡的农业部门主管领导、合作组织的负责人，以及从每个专业合作经济组织选取一定比例的农户成员，进行分期分批的培训。通过深入细致的合作教育，培养一批有合作思想且懂得如何指导专业合作经济组织发展的领导人、一批具体管理专业合作经济组织的负责人和一批参与专业合作经济组织运作的农民，通过他们的切身体验和传播，使更多的基层干部和农民了解合作经济组织的性质、规则和功能。第三，通过典型示范的方式让农民自觉地去接受这个新事物，自愿地选择各种发展类型。农民专业合作组织通过统一对成员进行培训，统一组织标准化生产，极大提高了农民成员的素质。同时，通过合作组织，把农民组织起来，大力发展产业化经营，坚持利益共享，风险共担，有利于发挥农村中介组织的整体功能。

最后，进一步创新组织机制，鼓励多种形式的农村中介组织发展。我国各地农村经济发展、自然状况、农民分布很不平衡，必须坚持科学规划、因地制宜、分类指导，有计划、有步骤、有重点地逐步推进农村中介组织的发展。在组建形式上可以由农村专业经营大户、专业生产大户或专业技术干部牵头兴办合作经济组织；也可以依托龙头企业创办合作经济组织；还可以依托基层农技站、基层供销社和粮站创办合作经济组织。在发展重点上，一是围绕加快农业产业化进程，积极推进股份合作经营。比如，以龙头企业带基地、带农户，实行产加销一体化经营，解决产业链脱节、连接关系松散、企业与农户利益关系不直接等问题。二是围绕发展区域特色农业，发展多种形式的经济合作。坚持资源合理配置，发挥区域比较优势，提高农业效益和农产品竞争力。三是围绕科技兴农，扶持发展各种专业技术协会。以科技进步为依托，产学研相结合，组织实施良种产业化工程、优质高效农产品基地开发工程、农业科技示范园区工程等科技兴农工程，使质量标准和技术规范进入千家万户，提高农产品竞争力。

2. 依靠农村社区村民自身力量解决问题

农村社区建设的宗旨就是要以村民为本，服务村民，即通过开发和动员农村资源，加强农村社区服务功能，以不断消除城乡收入差别、公共服务差别，使农民的生产生活质量不断提高，将农村社区建设成为“生产发展、生活宽裕、乡风文明、村容整洁、管理民主”的新型农村。农村社区管理的要义也在于尽可能地依靠农村社区村民自身力量及其自我协调功能。而村民依靠自身力量解决问题，通过村民自治组织，进行自我管理、自我教育和自我服务，一方面，可以满足政府难以满足的社会需要，另一方面，可以参与解决农村社区的发展问题，为自己创造良好的生活条件。其实，农村社区建设是关系到每个社区成员切身利益的事情，也需要社区成员的共同参与。而且，农村社区建设的方式，与强化行政干预的农村社区建设相比，更能激发和调动社区成员的积极性和创造性。①

近年来，随着农村社会的发展以及村民利益诉求的增加，扩大村民的政治参与，加强基层民主政治建设显得尤为重要。民主是社会主义现代化建设的目标之一。实行“民主选举、民主决策、民主管理、民主监督”基础上的村民自治，是基层民主政治建设的主要内容。所以，通过村民自治，依靠农民

① 李发戈：《社区建设中的政府主导与社区自治》，《重庆行政》，2004 年第 1 期。

自身力量解决问题，为村民提供参与同他们日常生活密切相关的公共事务的管理的机会，成为扩大村民政治参与的重要渠道。对此，我们可以在农村社区建设过程中，通过一系列的民主规则和程序，形式化地训练村民掌握参政议政的技术和方法，使村民在民主选举、民主决策、民主管理和民主监督的实践中培育公共意识、参与意识、合作精神和契约观念，学会运用民主方式争取和维护自己的权益。长此以往，一旦形式固化为习惯，就会成为村民日常的生活方式，从而不断赋予民主以真实内容。这样也有利于为社会主义民主提供坚实的主体基础。

3. 依托共青团、妇联组织等成立社区志愿者组织

社区志愿服务是指在党委、街道办事处的倡导和支持下，以社区志愿者为主体，以各级志愿者组织为组织管理协调机构，从社区居民多种需求出发，开展各种无偿公益服务活动，协助解决社区问题，塑造优良的社区文化，促进社区管理工作，共同推动社区建设。社区志愿服务工作以公益性、自愿性、群众性、实效性为基本原则。主要内容包括社区帮困、社区文化、社区教育、社区环保、社区治安、社区便民服务、社区邻里互助等。

开展社区志愿服务对于广泛动员社会资源参与社区建设，改善社区人际关系，净化社区社会风气，提高社区居民素质，体现社会关怀，推进社区精神文明建设等具有重要意义。社区志愿服务是社区服务的重要组成部分和社区建设的有效抓手，是健全和完善社会保障体系的有益补充，也是推进志愿者行动深入发展的现实需要。

街道共青团组织是社区志愿服务及志愿者队伍的主管，负责社区志愿服务站的建设指导、组织管理协调、调研规划、宏观指导和宣传发动，并做好机关职能部门的联系协调工作，为社区志愿服务工作的开展提供必需的支持，创造良好的外部环境。农村妇联组织也应围绕农村社区化建设与服务，充分发挥职能优势，以社区妇联班子成员为骨干，发动那些热心公益、关心妇女儿童事业发展的各类优秀妇女，成立农村社区各类巾帼志愿者服务队等不同类型的社区志愿者组织。

4. 充分发挥老党员、老干部、老教师的作用

我们要充分地认识到，老党员、老干部、老教师是一支巨大的社会力量和宝贵的财富。大家都有着光荣的历史，辉煌的业绩，在民族解放、祖国建设和改革开放的伟大事业中，拼搏奋斗了几十年，特别是在奉献教育事业的峥嵘厚重岁月里，积累了丰富的人生经验，集聚了崇高的社会威望。

在农村社区中也应有这些老党员、老干部、老教师的身影，可以在社区建设过程中成立一些组织机构，根据老党员、老干部、老教师以前所从事的工作等聘请他们任职，对青少年思想政治、道德品质等方面进行教育培养，对一些邻里纠纷、家庭矛盾等进行调解畅通。配合社区各项工作，充分发挥老党员、老干部、老教师的作用，为农村社区建设贡献自己的力量。

党的十八大报告指出："加快完善城乡发展一体化体制机制，着力在城乡规划、基础设施、公共服务等方面推进一体化，促进城乡要素平等交换和公共资源均衡配置，形成以工促农、以城带乡、工农互惠、城乡一体的新型工农、城乡关系。"①我们有理由相信：随着党的十八大提出的在改善民生和创新社会管理中加强社会建设的精神，北京市农村社区创新管理一定会跃上一个新台阶。

---

① 胡锦涛：《坚定不移沿着中国特色社会主义道路前进 为全面建成小康社会而奋斗——在中国共产党第十八次全国代表大会上的报告》，北京：人民出版社，2012年版，第24页。

附录 1

北京农村社区建设情况调查问卷

一、社区建设的领导体制

农村社区建设实验工作领导协调机构名称	
主要负责人是(职务)	
该领导协调机构的成员单位有 (共________个)	
该领导协调机构办公室设在	
该领导协调机构有专职工作人员______人，编制性质为______。	A. 行政编制 B. 全额拨款事业编制 C. 差额拨款事业编制 D. 社会聘用人员

二、农村社区的设置类型

设置类型	个数
一村一社区	
一村多社区	
多村一社区	
一村一社区社区设小区	
其他类型(请列出)	

三、农村社区的机构设置

机构设置类型	个数
一站式服务大厅	
劳动保障服务站	
文体教育服务站	
综合治理服务站	
卫生服务站	
党员志愿者服务站	
村民议事室	
图书阅览室	
爱心慈善超市	
社区居民学校	
老年活动室	
其他(请列出)	

四、农村社区的功能设置

功能设置		具备功能的农村社区个数
社会管理职能	治安管理	
	纠纷调解	
	外来人口管理	
	其他	
公共服务职能	生产服务	
	劳动就业	
	社区福利	
	卫生保健	
	孤寡残弱救助	
	社区医疗	
	社区教育	
	文化娱乐	
	信息咨询	
	环境卫生	
	基础设施	
	其他（请列出）	
组织建设	基层党建	
	村民自治	
	其他（请列出）	
其他（请列出）		

五、农村社区的人员配备

社区组织类型	配备人员数量
社区居委会	
社区党支部	
社区服务中心	
劳动保障服务站	
文体教育服务站	
综合治理服务站	
卫生服务站	
党员志愿者服务站	
其他社区组织(请列出)	

六、农村社区的组织关系

社区组织关系类型	农村社区个数
村党支部、村委会与社区管理组织分立	
村党支部、村委会与社区管理组织交叉任职	
村党支部与社区管理组织交叉任职	
村委会与社区管理组织交叉任职	
其他类型组织关系(请列出)	

七、农村社区组织依托

组织依托类型	农村社区个数
乡镇	
村或其联合	
中心村	
小组或其联合	
自然村或其联合	
其他（请列出）	

八、社区建设的经费投入

经费投入类型		投入金额	有投入的社区个数
政府投入	中央投入		
	省级投入		
	市级投入		
	县级投入		
	乡镇投入		
社会捐助	企业捐助		
	NGO 捐助		
	慈善捐助		
	个人捐助		
	其他（请列出）		
村集体出资			
村民集资			
其他（请列出）			

九、农村社区的经费支出类型

支出类型	支出金额	有支出的社区个数
人员薪酬		
卫生保健		
基础设施		
社区救助		
文体活动		
组织建设		
其他方面(请列出)		

附录 2

北京农村社区建设情况调查问卷(乡镇)

联系人姓名：________________ 职　　务：____________

办公电话：__________________ 手　　机：____________

联系地址：__________________ 电子邮箱：____________

一、基本情况

1. 本行政区域内 2010 年 GDP 达______万元，财政收入______万元，城镇居民人均可支配收入______元，农村居民人均纯收入______元。

2. 本乡/镇共有户籍人口______万人，其中农业户籍人口______万人，常年外出(半年以上)人口______万人，外来暂住人口(半年以上)______万人。

3. 本乡/镇共有______个建制村，______个村民小组，______个自然村，已建成________个农村社区。居民 500 人以下的农村社区________个；500～1000 人之间的农村社区______个；1000～3000 人之间的农村社区______个；3000～5000 人之间的农村社区______个；5000 人以上的农村社区有______个。

4. 所有建制村中，因开展农村社区建设而撤并的建制村有______个，集体经济薄弱村(含空壳村)有______个，因人口大量减少或其他原因可能撤并的村有______个。

5. 农村社区地域范围内成立了哪些社会组织①，分别提供哪些服务？

名　称	数 量 (个)	会员数 (人)	服务内容

① 社会组织包括：各种专业协会、专业合作社、志愿者组织等。

二、农村社区综合服务设施①建设与资金投入情况

1. 已完成社区综合服务设施建设的农村社区有______个。其中，新建的有______个，改扩建的有______个。请列出农村社区综合服务设施的名称和面积：

①名称：________________，面积________平方米；

②名称：________________，面积________平方米；

③名称：________________，面积________平方米；

④名称：________________，面积________平方米；

⑤名称：________________，面积________平方米；

⑥名称：________________，面积________平方米；

⑦名称：________________，面积________平方米；

⑧名称：________________，面积________平方米；

⑨名称：________________，面积________平方米；

⑩名称：________________，面积________平方米；

其他：名称______________，面积________平方米。

2. 已建成的农村社区综合服务设施共投入资金________万元，其中，县级以上(包括县级)财政投入______万元，乡镇投入______万元，村集体投入______万元，农村居民一事一议筹资______万元，彩票公益金投入______万元，社会捐助______万元。预计还要投入________万元。

3. 是否建立了乡镇一级社区服务中心？答：________________

4. 农村社区承接的乡镇政府行政管理事务包括哪些？

三、农村社区管理体制和服务机制情况②

(一)以现有的村民委员会辖区范围作为社区地域的农村社区

(一个建制村建设使用一个综合服务设施)

1. 已建成农村社区综合服务设施______个，平均建筑面积________平方米，服务功能平均覆盖______人、______平方公里。在已建成农村社区综合

① 农村社区综合服务设施包括：村级组织办公活动场所、一站式服务大厅、党员活动室、会议室、图书室、卫生室、农技室、警务室、健身活动室、室外活动广场、养老院、幼儿园等。

② 根据本行政区域农村社区建设模式选择填答(一)、(二)、(三)中的任一部分，本行政区域内存在不同农村社区建设模式的，可选择填答多部分；无论选择一部分或多部分，均须完整回答该部分包含的全部问题。

服务设施中新建的有______个，改扩建的有______个，其他方式建有______个。

2. 已建成服务站点______个，其中，新建的有______个，改扩建的有______个，其他方式建的______个。平均每个服务站点建筑面积______平方米、建设投入______万元、覆盖______个村民小组(自然村)、______人、______平方公里。服务设施包括____。

3. 平均每个农村社区共有______名工作人员，其中，村“两委”兼职______人，工资补贴______元/月；大学生村官______人，工资补贴______元/月；县、乡政府下派干部______人，工资补贴______元/月；社会招聘专职社区工作者______人，工资补贴______元/月；兼职社区工作者______人，工资补贴______元/月。平均每个农村社区每年的办公经费投入______万元。

4. 在农村社区建设过程中，由村“两委”直接领导组织开展的有______个；在村“两委”的领导下，成立农村社区建设协调机构组织开展的有______个，协调机构的成员包括______________________________；由乡镇政府牵头领导，成立农村社区建设协调机构组织开展的有______个，协调机构的成员包括____________________________________。

(二)以多个人口较少、面积较小、地域相邻的村作为社区地域的农村社区

(多个建制村共建共用一个社区综合服务设施)

1. 已建成农村社区综合服务设施______个，平均每个综合服务设施建筑面积______平方米，覆盖______个建制村、______人、______平方公里。在已建成农村社区综合服务设施中新建的有______个，改扩建的有______个，其他方式建有______个。

2. 已建成服务站点______个，其中，新建的有______个，改扩建的有______个，其他方式建的______个。平均每个服务站点建筑面积________平方米、建设投入______万元、覆盖______个村民小组(自然村)、______人、______平方公里。服务设施包括____。

3. 平均每个农村社区共有____名工作人员，其中，村“两委”兼职______人，工资补贴______元/月；大学生村官______人，工资补贴________元/月；县、乡政府下派干部______人，工资补贴______元/月；社会招聘专职社区工

作者______人，工资补贴______元/月；兼职社区工作者______人，工资补贴______元/月。平均每个农村社区每年的办公经费投入______万元。

4. 在农村社区建设过程中，由村“两委”直接领导组织开展的有______个；在村“两委”组织协调下，成立农村社区建设协调机构组织开展的有______个，协调机构的成员包括________________________，协调机构分别与村“两委”和乡镇政府之间的关系______________；由乡镇政府牵头领导，成立农村社区建设协调机构组织开展的有______个，协调机构的成员包括________________________________，协调机构分别与村“两委”和乡镇政府之间的关系____。

（三）以一个规模较大但自然村较分散、人口较多的村作为社区地域的农村社区

（建制村未建社区综合服务设施，但在村民小组或自然村建了服务站点等设施）

1. 已建成的服务站点______个，平均每个建筑面积________平方米、建设投入______万元、覆盖______个村民小组（自然村）、______人、______平方公里。其中，新建的有______个；改扩建的有______个；其他方式建的______个。

2. 服务站点功能布局一般情况，请列出室、站、厅、所等具体名称和具体面积：

①名称：________________，面积________平方米；

②名称：________________，面积________平方米；

③名称：________________，面积________平方米；

④名称：________________，面积________平方米；

⑤名称：________________，面积________平方米；

⑥名称：________________，面积________平方米；

⑦名称：________________，面积________平方米；

⑧名称：________________，面积________平方米；

⑨名称：________________，面积________平方米；

⑩名称：________________，面积________平方米；

其他：名称________，面积________平方米。

3. 平均每个农村社区共有______名工作人员，其中，村“两委”兼职______人，工资补贴______元/月；大学生村官______人，工资补贴______

元/月；县乡政府下派干部______人，工资补贴______元/月；社会招聘专职社区工作者______人，工资补贴______元/月；兼职社区工作者______人，工资补贴______元/月。平均每个农村社区每年的办公经费投入______万元。

4. 在农村社区建设过程中，由村“两委”直接领导组织开展的有______个；在村“两委”组织协调下，成立农村社区建设协调机构组织开展的有______个，协调机构的成员包括____，协调机构分别与村“两委”和乡镇政府之间的关系____；由乡镇政府牵头领导，成立农村社区建设协调机构组织开展的有______个，协调机构的成员包括________________________________，协调机构分别与村“两委”和乡镇政府之间的关系____。

四、意见和建议

1. 在农村社区建设过程中，您认为乡镇政府应完成哪些职能的转变？如何理顺乡镇政府与农村社区之间的关系？

2. 您认为应建立一种怎样的农村社区组织和管理体制，发挥出农村居民在农村社区建设中的主体作用？

3. 您认为财政资金应重点支持农村社区哪些设施的建设？可采取哪些措施动员社会力量积极参与农村社区建设？

4. 本行政区域内哪两个农村社区建设实验工作成效较为显著？分别具有哪些特点？请简要介绍。

附录 3

民政部关于命名北京市通州区等 33 个县(市、区)为“全国农村社区建设实验全覆盖示范单位”的决定

民发[2001]16 号

自“农村社区建设实验全覆盖”创建活动开展以来，得到了全国各地的积极响应，农村社区建设的覆盖面和受益面逐步扩大，为促进城乡基本公共服务均等化、保障亿万农民分享改革发展成果做出了贡献。在开展创建活动的过程中，北京市通州区等 33 个县(市、区)提出了申报要求，经实地评估、问卷调查、专家评审、对外公示等程序，确认上述 33 个县(市、区)基本达到了领导协调机制、社区建设规划、社区综合服务设施、社区各项管理和服务全覆盖的标准，走出了一条适应本地实际开展农村社区建设的新路子，得到了广大农村居民的拥护，取得了良好的社会效果。民政部决定命名上述 33 个县(市、区)为“全国农村社区建设实验全覆盖示范单位”。

希望上述示范单位戒骄戒躁、再接再厉，巩固全覆盖创建活动成果，逐步解决完善农村社区管理服务体制机制方面遇到的深层次问题，推动农村社区建设工作再上新水平。各地要认真学习示范单位的先进经验，因地制宜地开展全覆盖创建活动，不断扩大农村社区建设的覆盖面、受益面，为满足农村居民日益增长的物质文化需求，加快社会主义新农村建设，推动形成城乡经济社会发展一体化新格局做出更大贡献。

附件：“全国农村社区建设实验全覆盖示范单位”名单

二〇一一年一月十九日

附件：“全国农村社区建设实验全覆盖示范单位”名单

北京市通州区
河北省邯郸市峰峰矿区
辽宁省大连市旅顺口区
辽宁省普兰店市
吉林省长春市绿园区
吉林省长春市二道区
吉林省长春市朝阳区
黑龙江省黑河市爱辉区
黑龙江省庆安县
江苏省南京市栖霞区
江苏省南京市浦口区
江苏省昆山市

江苏省南通市通州区
江苏省苏州市相城区
安徽省黄山市屯溪区
江西省南昌市青山湖区
江西省都昌县
山东省章丘市
山东省文登市
山东省龙口市
山东省莱州市
山东省招远市
山东省青州市
山东省滨州市经济开发区
山东省沾化县
河南省安阳市殷都区
湖北省秭归县
湖北省宜都市
广东省佛山市南海区
广东省中山市
重庆市渝北区
重庆市南岸区
甘肃省金昌市金川区

注：以下是北京市政府确定的10个试点

昌平区南口镇李庄
延庆县八达岭
密云县穆家峪镇华润希望小镇
房山区青龙湖镇晓幼营
门头沟区王平镇韭园
怀柔区庙城镇史山
通州区宋庄镇五合村
大兴区魏善庄镇羊坊
顺义区北石槽镇凤凰新村
平谷区平谷镇西鹿角

课题负责人：聂月岩（首都师范大学政法学院　教授）
课题组成员：王欢、韩之琳、吴化、纪静、缪舫、薛杨、王培培

统筹城乡发展与农村社区建设

李敬德

一、农村社区建设是我国农村深刻的社会变革

社区是指聚居在一定地域内的人们所组成的社会生活共同体。城乡社区一般具有人口、地域、组织结构和文化四个基本要素。其中，“人口”是社区生活的主体要件，“地域”是社区的自然地理和人文地理环境条件，“组织结构”是社区居民交往和整合得以实现的客观机制，“文化”是社区居民交往和整合得以实现的精神要件。社区的这四个基本要素密切关联，不可分割。目前，我国城市社区的范围，一般是指经过社区体制改革后作了规模调整的居民委员会辖区；农村社区，一般是指村民委员会的辖区。由于社区基本要素构成情况的不同，也由于各地经济社会发展水平的差异，农村社区具有不同的类型。不少地方从地域范围角度，把农村社区分为一村一社区、多村一社区、自然村社区等。①

农村社区建设是在党和政府的领导下，依托村级组织，发挥农村居民主体作用，整合社区内外资源，健全社区管理和服务体系，提高农村居民生产生活水平，把农村社区建设成为管理有序、服务完善、文明祥和的社会生活共同体的过程。

当前正在全国范围内积极推进的农村社区建设，是当代中国农村大地上发生的一场意义重大、影响深远的社会变革，是适应我国目前经济体制深刻变革、社会结构深刻变动、利益格局深刻调整、思想观念深刻变化，从根本上转变农业农村发展方式和农民生活方式，实现城乡统筹、一体化发展的实践探索和创新。关注和研究农村社区建设，充分发挥农村社区在实现农业现

---

① 詹成付：《关于社区建设的几个问题》，民政部基层政权和社区建设司编：《全国农村社区建设重要资料选编》(2009)，第 388～389 页。

代化、农村城镇化、农民市民化中的功能和作用，对于加快推进社会主义新农村建设，大力推动城乡统筹发展，从根本上破除城乡二元结构、实现城乡社会管理和公共服务一体化，促进经济持续发展，维护社会和谐稳定，坚持走中国特色工业化、信息化、城镇化、农业现代化道路，具有极其重要的战略价值和深远的历史意义。

(一)农村社区建设是统筹城乡发展的必然要求

1. 统筹城乡发展必须构建新型工农关系、城乡关系

如何处理工农、城乡关系，是世界各国在工业化、城市化和现代化进程中都必须认真对待和着力解决的重大问题。

新中国成立以来，我国在处理工农关系、城乡关系方面，曾经走过一段曲折的道路。改革开放前，我们党和国家在推进社会主义工业化过程中，比较注意调整和改善工业与农业、城市与乡村、工人与农民的关系，强调要巩固工农联盟，实行工农结合、“城乡兼顾”。并提出发展工业和发展农业并举，要以农业为基础，以工业为主导，按照农、轻、重的次序来安排国民经济等重要观点。但党和国家在认识和处理工农、城乡关系问题上也曾有过错误认识。特别是由于长期实行计划经济体制，形成了特殊的城乡二元经济社会结构，严重扭曲了我国的工农、城乡关系，制约了国家的经济和社会发展。

改革开放以来，特别是党的十六大以来，我国在调整和改善工农、城乡关系，破除城乡分割的体制机制方面，进行了积极而富有成效的探索。我们党深刻总结历史经验和实践经验，明确提出了科学发展观和把解决好“三农”问题作为全党全国全部工作的重中之重的指导思想，确立了统筹城乡经济社会发展的重大方略，提出了统筹城乡发展、建设社会主义新农村的战略任务。

2004 年 9 月，胡锦涛同志在党的十六届四中全会上明确提出了“两个趋向”的重要论断，即：在工业化初始阶段，农业支持工业、为工业提供积累是带有普遍性的趋向；但在工业化达到相当程度后，工业反哺农业、城市支持农村，实现工业与农业、城市与农村协调发展，也是带有普遍性的趋向。随后，胡锦涛同志又明确提出：我国现在总体上已到了以工促农、以城带乡的发展阶段。2005 年，我国人均国内生产总值达到 1703 美元；非农产业产值比重达到 87.5%，非农产业在国民经济中已占绝对主导地位；非农产业劳动力比重上升到 55.3%，超过农业劳动力比重；城市人口比重已提高到 42.99%，城市化已进入加速发展阶段。这说明，我国已进入了工业化的中期阶段，具备了工业反哺农业、城市支持农村的实力和条件。

2005 年 10 月，党的十六届五中全会提出，要按照“生产发展、生活宽裕、乡风文明、村容整洁、管理民主”的目标要求，推进社会主义新农村建设。

2006 年 10 月，党的十六届六中全会提出，要扎实推进社会主义新农村建设，促进城乡协调发展，同时作出了“积极开展农村社区建设”的重大战略部署。

2007 年 10 月，党的十七大提出了“建立以工促农、以城带乡的长效机制，形成城乡经济社会发展一体化新格局”的新目标；提出要加强城乡社区建设，“把城乡社区建设成为管理有序、服务完善、文明祥和的社会生活共同体”。

2008 年 10 月，党的十七届三中全会通过的《关于推进农村改革发展若干重大问题的决定》指出，我国总体上已进入以工促农、以城带乡的发展阶段，进入加快改造传统农业、走中国特色农业现代化道路的关键时刻，进入着力破除城乡二元结构、形成城乡经济社会发展一体化新格局的重要时期。这“三个进入”的基本判断，科学地概括出了当前我国农村改革发展所处的历史方位。《决定》同时指出，我国农村当前存在的最关键、最集中的问题，就是：城乡二元结构造成的深层次矛盾突出。正是依据这样的科学判断和分析，《决定》明确提出，要把建设社会主义新农村作为战略任务，把走中国特色农业现代化道路作为基本方向，把加快形成城乡经济社会发展一体化新格局作为根本要求，坚持工业反哺农业、城市支持农村和多予少取放活方针，创新体制机制，加强农业基础，增加农民收入，保障农民权益，促进农村和谐，充分调动广大农民的积极性、主动性、创造性，推动农村经济社会又好又快发展。《决定》强调指出，必须统筹城乡经济社会发展，始终把着力构建新型工农、城乡关系作为加快推进现代化的重大战略。到 2020 年，我国基本建立城乡经济社会发展一体化的体制机制。

近年来，全国各地认真贯彻落实党中央的上述精神，在加快发展现代农业和社会主义新农村建设的过程中，积极进行统筹城乡发展的实践探索，城乡一体化步伐明显加快，新型的工农、城乡关系正在形成。

2. 构建新型工农、城乡关系必须破除城乡二元结构

我国城乡分割的二元经济社会结构，在旧中国的半殖民地、半封建社会就已经存在。新中国成立后，国家实行重工业优先发展战略和计划经济体制，相应地实行了工农产品二元价格政策、工农业二元税收政策、城乡二元财政供给政策；同时，实行城乡二元户籍管理制度、二元就业制度、农产品统派购制度等。这一系列制度安排和政策实施，使我国的城乡二元经济社会结构

得到进一步强化。其结果是，农业与非农业分离，农村与城市分治，农民与市民分割，造成城镇居民与农村农民权利和发展机会的不平等，加剧了城乡结构的失衡；特别是使广大农民失去了自主权，城乡之间，农村内部，农业内部，甚至农民家庭经营内部的生产要素配置，都受到国家行政手段和政策的严格控制。①

我们现在所说的要着力破除城乡二元结构，包括破除城乡二元经济结构和城乡二元社会结构。现代发展经济学理论认为，社会二元结构的本质是制度性的。我国特殊的城乡二元社会结构，是在城乡二元经济结构的基础上形成的，它是以城乡分割的二元户籍制度为核心，包括城乡二元就业制度、二元福利保障制度、二元教育制度、二元公共事业投入制度在内的社会制度体系。②③ 城乡二元社会结构的主要表现是城乡差距的扩大。我国城乡居民长期存在的巨大差距，突出地表现在城乡居民的收入差距、消费差距、公共品供给差距等方面。城乡公共品供给方面的差距，突出地表现在城乡教育差距、城乡医疗卫生差距、城乡社会保障差距、城乡住房福利差距、城乡公共基础设施和文化事业发展的差距。④ 坚持和实行统筹城乡发展，最根本的是要建立城乡经济社会发展一体化的体制机制，消除城乡二元结构的体制障碍，建立起新的城乡协调发展的制度保障，推进城乡基本公共服务均等化。

破除城乡二元结构，实现城乡融合、协调发展，需要一个长期的历史过程。马克思和恩格斯说过："存在于现存社会关系中的一切缺陷是历史地产生的，同样也要通过历史的发展才能消除。"⑤改革开放以来，我国的工农关系和城乡关系逐步改善，城乡一体化进程逐步推进。进入新世纪以来，我国确立了城乡劳动者平等就业制度和统一城乡劳动力市场等政策，城乡要素市场分割的格局初步打破；在国民收入分配方面，逐步将农业养育工业的政策，转变为工业反哺农业的政策，工农、城乡协调发展、融合发展的总趋势已经

---

① 郑有贵、李成贵主编：《一号文件与中国农村改革》，合肥：安徽人民出版社，2008年版，第14页。

② 黄坤明：《城乡一体化路径演进研究》，北京：科学出版社，2009年版，第90页；第99页。

③ 迟福林主编：《第二次转型》，北京：中国经济出版社，2010年版，第145页。

④ 迟福林主编：《第二次转型》，北京：中国经济出版社，2010年版，第101页。

⑤ 马克思、恩格斯：《德意志意识形态》，《马克思恩格斯全集》第3卷，北京：人民出版社，1998年版，第498页。

不可逆转。但从现实情况看，农业和农村在资源配置和国民收入分配中仍处于不利地位，农村居民和城镇居民在发展机会和社会地位方面仍然存在着许多不平等现象，城乡分割的二元结构，包括城乡二元土地制度、城乡二元财政金融体制、城乡二元公共服务体制等，仍未实现根本性突破。①

根据党的十七届三中全会提出的我国农村改革发展基本目标要求，到2020年，城乡经济社会发展一体化体制机制基本建立，城乡基本公共服务均等化明显推进，农村基本生活保障、基本医疗卫生制度更加健全，农村社会管理体系进一步完善，农村人居和生态环境明显改善，可持续发展能力不断增强。实现这些目标任务，需要深入推进中国农村改革发展，一方面，要加快发展现代农业和推进社会主义新农村建设；另一方面，而且是更为紧迫的方面，就是要着力加强农村社区建设，创新农村社会管理，全面推进城乡发展一体化。

(二)农村社区建设是实现城乡一体化的必由之路

1. 全面推进城乡一体化要求加强农村社区建设

加快形成城乡经济社会发展一体化新格局，这是党和国家深入推进中国农村改革发展的根本要求，是破解农业、农村、农民工作难题的根本出路，是破除城乡二元结构、促进城乡协调发展的根本途径。

城乡一体化，是通过城乡之间生产要素的自由流动、工业支持农业和城市对乡村的辐射带动，逐步缩小城乡经济社会发展水平的差距，进而使城市和乡村形成相互渗透、相互融合、高度依赖、共同繁荣的整体系统的过程。②根据我国现代化建设，特别是农村改革发展的实践经验，构建城乡经济社会发展一体化新格局，主要是推进六个方面的城乡一体化，即：城乡发展规划一体化、城乡产业发展一体化、城乡基础设施建设一体化、城乡公共服务一体化、城乡劳动就业一体化、城乡社会管理一体化。③ 因此，构建新型工农、城乡关系，全面推进城乡一体化，需要整体设计、突出重点、稳步推进。全面实现城乡一体化，特别需要加强农村社区建设，充分发挥农村社区在实现城乡融合、协调发展中的重要作用。

---

① 迟福林主编：《第二次转型》，北京：中国经济出版社，2010年版，第143～144页。

② 郑有贵：《目标与路径》，长沙：湖南人民出版社，2009年版，第461页。

③ 郑新立：《积极构建城乡经济社会发展一体化新格局》，张文茂、苏慧编著：《北京郊区现代化问题研究》序言，北京：中央文献出版社，2008年版，第1～3页。

全面推进城乡一体化，要求统筹工业化、信息化、城镇化、农业现代化建设，加快建立健全以工促农、以城带乡长效机制，调整国民收入分配格局，巩固和完善强农惠农政策，把国家基础设施建设和社会事业发展重点放在农村，推进城乡基本公共服务均等化，实现城乡、区域协调发展，使广大农民平等参与现代化进程，共享改革发展成果。

2. 农村社区建设是加快推进农村城镇化的客观需要

城镇化是我国现代化建设的重大战略，是实现农业现代化和城乡一体化的必然要求。农村城镇化是指在市场机制和政府宏观调控作用下，农村分散的人口、非农产业、资本要素向城镇集中的社会经济过程。经过近 20 年的发展，我国已形成县城—县域中心镇—乡集镇等多层次的农村城镇体系。农村城镇化的发展，对打破城乡二元经济社会结构，缩小城乡差别，促进城市化和工业化协调发展，在更大范围内实现土地、劳动力、资金等生产要素的优化配置，有着不可估量的重要意义。加快推进农村城镇化，能极大地带动农村经济和社会发展，促进我国经济结构的战略性调整和发展方式的根本性转变。

目前，我国农村城镇化中还存在诸多问题，表现在：人气弱，缺乏产业支撑；布局散，缺乏集聚效应；成本高，缺少启动资本；功能弱，缺少城镇化氛围；规划差，缺乏建设管理经验；素质低，缺乏城市先进文化；不平等，流动人口生存于体制之外；环保差，可持续发展受到挑战等。解决这些问题，唯一正确的战略和路径选择，是走中国特色的城镇化道路，坚持以人为本、公平共享的城镇化，科学发展、和谐发展、绿色发展的城镇化。城镇化的根本目的，是使更多城乡居民享受现代文明生活方式，促进城乡社会和谐进步。为此，就要不断创新发展理念，建设和谐宜居的现代城市，推进农村转移人口真正融入城市，促进就业、教育、医疗卫生、社会保障等基本公共服务均等化，加强保障性住房建设，使广大城乡居民共享改革发展成果和现代城市文明。

农村城镇化和新农村建设都是解决“三农”问题的重要途径，两者不能相互替代，需要紧密结合、协同发展。我们要统筹城乡发展，推进城乡一体化，但不等于城乡一样化。要通过统一城乡规划，打破城乡分割的二元体制和政策，促进城市基础设施向农村延伸，城市公共服务向农村覆盖，城市现代文明向农村辐射。我国近年来的实践经验已经表明，推进农村社区化发展，可以实现农村的就地城镇化，走出一条符合中国农村实际的城镇化道路。通过农村社区建设，可以搭建起一种新型的制度平台，成为整合城乡资源，统筹城乡发展的有力抓手，让农民共享改革开放和现代化成果，改变城乡相对分割的状况。

3. 农村社区建设是实现城乡公共服务均等化的重要途径

城乡基本公共服务均等化，是构建城乡经济社会发展一体化新格局的重要标尺。① 长期以来，我国农村基本公共服务建设严重滞后，基本公共服务的短缺已成为制约农村经济社会发展的突出矛盾；而推进农村社区化发展，有利于整合政府资源，节省建设和服务成本，发挥规模效应，便于为农民提供更加优质的公共服务。农村社区成为农村实现公共治理和有效提供公共服务的基本单元和重要平台。②

随着经济社会的迅猛发展，广大城乡居民对公共服务的需求不断提升。基本公共服务包括基本民生类的就业、分配、社保；公共事业类的教育、医疗、文化、基础科研；公益基础类的环保、公共服务设施；公共安全类服务等。推进城乡基本公共服务均等化，是实现社会公平、保障群众基本权利的重要手段。推进城乡基本公共服务均等化，可以有效缓解社会矛盾，促进社会公平公正。

农村公共服务的具体内容，包括农村公共基础设施建设、农村义务教育和职业培训事业发展、农村精神和文化产品的提供、农村公共卫生和医疗保障体系建设、农村社会保障制度的建立和完善、农村信息化体系建设、农村科技的推广和应用。这需要建立和完善新农村公共服务体系，创新农村社会管理与服务。

当前广大农民对基本公共服务的需求非常强烈，但长期以来农村基本公共服务建设严重滞后，城乡居民的不平等主要表现在享受基本公共服务方面的不均等。基本公共服务的短缺已成为制约农村经济社会发展的突出矛盾，表现在：农村教育落后，农村劳动力素质提升缓慢；农村医疗卫生水平低，农村医保事业严重滞后；农村基础设施建设落后，严重影响农民生活水平的提高；农村公共服务基层资金短缺，服务质量亟待提高；农村公共服务供给主体单一，政府处于垄断地位；农村公共服务决策体制不合理，缺乏有效监督。

---

① 郑有贵：《目标与路径》，长沙：湖南人民出版社，2009 年版，第 485 页。

② 迟福林主编：《第二次转型》，北京：中国经济出版社，2010 年版，第 144 页。

大力推进农村社区化发展，有助于加快形成政府主导、覆盖城乡、可持续的基本公共服务体系，使各项基本公共服务在农村落到实处。过去以自然村为单位实施公共服务成本过高，让有限的资源直接延伸到每一个自然村不现实。调整后的农村社区是新型治理单位，可引导人流、物流、信息流向社区聚焦，从而有效整合政府资源，节省建设和服务成本。通过建设新型农村社区，加强农村基础设施和社区公共服务平台建设，实现城乡公共服务一体化的体制机制接轨，让农村社区居民与城市居民一样享受各项优质的公共服务。因此，农村社区建设是实现公共服务均等化的重大举措。

4. *农村社区建设是维护农村和谐稳定的客观需要*

当前，我国正处于体制转轨、社会转型的改革攻坚期，也是社会矛盾凸显期。2006 年 10 月，党的十六届六中全会通过的《关于构建社会主义和谐社会若干重大问题的决定》(以下简称《决定》)指出："我国已进入改革发展的关键时期，经济体制深刻变革，社会结构深刻变动，利益格局深刻调整，思想观念深刻变化。"这"四个深刻"，是党中央对我国当前经济社会形势作出的科学判断，是着力构建社会主义和谐社会的重要依据。从我们观察和思考加强城乡和谐社区建设的视角来看，在这"四个深刻"中，特别需要关注的，一是"社会结构深刻变动"，包括我国的城乡结构发生了显著变化，社会阶层结构发生了深刻变化，社会组织形态发生了新的变化，越来越多的"单位人"变成了"社会人"；二是"利益格局深刻调整"，社会利益主体日益多元化，利益关系更趋复杂，社会矛盾更加凸显。应当说，这两个"深刻"，揭示了我国社会结构历史性变动的深刻性和当前所面临的诸多社会矛盾的深刻性，也表明了开展城乡社区建设作为我国城乡重大社会变革的深刻性，是我国加强和创新社会管理，加强城乡和谐社区建设的直接依据。正因为这样，《决定》明确提出，要"积极推进农村社区建设，健全新型社区管理和服务体制"。

经过 30 多年来的改革和发展，我国农村传统社会结构正在发生根本性变化，农村社会发展进入高风险时期。面对这种情况，加强农村社区建设，就成为农村改革发展中必须着力抓好的一项重要而紧迫的任务。社区是社会的基本单元，社区和谐是社会和谐的基础。我国近年来城乡社区建设的实践证明，社区是各种利益关系的交汇点、各种社会矛盾的集聚点，也是缓解社会矛盾的"排气阀"。把矛盾解决在基层，问题就不会积累成堆；城乡社区保持了稳定，整个社会和谐稳定和国家长治久安就打牢了坚实基础。加强农村社区建设，可以更有效地发挥农村基层自治组织的优势和基础作用，可以更好地整合并充分利用社区资源，维护社区居民的合法权益，探索化解社区矛盾、维护社区安定的新途径、新机制、新方法；还可以有效地引导社区居民以理性合法的方式表达利益诉求，努力把矛盾化解在社区，把问题解决在萌芽状态，切实维护社会的和谐稳定。① 农村社区是农村不同群众之间一个互相沟通的服务平台。通过探索构建全体成员相互包容、共同参与的新型农村社区，就能畅通交流机制，减少人际冲突，弥补社会裂痕，最终实现和谐社区及至和谐社会的目标。

（三）统筹推进城乡社区建设

统筹推进城乡社区建设，是我们党和国家推进城乡社区建设的重要方针，是加快形成城乡经济社会发展一体化新格局的客观要求。

我国和世界各国工业化、城市化和现代化的历史进程都充分说明，工农之间、城乡之间从来都是相互联系、相互促进的。改革开放以来，随着市场经济体制的逐步建立和完善，我国长期存在的城乡分割的二元经济结构开始有所改变，各种生产要素加速流动，城乡发展的互动性、互补性越来越强。城市发展离不开农村的促进和支持，农村发展也离不开城市的辐射和带动。统筹推进城乡社区建设，要求全面贯彻落实科学发展观，适应城乡经济社会一体化发展的需要，充分发挥城市社区对农村社区的带动作用和农村社区对城市社区的促进作用，形成城乡社区一体化发展新格局。

统筹推进城乡社区建设，要通过统一城乡规划、统筹城乡资源资金、统筹城乡劳动就业、统筹城乡社区干部培训、统筹城乡社会管理、构建城乡社区互动机制等途径和方法，打破城乡分割的体制和政策，促进城市基础设施向农村延伸，城市公共服务向农村覆盖，城市人才向农村流动，城市现代文明向农村辐射，让城乡居民都能享受现代城市文明生活。要着力构建城乡社区组织互帮互助机制，扎实推进城乡社区在社区管理、社区服务、社区经济、社区文化、社区救助等方面的交流与合作，形成以城带乡、以乡促城、优势互补、共同提高的城乡社区和谐发展新格局。城市社区建设起步较早，已经具有一定工作基础，积累了适应各种不同情况的好做法、好经验，在统筹推进城乡社区建设中，要特别注重发挥城市社区对农村社区的辐射和带动作用。农村社区建设，从一定意义上说，就是以农村社区为平台，通过整合城乡资

① 民政部部长李立国：《在黑龙江省和谐社区建设会议上的讲话》，民政部基层政权和社区建设司：《全国农村社区建设重要资料选编》(2010)，第 31～32 页。

源，将城市社区建设的经验与成果延伸到广大农村地区，让城乡居民共享改革开放和现代化建设的物质文化成果。①

二、我国农村社区建设的总体概况

（一）我国农村社区建设的总体进程和目标任务

1. 我国农村社区建设的总体进展情况

改革开放以来，我国社会管理的方式逐步从“单位管理”走向“社会管理”，社区成为社会整合的主要载体。

开展农村社区建设是党和国家科学分析农村改革发展新形势，不断深化认识而作出的战略部署。2003 年 10 月，党的十六届三中全会通过了《中共中央关于完善社会主义市场经济体制若干问题的决定》，其中提出了加强“农村社区服务”、“农村社会管理”的要求。2006 年 10 月，党的十六届六中全会作出“积极推进农村社区建设”的重要部署。2007 年 10 月，十七大报告明确提出，要“把城乡社区建设成为管理有序、服务完善、文明祥和的社会生活共同体”。十七届三中全会进一步强调，要“坚持服务农民，依靠农民，完善农村社会管理体制机制，加强农村社区建设，保持农村社会和谐稳定”。2010 年中央一号文件提出，要“开展农村社区建设创建活动，加强服务设施建设，培育发展社区服务性、公益性、互助性社会组织”。中办、国办印发了《关于加强和改进城市社区居民委员会建设工作的意见》。2011 年，《中华人民共和国国民经济和社会发展第十二个五年规划纲要（草案）》把社区建设作为重要内容，提出了完善社区治理结构、构建社区管理和服务平台、增强城乡社区自治和服务功能等重点任务；中共中央、国务院下发《关于加强和创新社会管理的意见》，对创新基层管理和服务体系、强化城乡社区管理和服务功能提出了明确要求。国务院印发了《社区服务体系建设规划（2011—2015 年）》。中组部、民政部等部门和群团组织联合发布了《关于加强社会工作专业人才队伍建设的意见》及《社会工作专业人才队伍建设中长期规划（2010—2020 年）》。

为贯彻落实中央部署，党中央、国务院 30 多个涉农部门认真履行职能，为推进农村社区建设做了大量工作。民政部下发了《关于做好农村社区建设试点工作推进社会主义新农村建设的通知》，制定了《全国农村社区建设实验县

① 民政部基层政权和社区建设司：《全国农村社区建设重要资料选编》（2009），第 3 页、第 70 页、第 81 页。

(市、区)工作实施方案》，要求有条件的地区开展农村社区建设实验工作。在广泛开展农村社区建设实验工作基础上，民政部启动了"农村社区建设实验全覆盖"创建活动，提出了领导协调机制、社区建设规划、社区综合服务设施、社区各项服务、社区各类管理5个方面"全覆盖"的要求。目前，农村社区建设工作正在从试点向全覆盖深化拓展。

我国农村社区建设的进程大体上经历了三个阶段。

第一阶段：地方自发试点阶段(2001—2006年)。一些地方的探索和实验，大都局限于县市区及农村部分地区，农村社区建设工作还没有上升到党和国家政策层面。

第二阶段：农村社区建设实验工作启动阶段(2006—2008年)。2006年9月，民政部下发了《关于做好农村社区建设试点工作推进社会主义新农村建设的通知》。为了在实践中探索农村社区建设工作，总结经验，明确思路，更好地制定政策，民政部于2007年3月制定了《全国农村社区建设实验县(市、区)工作实施方案》。全国先后确定了304个县(市、区)为"全国农村社区建设实验县(市、区)"，分布在除港澳台之外的全国31个省级行政区和新疆生产建设兵团，有20400个村作为农村社区试验村，占全国县级行政区划总数的10.6%。各地也确定了不同层次的实验单位。在城郊结合型、集镇中心型、传统村庄型、经济发达型、经济欠发达型、文化特色型、生态特色型等不同类型的村庄，开展了社区建设实验工作。

第三阶段：农村社区建设实验工作全面推进阶段(2009年至今)。2009年4月，民政部决定在全国开展"农村社区建设实验全覆盖"创建活动。在《关于开展"农村社区建设实验全覆盖"创建活动的通知》中提出了创建活动的5项标准，即领导协调机制全覆盖、社区建设规划全覆盖、社区综合服务中心全覆盖、社区服务全覆盖、社区管理全覆盖。已有3批共27个单位获得"全国农村社区建设实验全覆盖示范单位"称号，代表了7个不同省份的思路与做法。

开展"农村社区建设全覆盖"创建活动，得到了全国各地的积极响应和广大农村居民的拥护，取得了良好的社会效果。农村社区建设的覆盖面和受益面逐步扩大，促进了农村社区管理体制创新，促进了城乡基本公共服务均等化，为亿万农民分享改革发展成果创造了有利条件。各地结合当地实际，开展了一系列主题明确、内容丰富、形式多样的农村社区建设创建活动，如黑龙江的"打造新社区、构筑新家园、共享新生活"，江西的"城乡社区对接互动"、"精品农村社区"和广东的"六好农村社区"等多个创建活动品牌，实现了农村社区建设实验工作的增量扩大和质量升级。

目前，我国社区建设已经进入区域性发展、整体性跨越的新阶段。鉴于黑龙江省在社区建设区域性发展、整体性跨越方面做得好，2011 年全国社区建设工作现场推进会在黑龙江省召开。黑龙江省的做法和经验，有以下几个鲜明特点：一是高规格组织，一把手负责。全省成立了以省长为组长的社区建设领导小组，40 个党政部门一把手出任小组成员，各级也成立了高规格的社区建设领导机构。二是高起点谋划。把社区建设作为惠民生、谋发展的战略任务，通过召开会议、制定规划、增加投入、考评检查等措施强力推进。三是高标准建设。启动城乡社区建设“双百”示范工程，引领全省社区建设加快发展。四是高水平推进。在城市社区实施“百项服务进社区，打造特色型社区”活动，在农村社区开展“打造新社区、构筑新家园、共享新生活”主题实践活动，推动城乡社区建设规范、协调发展。五是高素质配备。实施了社区专业化社工人才“百千万”工程等，增强社区工作力量。这些经验说明，只要党政领导重视，部门齐心协力，社会共同参与，任何地区都能够走出独具特色的社区建设之路。

2. 我国农村社区建设的目标和任务

关于农村社区建设的目标，党的十七大报告明确提出：“把城乡社区建设成为管理有序、服务完善、文明祥和的社会生活共同体。”这一目标要求，既指出了城乡社区建设的明确方向，也指明了城乡社区建设的基本目标。它的内涵极为丰富，包含了六方面的要求：居(村)民自治、管理有序、服务完善、治安良好、环境优美、文明祥和。至于达到这一目标的具体时间要求，按照民政部的总体规划，预计到 2015 年，全国农村地区将普遍开展农村社区建设，60%以上的农村社区基本建成为管理有序、服务完善、文明祥和的社会生活共同体。到 2020 年，全国所有农村社区基本实现上述要求。①

农村社区建设的目标明确后，其功能与任务也就确定了。农村社区一般具备五项功能，即村民自治功能、推动经济发展功能、社会管理功能、社区公共服务功能和社区文化功能。

依据农村社区建设的目标和农村社区功能要求，我国的农村社区建设，主要是做好以下几项工作：

---

① 民政部副部长姜力：《在全国农村社区建设实验工作推进会上的讲话》，民政部基层政权和社区建设司：《全国农村社区建设重要资料选编》(2010)，第 38 页。

第一，建立健全新型农村社区管理体制机制。适应农村社会结构和利益格局的深刻变化，健全以党组织为核心的社区组织体系，实现政府行政管理和社区自我管理的有效衔接、政府依法行政和居民依法自治良性互动。建立健全利益协调机制、诉求表达机制、矛盾调处机制、权益保障机制和自然灾害、事故灾难、公共卫生事件、社会安全事件应急管理体制机制。推动农村村级组织职责转换和功能拓展，扩大基层自治民主。引导各类社会组织和驻区单位参与农村社区管理。

第二，建立健全新型农村社区服务体系。逐步建立政府公共服务、居民互助志愿服务、市场化服务相结合的覆盖农村全体居民群众的社区服务体系。积极推进以社区治安、医疗卫生、劳动就业、农业生产、环境保护、社会保险、社会救助、计划生育、文化教育体育为主要内容的政府公共服务进农村社区。依托社区服务中心，为农村居民提供方便、快捷、优质的服务。

第三，繁荣发展农村社区文化。努力把农村社区建设成为传播社会主义先进文化的重要阵地，满足农村社区居民日益增长的精神文化需求。形成良好的社会风尚和邻里关系。

第四，加强农村社区党的建设。实现党的组织和工作全社区覆盖，夯实党在农村的执政基础。创新农村基层党组织设置形式。建立健全以党组织为核心的社区党建工作协商议事机构。动员和组织广大党员积极参与农村社区各项管理服务活动。

民政部领导同志在2011年全国社区建设工作现场推进会上明确指出，今后城市社区建设要重点做好以下五个方面的工作。一是要以全覆盖、可及性为目标，推进社区服务设施建设。二是要以区域化、专业化为目标，推进社区组织建设和工作者队伍建设。三是要以扁平化、组织化为目标，推进社区居民自治制度建设。四是要以精细化、标准化为目标，推进社区服务体系建设。五是要以科学化、规范化为目标，持续推进社区管理服务信息平台建设。城市社区建设的这些重点任务和要求，同样适用于农村社区建设。

(二)我国农村社区建设取得的主要成效

自2006年开展农村社区建设试点工作以来，经地方申报、推荐和民政部审查同意，先后确定了304个县(市、区)为“全国农村社区建设实验县(市、区)”和20400个村作为农村社区建设实验村。全国持续加强农村社区建设试点工作，开展农村社区建设实验全覆盖创建活动，农村社区建设实验覆盖面逐步扩大。目前，全国已有106个县级农村社区建设实验全覆盖示范单位。

多数省份建成一个以上全国性县级农村社区建设实验全覆盖示范单位。

各省市开展农村社区建设的积极性很高，如湖北省政府投入巨资建成农村社区服务中心438个、村卫生室454个、警务室202个，政府提供的10多项公共服务进入农村社区。陕西省拿出17个亿用于支持全省5年的农村社区建设。湖南的全国及省级农村社区建设实验单位都制订了工作计划和方案。山东潍坊市共规划建设农村社区1339个，要求到2010年均达到建设标准。江苏从统筹城乡发展出发，全省1129个乡镇50％以上建有社区服务中心，60％左右的村建有社区服务站。北京市着力推进城乡结合部地区村庄社区化管理，着力加强新型农村社区建设，积极探索农村社区建设的新思路、新模式，加快形成“城乡一体化、基本公共服务均等化”的城乡社区发展新格局。

总起来说，我国农村社区建设取得了阶段性成效。

第一，推进农村社区建设工作的领导体制初步建立。在中央层面，党中央、国务院30多个涉农部门以民政部牵头，为推进农村社区建设做了大量工作。在地方层面，到2010年10月，已有20个省(区、市)建立了农村社区领导小组或农村社区领导协调机构，初步形成了“党委领导，政府主管，民政牵头，部门配合，社会参与”的农村社区建设工作体制机制。

第二，加强政策指导和规划引导。2010年以来，吉林、黑龙江、江苏、安徽、湖南、云南等省份以省委省政府名义下发了文件，对进一步推进城乡社区建设工作进行了全面部署；河北、江西、贵州、宁夏等省份出台了贯彻落实《中共中央办公厅，国务院办公厅关于加强和改进城市社区居民委员会建设工作的意见》的实施意见，对本地区加强和改进城市社区居民委员会建设工作作出了规定；北京市出台了《关于开展新型农村社区试点建设的意见》、北京市“十二五”时期社会建设规划纲要，浙江省、厦门市、深圳市出台了社区建设或社区服务体系建设的“十二五”规划，对未来五年社区建设特别是社区服务体系建设工作予以科学规划。各地普遍重视农村社区建设规划的引导作用，如山东、浙江、宁夏等均完成了农村社区布局规划编制工作，不断提高农村社区建设的科学性和前瞻性。

第三，加大财政投入，探索建立多元投入机制。一些地方把农村社区建设纳入当地经济社会发展规划和财政预算，建立了稳定的资金投入机制。一些社区建设领导小组统筹农村社区建设与新农村建设的资金、项目，整合使用涉农资金，避免重复建设，如北京市将农村社区建设纳入到新农村建设的“折子工程”中。还有一些地方在加大财政投入的同时，也探索建立了公共财政、社区集体资金、企业和社会力量等多元经费投入机制。

第四，加强农村社区服务设施建设。各实验单位都根据农民群众的需要，在村民集中居住地区新建或维修利用原有设施，兴办社区综合服务中心(社区邻里中心、村级公共服务中心)，集管理、服务、教育、活动等功能于一身。还设立了“一站式”服务大厅、卫生服务站、计生服务站、社区居民培训活动中心等。北京市出台文件明确要求农村社区服务设施不低于200平方米的标准。江苏省64％的村已建成农村社区综合服务中心，平均面积500平方米。一些地方还开展信息化建设，形成了集市场信息、科技信息、文化信息、远程教育于一体的农村信息服务网络。

第五，构建新型农村服务体系，开展公共服务。各地依托农村社区综合服务中心等设施，重点把医疗卫生、人口计生、社会治安、司法调解、社会救助、社会福利、体育文教等基本公共服务送进农村社区；同时以农村党员、老年人协会、志愿者协会和经济技术协会为主体，开展农村社区志愿服务和互助服务；以专业合作社、日用品超市、中介机构为主体，开展便民利民服务；建立健全为生产服务的科技信息、农技推广、土地流转等服务体系。初步建立了集政府公共服务、志愿者互助服务、市场化服务于一体的新型农村社区服务体系。

第六，逐步形成新型农村社区治理体制。各地在实验中，逐步探索形成了以社区党组织为核心，社区自治组织为骨干，社区社会组织和驻区单位协同，社区居民广泛参与的新型农村社区治理体制。这一体制打破了传统的农村社区的封闭性，为农村自治体制赋予了新的时代内涵。各地还因地制宜开展建设，形成了“一村一社区”、“几村一社区”、“中心村＋村落”等模式，科学划定管辖范围，将社区各类人员纳入到管理服务范围，将各项事务纳入到社区协商议事范围，从而实现了“无缝隙”管理服务。

农村社区建设取得了令各方满意的效果，促进了农村的改革发展与稳定。民政部基层政权和社区建设司负责同志认为，这几年农村社区建设取得的成效和影响，主要体现在四个方面：一是有力地推动了社会主义新农村建设，推动了农村基础设施建设，改善了农民群众的生活水平。二是为发展农村社会事业搭建了有效平台，提升了农村公共服务水平，满足了农民的基本需求。三是促进了乡镇改革，推动了乡村管理体制改革，推进了农村城镇化进程。四是调动了群众参与民主管理的积极性，改善了农村党群、干群关系，加强了农村社会管理，推进了社会自治功能的发育。湖南省总结了试点前后的十大变化：村级活动场所改观了、基础设施强化了、产业结构调整了、农业经济组织发展了、集体经济的“空壳村”没有了、农民收入增加了、村容村貌变好了、治安环境改善了、精神文明提高了。

（三）我国农村社区建设存在的主要问题

目前我国农村社区建设工作仍然处于起步阶段，取得的成绩也是阶段性的，农村社区建设仍面临着不少困难和问题。

第一，法律制度缺失。目前我国涉及城乡基层社区的主要法律有《城市街道办事处组织条例》、《城市居民委员会组织法》、《村民委员会组织法》等，许多农村社区工作缺乏法律法规依据。如关于农村社区的定位问题，农村社区建设使社区定位于一个微观自治单位，社区中的协会、理事会等成为村以下一级自治组织。而《村民委员会组织法》规定“村民委员会是农村最基层的自治组织”，现在又出现了村以下的自治组织。又如农村社区组织缺乏法律上的规定，表现在农村社区组织性质不明确，法律未对其基层群众自治组织的性质作出明确规定，职能不明确、建立的程序不明确、与社区内其他各类组织的关系不明晰，各地只能根据实际情况进行探索实践。在农村社区中，农村集体经济组织、村民委员会、村党支部的职能交错，村集体资产产权制度存在弊端等，也没有法律制度加以理顺，影响到社区建设。

第二，农村社区管理体制和服务体系有待完善。农村社区建设的管理体制是工作有效开展的保障。从各地试点结果看，农村社区管理体制存在以下问题：政府部门重视不够，领导责任机制不健全；工作协调机制不完善；民政部门职能不充分发挥。政府部门同时存在越位和错位情况，没有让农村社区组织和农村居民成为真正主体。由于“官方主导”，在农村社区的范围定位、组织体制安排、治理模式选择上易产生官僚主义，搞“一刀切”。一些地方政府将农村社区建设视为“政绩工程”，这种功利化倾向影响到农村社区的发展，影响到协调统一的服务管理体系的形成。由于农村社区服务供给主体结构和供给方式不合理，缺乏服务载体，一些地方政府要么将本该政府承担的基本公共服务职能转嫁给村两委或集体经济组织，要么承担了本应由各类市场主体和社会组织可以承担的农村社区服务职能。受传统观念影响，许多农村居民仍把社区工作人员视为领导、干部，而非服务提供者。而农村社区工作者也把社区居委会视为一级政府进行社区管理的建设，而不是服务社区居民的组织。加上实践中社区服务手段保守、方法落后、资金短缺，难以提供系统化服务，尤其是公共服务，使农村居民享受的服务与城市居民相比有较大差距。

第三，农村居民参与社区建设的积极性不高。据调查，农村社区居民对农村社区建设有了初步认同，但主动参与社区活动的愿望不强烈。农村居民是社区建设的主体和最主要力量，受传统观念与小规模分散生产生活方式的影响，他们习惯于传统的集权和统一的领导，缺乏民主自治意识，参与内容还集中于非政治参与。他们感觉社区自治组织受人力、财力、权威性制约，还难以担当代言人重担。民主选举、民主决策、民主管理和民主监督尚未为他们带来利益诉求渠道和切身利益保障，因而他们的参与热情不高。目前农村社区的规划和建设基本由各级党委、政府主导，利益诉求和服务需求也往往由政府官员和专家学者代言，存在精英化倾向，缺乏农村居民参与的组织化、制度化安排。

第四，资金短缺，基础设施建设落后。资金不足是农村社区建设的重要制约因素。农村社区仍然依赖于政府的拨款，自身造血功能不足，缺乏一套自筹资金的机制与途径，使得农村社区建设经费常常捉襟见肘。农村社区建设资金不足主要体现在三个方面：一是各级公共财政投入力度不够；二是农村社区集体经济收益不高；三是农村社区建设融资渠道过于单一。这些问题源于农民收入不高，农村集体组织落后和社会组织参与积极性不高。农村基础设施比较落后，当前最迫切需要改善的是与农村居民生活息息相关的方面，如道路、公交、自来水、垃圾处理等，对电视、电话等需求次之。近年来加大了公共服务设施建设的力度，但仍存在着设置不够合理、服务功能有待提高、设备和人员配备不足等问题。

第五，社区工作人员素质不高。农村社区建设迫切需要一支高素质、专业性的社区工作者队伍。现任的社区工作者不少是由村干部转换过来的，存在年龄偏大、文化不高、政治素质和业务能力不高的问题，尤其是对社区建设这一新生事物，缺乏应有的法制观念、理论水平和创新能力。年轻及有能力的村民不愿意参与社区建设和管理。社区志愿者来源渠道较窄，层次较低。对农村社区干部和工作者的培训内容不全面，形式单一。由于农村基层待遇低、成长环境差，吸引高素质人才比较困难。

三、我国各地统筹城乡社区建设的实践探索

(一)我国农村社区建设有多种模式

我国农村社区建设，是根据各地的自然文化资源、经济社会发展水平、居民生产生活习惯、交通便利条件、区位优势、经济条件等不同情况，按照统筹城乡发展、聚居人口适度、服务半径合理、资源配置有效、功能相对齐全等原则进行的。规划布局农村社区的最大原则就是因地制宜，全国没有一个统一的标准。这也给各地开展农村社区建设以巨大的创新空间。总结全国各地开展农村社区建设实验工作的情况，可以看到，目前我国农村社区已经形成了多种多样、特色不同的类型和若干模式。这里简要介绍三种类型和模式。

第一类：按社区范围，分为“一村一社区”、“几村一社区”、“中心村＋村落”、“一中心多站点”和“聚集型社区”等模式。①

“一村一社区”，是在一个行政村区域范围内开展农村社区建设。这是浙江、湖南农村社区建设的基本模式，也是全国许多地方采用的模式。民政部提出，原则上要按照“一村一社区”的要求，建设社区综合性服务设施，设置社区党组织、村民自治组织和其他各类社区组织，组织开展社区服务和社区建设。实践表明，“一村一社区”模式具有以下优势：在基层组织的建制上，体现了村委会组织和农村社区的有机统一，避免了“两张皮”；在村级服务功能上，体现了管理与服务的统一，扩大和强化了村委会服务功能；在社区服务机制上，体现了政府公共服务和社区服务的统一，畅通了政府公共服务的渠道；在农村社区建设上，体现了稳定农村和建设农村社区的统一；在与新农村建设关系上，体现了新农村建设和农村社区建设的统一，为新农村建设找到了切入点；在与城镇化关系上，体现了农村社区建设与推进农村城镇化的统一，为破解城乡二元结构找到了抓手和推动力。

“几村一社区”，即在一些地方以几个村按照“地域相近、规模适度、便于服务”的原则，建立农村社区。把社区定位为为民服务的工作平台，承接政府延伸到农村的基本政务服务和公共服务，不干涉村级日常事务。各村(居)委会支持社区建设，配合社区开展服务。人口较少、规模较小、地域相邻的村，

---

① 民政部副部长姜力：《在全国农村社区建设实验工作推进会上的讲话》，民政部基层政权和社区建设司：《全国农村社区建设重要资料选编》(2010)，第38页。

可以按照这种模式要求开展农村社区建设。

“中心村＋村落”模式，适用于村规模较大但自然村分散、人口较多的村。

“一中心多站点”，即在实行“几村一社区”或“一村一社区”的地方，在村、村民小组或自然村层次下设“农村社区服务站点”。一个行政村建一个服务中心，下设多个服务站点，增加了活动场所和活动形式，方便群众办事和活动。

“集聚型社区”，指在新规划的农民集中居住的居民小区设立社区。适用于以下两种情况：一是经济发达、城乡一体化程度高的地区的整体拆迁安置型小区；二是重点工程建设移民、下山脱贫移民、生态移民等整体搬迁村民集中居住小区。

第二类：按农村社区发育程度，分为“城市化扩张下的农村社区建设模式”、“就地城镇化”下的农村社区建设模式和“村民自治”体制下的农村社区建设模式。①

“城市化扩张下的农村社区建设模式”，它的社区场域更多地渗透了城市化扩张的社会变迁，运作机制也越来越受到城市社区运作机制的影响，实际上是城市社区建设模式的延伸，是较高阶段的社区模式。主要有两种情况：一种是城郊乡镇政府直改街道办事处；另一种是“城中村”村委会直改居委会。采用这种模式较多的地方，是珠江三角洲地区，特别是深圳。

“就地城镇化”下的农村社区建设模式，呈现出单位村落—超级村落—小城镇的城镇化发展格局。它包括三类：一是村落集镇化或乡镇政府所在地小城镇大社区类型；二是以村办企业为依托的“明星村”或“亿元村”经济强村类型；三是中心村社区类型。这是当前江浙及中部地区重点推介的模式，也是未来农村社区建设的理想模式。

“村民自治”体制下的农村社区建设模式，实质是对村以下政治、经济运行模式的改革，是对村民自治模式的一种内在调整。典型的如江西、湖北地区的一些农村社区，也可称作“一村一社区”模式，即把农村社区建在村上，将原“村民委员会”改为“社区居民委员会”。

第三类：以政府主导、整合资源形成的“整体搬迁模式”、“旧村改造模式”、“规划导向模式”和“自然过渡模式”。②

---

① 甘信奎：《新农村社区建设模式及政策推进》，《江汉论坛》，2009 年第 2 期。

② 《新型农村社区建设：模式比较与选择》，民政部基层政权和社区建设司：《全国农村社区建设重要资料选编》(2010)，第 268 页。

“整体搬迁模式”指在村庄自身基础条件薄弱情况下，如山区，由政府统一规划，搬迁至政府出资建设的农村社区，这是扶贫开发和新农村建设的举措，农民生产生活由此发生巨变。搬迁后重组的社区自治组织替代了之前行政村的职责和功能。实行该模式政府投资巨大，但农民的抵触也最大，因为背井离乡是农民无奈的选择。

“旧村改造模式”，最大特点是节省，只对原村庄进行综合整治和规划，极少涉及搬迁安置问题，所以政府省钱、省力，推动的阻力小。这适用于基础设施较好的村庄，重组后的社区自治组织替代了原行政的建制。

“规划导向模式”即通过建设农村社区，使一个区域内的多个弱村联合，集中统一建设。通过合并村庄，即“多村一社区”，扩大村庄规模，增强经济实力。原有的村组织建制被打破，建立起居民服务中心提供服务，但对村庄的管理还是由行政村村委会进行。这也会产生二者定位不准、结合不紧的问题。此模式适用于自身条件弱的村庄，借助政府外力推动社区建设。由于只涉及部分村民搬迁，所以政府干预力度和遇到阻力也较低。

“自然过渡模式”即以自然村为社区单位，开展农村社区建设，也可叫“一村一社区”模式。它将农村社区建设与村民自治相结合，社区认同感强，容易达成共识和合力，利于开展村民自治。适用于基础设施较好的村庄，政府的投入小、阻力小。

(二)全国各地统筹城乡社区建设若干典型案例

1. 江西九江：城乡社区建设对接互动

江西省在大力推进农村社区建设过程中，动员城市社区和农村村落社区联谊结对，按照“在优势上寻找互补，在举措上落实互动，在效果上追求互赢”的工作思路，组织城乡社区开展了多方面的合作与交流，走出了一条依靠社会和城乡居民的力量，促进城市支援农村、城乡协调发展的新途径。

江西的城乡社区对接互动活动，首先是在九江市搞起来的。2004 年，在省民政厅支持下，江西九江市委组织部和民政局组织都昌县 22 个村落社区与九江市浔阳区、庐山区以及都昌城镇等 10 个城市社区，在全省率先启动了城乡社区互动活动。2007 年 5 月，九江市浔阳区又联手都昌、星子两县，启动了以“六联六互”为主题的新一轮城乡社区互动共建活动，效果明显。

九江市作为江西省农村村落社区建设的发源地之一，已建成 3226 个村落社区，村村建有一个以上的村落社区示范点，具有较好的基础。九江市的城乡社区对接互动，主要有如下内容。①

一是“机制运行互动”。首先将城市社区、农村社区建设工作领导小组合并为“城乡社区建设工作领导小组”，各级党政在制定规划、出台政策、预算经费时，统筹安排，形成城乡社区建设共同促进的连接链。多形式组织和开展城乡社区对接互动、联谊结对活动，具体在六方面进行合作交流：管理经验学习交流、文化教育对接互动、居民村民互访互学、劳务输出与合作、扶贫帮困救助、农副土特产品合作流通。

二是实行“组织联动”。坚持“党建对接、组织互商、居村互帮”，组织城市社区与农村社区“1＋1”结对子。举办362场城市“小巷总理”与农村“村落会长”社区经验交流会。结对社区开展经常性的互访互学活动，交流挂职、异地实习。

三是“服务联手”。实现城乡服务与需求的有效对接，如吸纳村民进城务工、在城区开辟农副产品销售摊点、开展选派教师下乡支教和“健康进农家、绿色进社区”、“四进社区、四下乡”等互动服务活动。

四是“文化联乐”。使城乡居民相互交流，增强文化上的认同感和心理上的亲近感，缩小城乡文化差距。各结对社区经常开展社区文化、社区教育互动活动，几年来52个结对社区开展了“送百场戏，进百个村落(社区)”活动。在城市社区帮助下，互动兄弟县(市、区)的2200多个农村社区成立了文艺队。

五是“信息联际”。建立城乡互动的信息网络，加强城乡在项目、技术、市场信息方面的交流。结合城市社区热线，帮助农村建立信息门户网络，沟通劳动用工信息，畅通农副产品落户城区。

六是“人才联姻”。结合“四下乡”活动，组织各类专家和技术人才开展送技术下乡、送政策下乡、送信息下乡培训活动，搭建人才用武平台。

九江市浔阳区2002年就被民政部授予“全国社区建设示范区”称号。2007年5月，浔阳区又提出“以党建为统领，以和谐为目标，以需求为导向，以文化为纽带，以活动为载体，以资源为依托，以服务为抓手”的城乡社区互动共建活动新理念，启动新一轮以“六联六互”为主题的城乡社区互动共建活动。其具体做法如下。

① 王明美：《城乡社区互动：江西社区建设的新发展》，于燕燕主编：《中国社区发展报告》(2008—2009)，北京：社会科学文献出版社，2009年版，第336～353页。

第一，依托"三三四模式"建立良性互动运行机制。以社区党建"三三四模式"为指导，成立浔阳区城乡社区互动共建活动领导小组；建立互动共建落实机制，制订互动共建方案；建立协调督查机制，每月召开一次调度会。

第二，整合社会资源，充分发挥社区志愿者作用。成立区志愿者协会，统一政策法规，加强培训交流；广开社会筹资渠道；发挥志愿者作用，参与社区建设。

第三，立足"六联六互"，构建互动共建活动新平台："六联六互"指组织联动互商、文化联乐互融、信息联享互通、人才联姻互补、服务联手互惠、爱心联倡互助。为此，积极构建六大平台：一是组织联动互商平台，包括组织城乡社区"1+1"结对子、整合社会服务资源等；二是打造文化联乐互融平台，探索文化互动新方式，实现文化设施共享，缩小城乡文化差距，开展城乡互动特色活动；三是打造信息联享互通平台，建立城乡互动信息网络，推动城乡间信息交流，实现供需对接；四是打造人才联姻互补平台，搭建城乡人才的跨区县流动平台，开展"联姻通智"工程，实现城乡人才和就业岗位的对接互动；五是打造服务联手互惠平台，将社区便民服务与农村惠民服务有机结合，探索区县互动服务新机制，发展便民惠民服务领域；六是打造爱心联倡互助平台，开展以"爱心传递"为主题的爱心超市、爱心储蓄、爱心互助三大爱心活动，探索建立"关心、关爱、关怀"的爱心互助机制。

根据浔阳区的经验，开展城乡社区对接互动活动要处理好三个关系。一是正确处理"共建"与"自建"的关系，自建是基础，共建是目标。要切实把握三点：精选互动对象，注重优势互补，突出互利双赢。二是正确处理"主角"与"配角"的关系，在城乡社区合作中，没有主客之别，要引导共建双方在意识上合拍、在行动上合力、在项目上合作。三是正确处理"政府"与"社会"的关系。城乡社区互动共建活动是以城乡社区组织为主体的城乡群众组织的合作行为，因此党委、政府要有所为，有所不为，主要做好三件事：统筹调度、正确引导、创造条件。

城乡社区互动是城乡社区建设的新发展。城乡社区互动，把城市社区建设和农村社区建设有机结合在一起，为统筹推进城乡社区建设开辟了新思路，意义重大，值得推广。

2. 张家港市：推进城乡社区一体化建设

近年来，张家港市委、市政府根据江苏省、苏州市对城乡一体化建设的要求，大胆探索，扎实推进城乡社区一体化建设，取得显著成效。如今，人们到张家港，已分不清哪儿是城市，哪儿是农村。

张家港市 1986 年撤县建市，2011 年有 175 个村委会(称农村社区)、83 个社区居委会(称城镇社区)。1999 年率先在全省开展农村社区建设，按照“城乡一体文明”的思路，把城市社区建设引向农村，使农村社区成为城乡对接的有效载体。近年来形成城乡一体化建设全面发展的态势，先后获得“江苏省社区建设示范区(市)”、“全国农村社区建设实验市”、首批“全国农村社区建设实验全覆盖示范单位”、“全国和谐社区建设示范市”等荣誉。

张家港市以农村社区建设为着力点，逐步实现城乡社区建设、管理、服务一体化。主要做法有：①

第一，坚持统筹发展。一是规划一体。该市率先提出了城乡社区建设一体化的理念，确立了“规划布局一体、基础设施对接、公共服务同步、民生保障共享”的思路。2010 年出台了《关于全面推进城乡一体化改革发展的实施意见》，按照“一城四片区”的总体规划，镇村建设采用“9＋11＋X”模式(“9”就是依托八镇一区，形成 9 个市镇型的集中居住区；“11”就是依托现有相对独立的镇辖办事处，形成 11 个组团型的集中居住区；“X”就是依托已具有一定居住规模的农村集中居住点和古村保护型村庄，形成 X 个精致型的农村集中居住点)，以“三新”工程(新市镇、新街道、新社区)为抓手，按照“人口适度集聚、服务半径合理、功能基本配套”的要求建设新社区，推进农民居住向城镇、社区集中，加快城乡对接延伸，做到布局统一规划、项目统筹安排、功能同步发展，实现城乡基础设施联合共建、联网共享。二是政策对接。专门出台 4 个文件：《关于推进农民向城镇和新型社区集中居住的实施意见》、《张家港市农村住宅置换商品房实施意见》、《关于城乡一体化过程中集中居住区规划建设的实施办法》、《张家港市城乡一体化改革发展财政扶持资金使用管理实施办法》，为加快城乡一体化建设提供了制度保障。三是设施并轨。农村社区布点到位，基础设施有效完善。外部设施，主要抓道路、绿化、环境、公交、通信及水、电、气等管网、站点建设。内部设施，主要通过明确标准、以奖代补、专项工程推进等办法，重点解决好社区办公用房及直接服务于社区居民的生活、娱乐、健身、医疗等设施建设。开展农村社区“十个一”功能设施达标建设，已有 95.6％的农村社区达标，全市农村社区用房平均面积达

① 苏州市民政局：《张家港市城乡社区一体化建设的实践与思考》，http://www.mzj.suzhou.gov.cn/szmz/infodetail/?infoid＝34618506-cef6-4eel-bd30-f18c612bd7ae。

到2000平方米，所有农村社区全部完成了“公共服务、医疗保障、文化活动、商贸流通、警备治安”五大中心建设，与城市社区功能有效对接。

第二，注重机制创新。一是建立领导推动机制。已建立由市长负总责，分管副市长主抓，市级27个部门领导及主要镇领导为成员的市社区建设协调领导小组，在民政局设立市社区建设办公室，具体做到“四个纳入”：建设规划纳入全市经济社会发展规划和新农村建设规划；建设资金纳入市镇两级财政预算；建设成效纳入“协调张家港”指标考核范围；建设工作纳入市委市政府的重要议事日程。并将社区建设有关要求列入市千分制考核指标，通过下发工作要点、定期例会、目标分解、现场推进等方式不断加大建设力度。二是建立经费投入机制，逐年加大财政资金投入力度。农村社区基础设施建设总投入超过5亿元。实行以奖代补，共发放“十个一”以奖代补资金1181万元，“星级社区”奖励资金635.5万元，很好地发挥了财政资金的导向作用。三是建立长效管理机制。探索社区协同管理模式，有的社区建立了由公安、民政、人口计生、交管、工商、卫监等部门组成的社区事务协调小组。加强管理队伍建设，深入实施“一村一社区一大学生”工程，加大对社区干部的培训力度。加大社区考评力度，各种考评在不同层面提升了城乡社区建设管理水平。发挥自治管理作用，推进城乡社区公共权力均等，使群众广泛参与到社区管理中。

第三，探索服务均等。城乡社区公共服务均等化是实现城乡社区一体化建设的关键。近年来该市不断加大农村社区公共服务供给力度，农村社区服务中心普遍建立到位，设立一站式服务大厅，基本建成“15分钟服务圈”，提供医疗卫生、文化体育等八大类72个项目的公共服务。全市农村社区完成健康、暖心、文体、便民、安居五大工程全覆盖。不断拓展农村社区服务功能，一是推动农村社区居家养老服务，二是推动农村社区志愿服务，三是推动社区信息化向农村延伸，建立了由市便民服务中心、各社区服务中心及服务加盟单位组成的城乡社区服务网络，提供24大类219项服务，农村社区服务质效不断优化。

在农村地区，以下举措较引人注目。①

一是安置房建设更快速。到2011年年底，全市各镇(区)共完成农户搬迁

---

①《张家港市推进城乡一体化改革发展综述》，http：//www.js.xinhuanet.com/zjg/2010－01/09/content_24504082.htm。

14257户，完成农业用地区搬迁6780户口；安置房开工建设面积达到409.44万平方米，25863套，年内已安置农户6694户，全市农民集中居住率达到51%。

二是强村富民更有效。农户以土地入股，村集体以资金入股建立的各种富民合作社采取“合作社＋基地＋市场＋农户”的模式，不但让农民的腰包鼓了起来，也让村子富了起来。出台《关于加快村级集体经济发展的(若干)意见》和召开全市农村新型集体经济发展推进会，规划探索以镇村企组合型、区域联合型、强村带动型、弱村抱团型为主的四种联合发展模式。2011年年底全市村级集体实现可支配收入达到9.78亿元。

三是社会保障更完善。2011年以来，该市开展了城乡养老并轨、城乡低保并轨和被征地农民纳入社保工作，取得了可喜成绩。

四是公共服务更均等。该市牢牢把握推动资源要素向农村配置这个重要着力点，加快建立有利于资源要素向农村配置的激励机制，促进城乡公共服务均等化。

面对全国各地农村社区建设中普遍遇到的农民在集中居住地是否“住得进”、“住得起”、“住得好”的问题，张家港以农民集中居住为核心推进了城乡综合配套改革。①

首先，创新规划体系，让农民“住得进”。推进农民集中居住，科学规划是前提。在“9＋11＋X”模式下，通过城乡资源配置优化“全市一起动”，实现土地利用总体规划和市域总体规划、镇村布局规划的相互衔接。为农业发展、农民生活、农村公共设施和公益事业建设留下更为合理的空间，确保实现让农民“住得进”。

其次，转变生产方式，让农民“住得起”。2009年张家港新成立土地股份合作社23家，入股土地4.4万亩，工商登记各类专业合作社22家，社区股份合作社分红面和分红总额增幅均达到了10%。2010年以来又大力实施“万顷良田建设工程”，建设高标准农田，促进土地规模经营。探索了农村承包土地规模化、集约化经营和可持续发展的新途径，加快组建以村集体为主体或控股的土地股份合作社。到2012年，力争置换土地股份合作社股权面积，占承包土地的比重超过60%，实现财产投资性收入占比达农民人均纯收入的

① 《张家港以农民集中居住为核心推进城乡综合配套改革》，《苏州日报》，2010年5月30日。

40%以上。让更少的农民种更多的地，取得更多的收入，过上更加幸福的生活。

再次，完善服务管理，让农民“住得好”。推进农民集中居住，不是简单地把农村大量人口转移到城镇，而是要让农民在生活方式上真正成为居民。首先要做到农民和居民之间实现政策制度上平等，国民待遇上一致。该市在全国率先将城市社区理念引入农村，参照城市社区模式改造村庄，全市八镇一区均建立了镇级中心社区、178个村全部建立村级社区，2009年被民政部命名为“全国农村社区建设实验全覆盖示范单位”。还建立了以社保信息、股权信息等为主要内容的社会信息管理系统，注重实现城乡社会管理的一体化。

张家港市明确提出了城乡一体化建设的可量化指标：到2012年，全市农民集中居住度达到50%以上，农民人均纯收入达到1.8万元，城乡居民收入差距控制在2：1左右，村级集体可支配收入平均达到520万元，现代农业加快发展，亩均效益5000元以上的争取达到50%，农业增加值年均增长4%左右，城乡公共服务均等化基本实现，城乡社会保障基本接轨。

张家港的主要经验，集中概括为“五个突出、五个全面”。

第一，突出科学规划引领，全面优化城乡布局。

第二，突出惠民利民宗旨，全面促进农民增收。

第三，突出农村改革创新，全面转变发展方式。

第四，突出增强集聚能力，全面加强城镇建设。

第五，突出城乡统筹兼顾，全面推进公共服务均等化。

3. 山东诸城、德州：就地城镇化的农村社区化发展模式

近年来，山东省委、省政府高度重视全省城乡社区建设工作，把它作为统筹城乡发展和构建和谐社会的一项重要基础工程来抓。目前，在全省已形成了“多村一社区”模式、“村庄合并型社区”模式、“一村一社区”模式和“企业型社区”模式。其中，以诸城市和德州市为代表的“多村一社区、就地城镇化”模式，探索出了一条城乡一体化发展的新路径。

(1)诸城模式。①

山东诸城市是2009年8月3日民政部首批命名的7家“全国农村社区建设实验全覆盖示范单位”之一。其创建的农村社区化发展模式被称为实现基本公

① 中央党校党建部课题组：《农村社区化发展与巩固党的执政基础——山东省诸城市创新农村发展方式构建农民新生活的实践探索》，北京：人民出版社，2009年版。

共服务均等化的“诸城模式”，是“就地城镇化”下农村社区建设模式和“多村一社区”模式的典范。

第一，山东诸城市推进农村社区化发展的主要举措。

在农村改革已进入第二个30年之际，中共山东诸城市委作出了富有创意的决定：推进农村社区化发展。农村社区化发展，就是将社区服务中心2公里半径范围内的几个村庄和单位规划建设为一个社区。农村的公共服务、经济、政治、文化、组织、居住形态等在社区范围内做到统筹推进，各项事业实现集约式发展。

在诸城市100多万人口中，有70多万是农村居民，散居在1249个村庄，长期以来在农村基层主要依托分散的村庄推动经济社会发展的做法，已不能很好地适应农村的新变化和新要求。诸城市委市政府的做法是：把全市统筹规划为“1城13镇208个农村社区”，确立“城、镇、农村社区”一体化发展的整体新布局，全面推动农村社区化发展。先后投资2亿元，将1249个村庄科学布局在208个农村社区中。每个社区内选择一个中心村，在中心村建立社区服务中心，以2公里为半径，一般覆盖5个行政村、1500户左右。社区服务中心承接政府延伸到农村的公共服务及政务服务，设有1个办事服务厅和若干个服务站(室)，提供一揽子服务。但它不是一级行政管理机构，和社区内村庄不存在隶属关系。各社区进一步启动建设社区生活园区，并行促进农业产业化升级和农业现代化基地建设，逐步使社区服务中心发展为一体化的服务园区。这一做法使原有的村庄人口总数、行政村个数和自然村数量逐步减少，而村庄平均人口规模不断增加，凸显了全面推进、集聚式发展的特点。

诸城市全面推进农村社区化发展的进程，核心是使农民通过社区这一新载体，享受与城市、城镇社区居民同样的政府公共服务、文化服务、社会服务和生产生活服务，实现农民综合素质的提高。关键是通过社区服务，促进社区范围内的农业产业化、农村专业合作社和邻近的城镇产业园区和工业化发展基地的扩大和升级，提高农民收入。根本是通过逐步发展社区服务园区、生活园区和农业产业化、城镇工业化基地的不断升级，使农民整体上告别过去的生产方式和生活方式。总之，农村社区化发展开辟了农民不用进城入镇而就地城镇化的新路径。

第二，诸城市农村社区化发展模式的内容。

指导思想：实施这一发展方式，要高举科学发展观旗帜，深入贯彻“以人为本”的执政理念，全面提高农村的政治、经济、文化、生态建设水平，实现城乡一体化发展。

发展目标：一是要解决农村政府公共服务短缺问题，二是要解决农民文化生活贫乏问题，三是要解决农村社会发展滞后问题，四是要不断推动农业一体化建设和农产品的工业化生产加工问题。解决这 4 个问题，实质是破解城乡二元结构，让农民过上与城镇居民同样的生活。

主要任务：首先，让农民享受到现代政府公共服务和方方面面的社会化服务。其次，要大力推进农村社区科教文卫四大事业，提高农民综合素质。再次，要促进农业产业化升级和农产品工业化发展。最后，让农民住上现代化的居所，享有美好的生态环境。

基本步骤：首先是全面启动农村社区化建设，使社区发展初具规模，社区服务、产业发展、生活区建设等都发展到一个新阶段。农民素质和社区文明达到新水平。其次是大力推进农村社区发展，使诸城的城乡一体化发展格局基本建成，构建起以中心城区—镇街(街道)驻地—农村社区为主体的新型城镇化体系。再次是到农村改革后期，通过农村社区化发展，诸城市的 1257 个村庄全部消失，为 208 个农村社区所取代，传统的农村社会结束。社区居民人均收入达到中等发达国家水平，综合素质普遍提高，诸城市成为一个文明、富庶、花园式的城市群落。

第三，诸城市农村社区化发展模式的意义。

诸城市委书记邹庆忠对这一工作的意义评价道："搞好农村社区建设，推进农村社区化发展，是实现城乡基本公共服务均等化，加强农村社会建设的重要平台；是加快转变基层政府职能，巩固党的执政基础的重要手段；是形成农村新的社会生活共同体，推动农村实现就地城镇化的有效途径。"

中央党校党建部课题组经调研认为：诸城市全面推进农村集聚式社区建设，预示了中国农村改革发展的新时代。它符合当代中国农村的发展潮流，创造性地开拓了农村就地城镇化、实现城乡一体化发展的新路径；创造了农民新生活，探索了提高农民综合素质的科学路径；使新的社会生活形态在农村社区形成，新的生产形态在城乡一体化发展中呈现，新的观念在农村社会孕育。

(2)德州模式①。

改革开放以来，农村经济社会发生巨变，但也遇到了新的挑战，需要进

① 德州市委组织部：《农村社区化建设的"德州模式"》，《德州党建》，2010 年第 4 期。

一步创新农村发展模式，加快城乡一体化发展。2008 年以来，山东德州市以推进农村基层管理体制改革为切入点，以推进城乡公共服务均等化为着力点，探索形成了以“合并村庄、健全组织、推进并居、强化服务”为主要特点的农村社区建设的“德州模式”。

第一，德州开展农村社区建设的进程和做法。

德州市原有 8319 个建制村，现已合并为 3339 个社区性组织，村庄合并率达 60%。至 2010 年年底，已有 2233 个新村进行了村委会改选，部分村庄开始并居。其主要做法是：

首先，深入调查研究，广泛统一思想。德州市委市政府在充分调研、广泛征求意见的基础上，于 2009 年 3 月出台了《关于推进全市村庄合并社区建设的意见》，作出全面部署。

其次，立足农村实际，制定规划与政策。充分考虑现有发展水平、地缘关系、历史沿革、风俗习惯、自然条件等因素，结合城镇总体规划、土地利用总体规划、基本农田保护规划等，以县为单位，研究制定村庄合并布局规划。在此基础上，按照先易后难、分步推进的工作思路，提出全市村庄合并 3 年目标和实施方案。工作中，先选择 17 个乡镇 500 多个村进行试点，在总结经验的基础上全面推开。坚持规划先行，把修编社区规划作为社区建设的前提和基础，聘请专业规划评估单位，以社区并居为中心，以农村产业布局为主体，将路、水、电等基础设施和医疗卫生、文化教育、休闲购物等服务设施全部纳入规划。制定了“五不变一不降低”政策，即合村后，原建制村的土地承包关系不变，各类承包、租赁合同及合理优惠政策不变，村级资产、债权债务不变，自然村村名不变，村民的福利待遇不变，原退休干部的生活补贴标准不降低，从而有效破解了干部安置、债务处置、新村选址等难题。

再次，扎实推进“合村子、选班子、建社区”三大进程。

第一步，合村子。严格按照《中华人民共和国村民委员会组织法》和《山东省行政区划管理办法》等法律法规，把几个村合并为一个农村社区。坚持分类施策，探索了 6 种模式：一是城中村改造型；二是小城镇吸纳型；三是强村带动型；四是产业联结型；五是企业带动型；六是相邻村合并型。这些尊重实际、尊重群众意愿的做法，保证了合村并居工作扎实有序推进。

第二步，选班子。一是优化社区党组织设置，做到一个社区一个党组织；一个群体一个党组织。二是依法选举产生新社区村民委员会，一般由 3～7 人组成，各自然村至少有 1 人进入社区村民委员会。三是采取两推一选、公推直选方式，把六类能人选进社区班子，力求做到班子人员精干，工作效能提升。

第三步，建社区。重点抓好社区服务中心建设，逐步实施并居，建设新型社区。探索实行了自拆自建型、市场开发型、社区联建型、项目带动型、自主开发型等社区建设类型。同步推进路、电、气、暖、水、环境卫生、文体教育、医疗以及便民超市、警备室、敬老院等服务设施建设，强化社区服务和社会保障功能。

第二，德州农村社区建设取得的成效。

德州的村庄合并和社区化建设，产生了广泛影响：实现了党在农村执政方式的转变，加快了农业结构调整和发展方式转变，开创了农村就地城镇化之路。

第三，“德州模式”的经验和启示。

一是建设新型农村社区必须突出规划的先导作用。规划不求统一，要因地制宜，尊重群众要求，分类规划。

二是加快小城镇建设步伐。合村并居，建设新型农村社区，是加快小城镇发展的重要途径。

三是加快农村经营体制改革。建设新型农村社区将改变农民的生活方式，但必须以转变农业经营方式和农民生产方式为前提。二者相互适应、相互促进、相辅相成，但不能倒置。

四是加快农村产权制度改革。合村并居，建设新型农村社区，必然涉及农村集体产权、债权和资产处置，必然带来农村经营主体的变化和产权的流转。坚决防止把节余的集体建设用地“一卖了之”的做法。市、县两级要抓紧建立农村产权交易市场，在乡镇一级建立产权交易服务组织，对农村集体建设用地实行指标交易和实物交易，对农村承包土地经营权流转提供无偿服务，对农村其他产权流动提供交易服务。

五是加快农村社会管理体制改革。按照城乡经济社会发展一体化新格局的要求，将县级党政机关各部门的职能全部延伸到农村社区，实行一体化管理和服务。强化乡镇政府社会管理和公共服务职能。创新农村社区党建模式，完善社区居民自治制度，培育社区社会组织，形成政府行政管理与社区自治有效衔接和良性互动的管理机制。

(三)北京市统筹推进城乡社区建设的实践探索

1. 北京市统筹推进城乡社区建设的突出亮点

党的十六大以来，北京市委市政府认真贯彻落实中央关于农村综合改革、统筹城乡发展、新农村建设、和谐社会建设等重大战略部署，着力构建新型工农、城乡关系，持续深入推进城乡经济社会一体化发展。北京市的城乡社区建设，正是在首都城乡一体化发展总进程中统筹推进的。

2005 年 8 月，北京市委市政府发布了《关于建设和谐社区和谐村镇的若干意见》，强调社区、村镇是社会的细胞与基础，是社会建设与管理的重心，提出要按照总体规划、全面布局、突出重点、狠抓基层的思路，加强和谐社区、和谐村镇建设，为构建社会主义和谐社会首善之区奠定坚实基础。2006 年以来，北京市和谐社区建设的指导标准与发展规划相继出台，和谐社区构建工作扎实深入地向前推进，社区公共文明建设、社区管理与服务的途径和方式逐步创新。2007 年 12 月，北京市委社会工委、市社会办正式成立。随后，各区县也相继组建了社会工作机构。北京市的社会建设和社会管理创新明显加强。2008 年北京市召开全市社会建设大会，印发《北京市加强社会建设实施纲要》等文件，着力加强社会建设、创新社会管理。同年 12 月，市委十届五次全会明确提出，北京市要率先形成城乡经济社会发展一体化新格局。2009 年以来，北京城乡一体化扎实推进。城乡规划布局、产业发展、基础设施建设、公共服务、劳动就业和社会管理等方面的一体化取得积极进展，以城带乡、城乡融合的发展态势日趋明显，统筹推进城乡社区建设的步伐不断加快。

北京市在统筹推进城乡社区建设中，坚持“重点突破、城乡联动、以城带乡、整体推进”的原则，在促进城市社区规范化建设发展的同时，加快推进城乡结合部地区和农村社区建设，逐步将现代化的社区服务管理的理念思路、体制机制、方法手段引入农村社区，推动城市社区规范化建设工作向城乡结合部地区和农村社区延伸，不断扩大覆盖范围，努力构建以“城乡一体化、基本公共服务均等化”为基本目标要求的社区发展新格局，提高城乡社区建设的整体水平。

北京市统筹推进城乡社区建设，有四个突出亮点：

一是全面推进城乡结合部地区城市化建设工程。为了破解城乡二元体制，加快推进首都城市化和城乡一体化，2009 年 2 月，北京市选定海淀区北坞村和朝阳区大望京村作为试点，启动城乡结合部地区建设工程。2010 年 2 月，北京市召开城乡结合部建设动员大会，把地处城乡结合部的唐家岭、天竺、贺村等50个矛盾最突出、问题最典型、社会影响最大的村庄，作为城乡结合部城市化建设工程的首批重点村。北京市成立了城乡结合部建设领导小组及其办公室，形成部门联动、上下配合、政策集成、资源整合的工作机制，全面推进城乡结合部建设各项工作。2011年，北京市委市政府相继出台了《关于全面加强城乡社区居民委员会建设工作的意见》、《关于加强城乡结合部社区建设工作的意见》、《关于在城乡结合部地区实施村庄社区化管理工作的意见》等文件。经过两年建设改造，全市50个重点村旧村拆除工作已基本完成，回迁安置楼正在按照动迁后两年回迁的目标加紧施工，集体经济产权制度改革全面启动，集体产业规划发展，转移就业、社区建设、绿地回建等工作稳步推进，城乡结合部建设取得了面貌改变、产业转型、群众生活改善的初步成效。城乡结合部地区的村庄社区化管理工作，正在有序推进中。

二是加强新型农村社区建设。2011年，北京市政府工作报告和市农村工作会议提出了开展新型农村社区试点建设的要求，市政府制定下发了《关于开展新型农村社区试点建设的意见》(以下简称《意见》)。《意见》提出了新型农村社区试点建设的指导思想、任务目标和内容等。要求通过试点建设，实现试点社区"产业发展、就业充分，环境宜居、住房舒适，设施完善、服务均等，管理民主、文明和谐"的目标。同时，通过试点，探索规划、土地、筹资、就业、新民居建设以及社区服务的新途径。试点社区的基础设施和公共服务设施，全部参照城镇标准建设。除了通水、通电、通路等基本硬件外，农民跟城市居民一样，享受集中供暖、管道燃气，甚至宽带入户。新型农村社区里，建设同城市社区一样的社区服务站、社区卫生站、警务站、科技文化活动中心、体育活动场所、连锁超市、银行、邮政网点等配套设施。在规模较大的社区，将配建中小学、幼儿园、医院、养老机构等。还要大力培育、发展各种民间中介组织、社区志愿者组织，让农民小事不出社区，大事有人代理。目前，本市12个新型农村社区建设试点正在有序推进，2.6万农民将从分散的村庄搬进设施齐备的集中居住区，就地享受城市生活。除市级试点，还有区县级30多个新型农村社区试点。

2012年3月，北京市民政局、北京市社会主义新农村建设领导小组综合办公室出台《关于进一步开展农村社区建设典型示范社区创建活动的意见》，提出要加大城乡统筹力度，加强农村社区公共基础和综合服务设施建设，进一步提高农村社区建设和管理服务水平，培育农村社区组织和工作者队伍，探索新型农村社区发展新模式，发挥示范社区的引领带动作用，努力把全市农村社区建设成为“产业发展、就业充分，环境宜居、住房舒适，设施完善、服务均等，管理民主、文明和谐”的新型农村社区。

三是着力推进村庄社区化管理。推进村庄社区化管理，是北京市统筹城乡发展、建设世界城市的保障工程，是维护战略机遇期首都和谐稳定的基础工程，也是利民惠民、让城乡居民共享改革发展成果的民生工程。从2010年秋季开始，北京市在全市推广大兴区（主要是西红门镇）经验，推行村庄社区化管理。首先对城乡结合部668个农村社区实施社区化管理，并以此为基础，在全市广大农村地区分类推行村庄社区化管理模式，取得了显著成效。目前已有521个村完成社区化管理设施建设并投入使用。全市共投入11.5亿元，建设围墙10.2万米，安装街门1848个，安装探头4822个，建设综治中心480个、治安岗亭1517个，增加协警力量3442人，实施了村庄路面硬化、供水管网改造、污水处理、垃圾消纳、厕所改造5项工程，农村基本服务项目逐步覆盖。通过卫生、文化、教育、养老、商业、交通等公共服务的全面配套，社区化管理的农村将设立“一站式”办公服务中心，提供劳动就业、社会保障、社会救助、外来人口服务等。统计显示，全市已完成社区化管理的村庄可防性案件数量同比降低24%，百姓安全感上升到92.7%。

北京市推进村庄社区化服务管理，充分考虑当地文化环境、生态特点和产业发展模式，结合集体经济发展现状等各自属性特点，因地制宜，分类推广。目前北京市的村庄社区化服务管理新模式，大体有城中村、中心村、平原村、山区林地村和专业村五种不同类型。

四是加强整体规划和政策指导，确定城乡社区服务管理一体化的明确方向和目标。2011年6月，北京市委十届九次全会通过了《关于加强和创新社会管理全面推进社会建设的意见》（以下简称《意见》）。《意见》明确提出了基本实现社区建设规范化、村庄管理社区化，逐步实现城乡社区服务管理一体化的目标。要求深入推进居民和村民自治，构建社区综合服务管理平台，扎实推进社区规范化建设和村庄社区化管理。工作的着力点是推动社区规范化建设向老旧小区、新建小区、城乡结合部社区和农村社区延伸，逐步实现城乡社区建设一体化、社区基本公共服务全覆盖。2011年年底，市政府在全国率先出台《北京市“十二五”时期社会建设规划纲要》（以下简称《纲要》）。《纲要》紧紧围绕“基本实现社区建设规范化、村庄管理社区化，逐步实现城乡社区服务管理一体化”的目标要求，明确提出要加快推进农村社区建设和村庄社区化管理。要求以基础设施建设为突破口，推进社区规范化建设向农村社区延伸。

加强乡镇社区服务中心和农村社区服务站建设，完善“一站式”服务，强化农村社区信息化建设，推进 96156 社区信息服务平台向农村社区延伸，不断推进城乡社区建设一体化。加快推进村庄社区化试点工作，研究出台了《北京市村庄社区化服务管理办法(试行)》，规范服务管理职能，完善工作运行机制，加强专职工作者队伍建设，逐步健全村庄社区化服务管理体系，不断推进村庄社区化服务管理创新。“十二五”期间，随着城乡一体化进程逐步扩大农村社区建设试点范围，逐步扩大村庄社区化覆盖面，逐步实现村庄社区化服务管理规范化，让具备社区化条件的村庄更多更好地共享城市化发展成果。

2. 北京市统筹推进城乡社区建设的典型案例

(1)大兴区西红门镇：村庄社区化服务管理模式。

北京市大兴区西红门镇属于典型的城乡结合部地区，镇域面积 31.2 平方公里，户籍人口 2.2 万人，有近 11 万流动人口。流动人口与户籍人口形成比例倒挂，违法建筑和无序出租房屋现象严重，社会治安情况复杂。2010 年 4 月，大兴区委区政府决定在西红门镇进行村庄社区化管理试点，借鉴城市社区管理经验，通过建站统一化、村庄社区化、人防专业化、技防现代化、服务人性化五项措施，实现管理秩序化，构建全时、全覆盖的服务管理模式。

西红门镇推进村庄社区化管理的主要做法和经验：

一是综合治理，形成合力。2008 年 7 月，西红门镇成立了“综治维稳”工作中心，综治办、维稳办、流管办、司法所、安全科、民政科等 16 个单位集中在综合服务楼内办公。遵循“主体不变、职能不变、联合运作、工作联动、形成合力”的原则，采取集中办公和联席会议的方式，实现矛盾排查化解、城市综合执法、动态信息研判、基层平安创建四大职能，形成多方协同、责任共担的机制。借助镇“综治维稳”工作中心这个平台，将全镇的社会建设、社会服务管理与安全稳定工作统筹起来，综合采取措施，为各村的村庄社区化管理提供业务指导和强有力的执法保障。

二是社区化管理，人性化服务。坚持“以人为本、服务优先”和“趋同管理”理念，将居住在村庄中的流动人口视为新村民，实行新老村民融合、同质化服务。坚持社区服务与社区管理相结合，充分发挥行政机制、互助机制的作用，构建起社区公共服务、自我服务、志愿服务相结合的社区服务体系。对全镇流动人口和出租房屋实行网格化管理，按照每个流管队员管理 10 至 20 户出租房的标准进行包片，承担服务和管理任务。在全镇各村村口设岗亭、抬杠，巡防员 24 小时值守，减少村内自然出入口。实现了“三下降、三提升”，即村庄刑事发案率下降、矛盾纠纷下降、安全事故下降，群众安全感提升、群众满意度提升、群众生活水平提升。西红门镇实行村庄社区化管理以来，16个村庄警情同比下降40%，有12个村实现了“零发案”，村庄内环境秩序明显好转，群众满意度明显提升，治安状况满意率由21%提升到88.5%，生活环境满意率由24%提升到95.5%。

三是精细化管理，提高效率。综治维稳工作中心实施“五个一”(即一图、一表、一台账、一套人马、一系列预案)的操作模式。一图，即综合治理防控图；一表，即每月排查的重点信访事件、重点信访人排查预警表；一台账，即按照“人、地、事、物、组织”建立一套重点防控台账；一套人马，即以镇党委书记为综治委主任，镇长、镇党委副书记为副主任，11个副职领导包片指挥；制定一系列预案。

村庄社区化管理层层细化，在全镇16个试点村中，每个村都设有统一外观、统一标识、统一制度、统一设施的综治工作中心，集社区警务站、流管站、巡防站以及民调室于一体。社区民警与村基层组织的关系更加密切，有利于社区工作的开展。特别是民调室的设立，选出德高望重的村民与社区民警一起开展矛盾纠纷调解工作，提高了调解效率，做到小事不出村。

四是科技资金投入，构建安全体系。镇政府投入3200万元进行统筹规划，初步形成镇有维稳中心、村有“三站一室”的镇村两级安全防范体系，借助科技力量建设平安村庄、和谐村庄。根据辖区及村内各主干街道、街巷胡同的分布、数量、距离，每个村庄都安装了监控探头，通过授权将图像分别传送到镇指挥中心、派出所和村，形成三级联网，实现全镇的网上巡逻。目前，西红门镇综合维稳工作中心已具备应急指挥、动态监控、视频会议、IP电话四项职能。

五是打造社区文化，丰富居民生活。村庄社区里都建起了文化大院，有棋牌室、数字影厅等文化设施，经常举办唱歌、跳舞等丰富多彩的文化活动；还开展科普教育、思想道德及文明健康生活方式等宣传教育。

西红门镇推行村庄社区化管理，取得了显著成效：一是创新管理模式，提高了村庄管理水平；二是采取多种措施，大大降低了发案率，提高了社会治安水平；三是有效改善了村庄环境；四是群众的安全感和满意度大幅提高。①

(2)顺义区北小营镇北小营村：社区网格化管理模式。

北京市顺义区北小营镇北小营村属于顺义新城建设区范围，常住人口5612人，其中流动人口1641人。人口流动频繁，人员复杂，单位多，事情多，社会管理的任务重、压力大。2010年10月，按照北京市的统一部署，北小营村开展社区化建设，探索推行社区网格化管理模式。

北小营村推行社区网格化管理模式，具体做法是：将全村24个村民小组细分为44个小网格，每个网格由1名党员和1名村民代表结成对，负责15户左右村民，即“1＋1＋15”结对模式。这44个网格，每个网格小到10户左右，大到30多户，15户只是一个平均数。所谓“1＋1＋15”结对模式，其实就是一种“网格化管理”。将农村分片划分为一个个的网格，从而在区—镇—村的三级管理结构之下，增加了“网格”这一个新的层级，将政府管理服务下沉到最基层的社会单元——格。“结对”的分组公示牌，悬挂于党员、村民代表所在的街巷；组内每位村民都有一张群众联系卡，内容包括所在小组党员及村民代表的姓名及联系方式，用水、用电、医疗等联系方式。44个网格按照“定人、定岗、定时、定责”的要求建立责任制，对网格单元中的重点群体和突出风险点加强日常监管和防控，最大限度地杜绝安全问题，避免破坏事件的发生，做到“小事不出网格、矛盾纠纷不上交”。北小营村从这种结对工作模式推行以来，群众的安全感和满意度都有提升。党员和村民代表说：这里村容整洁了，邻里纠纷少了，办事方便了，社会治安更好了。

北小营村推行社区网格化管理模式的关键性举措，是建立了一个全新的功能齐全的综合治理维稳中心。新建3米多高的砖墙1200米，并将全村原来的17个出入口缩减到13个，派专人24小时值守。在村内主要通道安装了24个监控探头，通过网络与派出所相连。中心设有社区警务站、流动人员管理服务站、治安巡防站、民调室、监控室，即“三站两室”。治安巡防、人民调解、流动人口管理一肩挑，进行计划生育、医疗卫生、法律援助、劳动就业一揽子服务。

北小营村推行的社区网格化管理，是一种科学化、精细化的管理。应用信息技术实行网格化管理，能够明显提升社区管理的现代化水平。现代化的

① 张强、彭文英主编：《从聚集到扩散：新时期北京城乡区域发展格局研究》，北京：经济科学出版社，2012年版，第376～379页。

监控设备，实时反映着村内各个角落的动态实况；一张“防控图”以网格化的方式显示了村子的全部区域。“三站两室”对44个网格中排查出的问题和矛盾纠纷，进行统一受理协调，不仅畅通了工作程序，而且提高了办事效率，日常办事足不出村。

北小营村社区化管理的“1＋1＋15”结对模式，是农村基层社会管理的创新性探索，体现了坚持党的领导、依法治村、村民自治三者有机结合。北小营村共产党员和村民代表“谁包户谁负责”，认真管理起所辖片区信访、打非、环境整治、流动人口管理、计划生育等工作，一肩担起十大员：政策讲解员、信息收集员、文明引导员、活动组织员、普法宣传员、矛盾化解员、流动人口服务管理员、安全监督员、治安巡逻员、村务协管员，做到“群众有事找党员，村民有事找代表”。①

(3)房山区青龙湖镇晓幼营村：新型农村社区管理模式。

北京市房山区青龙湖镇晓幼营村位于青龙湖镇西北，东接丰台，北接门头沟。村委会辖晓幼营、大平地、饮水井三个自然村，全村现有725户，1521人，总面积10867.5亩。村内企业以矿山开采及加工为主，有12个采石场及3个石头加工场。村民的住宅绝大部分建于80年代，房屋建筑多以砖木结构为主。随着矿山关停，村里面临着企业转型及人口安置问题。

作为北京市12个新型农村社区建设试点之一，晓幼营村的新型农村社区建设，是由房山区和青龙湖镇政府直接组织实施的。2011年以来，他们紧紧围绕市政府关于新型农村社区建设的目标要求，本着规划先行、农民主体、资产入股、产业创新的原则，坚持创新推动，自主建设，积极探索新型农村社区建设和管理模式。目前，已经完成了规划、土地、建设、环保等项目前期手续，实施了一期工程，建起了5栋、共2.2万平方米、可安置192户村民的住宅楼，同步实施了水、电、热、气、路、绿化、互联网、有线电视等基础设施工程，具备了入住条件。近期将启动拆迁工程。在产业规划及建设方面，占地1000亩、安置300名劳动力的红酒庄园项目已进入实施阶段，完成了土地使用流转，现正进行土地平整。通过实施一期工程和回迁楼二期工程，入驻回迁楼的总户数可达到600户以上。同时，按照规划，大力开发新兴产业项目，抓紧各项基础设施的建设和完善。

晓幼营村新型农村社区建设的主要做法：

---

① 杜海萍：《重绘农村社会管理路径图》，《前线》，2012年第1期。

一是坚持统筹协调，抓好任务落实。做到“四个到位”：(1)组织领导到位。区政府成立了新型农村社区试点建设领导小组及其办公室，认真履行指导、协调、督查、验收等项职能。建立了由区新农村办牵头的联席会议制度，定期研究解决工作中的难题，形成了统筹协调、协力推进的工作机制。(2)政策支持到位。制定下发了《北京市房山区人民政府关于开展新型农村社区试点建设的意见》。按照“快事快办、特事特办”的要求，各部门均建立了绿色审批制度，努力为试点建设提供方便快捷的服务。特别是在区财力十分紧张的情况下，区财政拿出5000万元资金，支持晓幼营村社区试点建设，保证了工程的顺利实施。(3)指导监管到位。区主要领导多次深入施工现场调研指导，区新农村办组织试点指导组赴试点村具体督导，并采取现场办公的办法及时解决建设中的难题。对试点规划和实施方案严格把关，确保资金、土地、产业和生态平衡。强化项目、工程和资金监管，切实“把好事办好、把实事办实”。(4)宣传教育到位。运用多种形式，宣传试点建设的重要意义、政策规定、方法步骤和有关要求，形成了正确的舆论导向，营造了全社会关心、支持新型农村社区试点建设的良好氛围。

二是坚持科学规划，促进持续发展。在坚持“节地、节能、节材、节水”的原则下，结合晓幼营村自身的区位、资源优势，经多方考察论证，组织专家对晓幼营村进行规划设计。村庄土地规划为生态节能型新型农村社区、观光农业区、仓储物流区、服务会展区及健康产业园区。经过科学规划，全村可节约建设用地1065亩，为产业发展提供了广阔空间，促进劳动力就业和村民增收。

三是坚持改革创新，打造自身特色。晓幼营村的新型农村社区建设模式为：村企合作、原址改造、滚动发展。按照资源整合、企业参与、互利双赢的原则，该村与北京龙建集团有限公司签订了合作建房协议，由龙建集团前期为村里垫付部分资金建设村民住宅楼。聘请有资质的评估公司对村民的宅基地和地上物进行统一评估，评估值作为村民入股资本金，按比例持有整个项目的股份。这样，前期村内无需拿出大量现金用于拆迁补偿。对新建楼房以每平方米2300元的价格进行回购。经测算每户农民安居后，还留有存款10～20万元不等。

晓幼营村将集体资产和个人资产(含合法宅基地)进行评估后，由村民自愿与村委会签订入股协议，共同成立具有法人资格的投资公司。村集体和个人按入资额的多少持有投资公司相应比例的股份。村委会委托投资公司进行本村的新型农村社区建设。在全面进行清产核资和资产评估的基础上，对集体资产进行处置和股份量化。

四是坚持农民主体，实行自主建设。晓幼营村的新型农村社区试点建设，从规划设计和实施方案制定，到各项工程的实施，严格履行民主程序，充分尊重绝大多数村民的意见。工作中，该村不等不靠，迎难而上，积极争取上级有关部门支持，及时破解规划、土地、资金、管理等方面的难题。该村集体自筹资金 3000 多万元投入一期工程建设，保证了项目的正常运行。村民们积极为试点建设献计出力，较好地发挥了主体作用。①

四、统筹推进首都城乡社区建设的思考与建议

(一)统筹推进首都城乡社区建设的几点思考

1. 进一步提高统筹城乡社区建设在整体推进首都城乡一体化进程中的战略地位

党的十八大报告明确提出，要推动城乡发展一体化。要加大统筹城乡发展力度，增强农村发展活力，逐步缩小城乡差距，促进城乡共同繁荣。2012 年年底，北京市委书记郭金龙在北京市委十一届二次全会上的报告中指出，当前首都发展呈现五大阶段性特征，其中，在城市建设管理方面，进入了实施精细化管理阶段；在社会建设和管理方面，进入了加强服务管理创新阶段。我们必须深刻认识和把握首都发展的阶段性特征，按照统筹城乡发展的要求，思考和部署城乡社区建设，促进城乡社区服务管理创新。

近年来北京市加快推进城市化和城乡一体化的实践充分证明，统筹推进城乡社区建设，充分有效地发挥城市社区的示范带动作用和城乡社区的互动互补作用，有利于加快形成城乡经济社会发展一体化新格局，有利于构建以“城乡一体化、基本公共服务均等化”为基本目标要求的城乡社区发展新格局，对于首都构建新型工农、城乡关系，加快推进“人文北京、科技北京、绿色北京”建设和中国特色世界城市建设，具有重要意义和作用。因此，有必要从整体推进首都城乡一体化进程的战略高度，深化对统筹推进城乡社区建设重要性、必要性的认识，并据此进行顶层设计、高端部署、强力推进。

统筹推进城乡社区建设，要认真贯彻落实中央和市委部署，坚持科学发

① 房山区新农村建设办公室：《创新推动自主建设全力抓好晓幼营村新型农村社区试点建设》，2012 年 5 月。

展观，坚持以人为本、服务为先和以城带乡、城乡一体的发展理念，坚持“重点突破、城乡联动、以城带乡、整体推进”的原则，以实现“城乡一体化、基本公共服务均等化”为基本目标，以提升城乡社区管理和服务能力为重点，以完善城乡社区管理体制机制为保障，以加强社区组织和社区工作者队伍建设为根本，通过统筹实施城乡社区一体化发展规划、统筹推进城乡社区公共服务一体化、统筹推进城乡社区管理一体化、统筹推进城乡社区教育、统筹发展城乡社区文化等途径和方法，促进城市社区建设成果向农村延伸，城市公共服务向农村覆盖，城市人才向农村流动，城市现代文明向农村辐射，形成以城带乡、以乡促城、优势互补、共同提高的城乡社区和谐发展新格局，为建设“人文北京、科技北京、绿色北京”和中国特色世界城市做出新的贡献。

2. 进一步加强理论研究和经验总结

国外的社区建设已有多年历史，积累了不少成熟的经验和理论思考。我国的社区建设是20世纪80年代才被提上日程的，而且社区建设先从城市社区开始，与社区相关的理论研究和调查分析也主要是围绕城市社区进行的。农村社区建设作为农村基层的社会建设和一场深刻的社会变革，既要态度积极，又要谨慎行事。全国开展农村社区建设试点工作已有6年多，通过对不同国家农村发展道路的分析借鉴、对我国城市社区建设经验的比较应用、对不同地区农村社区建设模式的总结分析，能够为首都农村社区建设提供思路。

据郑杭生等社会学专家分析，当前，我国的城乡社区建设面临着“双重困境”，即：一方面，社区居委会面临着严重的体制性困境，其集中表现为“行政化困境”和“边缘化危机”，居委会的民主自治功能没有得到有效发挥，因而还没有真正建立起政府行政管理与基层群众自治有效衔接和良性互动的机制；另一方面，社区治理普遍面临着“共同体困境”，其集中表现为社区认同和社区参与严重不足，社区居民的归属感不强，参与的积极性不高。北京市近年来社区管理体制改革的实践，为解决城乡社区治理中的“双重困境”进行了有益探索，在构建新型社区治理结构和开放多元的社区自治体系方面取得了一些可行性经验。①

为统筹推进北京城乡社区建设，进一步加强城乡社会建设和管理创新，需要深入研究城乡社区基层群众自治制度建设中的若干重大问题，包括城乡

① 郑杭生、黄家亮：《论我国社区治理的双重困境与创新之维——基于北京市社区管理体制改革实践的分析》，《东岳论丛》，2012年第1期。

社区自治与社区基层党建的关系、政府行政管理与基层群众自治的关系、政府公共服务与居民自我服务的关系、城乡社区自治与社区各类社会组织的关系等。要围绕健全基层党组织领导的充满活力的城乡基层群众自治制度，着力研究有首都特点的城乡社区自治创新模式。要围绕构建多元主体协同治理的新型社区治理结构，着力研究如何建立和完善多元主体互联、互补、互动的机制，提升社区居委会的自治功能，实现政府行政管理与基层群众自治有效衔接和良性互动。要围绕构建多元参与式社区治理新模式，着力研究如何扩大社区居民的参与面和参与度，建立和完善包括社区民间组织参与机制、社区居民互助机制在内的多元参与机制。

3. 进一步加强领导，强化相关部门责任

就北京市来说，城市社区建设已经全面推开，形成了强有力的领导体制和工作机制，积累了许多行之有效的做法和经验。当前，关键是要相应地加强对农村社区建设的领导。农村社区建设是涉及多方面问题的复杂工程。要形成主要领导负总责、分管领导具体抓、相关部门合力抓的领导体制和工作机制，才能有效地解决农村社区建设中涉及的各种具体问题，统筹推进城乡社区建设。如今，北京的社会建设，在市级层面已构建起以市委社会工委为领导核心，各部门、各方面齐抓共管的领导格局，但在农村社区建设方面的领导格局尚需构建。当前，全市农村社区建设主要是由市民政局、市农委和市综治办牵头。这几个部门在工作中自然比较关注民政系统、新农村建设和社会治安管理方面的问题，而在整体推进、统筹协调方面远不能适应工作需要。为此，参照外地的成功经验，首先应考虑建立一个统筹全市城乡社区建设的领导机构——北京市城乡社区建设工作领导小组，然后吸收相关部门和机构参与其中，再明确各自的职责和运作协调机制，以加快首都农村社区建设步伐，促进城乡社区建设统筹发展。

4. 组织实施北京城乡社区对接互动计划，打造首都城乡一体化新品牌

认真总结近年来北京市在加快推进城乡一体化进程中统筹推进城乡社区建设取得的成效和经验，同时学习借鉴江西九江组织实施城乡社区建设对接互动和张家港市推进城乡社区一体化建设的做法和经验，科学制定并认真组织实施北京城乡社区对接互动计划。

实施北京城乡社区对接互动计划，立足于构建以城带乡、以乡促城、优势互补、共同提高的城乡社区和谐发展新格局，主要是做好“六个统筹”：一是统筹城乡社区建设领导体制；二是统筹实施城乡社区一体化发展规划；三

是统筹推进城乡社区公共服务一体化，搭建城乡互补互动的公共服务平台；四是统筹推进城乡社区管理一体化，构建城乡一体化的多元参与机制和城乡社区组织互帮互助机制；五是统筹推进城乡社区社会组织和社区工作者队伍建设，通过开展社区教育、专业技能培训和社区实践锻炼，培育专业化、职业化的城乡社区工作者队伍；六是统筹推进城乡社区教育和社区文化建设，建立和完善城乡一体化的社区教育文化体系。

为切实做好这"六个统筹"，需要抓好三个着力点：

一是着力抓好城乡社会资源的整合集成与有效利用。坚持城乡社区需求导向，积极拓展社区多元参与的渠道，探索构建城乡社区协同治理的机制，不断创新多元参与的内容和方式，充分调动城乡社区各方面力量积极参与社区管理和服务。

二是着力加强城乡社区信息化建设。搭建城乡社区一体化、信息化综合服务平台，充分发挥社区信息化、网格化在统筹推进城乡社区管理和服务中的技术支撑作用。利用信息网络快捷、经济、高效的优势，促进城乡社区管理模式转变，缩小城乡数字鸿沟，实现城乡社区基本公共服务均等化。

三是着力发展城乡一体化的社区教育和社区文化。建立和完善城乡一体化的社区教育、社区文化体系，把城乡社区建设成学习型社区，力争实现城乡社区生活学习化、学习生活化。在城乡社区大力弘扬"爱国、创新、包容、厚德"的北京精神，精心打造首都城乡社区特色文化品牌。

实施北京城乡社区对接互动计划，需要明确规范区县、街道乡镇和城乡社区三级组织的职责权限，做到各司其职、各负其责。总体分工是：区县抓统筹，街道乡镇抓对接，城乡社区抓互动。

区县抓统筹。各区县政府及其相关党政部门，主要是做好整体性谋划，出台相关政策措施，有重点、有步骤地推进"六个统筹"。

街道乡镇抓对接。街道和乡镇政府在区县政府及其社区办的统一领导下，主要抓好以下几方面的对接工作：一是城乡社区资源对接；二是城乡社区相关平台对接；三是城乡社区管理对接；四是城乡社区服务对接；五是城乡社区重要项目和活动对接；六是城乡社区相关机制对接；七是城乡社区人才对接。

城乡社区抓互动。推进城乡社区互动，关键是区县和街道乡镇两级政府动。这里所说的城乡社区抓互动，是指城乡各社区自身应当做什么和怎么做。城乡社区互动，内容十分广泛，形式多种多样。需要根据统筹城乡社区建设的总体要求和城乡不同社区的实际需要，制订切实可行的具体实施方案。

5. 明确北京因地制宜、渐进开展农村社区建设的总体思路

加强农村社区建设既具有紧迫性，又是一个长期、艰巨的任务。尽管全国许多试点地区已经取得显著成效，并形成了一些有效模式和经验，但对北京来说，并不能简单照搬。首先，应分析北京是否已经具备了整体性开展农村社区建设的条件和能力？是下发“红头文件”，一刀切地推开，还是分类、分区先行试点、逐步推进？其次，要对各种农村社区建设模式加以比较分析，分析它们的优势和劣势、适用的环境，以便对北京地区采用何种模式做到有科学依据，不盲从、不随大流。例如合并村庄、集中居住建农村社区的模式是否适用于北京地区？适用于北京的哪些地区？这样才能避免走弯路，避免把建设农村社区变成追求政绩的“形象工程”。最后，还要充分发挥创新性，针对北京的特定情况和条件，创造性地开展农村社区建设。对这些总体的进程、布局和规划应由有关领导部门组织充分调研，反复征求意见，形成总体思路。

6. 力争在城乡社区自治与多元参与上创出经验

社区治理强调的是，在接近居民生活的多层次复合的社区内，依托于政府组织、民间社会组织和居民自治组织以及个人等各种力量，应对社区内的公共问题，共同完成和实现社区社会事务管理和公共服务的过程。社区治理之所以必要，是因为社区在本质上应当是居民自治的，不应当存在一级政府，所以政府的权力不应当起主导作用。

通过社区多元参与治理，一是可以有效化解基层矛盾纠纷。在多元社会结构和多元利益需求下，通过利益冲突各方的沟通，搭建沟通、交流、对话的平台，能增进相互之间的理解和信任，营造和谐、民主的氛围。二是有利于提升公共服务满意度。通过听取各方需求和建议，改变过去单一的公共服务方式，以增强居民满意度。三是真正实现居民的自我管理、自我服务、自我发展。动员组织群众自愿、依法、有序参与社区事务管理，把居民能干、想干、该干的事情放权给居民自己来干，充分开发利用社区资源，让居民从中实现自身价值，提升自我管理能力。四是能畅通居民利益诉求表达渠道。这是新形势下做好群众工作的重要举措。通过各种渠道使群众把需求表达出来，把不满发泄出来，把建议汇集起来，这种组织化的利益诉求表达机制不仅搭建了沟通平台，而且从根本上有利于促进社区的和谐稳定。

城乡社区多元参与治理是社区建设的重要途径和终极目标，在这方面全

国也缺乏卓有成效的经验。北京市应充分发挥政治氛围好、市民政治参与热情高、民主力量相对较强的优势，在统筹城乡社区建设中加强和创新社区自治建设，走出一条有中国特色、北京特点的基层民主自治之路。

7. 加强农村社区工作者队伍和能力建设

随着新型农村社区建设试点工作的推进和首都村庄社区化管理全覆盖目标的逐步实现，北京城郊和农村地区会涌现出越来越多的新型农村社区，活跃着一批农村社区工作者，也迫切需要壮大农村社区工作者队伍。从全国各地的现实情况看，即使是农村社区建设示范单位，这支队伍的现状也难以满足社区发展的需要。一方面现有农村社区工作者多由过去的村干部转变而来，年龄偏大，文化程度偏低，对社区工作不熟悉、工作方法欠缺等。另一方面，年轻有为、高学历、有能力的村民和青年人又不愿参与农村社区管理和服务。随着越来越多的农村青壮年外出打工，在“空心化”严重的农村失去了农村社区建设的主力军。这就需要各级领导真正重视农村人才队伍建设问题，不断创新人才工作。

中组部、民政部等联合下发的《社会工作专业人才队伍建设中长期规划(2010—2020年)》提出，为加强薄弱地区社工人才建设，要建立健全支持制度，积极推动将社会工作专业人才纳入国家有关对口支援机制，通过双向挂职、短期工作、项目合作等多种形式，引导社会工作专业人才向急需紧缺地区、部门和行业流动；采取政府购买服务、报考公职人员和社会工作硕士学位优先录用等措施，鼓励和引导高校社会工作专业毕业生到城乡基层、边远贫困地区就业。实施社会工作专业人才服务社会主义新农村建设计划，到2020年基本实现每个国家扶贫开发重点县有一家社会工作服务站，带动5万名农村社会工作专业人才。

加强农村社区工作者队伍和能力建设，需要着力做好以下几方面工作：一是改变农村社区吸引人才不力的环境，以待遇留人、情感留人、事业留人，出台相关人才激励政策，使有志者愿意到农村干一番事业，形成关心支持、理解尊重社会工作专业人才的良好社会氛围。二是借鉴近年来城市社区招聘、扩大社区工作者队伍的做法，以政府采购形式，吸引更多的高素质青年人加入社工队伍。三是与大学生村官制度相衔接，将农村社区作为村官今后职业发展的一个选择，在待遇上满足村官对今后职业发展的起码要求。四是加强在职人员培训，提高现有农村社区工作者的社区工作专业技能。可通过专业技能等级考试形式，引导他们不断学习，提高自身能力。五是建立社会工作专业人才和志愿者队伍联动服务机制，形成二者相互协作、共同开展服务的机制。

8. 加强农村社区法制建设

当前，农村社区法制建设亟须加强。有关农村社区建设、社区管理和社区服务工作的方方面面，都需要用法律来规范和指引；农村社区建设中取得的新经验、新成果，需要用法律来肯定和保护；农村社区发展进程中出现的新情况、新问题，需要用法律来界定和明确。目前农村社区法制建设中存在的突出问题是：法律制度不健全，立法不完善；原有的一些法律法规明显陈旧，已不适应社区发展需要；适应社区依法自治需要的执法体制机制有待建立，社区执法活动亟须规范；基层政府工作人员缺乏依法行政意识，社区居民法律意识淡漠；有利于多元主体广泛参与社区自治的良好法治环境亟待完善。针对这些问题，就加强农村社区法制建设提出以下几点建议：

一是建议再次修订出台《中华人民共和国村民委员会组织法》。2010 年 10 月 28 日，经十一届全国人大常委会第十七次会议修订的《中华人民共和国村民委员会组织法》，已不适应推进农村社区建设的需要。新修订的村委会组织法，应对村委会的自治性和公共服务职责及其选举、罢免和职权等作出明确规定，还应对农村社区组织结构，包括农村基层行政组织、社区居民自治组织、社区社会组织和其他企业事业组织在社区中的地位、作用及其相互关系作出明确规定。

二是建议尽快出台一部《民间组织法》——专门对民间组织进行规范和管理的国家基本法。目前我国管理民间组织，主要依据国务院发布的《社会团体登记管理条例》等 3 个行政法规。农村社区建设，需要大力培育和发展社区社会组织。由于有关社区社会组织的法律法规不到位、不配套，社会组织成立门槛依然很高，社区社会组织的法律地位不明确，对社区社会组织在农村社区中开展的各种有益活动缺乏法律保护。抓紧制定一部民间组织基本法，明确规定包括社会团体在内的各类民间组织的法律地位和相关职能，规范各类民间组织的活动范围、社会职责、行为方式、权利义务、监督管理办法等。同时，针对不同类型的民间组织制定不同的法规政策。

三是建议制定出台有关城乡社区建设和管理的专门性法规。这部专门性法规，应以我国宪法和相关法律为依据，立足于建立和完善城乡社区管理和服务的法律体系，着眼于构建新型工农、城乡关系，有利于形成城乡社区一体化发展新格局，对城乡社区、基层政府、社区党组织、社区自治组织、社区社会组织及其他企业事业组织在社区中的地位、作用及其相互关系作出明确规定。

四是建议抓紧制定或修改其他相关法律法规。如社区服务法规、公益事业捐献法、营业税法、企业所得税法、《政府采购法》实施细则等。

五是建议加强农村社区法治环境建设。在农村社区法治环境建设方面，主要是做好以下几项工作：其一，针对农村社区居民缺乏自治意识和法律意识，运用多种途径和方式，扎实有效地开展法制宣传教育工作。其二，加强农村司法和农村法律服务机构建设。目前农村基层的法律人才特别是高素质法律人才十分匮乏，法律服务机构不健全现象比较普遍。其三，乡镇政府要坚持依法办事。目前，在一些地方，乡镇政府对农村社区管理越位、错位、不到位的问题还比较突出。其重要原因之一，就是基层政府官员法制观念淡薄、社区自治意识淡薄，不能依法行政。实践证明，只有基层政府坚持依法行政，处理好政府行政管理与社区居民自治的关系，才能更好地营造社区依法自治、人人遵纪守法、城乡社会和谐的良好氛围。

课题负责人：李敬德（首都师范大学北京创新研究院　教授）
课题组成员：文晓灵（首都师范大学北京创新研究院　副教授）
李　雪（首都师范大学北京创新研究院　工作人员）

首都农村网格化社会管理标准研究

张静波

党的十八大报告提出，提高社会管理科学化水平，必须“加强基层社会管理和服务体系建设，增强城乡社区服务功能”。当前，首都城乡社会建设取得了显著成效，如何将城市社会服务管理的经验和模式推广到京郊农村地区，准确分析和解决京郊农村社会管理面临的突出问题，具有重要的实践意义。本研究基于对当前北京市区县农村地区社会服务管理现状及存在问题的分析，建立一套符合京郊农村特点的农村网格化社会服务管理标准。主要内容包括，首都农村网格化社会管理理论探讨；网格化社会管理标准、流程标准、评估标准设计等，并在此基础上提出推进首都农村网格化社会管理的对策建议。

一、首都农村社会管理现状与问题

改革开放以来，我国农村社会建设与社会服务管理取得了巨大成就，但受历史遗留问题和农村社会结构变迁等多种因素影响，基层农村出现许多新问题，农村社会管理与社会服务面临许多突出问题与严峻挑战。这些问题“相互交织，相互作用，相互制约，表现得异常复杂，使得农村社会管理问题成为一个结构性问题”①。

（一）当前农村社会管理面临的主要问题

社会服务管理创新是一项复杂的系统工程，涉及体制机制创新、思想观念转变等诸多因素，必须从解决农村社会管理的突出问题着手，有针对性地制定政策措施，化解基层农村社会管理领域的各种疑难杂症。

当前我国农村社会服务管理面临诸多问题。一是基层农村社会服务管理亟待完善。改革开放以来，大量农村剩余劳动力转移进城，农村人口急剧减

---

① 陆学艺：《农村社会管理研究》，魏礼群主编，《新形势下加强和创新社会管理研究》，北京：国家行政学院出版社，2011 年版，第 59 页。

少，基层农村已演变为一个由留守老人、妇女、儿童构成的“留守世界”。农村难以留住人才，也增加了社会管理的难度。如何加强农村社会治安治理、增加公共服务已成为农村社会管理的新课题、新任务。二是农村公共事业发展滞后。目前农村基础公共设施落后，农民医疗、教育、社会保障、生产生活环境等发展滞后，成为农村普遍的社会问题。由于基层政府财政紧张，基本公共服务难以提供，基础设施建设无法跟上，成为影响农村社会服务管理最为突出的问题。三是社会矛盾激化。由于历史和现实各种因素的影响，大多数农民难以共享经济增长和改革发展成果所引发的不满，增加了社会管理难度。其中由于征地拆迁、工资拖欠、环境污染、移民搬迁等问题，成为农村社会管理中的难题。四是土地纠纷激化。随着城镇化进程的不断加快，土地资源稀缺性更加凸显，侵害农民土地权益的现象时有发生。尤其是近年来个别地方违背农民群众意愿，大拆大建大圈占，严重侵害农民权益，直接影响了农村社会的和谐与稳定。五是农村文化建设薄弱。目前农村文化建设远远落后于城市，滞后于农村经济社会发展。农村文化产品和服务供给不足，无论是数量、品质都不能满足农村群众的需求。一些地方腐朽文化泛滥，成为农村社会治安问题的滋生点和诱发点。

(二)首都农村网格化社会管理现状

京郊农村网格化社会管理模式源自城市社会管理的经验。自北京市东城区率先推出“网格化社会服务管理模式”，开展社会服务管理综合试点工作以来，各区县从社会管理实践出发积极探索，网格被赋予了更多的社会服务管理功能。京郊农村社会服务管理创新作为城区社会管理模式的延伸，借鉴城区社会管理经验，结合本区域特点大胆创新，初步总结出一套农村网格化社会管理框架。但我们通过对试点区县的调查和访谈发现，京郊农村网格化社会管理还处于起步阶段，体系建设尚不完善。

第一，工作运行缺少统一的管理标准。我们通过对京郊农村网格化社会管理试点地区的调查发现，缺乏统一的管理标准是目前存在的突出问题之一。由于各相关管理部门的管理职责交叉，或是处于管理辖区或权限的边缘，单纯以条线或分块管理难以填补空白和漏洞。此外，对于一些专业人士尚且不能做出明确判定的社会问题，在没有任何标准的情况下，一般的网格管理人员难以分辨和处置。要推进京郊网格化社会管理，制定统一的京郊农村网格化社会管理标准，是当前的首要工作之一。

第二，缺乏监督标准。目前京郊农村网格化社会管理试点地区统一实行的是监管分离的体制，这在管理上是一种创新，但也产生了许多问题。如，网格工作监督人员不能自始至终地参与监督工作全过程，监督标准缺少连续性，监督存在遗漏现象。此外，缺乏对网格工作的动态监督。在监督工作流程中，监督员与网格管理员并非专职人员，难以起到自始至终的监督作用。调查结果表明，实行监管分离，建立独立的监督机制和公众监督机制尤为重要，应避免主管部门为袒护下属部门不愿监督，街道担心影响条块关系不敢监督，社区担心责任承担不愿被监督，监督部门受主客观因素影响缺乏经常性监督手段，致使监督不到位、工作不到位等问题。

第三，绩效评价体系不科学。其主要表现为评价指标不严谨，缺少具体工作流程、责任主体、工作绩效的规范性标准；评价标准不统一，街道与社区、领导与一般干部采用不同的评价标准；评价方式不科学，缺乏群众参与的外部评价和自我评价依据；评比方法不完善，缺乏动态性、实效性，往往通过抽查和听取汇报等来确定和衡量。调查显示，一线管理人员普遍赞同建立精细化、量化考评指标体系，或建立定性定量相结合的弹性考评体系，认为建立规范化的绩效考评体系不可或缺。此外，绩效评估工作应科学、全面，涵盖网格内各种力量，反映全局工作的绩效与特征，避免疏漏。

第四，缺乏奖励激励机制。良好的考核与激励制度是网格化管理工作得以顺利开展，提高工作人员积极性的保障，因而，建立奖励激励机制至关重要。调研中我们发现，一些基层农村对网格助理员、网格志愿者采用传统的行政考核方法，与社会管理模式创新不相适应；网格助理员任务繁杂、薪酬待遇低、缺少上升流动机会、在群众中认可度低，特别是缺乏激励机制，导致创新意愿不强、缺乏工作积极性。

第五，对网格化管理的认识不足。网格化社会管理的目的是给居民创造一个良好的生活环境，为居民提供优质的公共服务，以促进社区的和谐发展。调研中发现，一些试点单位对网格化管理的理解过于片面化，对网格化管理"以人为本"的核心思想理念认识不足。如实施网格化管理后群众对邻里关系改善满意度较低；工作人员对社区中不同利益群体冲突问题上的关注不足等。网格化社会管理是"以人为本"的管理，既是对物的管理，也是对人的管理，只有把"以人为本"的管理理念落实到网格化管理的各个环节，才能实现社会管理的创新。

第六，人才队伍建设滞后。我们在调查中发现，基层社会服务管理人才不足，特别是优秀管理人才、创新型人才相对匮乏：一些试点地区存在网格管理后备人才不足，流动性强，缺岗空位等现象。因此，亟须建立健全网格化社会管理人才聘任、储备政策，完善网格化社会管理人才准入和流动机制，形成雄厚的人才后备力量，吸引实践经验丰富、高素质的人才加入管理队伍。因此，根据社会服务管理主导力量、主体力量、辅助力量等不同类型，构建多层次、多渠道、多种形式的人才建设体系迫在眉睫。

针对上述问题，制定科学的京郊农村网格化社会管理标准具有重要意义。一套科学的农村网格化社会服务管标准能够有效引导和规范网格化社会管理的开展和提高。本研究系统收集和梳理了国内外具有代表性的社会管理评价指标体系，初步设计出符合京郊农村特点的农村网格化社会管理、工作流程及绩效评估标准，并提出推进首都农村网格化社会管理的对策建议。

二、首都农村网格化社会管理标准的构建

(一)网格划分框架

网格化社会服务管理是根据属地管理、地理管理、现状管理等原则，将实际地域划分为若干网格单元，并对每一网格实施动态、全方位管理，并通过网格划分整合公共资源，对网格内居民进行多元化、精细化、个性化服务。因此，合理划分网格是实施网格化社会服务管理的基本环节。网格划分既要符合区域经济、社会、文化特征，又要便于合理配置网格人力资源和公共服务资源。在实际操作层面，网格的划分涉及网格划分标准、网格类型、网格等级等方面，以下重点讨论京郊农村地区网格划分标准问题。

1. 农村网格划分框架

在对国内外有关网格划分标准初步研究的基础上，结合调研中了解到的京郊部分农村网格化社会管理的现状，我们认为建立包括网格类型、网格指标、网格等级的三级指标划分框架比较符合京郊农村网格化社会管理的现状，更具有操作性和引导性(见图 1)。

2. 网格指标

网格指标的确立是合理划分网格的基础，其目的是基于网格所在区域自然、社会实际情况，按照“完整性(不打破现有社区、村和单元物业管理范围)、便利性(便于管理)、均衡性(各网格任务量均衡)”原则，细划出若干种类型的社会管理网格。网格指标包括以下内容：

地理、人口、自然状况。网格化社会服务管理是基于地理编码等信息技术将自然地域划分为具体网格，地理、人口、自然状况要素对网格的划分具

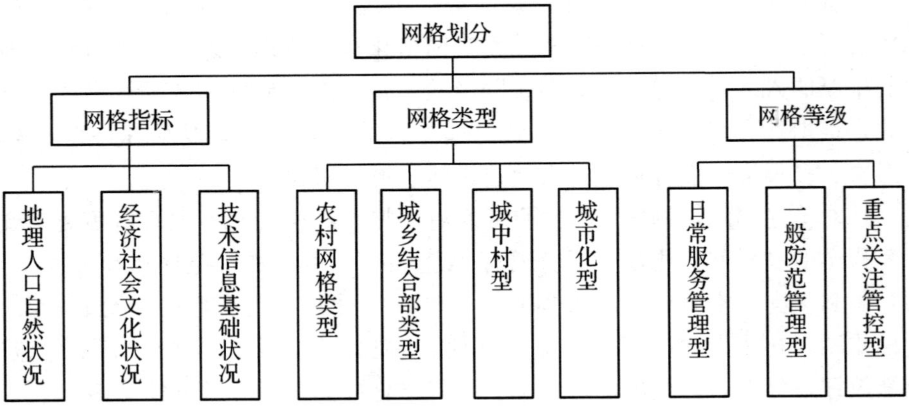

图 1　北京郊区农村网格划分框架

有重要意义。在实际工作层面，因各地区地理、人口、自然状况不同，在划分网格时应因地制宜，灵活掌握网格划分标准，避免网格服务管理力量的分散化。

经济、社会、文化状况。从京郊农村空间的属性看，地域分化与该地域经济、社会、文化状况密切相关。农村地域是指农村坐落在地表上的位置及实际范围，既具有静态的结构特征，也具有特定的动态过程。因此，在划分网格时应分析网格的经济、社会、文化状况，将经济、社会、文化相近的地域划入相同的网格，或将相近的网格组合成网格群，以便于有效进行服务管理。

技术、信息基础状况。在网格化社会服务管理过程中，技术、信息平台是发挥网格功能的基础。在人口稀疏的农村地区应充分发挥电子信息技术平台的作用，以信息技术和网络平台为纽带，将网格连接为一体，做到信息网络的“全覆盖”。

3. 网格类型

划分网格类型的目的在于避免单纯按自然地理划分网格，均等配置网格力量，因此，根据不同网格的结构和功能划分网格的类型就显得非常必要。通过网格类型的划分，可以针对网格的自然条件、经济社会状况统筹安排资源，掌握不同类型网格的基本特征，在实际工作中共享信息、统一行动，快捷、有效地处置网格中的事务。

4. 网格等级

为加强对特殊群体的帮扶和对各类重点人群的管控，有必要划分网格的等级，对重点地区、要害部位进行有效的服务管理。本研究借鉴北京城区对网格等级的划分，将网格分为日常服务管理型、一般防范管理型和重点关注管控型 3 种类型，并设计出划分标准。

(二)网格类型

本研究参考国内外已有的网格类型划分经验，根据京郊农村区域基本特征采用大分类、小分类方法，确定网格类型的划分步骤，在网格类型的大分类上划分为城乡过渡型和农村型，小分类划分为城乡结合部型、城中村型、郊区农村型和城市化型(见表 1)。

表 1　首都农村网格类型划分

大分类	小分类	网格类型
城乡过渡型	城乡结合部	1. 被农村包围的城市郊区 2. 与城区接壤交错的农村地区 3. 连接城乡的其他地带
	城中村	4. 被城区包围的农村地区 5. 拥有少量农用地的农村地区 6. 土地尚未被征用的农村地区
农村类型	郊区农村型	7. 典型农村 8. 远郊型农村 9. 近郊型农村
	城市化型	10. 新型开发区 11. 城市化地区

1. 城乡过渡型

指“城市边缘区、城乡交错地带，位于城乡之间，是城市地域的组成部分，由城市建成区向外延伸，最终过渡到农业用地。该区域兼具城市与乡村的特点，既是城乡功能的过渡区，也是城乡功能的混杂区”，其典型代表为“城乡结合部”和“城中村”。

(1)城乡结合部。

①农村包围型。被农村包围的城市郊区。受行政隶属关系制约，属城市政府部门管辖，但地处乡村包围的城市郊区。

②城乡交错型。指与城市建成区接壤交错的农村地区。属城市政府管辖的县域范围，在地理位置上又是与城区接壤的或“插花”的地带。

③城乡连接型。连接城乡的其他地带。受地域划分影响，处在城市建成区外围，并连接城乡的其他交接地带。

(2)城中村。指农村村落在城市化进程中，由于全部或大部分耕地被征用，农民转为居民后仍在原村落居住而演变成的居民区。根据城中村的人口构成、土地使用性质可分为三类。

①城市包围型。被城市包围的农村地区。完全没有农用地的农村，该地域完全被城市包围。

②城市侵入型。拥有少量农用地的农村地区，包括有少量农用地的农村和处于城市即将重点建设区域的农村。

③独立型。土地尚未被征用的农村，包括有较多农用地的农村和暂不列入城市重点建设区域的农村。

2. 农村类型

农村地区是相对于传统行政村和现代城市地区而言的，指聚居在一定范围内的农村居民在农业生产方式基础上所组成的社会生活共同体。京郊农村地区主要包括10个远郊区、县的乡(镇)和朝阳、海淀、丰台3个近郊区的农村地区。主要有郊区农村型和城市化型两种主要类型。

(1)郊区农村型。是相对于城市的称谓，指有集镇、村落的农业区，以农业产业为主，包括各种农场、林场和蔬菜生产基地等。该区域为以从事农业生产为主的农业人口居住的地区，是与城市相对应的区域，具有特定的自然景观和经济社会条件。

①典型农村。人口稀少，居民点分散在农业生产的环境之中，具有田园风光；家族聚居的现象较为明显；工业、商业、金融、文化、教育、卫生事业的发展水平较低。

②远郊型农村。北京远郊包括8区2县，共占地15437.9平方公里，占北京市总面积的91.9%。山地资源、森林资源和旅游资源丰富，民俗民风古朴，以观光旅游、休闲疗养、民俗文化体验为主。观光旅游、森林旅游、民俗旅游、果品采摘等生态、文化旅游业发达。

③近郊型农村。近郊区指距城区约5～20公里，交通便利，接近城区消费群体，农业以园艺农业及高档水果、蔬菜种植为主。以观赏旅游、体验农作为主导产业，农业庄园、花卉观赏园、垂钓园及市民租赁农园等现代都市

农业发达。

(2)城市化型。主要指城乡土地利用混杂交错、社会经济结构急剧变化的过渡性地域，国外学术界称之为半城市化地区。该地区的特征是产业结构和就业构成的非农化水平较高，但产业、人口在空间上的集聚程度仍较低。

①新型开发区。指为促进经济发展，由政府划定实行优先鼓励工业建设的特殊政策地区。包括在城市规划区内设立的经济技术开发区、保税区、高新技术产业开发区、国家旅游度假区等实行国家特定优惠政策的各类区域。新型开发区是一个泛指的说法。是经济技术开发区，高科技工业园，高新技术开发区，各类产业工业园的一种通称。

②半城市化地区。指某一独立的地域单元在城市化进程中的某一阶段，处在这一阶段的地区称为半城市化地区。该地区具有独特的经济、社会特征，与城市边缘区、城乡交错带在形成的动力机制上有着较大的不同。空间组成上，该地区既有城市化水平较高的中心地域，也有城市化水平较低的边缘地域。

(三)网格划分标准

网格划分标准的确立应以社会服务管理为中心，使网格化管理有利于提高社会服务管理质量，有利于整合公共服务资源，对网格内居民进行多元化、精细化、个性化服务，按照“属地管理、地理管理、现状管理”等原则，科学、客观地设置划分标准。根据上述网格类型的划分，我们设计出农村网格划分标准和城乡结合部网格划分标准。

1. 京郊农村网格划分标准

在京郊农村地区的网格划分上，应结合区域农村经济社会发展的特点，充分考虑区域地形地貌和自然条件，合理划分服务管理网格和网格类型，为实行网格化管理提供基础条件。本研究将京郊农村网格划分为农村网格类型和城乡过渡型两大类，进一步细分为郊区农村型、半城市化型等四种类型(见表2)。

表 2　京郊农村网格划分标准

类型	一级指标	二级指标	三级指标
农村网格类型	郊区农村型	典型农村	人口稀少，居民点分散在农业生产的环境之中，具有田园风光；家族聚居的现象较为明显；工业、商业、金融、文化、教育、卫生事业的发展水平较低。
		近郊型农村	指近郊区。距城 5～20 公里，交通便利，接近城区消费群体，农业以园艺农业及高档水果、蔬菜种植为主。以观赏旅游、体验农作为主，重点发展农业庄园、花卉观赏园、垂钓园及市民租赁农园等项目。
		远郊农村型	包括 8 区 2 县。距城 50～100 公里，山地资源、森林资源和旅游资源丰富，民俗民风古朴，以观光旅游、休闲疗养、民俗文化体验为主，重点发展风景旅游、森林旅游、民俗旅游、果品采摘等生态、文化旅游项目。
	半城市化型	新型开发区	由政府划定实行优先鼓励工业建设的特殊政策地区。包括在城市规划区内设立的经济技术开发区、保税区、高新技术产业开发区、国家旅游度假区等实行国家特定优惠政策的各类区域。
		半城市化地区	指某一独立的地域单元在城市化进程中的某一阶段的地区，该地区具有独特的经济、社会特征，与城市边缘区、城乡交错带在形成的动力机制上有着较大的不同。空间组成上，该地区既有城市化水平较高的中心地域，也有城市化水平较低的边缘地域。
城乡过渡类型	城乡结合部型	农村包围型	被农村包围的城市郊区。受行政隶属关系制约，属城市政府管辖，但地处乡村包围的城市郊区。
		城乡交错型	与城区接壤交错的农村地区。属城市政府管辖的县域范围，在地理位置上又是与城区接壤的或“插花”的地带。
		城乡连接型	连接城乡的其他地带。受地域影响，处在城区外围，连接城乡的其他交接地带。

续表

类型	一级指标	二级指标	三级指标
城乡过渡类型	城中村型	城市包围型	被城市包围的农村地区。完全没有农用地的农村，并且已经完全被城市包围的地域。
		城市侵入型	拥有少量农用地的农村地区。有少量农用地的农村和处于城市即将重点建设区域的农村。
		独立型	土地尚未被征用的农村。有较多农用地的农村和暂不列入城市重点建设区域的农村。

(四)网格管理等级划分标准

本研究参照北京市区、县实际工作经验和社区社会工作理论中社区问题的划分标准，对京郊农村网格的管理等级进行了初步划分(见表3)。

表3　农村网格化管理等级划分标准

	等级	细化指标
农村网格管理等级	日常管理等级	居民对社区事务不关心，居民间关系淡薄，居民缺乏解决问题的能力。居民背景较单一，不同群体间虽存在分歧，但无根本利益冲突，且居民对政府较信任。居民怀有疏离感，邻居关系恶劣，对社区资源陌生，缺乏社区资源，环境及设施问题，社会服务相对匮乏等。
	一般防范等级	人际关系冷漠、社区内存在群体排斥和冲突、缺乏社区的认同和社区的归属感，缺乏民主和平等的公共决策机制等。社区中存在一系列问题，包括住房、医疗、就业、福利、娱乐设施不健全等。社区中存在着需要被照顾的弱势群体，这些弱势群体包括老年人、儿童、精神病人等。
	重点关注等级	社区中存在利益激烈对立的特殊群体，不同程度存在贫困、疾病、住房、家庭虐待、年老失依、孤儿失养等。基础设施缺乏、社会服务设施匮乏、环境恶劣、公共卫生差、社会治安差。
	严密管控等级	居民缺乏道德标准、行为偏差、吸毒、暴力倾向严重。行为偏差和违法违规问题突出，社会排斥和孤立问题、弱势群体问题、环境问题、生态问题、人权问题、性别问题、族群问题交叉重叠，社会基本道德规范的缺失。社区社会生活存在严重安全隐患。

(1)日常管理型。重点加强对各类重点人群的管控。坚持实有人口管理，准确掌握各类群体，特别是重点工作对象的基本底数和情况，实现全面掌握、有效控制。组织协调、指导监督各有关部门和街道办事处开展社区基础建设、社区服务、社区卫生、社区治安、社区文化等项事业。有效发挥社区的管理职责、服务职责、教育职责和监督职责。

(2)一般防范型。重点加强对特殊群体的帮扶。对孤寡老人、外来务工人员、残疾人等特殊群体，开展有针对性的社会服务工作，提高其生活质量。及时收集并管理影响社会和谐稳定的各种热点、难点信息和舆情；防控和化解各类源头性、苗头性、突发性社会问题和矛盾；快速应急和处置重大紧急事件，规范和监督社会管理行为。

(3)重点关注型。重点加强重点地区、要害部位、危险物品的管控。对重点区域、要害部位实施重点防控，强化工作措施，确保绝对安全。对各类危险物品的生产、使用、运输、储存、销售等环节加强日常检查，严格依法管理。加强流动人口、重点人口的管理，解决影响社会和谐稳定的深层问题，建立社会管理的长效机制。

(4)严密管控型。重点加强对矛盾纠纷、安全隐患、社会管理等事件的查控。对各类矛盾纠纷，安全生产和火灾隐患，危害公共安全、影响社会秩序的违法犯罪行为，及时发现报告，妥善处置治理。获取各类纠纷信息，排查治安隐患，重点整理流动人员信息。做好重点人员和流动人口管理，开展日常和重点时期的安全防范，加强各类矛盾纠纷排查调处等工作。

三、京郊农村网格化社会管理标准

为实现《北京市“十二五”时期社会建设规划纲要》提出的关于构建网格化社会服务管理体系，基本实现社会服务管理网格化，全面提升社会服务管理信息化水平的新目标，本研究通过调查京郊农村网格化社会管理运行现状，结合网格化管理的现有模式，初步设计出京郊农村网格化社会管理标准。

(一)网格化社会管理标准设计的指导原则

网格化社会管理作为一种新型的社会管理模式，在基层实践中已取得显著效果。要进一步完善农村网格化社会管理，应以服务群众为核心，充分整合现有的各类管理资源和管理力量，以最大限度地发挥网格化管理的效益。网格化社会管理标准设计应遵循如下原则。

一是标准设计的指导性原则。网格化社会服务管理是具有综合性、复杂性特征的系统工程，要全面反映社会服务管理的全貌，涵盖各个工作领域，需要宏观指导性原则，去繁就简，多维度、多层级地设计指标。宏观指导性是指着眼于网格化的"目标性指标"，即1级指标和2级指标，同时还应落实到具体工作实践中，设计"路径性指标"，即3级指标，构成具有三级指标的标准体系。

二是协调互补性原则。标准设计在结构上应遵循由点到面，注重指标之间的协调互补性。由点到面是指"网格"的服务管理标准要反映出京郊农村社会建设全局的工作取向，使"网格"成为完成各项社会服务管理任务，全面推进社会建设的载体。互补性是指各个指标之间互补协调，各指标所占的比重符合社会服务管理实际，完整反映出网格化社会服务管理的评价指标。

三是科学性和完整性原则。标准内容设计要建立在对基层经验科学分析、案例探讨、逻辑论证的基础上，能够反映网格化社会服务管理的基本特征和它的复杂性，能够反映社会服务管理的质量水平。每个指标之间概念清晰，科学含义明确，指标之间既要有内在联系，又要避免重复。

四是实用有效性原则。标准和各项指标设计以满足实际应用和研究为目的，在指标的选择上要注重可操作性和可比性。可操作性即指标内容符合服务管理实际，同时还应注意指标测度的简洁性和便利性。可比性是指数据采集和测评具有通用性，不同区县、不同社区的网格之间可利用相同的指标进行横纵向比较。

(二)网格化社会服务管理标准体系框架

为发挥网格化社会服务管理标准对社会管理创新的指导和保障作用，我们在总结北京市区县已有标准的基础上，力求为京郊农村提出一套切合实际的标准体系。我们根据社会学、管理学及规划学原理首先提出一套网格化社会服务管理标准的总体框架。该框架的核心是依据《北京市"十二五"时期社会建设规划纲要》提出的发展目标，以网格为载体，以社会服务管理为切入点，为创建经济、社会和谐、协调发展的城市社会提供依据。

网格化社会服务管理标准总体框架包括社会服务标准、社会管理标准、社会运行标准3个一级指标，包括12个二级指标和54个三级指标。在标准设计上，力求涵盖网格化社会服务管理的核心内容，反映总体水平。各级标准间的相互关系见图2。

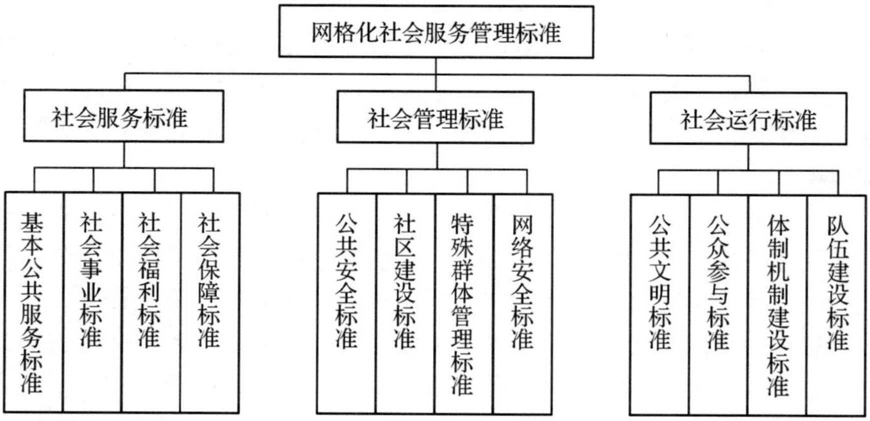

图 2　网格化社会服务管理标准总体框架

(三)网格化社会服务管理标准的内容

根据网格化社会服务管理标准体系框架的相关内容，参考北京市城区及上海、广州、重庆、南京等城市现行社会服务管理标准，我们进一步设计出以下京郊农村网格化社会服务管理标准。(见表 4)

表 4　网格化社会服务管理指标标准

1 级指标	2 级指标	3 级指标	因子加权系数	加权系数
社会服务标准	公共服务标准	社区就业服务	2	35%
		社区社会保障服务	2	
		社区社会救助服务	2	
		社区卫生计划生育服务	1	
		社区文化教育体育服务	1.5	
		社区流动人口和出租房屋服务	1.5	
		社区安全服务	2	
		社区环境美化服务	2	
		社区便民服务	1.5	

续表

1级指标	2级指标	3级指标	因子加权系数	加权系数
社会服务标准	社会事业标准	基础教育服务	1.5	35%
		公共文化服务	1.5	
		公共医疗保健服务	1.5	
		公共体育健身服务	1.5	
		特殊人群专业服务	1.5	
	社会福利标准	养老服务	2	
		助残服务	2	
		特困家庭(人员)服务	2	
		慈善服务	1	
	社会保障标准	社会保险服务	1.5	
		社会救济服务	1.5	
		优抚安置服务	1	
		社会互助服务	1	
		维权服务	1	
社会管理标准	公共安全管理标准	社会治安	2	35%
		食品安全	2	
		公共卫生安全	2	
		应急防灾	2	
		网络安全	1.5	
		安全生产	1.5	
	社区管理标准	社区认同意识	2	
		社区参与行为	2	
		社区公益维护	2	
		社区组织机制	2	

续表

1级指标	2级指标	3级指标	因子加权系数	加权系数
社会管理标准	社会组织管理标准	社会组织的数量、规模	1.5	35%
		社会组织的活动范围、频度	1.5	
		社会组织内部管理规范	1.5	
		社会组织的功能、影响度	1.5	
	特殊群体管理标准	流动人口	2	
		流浪乞讨人员	1.5	
		留守失学儿童	1.5	
		社区矫正对象	2	
		艾滋病患者、吸毒者	1.5	
		"留守妇女、老人"等新型特殊群体	1.5	
社会运行标准	公众参与标准	居民、村民自治	2	30%
		社会组织建设	2	
		社会协同	1.5	
		企业参与	1	
		志愿者参与	1	
	公共文明标准	社会文明	1	
		道德诚信	2	
		遵纪守法	2	
		心理健康	1	
	社会和谐标准	矛盾调处	2	
		利益协调	1.5	
		表达诉求	1.5	
		公平正义	2	
		和谐友爱	1	

续表

1级指标	2级指标	3级指标	因子加权系数	加权系数
社会运行标准	体制机制标准	体制机制建设	2	30%
		人才队伍建设	1.5	
		监督机制	2	
		考评奖励机制	1.5	
		预测机制	1.5	

1. 社会服务标准

社会服务指以提供劳务的形式来满足社会需求的社会活动。狭义的社会服务指直接为改善和发展社会成员生活福利而提供的服务，如衣、食、住、行、用等方面的生活福利服务。广义的社会服务包括生活福利性服务、生产性服务和社会性服务。生产性服务是指直接为物质生产提供的服务，如原材料运输、能源供应、信息传递、科技咨询、劳动力培训等。社会性服务是指为整个社会正常运行与协调发展提供的服务。根据以上定义我们拟定如下标准。

(1)基本公共服务标准。指为人民群众的生存权、发展权等基本人权得到保障而建立的，由一系列基本公共服务组成的服务体系。本标准参照《北京市社区基本公共服务指导目录》中确定的9种服务类型，建立9个3级指标。

(2)社会事业建设标准。社会事业是指政府领导的社会建设和社会服务事业，是与行政部门和企业行为相并列的活动，是国家为了社会公益目的，由国家机关或其他组织举办的从事教育、科技、文化、卫生等活动的社会服务。本标准参照北京市“十二五”时期重点建设的社会事业内容确定为5项标准。

(3)社会福利标准。社会福利是一种服务政策和服务措施，其目的在于提高广大社会成员的物质和精神生活水平，使之得到更多的享受。同时，社会福利是在社会保障的基础上保护和延续有机体生命力的一种社会功能。本标准参照北京市“十二五”时期重点建设的社会福利内容确定为4项标准。

(4)社会保障标准。指国家和社会在通过立法对国民收入进行分配和再分配，对社会成员特别是生活有特殊困难的人们的基本生活权利给予保障的社会安全制度。一般来说，社会保障由社会保险、社会救济、社会福利、优抚安置等组成。其中，社会保险是社会保障的核心内容。本标准参照北京市“十二五”时期重点建设的社会保障内容确定为5项标准。

2. 社会管理标准

社会管理指维系管理区域所在地社会基本要素间稳定、持久的联系模式，由社会结构、人口就业结构、人口综合素质3个指标构成。社会管理主要是政府和社会组织为促进社会系统协调运转，对社会系统的组成部分、社会生活的不同领域以及社会发展的各个环节进行组织、协调、监督和控制的过程。社会管理的基本任务包括协调社会关系、规范社会行为、解决社会问题、化解社会矛盾、促进社会公正、应对社会风险、保持社会稳定等方面 。

(1)公共安全标准。公共安全包含信息安全、食品安全、公共卫生安全、公众出行安全、避难者行为安全等。在“网格”管理层面，主要指完善公共安全管理机制，健全监测、预测、预报、预警和快速反应系统，加强专业救灾抢险队伍建设，健全救灾物资储备制度，搞好培训和预案演练，全面提高全社会的抗风险能力等。本标准将公共安全内容确定为6项标准。

(2)社区管理标准。指在一定的社区内部各种机构、团体或组织，为了维持社区的正常秩序，促进社区发展，满足社区居民物质和文化生活等特定需要而进行的一系列的自我管理或行政管理活动。主要标准包括社区认同意识、社区参与行为、社区公益维护、社区组织机制等4项标准。

(3)社会组织管理标准。社会组织是为了实现特定的目标而有意识地组合起来的社会群体。测度一个地方社会组织管理水平，可以从社会组织的规模、活力、内部管理的规范、社会组织的功能及政府管理水平等几个方面。主要标准包括社会组织规模、数量、内部规范程度等4项标准。

(4)特殊群体管理标准。一般是指那些由于自然或者社会的原因，具有某种特殊性，因而需要通过立法给予特殊对待，及制定特殊公共政策的少数人群体。主要包括对流动人口、流浪乞讨人员、社区矫正对象等6种人员的管理标准。

3. 社会运行标准

指社会有机体自身的运动、变化和发展，表现为社会多种要素和多层次子系统之间的交互作用以及它们多方面功能的发挥。主要标准包括公众参与、公共文明、社会和谐、体制机制建设等4项标准。

(1)公众参与标准。公众参与是指社会群众、社会组织、单位或个人作为主体，在权利义务范围内有目的的社会行动。“公众参与”是一种有计划的行动；它通过政府部门和行动负责单位与公众之间双向交流，使公民能参加决策过程并且防止和化解公民和政府机构与行动负责单位之间、公民与公民之间的冲突。

(2)公共文明标准。农村公共文明建设，是衡量一个农村文明程度的重要标尺，是提高农村社会服务管理水平的需要，也是满足农民日益增长的物质文化生活需求的基础。

(3)社会和谐标准。和谐社会指的是一种和睦、融洽并且各阶层齐心协力的社会状态。“和谐”的理念成为建设“中国特色的社会主义”过程中的价值取向。“民主法治、公平正义、诚信友爱、充满活力、安定有序、人与自然和谐相处”是和谐社会的主要内容。

(4)体制机制建设标准。体制机制建设是政府部门、社会团体、企事业单位，为了维护正常的工作、劳动、学习、生活的秩序，保证各项政策的顺利执行和各项工作的正常开展，依照法律、法令、政策而制订的具有法规性或指导性与约束力的制度，是各种行政法规、章程、制度、公约的总称。

(四)网格化社会服务管理标准的应用

从上述网格化社会服务管理标准设计的结构和内容可以看出，网格化社会服务管理标准具有系统性、动态性和多层次、多功能性等特点，在实践层面可灵活加以运用。

1. 分析网格特征，确立网格服务管理标准

现行的网格划分过于机械和单一，农村社会管理网格化模式要想深度嵌入农村基层社会还存在局限。要正确认识网格，有效实施服务管理，在基层实践中，应从网格分析着手，分析网格基本情况、自然环境与设施、网格居民、网格内正式结构和组织等要素，参考标准内容确立网格服务管理标准。对于各项指标相近或相似地区，构建网格群或网格带，在更大范围内实现信息、资源共享，推进“组团式”服务管理。

2. 为人力资源、物力资源合理配置提供参考

在实施网格化社会服务管理过程中也潜藏着行政成本增大的风险，如在一些网格内设置多名网格指导员，增设各级网格管理指导中心或办公室，其人力和设备投入势必增加。通过网格分类与网格服务管理标准的制定，可以差别化配置人力资源、物力资源，在重点关注和重点防控地区，加大资源配置和服务管理力度，在日常管理型和条件较优越地区，实施“组团式”服务管理，减轻行政成本增大压力。

3. 为实现精细化管理提供依据

精细化管理是以“精确、细致、深入、规范”为特征的全面管理模式，以规范化为前提，系统化为保证，数据化为标准，信息化为手段；用数据说话、用数据分析、用数据要求、用数据检验。因此，借助网格服务管理标准，可以改变粗放式管理方式，推进精细化服务管理。

4. 网格建设与网格改造论证

在推广网格化社会服务管理，搭建网格平台过程中，参考网格化社会服务管理标准中各项指标，分析经济社会的深层原因，发现地理位置资源、自然资源、社会经济发展条件等制约因素，提出全面的网格改造、治理方案。对不同等级的网格，制定不同的工作任务与目标，推进网格化社会服务管理多元化、多层次纵深发展。

四、京郊农村网格化社会管理流程标准

科学规划、设计网格化社会服务管理流程及流程标准，是网格化社会服务管理标准体系建设的重要环节之一。本研究从网格化社会服务管理流程标准的总体框架、流程标准及细则，以及网格化社会管理的一般步骤等方面进行探讨，为一线社会服务管理人员提供可资借鉴的依据。

（一）网格化社会服务管理流程标准概述

当前，北京市各区县基本建立了科学的闭环管理机制，实现了从发现到评估七个阶段管理流程的再造，解决了原有流程缺乏监督和回流等问题。但从各区县的工作实践看，尚缺乏全市统一的工作流程标准，执行和监督管理尚不规范，亟待研究和统一、规范的工作流程标准。

1. 建立网格化社会服务管理流程标准的意义

从管理学视角看，网格化社会服务管理流程标准，是指在网格化社会服务管理过程中用于比较和衡量网格管理人员工作绩效的基础或尺度，是网格管理人员运用掌握的方法和技巧，履行网格岗位职责，解决网格内问题，完成服务管理各阶段任务所需要的时间。网格化社会服务管理流程标准蕴含两层含义：一是标准内容是网格管理人员发挥其正常的技能和正常的努力程度能够充分完成的，是一个能够反映大多数人正常工作能力的标准。二是各项标准应具有代表性，是根据反复调查研究，不断完善、补充并不断进行修正的指标系统，既注重量化指标分析，又兼顾主观经验及具体工作环境下各种相关因素的影响。

建立网格化社会服务管理流程标准的意义在于：一是有利于统一规划社会服务管理各项任务和目标。根据社会服务管理流程标准制定工作计划，合理配置人力、财力及各种社会资源。二是优化社会管理各阶段任务的相互衔接，网格内各种力量的协调互动，使各个阶段、各个职责岗位的工作有标准可依，保证各阶段服务管理的质量。三是可以作为绩效评估的依据和激励手段，促进网格内各种社会服务管理人员恪尽职守，履行职责，发挥积极性与创造精神。最后，网格化社会服务管理是一项复杂的社会系统工程，不能像企业一样单纯强调产品的量化标准，在完成各项具体标准的同时，还应注重居民素质提高、人际关系改善、社会影响等非物质层面的因素，使流程标准更为贴近社会服务管理实际。

2. 网格化社会服务管理流程标准的特点与功能

网格化社会服务管理流程标准作为衡量网格管理人员工作绩效的基础或尺度，既有与一般行政管理流程、企业服务或管理流程等相似的特点与功能，同时具有社会领域独具的特殊性。

(1)网格化社会服务管理流程的特点。

一是规范性。是指社会服务管理过程中，监督、执行、管理各个层面都具有相应的统一规范和标准。如执行环节从发现、立案到评估的每个环节、每个步骤、每个流程、每个岗位，都有一定的规矩和标准，网格管理人员根据职责和任务的不同，其一言一行都有一定的要求和标准。

二是全面性。指在社会服务管理过程中涉及的事、部件处置，提供的服务管理内容、期限等均要在网格服务管理计划中得到全面安排和落实，保证服务管理计划的全面完成。在实际工作中，还应把疑难案件、突发事件等问题的处置纳入到服务管理计划中，事、部件的处置应做到及时、准确和全面。

三是动态性。指服务管理过程中充分运用网络信息平台，共享信息资源，事、部件处置和管理的最新动态和进展及时反映在网络信息平台上，高效发挥网格管理的动态性功能。网格化服务管理的动态性很大程度上制约着服务管理的客观效果，应紧紧把握网络信息平台动态性特点，充分发挥其及时、高效的功能，应对和处置网格内发生的各类复杂案件。

四是协调性。协调性指各个环节之间的相互协调，如上一阶段任务的顺利完成会为下一阶段工作奠定良好基础，而当某阶段工作难以推进时应及时返回上一环节，查找问题原因。因此，网格化社会服务管理整个流程是一个相互协调、密切配合的有机系统。

(2)网格化社会服务管理流程的功能。

网格化社会服务管理流程标准的功能是指保证网格内各项任务指标的完成，维系网格内各项工作正常运转，协调各方力量满足网格内服务管理需求所需要的基本功能。

一是监督功能。指社会服务管理监督机构根据服务管理考核标准、流程标准对网格的服务管理工作所进行的督促和检查。为了确保督察的有效性，对网格内各种力量的督察活动必须做到规范性和时效性。规范性指必须严格遵守市、区社会服务管理相关政策规章，统一的任务标准、考评标准和流程标准，保证监督活动规范、明确和公开透明。时效性是指督察活动必须经常性进行，一般应分为长期、中期、短期以及专项督察。

二是管理功能。网格化社会服务管理流程标准为网格社会服务管理的规划、组织、网格力量及资源配置提供依据，因此具有管理功能。管理功能指市、区、街道网格管理人员依据服务管理流程标准执行规划、组织、用人、领导、控制等管理职能。

三是服务功能。网格化社会服务主要是指由网格组织的、为网格居民提供的各类服务，它包括：对网格居民提供的行政事务服务和便民服务；对老年人、残疾人、贫困群体的社会救助服务和福利服务；对下岗职工和失业人员提供的社会保障服务；对居民家务劳动社会化的家政服务；对卫生环境、治安环境的公益性服务；对外来流动人口的特殊性服务等。

综上所述，网格化社会服务管理流程具有鲜明的特点，其流程标准的制定必须反映出这些特点，并为一线服务管理人员所熟练掌握。而网格化社会服务管理流程标准的功能则具有不断拓展、不断丰富的特点，随着网格化社会服务管理的不断创新，其内容和形式将得到进一步丰富和发展。

(二)农村网格化社会管理流程标准框架

我们根据网格化社会服务管理流程的基本特点，结合目前北京市农村网格化社会服务管理流程的实践经验，提出包括监督标准、执行标准、管理标准的三级指标框架，用于划分和界定各级标准的内容和范围。(见图 3)

流程标准指在网格化社会服务管理过程中用于比较和衡量网格化服务流程及绩效的尺度。总体上来说，流程标准应该从监督、执行、管理 3 个方面共同确定，流程标准也可分解为 3 个标准系统，即监督标准、执行标准和管理标准。我们设计出包括三级指标在内的服务管理流程标准系统。各级标准内容包括：

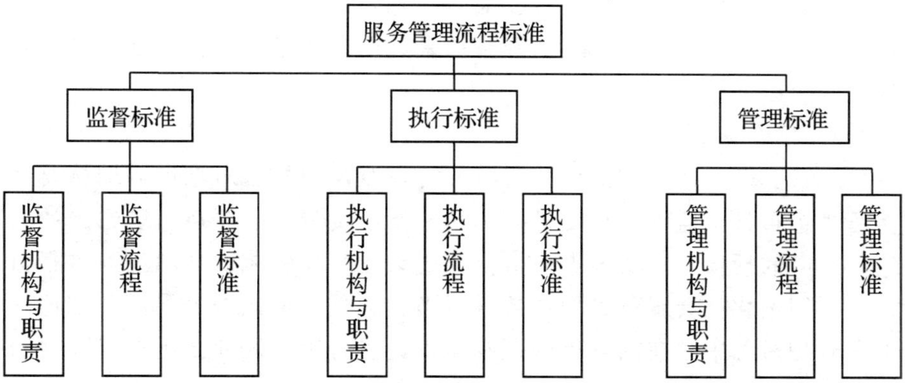

图3　京郊农村网格化社会管理流程标准框架

1. 监督标准

指社会服务管理监督机构根据服务管理考核标准、流程标准对网格的服务管理工作所进行的督促和检查。监督工作重点在于对社会服务管理工作进行分析、监控、评价，对发现、派遣、处置等各个环节的成效进行核实与检查。具体包括设立监督机构，制定监督标准、监督程序和监督系统，有效实施监督，实现监督的科学化以及对监督者的监督等内容。

2. 执行标准

执行标准是反映网格化社会服务管理过程中保证服务管理质量的综合性标准。执行标准不仅仅是社会服务管理的需要，更是政府行政规章及政策的要求。本文提出的执行标准是推荐执行的标准或指导性标准，各区县还可根据本地区工作实际制定各自的执行标准细则。执行标准包括发现、立案、派遣、处置、核查、结案、评估等各个阶段的具体标准及流程细则等内容。

3. 管理标准

指区、街道(镇)网格管理机构在社会服务管理过程中执行规划、组织、用人、领导、控制等工作的标准。管理标准包括：管理方法标准，即决策方法、计划方法、组织方法、行政管理方法等内容；管理工作标准，即工作范围、内容，网格队伍考评、奖励等标准；部、事(件)管理标准，即针对具体案件制定的处置、管理标准。

(三)京郊农村网格化社会管理监督标准

监督标准是社会服务管理监督机构根据市、区(县)社会服务管理总体规划和目标，以服务管理考核标准、流程标准为依据对网格的服务管理工作所进行的督促和检查。具体包括设立监督机构，确立监督职责和监督流程，制定监督标准等内容。本研究根据调研结果，结合北京市网格化社会服务管理实际，提出以下标准。

1. 监督检查机构及职责

区(县)、街道两级网格化社会服务管理监督中心是对辖区内网格化社会服务管理进行日常监督的常设机构。其主要职责是：根据市、区(县)社会工委(社会办)的授权，对辖区内网格化社会服务管理领域的各项工作进行监督管理；对网格化社会服务管理绩效进行考核评估；依法查处辖区范围内在社会服务管理过程中存在的各类问题和案件；履行市、区社会工委(社会办)授予的其他职责。

一是负责监督检查本辖区及网格工作人员正确贯彻执行党的路线、方针、政策和社会服务管理法律、法规的情况；与公安、法院、社区、辖区内单位、市民组织和涉及社会服务管理工作机构的联系和协调工作；参与、监督网格化社会服务管理领导班子考察、选拔任用、干部执法检查、政府购买服务项目的落实等工作。二是负责本辖区内社会服务管理的执法、效能监察和工作计划落实情况监督检查；制定本辖区内监督管理工作制度和办案规定，指导监督机构内自我监督、自我检查；对本辖区网格化社会管理绩效考核、评估和奖罚工作。三是负责受理对本辖区各级网格管理机构及其网格工作人员违纪违规行为的举报、上诉及社区居民针对网格服务管理的申诉、控告案件工作；受理辖区内信访举报网格工作人员工作态度和效能投诉的调查处理工作。四是负责对本辖区范围内的综合调研、业务培训、人才培养指导和服务工作；网格管理工作人员思想、作风、纪律建设和日常管理工作。

2. 监督检查流程

监督检查是市、区(县)、街道监督中心开展的一项重要工作，也是监督中心重要而专有的工作职能。本文监督检查流程设计是基于管理学及相关学科监督检查工作流程的知识与经验，围绕网格化社会服务管理过程中的效果、效率及达标情况，采用系统、规范的方法所提出的初步设计方案。包括编制服务管理监督计划；下达监督检查通知；编制监督检查实施方案；实施现场监督检查；对监督检查结果进行处置；结案归档等主要步骤，其中实施现场监督检查是核心步骤，该步骤由听取监督对象汇报、查阅资料、召开座谈会、实地察看、调查取证、撰写监督检查报告等内容组成。

监督检查过程和结果应以正式文件形式上报并经上级监督机构审批。监督检查报告要能反映检查对象体制机制总体运行情况，发现、监察并提出建议与决定，还应明确复查与验证的日期。监督检查报告作为开展监督检查活动的正式生效文件，由监督检查小组编写或在其指导下编写。复查与验证是对受检方整改落实监督建议、决定情况进行详细的复查，确认整改落实情况及验证其有效性的一系列活动。

监督检查结束后，对监督检查组提出的监督检查建议与决定，受检方应采取整改、纠正或者预防措施。改进期间，监督检查组应经常询问和监督整改落实情况，对整改落实过程中存在的问题要向监督中心反馈。建议和决定在规定的时间全部落实后，监督中心可以安排相关的复查与验证，复查与验证的范围为建议和决定覆盖的工作范围在整改期间所发生的全部过程与结果。复查验证方法和监督检查流程相同。上述步骤和环节相互衔接和相互关联，共同构成监督检查工作的总体流程。

(1)编制服务管理监督计划。网格化社会服务管理的目标是依靠不同形式的服务管理活动得以实现的，为保证高效完成服务管理各个环节、步骤、任务目标，必须制定科学的服务管理监督计划，便于监督工作的执行。

(2)下达监督检查通知。为保证社会服务管理监督检查的权威性、规范性、科学性、实效性，实施监督检查之前监督主责单位应向监督检查对象下达监督检查通知，督促检查对象单位切实加强领导，精心组织，接受监督检查，严格执行监督检查计划，使检查计划落实到实处。

(3)编制监督检查实施方案。监督检查实施方案是市、区(县)、街道监督中心根据总体计划，就其负责组织实施的监督检查而确定的具体工作方案。监督检查实施方案应包括检查的重点内容、检查组的组成和分组情况、检查的时间和地点、检查的步骤和方式等内容。编制监督检查实施方案之前可以进行前期调研，与辖区内监督中心加强沟通，审阅报送的监督检查资料，进行统筹协调，特别应关注群众举报、投诉案件、疑难问题等，以突出监督检查的重点。

(4)现场监督检查。现场监督检查是社会服务管理监督机构对辖区范围内社会服务管理工作质量、工作绩效及存在问题进行监督指导的重要工作环节，被检查单位应加强组织领导，积极反映情况和提供必要资料，配合监督机构开展检查工作，接受上级监督机构的检查和指导。现场监督检查包括以下环节：

①听取监督对象汇报、查阅资料、召开座谈会、实地察看。现场监督检

查可根据检查对象特点和检查范围采取多种形式。听取汇报主要关注检查对象对基本情况、做法、经验，自评、他评所获得的基本数据，以及对各种问题的认识、拟采取的措施和基本结论等。

②调查取证。指社会服务管理监督机构为查明案情、收集证据，针对监督检查过程中存在的问题或疑点，找有关单位、知情人了解情况或收集证据的工作环节。调查取证分为经验成绩调查和问题调查，前者主要对受检单位汇报的经验成绩进行调查核实，以利于表彰推广，后者针对存在的问题，特别是群众举报、投诉案件进行重点调查，对发现的问题进行监督指导。

③撰写监督检查报告。监督检查报告是对整个监督检查工作的高度概括与归纳，必须以文字总结监督检查情况，以事实为依据，采用定量与定性相结合的方法，对成绩经验做出肯定，对问题与不足提出处理处罚建议。

(5)对监督检查结果的处置。监督检查组在具体街道或社区的监督检查结束时，视工作需要，可以向市、区社会建设工委(办)和相关部门反馈监督检查结果和情况，但不宜对其提出结论性的意见。监督检查中发现的具体案件和收到的群众来信，监督检查组应转交市、区社会建设工委(办)，由其统一转交有关部门处置。

(6)整理归档。归档是指监督检查组在其监督检查过程中形成的、办理完毕的、应作为文书档案保存的各种纸质文件材料，将归档文件以件为单位进行装订、分类、排列、编号、编目，使之有序化的过程。市、区(县)监督中心可参照同级政府部门行政管理规章制度处理。

(四)监督检查标准细则

网格化社会服务管理监督检查指导标准的主要内容由社会服务监督标准、社会管理监督标准、社会运行监督标准三个主要部分组成。

1. 社会服务监督标准

(1)社会服务。建立和完善基本公共服务体系，有效完成《北京市社区基本公共服务指导目录》中 9 种服务；达到北京市“十二五”时期社会建设中有关社会服务的主要指标；根据本地区特色确立服务标准，创新服务形式和服务内容。

①公共服务。完善基本公共服务体系建设，基本公共服务覆盖各类人群；基本公共服务的主要工作领域，包括基本生存服务、基本发展服务、基本环境服务、基本安全服务等达到北京市“十二五”时期社会建设指标。

②居民生活服务。居民生活服务达到北京市“十二五”时期社会建设的主

要指标；银行、超市、邮局等便民利民的生活服务设施布局合理，推广“一刻钟服务圈”服务模式；办理就业、社保、医保等一门式政务服务的社区服务中心覆盖所有网格，居民对一门式政务服务有较高满意度。

③生活环境。社区基础设施完好，车行道路、人行道通畅，无被侵占、损坏现象，道路两侧无乱设摊、乱搭建、乱张贴现象，街巷路面、路灯完好；社区绿化覆盖率、人均绿地面积符合北京市绿色社区创建标准；生活垃圾处理、生活污水排放、白色污染及噪音、空气污染得到有效控制和治理。

(2)社会事业。教育、医疗、文化等社会事业高度发达，京郊居民享受较高水平的公共产品，满意度较高。

①社区教育服务。积极开展社区教育培训服务、社区早教服务、社区中小学生社会实践服务、社区科普服务、社区居民阅览服务、社区居民体质测试服务、社区健身宣传培训服务等社区文化、教育、体育服务，完善社区教育需求。

②公共文化服务。根据本地区、网格特点经常组织具有社区特色、积极健康的群众性文体活动；拥有一定数量的社区文艺、体育团体和社会组织，开展经常性文娱、体育活动，充分满足社区居民不断提高的精神文化需求；社区文娱、体育活动的组织体系建设，文娱场地、健身器材、健身活动、健身服务等硬件及软件条件符合北京市体育生活化社区建设标准。

③医疗服务。社区卫生服务站点、网络完善，社区居民家庭健康档案规范；根据不同地区、不同网格实际状况，开展具有社区特色的健康教育、预防、保健、计划生育技术指导；能够提供一般常见病、多发病、慢性病的治疗、护理和伤残康复、社区护理等医疗服务。

(3)社会福利。老人、残疾人等特殊人群能够享受高水平的社会照顾和社会服务，并惠及普通人群；居民满意度较高。

①养老服务。建立集中照料服务与社区居家服务互为补充的养老服务体系，形成“9064”养老服务格局：达到90%的老年人在社会化服务协调下通过家庭照顾养老；6%的老年人通过政府购买社区照顾服务养老；4%的老年人入住养老机构集中养老。

②残疾人服务。积极实施《北京市市民居家养老(助残)服务(“九养”)办法》，建立居家助残券服务制度和补助医疗制度；建立社区助残餐桌和社区托残所；招聘居家助残员，开展助残精神关怀服务等，为残疾人平等参与社会创造良好条件。

③特困群体服务。有专门的扶贫帮困机构和工作机制；居民积极参与扶贫帮困和互助救济活动；对特困人群开展的救助、救护、帮扶等服务管理工作成效显著。

(4)社会保障。建立完善的社会保障体系，社会保险、社会救济、优抚安置等项工作优质高效；养老、医疗等保险制度实现全覆盖。

①社会保障服务。建立健全社区老年人(残疾人)居家养老服务、就餐送餐服务、出行服务、精神关怀服务、电子辅助服务、优待服务、残疾人服务、社区老年人信息档案服务、社区退休人员服务、社区托老(残)服务等社区基本公共服务体系和长效工作机制，基础设施完善，社会保障服务可持续发展。

②就业服务。积极开展社区劳动就业咨询服务、社区职业介绍服务、社区就业困难人员再就业服务、社区“零就业家庭”就业帮扶服务、社区自主创业服务等社区基本公共服务；社区登记失业率≤3.5%；就业服务覆盖社区全部失业人口，居民安居乐业。

③特殊群体社会保障。建立健全社区特殊群体社会保障体系，积极开展社区低保人员救助服务、社区特殊群体帮扶服务、社区临时救助等社区社会救助服务；完善社区流动人口服务、社区出租房屋相关服务，各类特殊群体能够均等享受社会保障服务。

2. 社会管理监督标准

(1)公共安全。建立健全网格化公共安全管理机制，网格治安状况良好；以网格为基础建立监测、预测、预报、预警和快速反应系统；具有专业救灾抢险队伍和救灾物资储备制度；网格内犯罪和各种违法行为得到有效控制，具有较高的抗风险能力。

①建立网格化治安防范体系，以网格为单位形成群防群治工作体制机制，网格内治安管理规范，社会秩序稳定，群众安居乐业。

②开展安全网格创建活动。各类可控性案件发生率明显降低；减少民事转刑事案件发生率，无群体性事件发生；无重大火灾、交通等死亡事故，无明显安全隐患；对社区矫正对象，吸毒、刑满释放人员帮教、管控有序，重犯率显著下降。

③建立健全网格化民事调解机制，充分利用网格资源和网格优势，及时、专业、有效开展民事调解，化解社会矛盾，调解成功率明显上升。

④充分运用网格平台和优势，有效、及时查处和打击暴力，淫秽，封建迷信，制造销售假冒伪劣产品、非法出版物等各类违法犯罪活动；上级颁布

的各项宣传、教育、防范控制工作落实到实处。

⑤配合政府部门搞好重大节庆、重大活动期间的安全防范工作；组织、协调网格资源，开展和谐安全网格建设工作，确保网格治安秩序稳定。

(2)社区管理。社区管理水平达到《北京市和谐社区建设指导标准》要求；实现文明祥和、安全稳定、服务完善、环境整洁、管理规范、健康幸福、保障机制健全等各项目标。

①社区服务管理。社区服务管理体系完善，社区公共服务职能得到有效发挥；高效完成社区建设与管理、信息查询、公益服务、便民服务、公共服务、养老(助残)服务等不同服务类型规定的服务项目；形成政府行政管理与社区居民自治工作有效衔接和良性互动。

②社区管理规范化。实现农村社区建设规范化，达到社区规范化建设的主要任务目标。社区服务站建设、社区工作职能发挥、社区运行机制、志愿者服务、社区工作者管理、社区基础设施配置等7个方面达到规范化建设水准，实现社区规范化建设全覆盖。

③村庄社区化管理。推进农村社区建设和村庄社区化管理，将城市社区服务管理理念推广到城乡结合部和流动人口较多的乡村；通过推进村民自治、基础配套设施建设及综合治理等措施，使农村地区网格实现村庄社区化服务管理。

(3)社会组织建设。网格内或网格间社会组织规模、数量、内部规范程度等达到较高水平；社会组织培育、协同、管理体制机制完善；社会组织充满活力，组织功能得到有效发挥。

①村委会等正规组织。工作机制完善，组织功能得到有效发挥；村委会与网格化社会服务管理平台建立组织协调、协同互动的紧密关系，利用网格平台充分发挥村委会在社区服务、社会管理中的作用；协助基层政府提供社区公共服务和开展自助、互助服务；建立网格电话救助网络、网格智能服务网络、网格紧急支援中心等，推进网格公共服务质量不断提高。

②专业社会工作者组织。充分发挥专业社会工作者组织的作用，实现社会工作者队伍的专业化和职业化。社区拥有或共同拥有一定数量的专业社会工作者组织，每一个网格配备一名专业社会工作者，把专业社会工作人才纳入网格化社会服务管理人才体系，推动社区工作专业化建设。

③志愿者组织。建有工、青、妇、公务员、教师、专业技术人员等不同类型的志愿者组织，发挥其在社会救助、优抚、助残、老年服务、就业服务

等领域的积极作用，社区志愿服务精神得到弘扬，服务形式不断创新。

④各类社区社会组织。拥有一定数量的群众性文体组织、慈善组织、科普组织和为老年人、残疾人、困难群体提供生活服务的组织，实现社区社会组织的自我管理和自我完善。

(4)特殊群体管理。建立健全对特殊群体管理的体制机制，拥有高效的管理人才队伍；社区矫正、安置、帮教等工作绩效显著；对社区服刑人员、社会闲散人员等管控有力，有效维护社会稳定。

①特定人群服务管理。对社区服刑人员、社区矫正对象、安置帮教及社会闲散人员等管控有力，教育、矫正工作形成制度；对各种违法犯罪活动管控、预防工作措施到位，各类高危人群初犯、再犯罪率保持在较低水平。

②外来人口管理。对网格内外来人口服务管理有序，开展文明村民教育和法制教育；建立流动人口动态信息与服务管理联动机制；落实出租房屋管理规定，防范出租房屋安全隐患；落实青年流动人口服务项目，解决就业、社会保障、维权等方面问题。

3. 社会运行监督标准

(1)公众参与。建立健全公众参与的体制机制；社会群众、社会组织、单位或个人能够依法有序参与社会公共事务和公共决策；政府与公众沟通渠道畅通。

①居民自治。积极实施《关于加强城乡社区居民委员会建设工作的意见》，开展和推进以民主选举、民主决策、民主管理、民主监督为主要内容的村民自治；社区居民会议、议事协商会议、民主听证、村务公开等制度实现常态化；基层民主自治能力不断得到提高。

②公众参与。社区居民能够依法有序参与社区公共事务；居民会议、网上论坛、民情恳谈、社区对话等公众参与形式常态化，村民诉求表达渠道通畅便捷；驻区单位、流动人口等不同群体积极参与社区服务管理，形成村民有序参与、共建共享的格局。

③社会监督。社会监督与组织监督、群众监督、舆论监督相结合；发挥各类人民团体、社会组织的监督作用；村民民主监督制度健全，政务公开透明；村民能够充分行使民主监督权力。

(2)公共文明。达到公共文明指数测评内容和创建文明乡村的各项指标；公共秩序和谐、人际关系互助友爱、生活环境优良；村民生活质量和生活品位显著提高。

①公共文明建设。建立公共文明创建平台及管理监督制度，形成社区组织、辖区单位、村民广泛参与的公共文明创建机制；建立公共文明网站，对违反村民道德、村民公约及各类不文明行为进行有效监控与管理；社会风尚良好，公共文明深入普及。

②村民文明素质。文明网格、文明楼门、文明大院、文明家庭等各类文明创建活动合格率达到70%以上；家庭暴力投诉率、虐待和不赡养老人发案率、不抚养未成年人发案率控制在较低水平；有效化解邻里纠纷、不同群体间矛盾，不断提高村民公共文明素质。

③文明行为与文明用语。村民文明出行，文明乘车，文明娱乐，文明观赏等文明行为得到普及；村民间诚信友爱、尊重他人，饲养宠物符合规定，娱乐活动杜绝扰民。村民日常生活文明有礼，待人热情友善，文明用语得到普及。

(3)群众监督。建立健全群众监督机制，广泛动员社会力量参与网格化社会服务管理监督工作，使群众监督工作常态化开展。

(五)网格化社会服务管理执行标准

网格化社会服务管理作为一种新型的社会服务管理模式，具有组织严密、责任清晰、管理规范、统一高效等特征。因此，在实际运作过程中，确立科学严谨，符合实际的网格化社会服务管理流程标准具有重要意义。网格化社会服务管理流程包括监督、执行、管理等主要环节和流程中涉及的各种要素，这些环节和要素构成网格化社会服务管理流程标准的总体框架。本文从网格化社会服务管理执行标准探讨并提出网格化社会服务管理流程标准，为有效实现网格化社会服务管理的决策目标提供依据。

在网格化社会服务管理过程中，根据各区县现有经验制定工作流程标准，不仅能保证网格化服务管理各项目标的实现，还能促进服务管理各个环节的协调互动，网格管理人员之间的沟通合作，提升网格服务管理的质量和水平。

1. 发现阶段

准确、及时发现社会服务管理中的各类问题是建立在网格管理人员对网格内部件、事件缜密调查基础之上的。“网格长”及“网格七员”应从网格分析着手，分析网格基本情况、自然环境与设施、网格居民、网格内正式结构和组织等基本情况，及时发现网格内各类不稳定事项、特殊人群的特殊服务需求，动态把握网格内新动向及各类突发事件，按照程序上报指挥中心。一是网格长全盘掌握网格内部件、事件及重点人群、重点事项，发现问题及时上报上级指挥中心。二是网格助理员等网格七员按照岗位职责巡查网格内重点部件、事件，发现问题按程序及时上报。三是群众举报。通过群众举报热线及时受理群众的各种投诉和反映，统一编号和受理。

2. 立案阶段

网格化社会服务管理一般通过不同案件的解决和不同服务项目的实施来达到目标，因此，立案工作和工作计划的制定具有重要意义。立案是指按照既定的网格化社会服务管理原则、标准及所在区县工作重点筛选、甄别网格管理人员上报的各种信息，确定是否立案加以解决的过程。根据立案种类制定工作计划是立案阶段不可或缺的一环。制定工作计划要求根据案件内容、实际环境、群众需求配置人力、物力资源，将解决问题步骤合理排序，包括确立工作目标、制订初步计划、评估可行性、制定详细计划及预期困难的解决方案等。

3. 派遣阶段

派遣阶段主要工作是由区级指挥中心根据案件性质、等级将服务管理任务分解，确定处置责任单位并派遣至相关责任单位，在指挥中心监督管理下完成具体案件的处置。派遣阶段一是强调责任意识。网格化服务管理以责任制机制为基础，将任务分解，责任到格、到岗、到人，实现从粗放式管理向精细化管理的转变。因此，派遣阶段应明确主责单位职责，强调主责单位的责任意识，以责定岗、定人，实现案件的有效处置。二是问题意识。指责任主体对各种社会问题、社会现象，特别是在自己负责领域内的问题自觉地持有一种探究的、思考的、主动弄清并解决问题的积极态度。派遣阶段既要强调区级指挥中心的责任意识，也要强化主责单位的责任意识，两者相互协调，共同解决问题。此外还应树立问题防范意识和预警意识，在处理案件过程中发现问题产生的原因和机理，制定防范预案，防止同类案件的重复发生。三是协同意识。派遣阶段还应强化整合资源，各方密切合作，充分发挥各自特长的协同意识，实现区级政府主导、主责职能部门统领、各部门密切合作的管理体制。

4. 处置阶段

在处置阶段，责任单位根据指挥中心分派的任务，针对具体案件的类型、性质组织力量到现场进行处置，并将处置结果反馈给指挥中心。一般将案件分为一般案件、疑难案件和应急处置 3 种类型，对不同案件的处置各具重点。一般案件指问题成因比较单纯，处置较为简单的部件和事件，要求责任主体建立统一、规范的应对、处置机制，及时发现和解决问题。解决疑难案件重点在于整合资源，建立各部门密切合作，协同攻关的工作机制；发挥网格化管理规范、清晰、高效、综合等特点，最大限度发挥网格化管理的优势，找到问题突破口，推动问题的最终解决。应急处置，要提高应急处置能力，将网格化社会服务管理与社会预警机制相结合，社会管理力量、流程前移，有利于从源头上减少各类社会问题的发生。再处置环节，变应急性处理为预防为主，适应社会问题发生、发展规律。

5. 核查阶段

核查工作的重点是核实责任单位对承接案件的处置结果。网格长到现场检查案件处置情况并将信息反馈给指挥中心，其核查信息与问题处置标准一致的进行结案处理，如未达到处置标准，则由指挥中心立案督办。核查阶段与发现、立案、派遣、处置各个环节相互衔接，如经核查发现处置结果不符合处置标准，应重新检查报案信息，再立案、派遣和处置。同样，在上述某一环节中出现问题，应重新返回到上一环节，重新分析评估相关影响因素，制定解决方案。因此，核查既是实践环节的结点，也是决定是否跟进，建立问题解决长效机制的起点，关系到服务管理的质量和效益。通过核查发现新问题、新趋向，不断修改服务管理计划，指导下一步工作目标的实施。

6. 结案阶段

结案指针对具体案件的工作计划已经完成，服务管理对象的问题得到解决或部分得到解决，主责单位将案件基本情况、案由、案源、任务目标、执行过程、处置结果等内容上报监督指挥中心。结案有其特定的任务和内容。一是应注意区分结案的类型，这些类型包括：任务目标已经完成的结案；因客观原因或现实困难，阶段性完成任务目标，但仍需继续关注和跟进的结案；服务管理对象发生变化，产生新变化、新情况，需要另行立案处置的结案。结案阶段的主要任务包括：总结案件处置过程，对计划目标的完成情况、效果进行回顾，撰写规范的结案报告并上报监督指挥中心；巩固和强化已有的成果，根据服务管理对象情况决定是否跟进或长期实施服务管理；提升服务管理对象自我服务、自我管理能力，提高村民的综合素质和能力。

7. 评估阶段

根据评估指标对各责任单位的绩效进行评估，接受社会监督。一是高度重视评估意见反馈和导向作用，对评估过程中反映出的问题进行深入分析，及时沟通，促进网格化社会服务管理协调发展。二是计酬和奖励。各级评估领导小组根据评估结果等级对评估申报团队或个人进行计酬奖励。三是在评估过程中实行动态管理，上一年(月)度评估中反映出的问题，可作为下一年(月)度评估的重要参考指标，对问题解决程度、效果进行动态跟踪，并建立跟踪管理的长效机制，推进服务管理不断迈上新的台阶。四是在重大事项处理、服务管理体制机制创新上成绩显著者，应予以表彰，在岗位考核聘任、绩效奖励中给予相应层级的奖励。

综上所述，网格化社会服务管理流程的各个环节是相互衔接、环环相扣的有机系统，具有连续性、动态性和规范性特点。连续性是指服务管理流程各阶段任务的完成是一个相互衔接的动态过程，每一阶段任务的完成既是上一阶段工作的延续，也为下一阶段奠定基础。当某一阶段任务遇到困难无法完成或工作难以推进时，应返回上一阶段，弥补缺漏，重新评估和部署，确保下一阶段任务的完成。动态性是指服务管理对象及工作程序不是一成不变的，而是受到环境及各种因素影响不断变化的。因此，在服务管理过程中应保持高度洞察力和灵活性，随时发现新问题、新动向，及时调整和制定新方案，准确、高效完成既定计划和服务管理任务。规范性指对各阶段任务目标的确立、监督检查、处置标准、绩效评估、过程评估等采用统一、通用的标准，保证服务管理的质量。

五、京郊农村网格化社会管理评估标准

绩效评估是网格化社会服务管理体系的重要组成部分，也是社会服务管理流程的最终环节。针对目前京郊农村网格化社会管理试点工作存在的考核原则与方法不够规范，考核内容缺乏统一标准，监督机制不完善，考核结果不透明等问题提出以下标准。

(一)评估目的

遵循《北京市“十二五”时期社会建设规划纲要》中社会服务管理指导思想、基本原则和发展目标，充分发挥绩效评估工作的导向和拉动作用，激励农村基层社会服务管理单位、网格管理人员和志愿者不断提高社会服务质量和水平，高效地完成社会服务管理的各项任务和指标，强化网格化社会服务管理的功能，为在“十二五”期间实现网格化社会服务管理全覆盖，提升社会管理信息化、科学化水平提供依据。

通过评估，对农村基层管理单位、社区工作者、网格管理人员和志愿者等各个层级的服务质量与等级给予客观、公正的评价，为社会服务管理参与

主体的年度考核、专业技术评聘、特聘岗位评审和绩效奖励等提供依据。不断强化网格化社会服务管理的功能，规范参与主体的行为和工作流程，促进社会管理体制机制创新，整合现有的各类管理资源和管理力量，最大限度地发挥网格化管理的效益。通过评估实现规划的统一化、管理流程的规范化、管理权责的清晰化、管理效率的高效化、管理模式的创新化、管理效益的综合化等目标，不断优化网格化社会服务管理流程和服务手段，丰富网格管理内容，以管理促服务，全面提升农村社会服务管理的水平和质量。

（二）评估原则

京郊农村社会服务管理评估首先要遵循科学性原则。科学性原则即客观、公正、实事求是原则，能够反映网格化社会服务管理的基本特征和复杂性，真实反映网格化社会服务管理的质量水平。评估内容、评估标准、评估流程必须明确、清晰、透明，不断提升评估的科学化水平。其次是遵循规范性原则。评估标准、内容、工作流程应符合社会服务管理相关规范和标准，符合农村基层社会服务管理实际，兼顾不同地区、不同网格的差异性。避免使用难以统计、缺乏代表性的数据，确保绩效评估工作的标准化和规范化。三是全面性原则。要全面反映具体网格在实际工作中的成绩、经验与问题。在评估中，既要反映局部的成绩与问题，又要反映全局工作的绩效与特征，避免疏漏，做到局部与全局相结合，宏观与微观相结合，短期绩效与长远目标相结合。四是动态性原则。既要注重一定时段内的绩效评估，又要兼顾反映各个网格化社会服务管理发展演变趋势的判断。通过动态性评估，为公共服务资源的合理配置与社会问题的前端处置提供科学依据。五是重点性原则。评估标准应突出重点，反映全局，抓住主要矛盾，选择有代表性的指标和指标群，使评估指标体系简洁、清晰，易于操作，便于农村基层评估工作的开展。

（三）评估对象

承担京郊农村网格化社会服务管理各项职责与任务的服务管理主体，为满足特定主体的需要而开展的社会服务管理活动，其绩效、社会评价、群众满意度、上级奖励及存在的问题等均在评估范围之内。参加评估的对象包括：一是公安、工商、城管、民政、劳动、文化、卫生等专业组织；二是综治维稳中心、城市管理指挥中心、社区服务中心等机构；三是网格管理员、治安巡防队员、各类协管员、单位保安员等专职力量。社会服务管理工作将作为其业务考核的重要内容和奖惩的重要依据，通过评估确定各服务管理主体提供服务、行使管理职能质量的等级，在岗位考核、各种奖励中认可为相应层级的奖励依据；其聘任、奖励标准根据评估结果由各级管理部门制定实施。

(四)评估组织

京郊农村网格化社会服务管理评估应在全市统一规划、部署下实施。市级评估领导小组为全市评估工作的领导机构，其职责为评估指导思想、评估原则、评估方法、评估标准的制定，并监督各级组织评估工作的有效实施。通过对网格化社会服务管理评估工作的指导、监督，整合社会服务管理资源，提高社会服务管理水平。区(县)级评估领导小组为本区(县)评佑工作的领导机构，其职责为评估工作的部署实施、监督执行、奖励评比、批评指导，并监督街、村(社区)组织评估工作的有效实施。区(县)评估领导小组是评估工作的主要载体，承担着承上启下，监督执行的重要职责。网格化社会服务管理评估专家委员会，依托区级评估领导小组及街道(村)评估领导小组开展工作，负责评估的组织与实施。街道(村)评估领导小组，为各项评估工作的常设机构，负责街道(村)、网格日常的评估工作。

(五)评估内容

以《北京市“十二五”时期社会建设规划纲要》提出的各项任务目标为依据，重点评估一定时间内网格化社会管理的绩效、社会影响，包括社会服务各项指标的实现程度(社会服务、社会事业、社会福利与社会保障覆盖情况)、社会管理各项指标的完成程度(公共安全防控、社区管理、社会组织管理、特殊群体管理)、社会运行状况(公众参与的数量、公共文明指数测评结果、和谐社区建设评比结果、体制机制建设情况等)。将网格的绩效评估与首都政治、经济、文化、社会、生态文明建设需求相联系，直接服务于首都建设的成绩模式作为重要的评估内容。对网格内的网格管理员、助理员、督寻员、民警、党支部书记、司法力量和消防员等网格七员和各种辅助力量的绩效评估，各村(镇)和社区可参照自评量表、他评量表内容，制定具体评估内容和评估标准。(见表5)

表 5　京郊农村网格化社会服务管理绩效评估表

评估机构：＿＿＿＿＿＿＿＿　合计得分：＿＿＿＿　评估等级：＿＿＿＿

一级指标	二级指标	三级指标			评估等级			得分
		A	B	C	A	B	C	
N1社会服务0.3	1.1 社会服务	建立和完善基本公共服务体系，有效完成《北京市社区基本公共服务指导目录》中 9 种服务；根据本地区特色确立服务标准，创新服务形式和服务内容。	基本建立基本公共服务体系，部分完成《北京市社区基本公共服务指导目录》中 9 种服务；基本确立本地区服务标准，服务形式和服务内容有待创新。	尚未建立完整的基本公共服务体系，部分完成《北京市社区基本公共服务指导目录》中 9 种服务；尚未确立本地区服务标准，服务形式和服务内容亟待改善。				
	1.2 社会事业	教育、医疗、文化、体育等社会事业高度发达，农村居民享受较高水平的公共产品，满意度较高。	教育、医疗、文化、体育等社会事业比较发达，农村居民享受一定水平的公共产品，具有相对满意感。	教育、医疗、文化、体育等社会事业欠发达，农村居民尚未分享应享受的公共产品，满意度较低。				
	1.3 社会福利	儿童、老人、残疾人等特殊人群能够享受高水平的社会照顾和社会服务，并惠及普通人群；居民满意度较高。	生活能力较低的特殊人群能够享受较低水平的社会服务；服务政策和服务措施不完善；居民满意度较低。	生活能力较低的特殊人群未能享受社会照顾和社会服务；服务政策和服务措施尚未确立；居民满意度很低。				
	1.4 社会保障	建立完善的社会保障体系，社会保险、社会救济、优抚安置等项工作优质高效；养老、医疗等保险制度实现全覆盖。	社会保障体系有待完善，社会保险、社会救济、优抚安置等项工作有待改进；养老、医疗等保险制度等未能有效落实。	尚未建立完整的社会保障体系，社会保险、社会救济、优抚安置等项工作滞后；养老、医疗等保险制度等落实不到位。				

续表

一级指标	二级指标	三级指标			评估等级			得分
		A	B	C	A	B	C	
N2社会管理0.3	2.1 公共安全	建立健全公共安全管理机制,建有监测、预测、预报、预警和快速反应系统;拥有专业救灾抢险队伍和救灾物资储备制度;犯罪和各种违法行为得到有效控制,具有较高的抗风险能力。	公共安全管理机制有待完善,监测、预测、预报、预警和快速反应系统有待建立健全;缺少专业救灾抢险队伍;犯罪率和各种违法行为未能得到有效控制,抗风险能力有待提高。	公共安全管理机制有待完善,监测、预测、预报、预警和快速反应系统有待建立健全;缺少专业救灾抢险队伍;犯罪率较高,各种违法行为较为普遍,缺乏抗风险能力。				
	2.2 社区管理	社区管理水平达到《北京市和谐社区建设指导标准》要求;实现文明祥和、安全稳定、服务完善、环境整洁、管理规范、健康幸福、保障机制建设等各项目标。	社区管理水平部分达到《北京市和谐社区建设指导标准》要求;部分实现文明祥和、安全稳定、服务完善、环境整洁、管理规范、保障机制建设等各项目标。	《北京市和谐社区建设指导标准》要求尚未有效落实;距文明祥和、安全稳定、服务完善、环境整洁、管理规范、保障机制建设等各项目标及标准尚有较大距离。				
	2.3 社会组织建设	社会组织规模、数量、内部规范程度等达到较高水平;社会组织培育、协同、管理体制机制完善;社会组织充满活力,组织功能得到有效发挥。	社会组织规模、数量、内部规范程度等水平较低;社会组织培育、协同、管理体制机制有待完善;社会组织缺乏活力,组织功能尚未有效发挥。	社会组织规模较小、数量不足、内部缺乏规范程度;尚未建立社会组织培育、协同、管理体制机制;社会组织活力、功能、活动等处于初级水平。				
	2.4 特殊群体管理	建立健全对特殊群体管理体制机制,拥有高效的管理人才队伍;社区矫正、安置帮教等工作绩效显著;对社区服刑人员、社会闲散人员等管控有力,有效维护社会稳定。	建有对特殊群体管理的体制机制和管理人才队伍;社区矫正、安置帮教等工作取得一定成效;对社区服刑人员、社会闲散人员等基本能够实施管理,基本能够维护社会稳定。	对特殊群体管理体制机制不健全,管理人才队伍匮乏;社区矫正、安置帮教等工作难以开展;对社区服刑人员、社会闲散人员等管控有待加强,维稳工作水平有待提升。				

续表

一级指标	二级指标	三级指标			评估等级			得分
		A	B	C	A	B	C	
N3社会运行0.4	3.1 公众参与	建立健全公众参与的体制机制；社会群众、社会组织、单位或个人能够依法有序参与社会公共事务和公共决策；政府与公众沟通渠道畅通，共建共享。	公众参与的体制机制有待建立健全；社会群众、社会组织、单位或个人参与社会公共事务和公共决策的、政府与公众沟通的渠道有待拓展。	尚未建立公众参与的体制机制；社会群众、社会组织、单位或个人缺乏参与社会公共事务和公共决策的途径；政府与公众沟通的渠道亟待开辟。				
	3.2 公共文明	达到公共文明指数测评内容和创建文明城市的各项指标；公共秩序和谐、人际关系互助友爱、生活环境优良；居民生活质量和生活品位显著提高。	部分达到公共文明指数测评内容和创建文明城市的指标要求；公共秩序、人际关系、生活环境基本得到改善；居民生活质量和生活品位得到提高。	尚未开展公共文明指数测评和创建文明城市活动；公共秩序、人际关系、生活环境尚未得到明显改善；居民生活质量和生活品位较低。				
	3.3 社会和谐	达到和谐社会“民主法治、公平正义、诚信友爱、充满活力、安定有序、人与自然和谐相处”的目标要求；不同阶层、社会群体和睦、融洽；“和谐”理念深入人心。	基本达到和谐社会“民主法治、公平正义、诚信友爱、充满活力、安定有序、人与自然和谐相处”的要求；不同阶层、群体基本能够和睦、融洽。	尚未达到和谐社会“民主法治、公平正义、诚信友爱、充满活力、安定有序、人与自然和谐相处”的目标要求；社会和谐氛围不显著。				

续表

<table>
<tr><th rowspan="2">一级指标</th><th rowspan="2">二级指标</th><th colspan="3">三级指标</th><th colspan="3">评估等级</th><th rowspan="2">得分</th></tr>
<tr><th>A</th><th>B</th><th>C</th><th>A</th><th>B</th><th>C</th></tr>
<tr><td rowspan="2">N3 社会运行 0.4</td><td>3.4 体制机制</td><td>建立健全网格化社会服务管理的体制机制;各项制度发挥指导性和约束性、鞭策性和激励性、规范性和程序性功能;建立健全网格化社会服务管理的运行机制,为网格化社会服务管理提供可供遵循的依据。</td><td>网格化社会服务管理的体制机制尚不健全;各项制度未能有效发挥指导性和约束性等功能;网格化社会服务管理的运行机制不完善,网格化社会服务管理缺乏可供遵循的依据。</td><td>尚未开展网格化社会服务管理工作,相关体制机制尚未建立;各项制度未能发挥指导性和约束性等功能;尚未建立网格化社会服务管理的运行机制;社会服务管理滞后。</td><td></td><td></td><td></td><td></td></tr>
<tr><td>3.5 社会影响</td><td>网格化社会服务管理的绩效和经验模式在国家级媒体刊载。</td><td>网格化社会服务管理的绩效和经验模式在省部级媒体刊载。</td><td>网格化社会服务管理的绩效和经验模式在区级媒体刊载或未获刊载。</td><td></td><td></td><td></td><td></td></tr>
<tr><td rowspan="2">结论</td><td colspan="8">本量表单项评估等级分类标准为:A 级:10 分　B 级:6 分　C 级:2 分
本量表总体评估等级划分标准为:A 级:8～10 分　B 级:4～7 分　C 级:0～3 分</td></tr>
<tr><td>评估结论</td><td colspan="2">得分总计:　分</td><td colspan="5">等级类别:　级</td></tr>
</table>

（六）评估方法与步骤

网格化社会服务管理绩效评估为经常性网格管理工作，阶段性评估每月进行一次，综合性评估每年进行一轮，与镇、村（社区）绩效考核同步进行。绩效评估采取网格长自主申报，镇、村（社区）领导小组评估初定等级，区（县）级领导小组认证的三级评估机制。也可引进第三方评估机制，由第三方考核、填写他评量表。自评、他评量表的权重各占50%。网格长自主申报，是指各网格长收集网格内绩效评估数据，根据评估量表中各项指标及评估范围界定，客观、公正地填写量表，提供相关支撑材料，在规定时间内提交给镇、村（社区）评估领导小组，经认定后再提交给区（县）级评估领导小组认证。镇、村（社区）评估领导小组初定等级，是指镇、村（社区）评估领导小组根据网格长的申报内容（及第三方评估量表），初步确定等级。其工作程序是镇、村（社区）评估领导小组根据网格长申报的自评量表、支撑材料进行初步定性分析，认定其真实性并初步评出等级。区（县）级评估领导小组认证是指对镇、村（社区）评估领导小组初定等级进行审核认定，面向社会公示。最后，区（县）级评估领导小组在公示反馈意见的基础上予以最终审批。区（县）级评估领导小组认证属于综合性评估，每年进行一次。

（七）评估结果反馈

开展网格化社会服务管理评估的根本目的在于通过评估激励农村基层网格责任主体积极开展社会服务管理，强化网格的社会服务管理功能。因此，应高度重视评估结果的反馈和有效运用。一是评估意见反馈和导向作用。区（县）、镇、村（社区）评估领导小组在评估过程中及时反馈评估意见，发挥引领和服务管理导向作用。对评估过程中反映出的问题进行深入分析，及时沟通，促进网格化社会服务管理协调发展。二是奖励和表彰。各级评估领导小组根据评估结果等级对评估申报团队或个人进行计酬奖励。按照评估结果，特别是在重大事项处理、服务管理体制机制创新上成绩显著者，应予以表彰，在岗位考核聘任、绩效奖励中给予相应层级的奖励。三是在评估过程中实行动态管理，上一年（月）度评估中反映出的问题，可作为下一年（月）度评估的重要参考指标，对问题解决程度、效果进行动态跟踪，并建立跟踪管理的长效机制，推进服务管理不断迈上新的台阶。

六、推进京郊农村网格化社会管理的对策建议

针对京郊农村网格化社会管理中存在的一些问题，我们认为，完善城乡

统筹的网格化社会管理应当以体制机制建设为重点，完善法律法规体系建设，实现有效服务、依法管理；不断强化网格化社会服务管理人才队伍建设，整合社会力量，构建社会管理人才体系；充分发挥网格功能，推进网格化社会前端管理，构建社会风险预警机制。

（一）城乡统筹，整体推进首都城乡网格化社会服务管理

网格化是一种积极探索社区网格信息化管理的工作模式，它将过去被动应对问题的管理模式转变为主动发现问题和解决问题的新模式，使得社会服务管理力量下沉、职责明确、资源整合、运转高效，实现社会服务“零距离”、社会管理“全覆盖”、居民诉求“全响应”。针对京郊农村网格化社会管理存在的问题，我们认为，整体推进首都城乡统筹的网格化社会管理体系应注重以下要点：

1. 推广城区经验，建立健全京郊农村网格化社会管理体制机制

按照完整覆盖、管理到位、服务便捷、统分结合、联动均衡的原则，结合农村辖区面积、人口规模、服务管理事项，实现农村网格化社会管理的改造、整合和升级。以农村网格为基础，以农村社区为基本单元，以信息技术为支撑，以整合服务管理职能为核心，建立起“更快地发现问题、更好地处理问题、更有效地解决问题”的工作体制机制，实现社会管理的全覆盖、无缝隙、精细化；形成覆盖全面、情况清楚、处置及时、监督有力、公众参与的工作机制。根据“人、地、物、事、组织、社情民意”及服务管理事项，明确网格的职能职责，建立健全层级分解、责任到人的制度体系；推动社区规范化建设、落实《北京市社区基本公共服务指导目录》，推广城区“一刻钟社区服务圈”、“社区服务品牌”建设等经验，推进网格体系的任务落实与绩效提升，实现首都网格化社会服务管理的城乡统筹发展与对接。

2. 夯实京郊农村网格化社会管理工作基础

推进网格化服务管理，需要夯实工作基础。将网格化服务管理建设作为“一把手工程”纳入区（县）党委和政府的重要议事日程，成立工作班子，明确职责分工，制定行动方案，提出工作路线图和时间表。抽调公安、城管、信息、民政等各方面的管理和技术人才参与方案筹划、措施制定，聘请高校、科研院所社会服务管理领域的专家学者参与指导网格体系建设。设立各级财政网格化专项经费，或列入市、区（县）两级社会建设专项资金，加大财政支持力度。各区（县）根据实际情况制定农村网格化社会管理实施意见，通过“折子工程”的形式，明确各相关单位的职责、任务，各方密切配合，确保将工作

职责落实到网格。

3. 拓展公众参与途径

进一步加强宣传力度，强化“大处着眼、小处着手、从我做起、持之以恒”的志愿者意识，开展形式多样、丰富多彩的活动，搞好宣传动员，以宣传促进活动，以活动扩大宣传，不断扩大社会影响，为社区服务志愿者活动的深入开展，提供积极健康的舆论导向。集中召开表彰会、志愿者座谈会、志愿者与受助者的沟通会、慰问老志愿者等活动；在农村社区真正形成事事有人管、困难有人帮的局面，使志愿者活动成为农村居民的自觉行动。表彰先进、树立典型，对在志愿服务活动中成绩突出的志愿者给予精神鼓励。抓好典型的培养，建立对“志愿者之星”、“星级网格联络员”等志愿者跟踪回访制度，对活跃在社区的“志愿者之星”、“星级网格联络员”，注意发挥他们的特长，实现其自身价值。在社区内树立诚信、亲民形象，成为社区居民学习的榜样。

(二)加强农村基层社会管理体制机制和人才队伍建设

京郊农村网格化社会管理人才匮乏是当前突出的问题之一。由于京郊大量农村青壮年外出务工经商，社区精英流失，许多传统农业地区面临人才匮乏，各项社会建设事业难以开展，社会服务难以为继的局面。如何留住人才，发挥农村社区精英的创造性，使网格化管理功能得以发挥，成为农村社会管理的新课题、新任务。

1. 构建京郊农村社会管理人才体系

针对京郊农村基层社会管理人才不足的现状，根据社会管理主导力量、主体力量、辅助力量等类型，构建多层次、多渠道、多种形式的人才建设体系迫在眉睫。一是建立创新人才培训体系。通过与高校、科研机构、专家团队合作共建的方式，建立农村网格化社会管理创新型人才培养机制；在人才培训途径、培训内容等方面大胆创新；创新人才管理机制，完善人才培养制度，架构布局合理的人才结构。二是建立基层管理人才培训体系。挖掘农村基层现有力量，针对网格管理员、助理员等一线人员，以培养实践能力为重点，构建社会管理基础知识培训体系、专业培训体系、实践能力培训体系。三是建立社会管理兼职、专业机构，志愿者及辅助人才培训体系。四是建立农村网格化社会管理人才培训教材体系。

2. 提高农村社会管理队伍专业化水平

总体上看，目前京郊农村社会管理队伍的专业化水平有待提升，服务领域亟待拓展。一是提升管理队伍的专业化水平。制定网格管理人才聘任流动标准、服务管理质量标准、服务管理流程标准及绩效考核标准，提升网格队伍专业化水平。二是发挥农村现有各种社会事业单位作用。整合网格资源，将各种专业力量纳入网格组织体系。推进专业社工进驻农村网格，聘任专业社工为网格管理员、助理员；发挥网格内外社会事业单位在文化、教育、科学、卫生等各专业领域功能，提升公共服务、公益服务、便民利民服务专业化水平。三是打造专业服务品牌。以网格为平台，针对农村特殊群体提供专业化、个性化服务。采用政府采购、社会赞助、项目运作等多种方式，打造社会服务新品牌、新模式。

3. 完善农村网格队伍责任机制和监督运行机制

一是建立组织严密、富有实效的网格队伍管理制度。从制度建设入手，制定各级网格队伍管理职责，岗位责任、管理过程、管理绩效公开透明；搭建网格队伍管理平台，对网格队伍管理“纵向到底，横向到边”。二是建立岗位问责制度。针对管理人员建立问责标准。根据京郊农村的特点，确立多元化问责主体和包括社会服务责任、社会管理责任和目标责任在内的问责内容，采用科学的认证、监控和评估方法，高效完成社会服务管理各项任务。三是完善监督运行机制，完善发现、立案、派遣、处置、核查、结案、评估各个环节的监督运行机制，保证网格管理人员恪尽职守，统一、规范、清晰、高效完成岗位职责。

4. 建立多元化人才选拔机制

建立社会管理人才聘任、储备政策，完善人才准入和流动机制，吸引实践经验丰富、高素质人才加入农村社会管理队伍。一是建立农村社会管理人才信息库。挖掘辖区内现有居民骨干、大学生村官、志愿者等人才资源；建立人才档案，培养社会管理人才后备力量。二是整合农村基层党政干部、村民委员会、社会组织人才资源，培育和选拔专职、兼职后备人才。发挥基层党政干部和一线社区工作者创新能力，加大优秀人才引进力度，为农村社会管理提供人才保证。三是提高社会管理队伍组织化程度，鼓励和引导成立区(县)、镇(村)级网格管理人才组织，提升网格管理队伍的思想品德、责任意识和专业水平，营造网格管理工作环境和群众认同度，促进网格管理队伍可持续发展。

5. 完善考评与激励机制

一是建立考评监督标准，以考评监督为抓手，发挥网格管理统一、规范、清晰、高效、综合等优势，推进社会管理体制机制不断创新。二是建立不同层级的动态性、全程考核监督标准和机制，根据农村网格的岗位职责特点，注重考核内容、标准、流程的明确、清晰，不断提升绩效评估的科学化水平。三是完善奖励激励机制。发挥奖励激励机制的导向作用，为岗位考核、职务聘任和奖励提供依据，特别是在重大事项处理、管理体制机制创新上成绩显著者，应予以表彰，不断激励基层网格力量的积极性与创造性，提升网格化社会管理的水平和质量。

(三)构建京郊农村社会风险预警机制

当前，京郊农村网格化社会管理处于起步和推广阶段，在总结和巩固各项成果的同时，有效运用网格资源加强社会前端管理，充分发挥网格在决策分析、资源配置、统筹协调等方面的优势，强化社会问题的源头治理，建立社会风险预警机制具有重要意义。

1. 加强农村社会前端管理，强化源头治理

目前在推进网格化社会服务管理过程中，总体上仍偏重“事后处理”，社会管理的预警机制尚不完善，亟须建立社会前端管理机制。一是建立农村网格化社会前端管理体制机制。在现有农村网格化管理基础上加载社会前端管理内容，与社会前端管理机制相结合，形成社会前端管理与常态管理协调统筹、齐步推进的工作格局。二是搭建社会前端管理协调平台。整合区(县)、镇(村)网格力量，搭建社会前端管理、预警系统协调平台，合理配置人力、物力和财力资源，建立协同联动、响应快捷的网络系统和工作机制。三是逐步提高社会前端管理运行的科学化水平，变应急性处理为预防为主、源头治理，适应社会问题发生、发展规律。

2. 组建“网格群”、“网格带”，合理配置网格资源

目前京郊农村社会管理不同程度存在资源配置分散、缺乏协调互动等问题。以现有网格为基础，组合“网格群”、“网格带”，有利于整合网格资源，建立纵向连贯、横向协动的管理机制。一是组建“网格群”、“网格带”。以网格集群为基础，有利于建立社会前端管理系统和应急管理协调机制，从源头上预防社会问题发生。二是便于合理配置资源，集中解决重点、难点问题。针对网格人力资源配置分散化，管理人员缺位和空位问题，通过统筹网格集群人力资源，对社会问题突出的区域加大力量投入，对条件较好的网格集群，采取兼职或一员多职等灵活方法，避免人力资源配置均一化。三是适应当前农村社会流动性加大特点，在更大的空间范围实现动态化、追踪型社会服务

管理。

3. 完善网格社会分析和社会风险评估体系

一是以分析重点、难点问题为导向，制定社会前端管理策略。当前农村社会问题具有突发性、集中性和复杂性特点。以网格集群为基础分析重点问题，评估问题等级，预测发展趋势；制定社会前端管理方案；配置社会管理资源，将问题解决在未发生之前。二是建立社会风险评估体系。建立社会风险评估体系应注意，确立数据采集标准，整合现有区(县)、镇(村)网格数据库，规范数据采集标准、流程与方法，采用适合“村情”、“格情”的简便实用的分析方法。三是确立科学的评估方法。采用定性与定量相结合方法，同时，还应重视社会分析的动态性、连续性等特点。

4. 强化社会前端管理能力建设

在加强网格管理队伍建设的同时，应强化社会前端管理能力培养。一是提高网格管理人员的防范意识与责任意识。从管理理念、工作目标、工作职能等角度提升防范意识，增强责任感与使命感。二是加强防范能力建设。建立包括定期培训、集中培训、防范能力专题培训等多种形式的培训机制，提高社会前端管理能力。三是动员群众参与。社会防范是基层社会组织的主要功能之一，因此，网格化社会前端管理具有广泛的群众基础。动员社区居民参与社会防范与互助服务，守望美好家园，不仅能推动网格化社会服务管理各项目标的实现，也将焕发出基层社会的创造性活力。

参考文献

[1] 陆学艺主编：《中国社会建设与社会管理：探索·发现》，北京：社会科学文献出版社，2011 年。

[2] 周宇宏：《北京城市社区管理体制改革研究》，北京：中国财政经济出版社，2010 年。

[3] 左京生：《关于完善网格化管理的思考》，《工商行政管理》，2008 年第 3 期。

[4] 向晨琛、孙见、柯璐：《社区网格化管理模式的实践与思考》，《社会工作》，2010 年第 4 期。

[5] 姜爱林、任志儒：《网格化：现代城市管理新模式——网格化城市管理模式若干问题初探》，《城市》，2007 年第 2 期。

[6] 梁敏坚：《社会管理创新视野下公共服务型政府建设研究》，《改革与开放》，2011 年第 16 期。

[7] 许广琦：《社区网格化管理存在的问题与对策》，《黎明职业大学学报》，2011 年第 3 期。
[8] 王保森：《网格化管理：城市社区管理模式的创新》，《规划师》，2007 年第 5 期。
[9]万军：《社会建设与社会管理创新》，北京：国家行政学院出版社，2011 年。
[10] 黄平、王晓毅主编：《公共性的重建：社区建设的实践与思考》，北京：社会科学文献出版社，2011 年。
[11]魏涛：《城市社区网格化管理模式研究》，大连理工大学硕士论文，2011 年 6 月。
[12]陈平：《解读万米单元网格城市管理新模式》，《城乡建设》，2005 年第 10 期。
[13] 蔡禾主编：《城市社会学：理论与视野》，广州：中山大学出版社，2003 年。
[14] 中国社会科学院社会学研究所编：《中国社会学第四卷》，上海：上海人民出版社，2005 年。
[15] 于显洋主编：《社区概论》，北京：中国人民大学出版社，2006 年。
[16] 王郁：《城市管理与创新：世界城市东京的发展战略》，上海：同济大学出版社，2004 年。
[17] 刘青松等编著：《可持续发展简论》，北京：中国环境科学出版社，2003 年。
[18] 丁元竹：《社区的基本理论与方法》，北京：北京师范大学出版社，2009 年。
[19] 黎熙元、童晓频、蒋廉雄：《社区建设——理念、实践与模式比较》，北京：商务印书馆，2006 年。
[20] 夏建中：《从街居制到社区制：我国城市社区 30 年的变迁》，《黑龙江社会科学》，2008 年第 5 期。
[21] 李国庆：《社区类型与邻里关系特质——以北京为例》，《江苏行政学院学报》，2007 年第 2 期。
[22] 夏建中：《城市新型社区居民自治组织的实证研究》，《学海》，2005 年第 3 期。
[23] 李时民：《北京市乡镇企业出口的规模、分布与结构》，《北京社会科学》，2003 年第 3 期。

[24] 陈锡文：《推进社会主义新农村建设》，《发展》，2005年第12期。
[25] 张强：《推进北京郊区城市化进程的战略抉择》，《北京社会科学》，2003年第1期。

课题负责人：张静波（首都师范大学政法学院　副教授）
课题组成员：刘学成、赵娜、蔡加印等

北京地区特色农业发展与农村就地城镇化研究

孙咏梅

北京地区特色农业的发展，是农村就地城镇化的重要基础和保证。北京地区具有发展特色农业的比较优势。尤其在农业产业的发展上，具有其他地域所不具备的政策、人才、特色农业资源、较强的资金吸引能力等诸多优势。“特色就是效益”，以特色农业带动北京农村就地城镇化进程，是今后北京地区农业发展的方向。北京地区发展特色农业，就必须因地制宜，积极探索农民就地择业和就地城镇化的新道路。

对于北京这样一个发达地区来说，实现农村就地城镇化有着其他地区所不具备的优越地理及经济、政治条件。依托特色农业有序引导农民就业，进行村镇合理布局并改善农村生产生活面貌，对北京地区农村的就地城镇化具有积极的促进作用。当前北京地区农村的就地城镇化也面临着一些深层次的制约因素，如特色农业的可持续发展、农民生产生活方式的转变、农村剩余劳动力转移途径和农村村镇规划建设等问题，以及政府农业政策和城镇化导向等体制因素，均会对当地城乡发展路径及农民的选择产生至关重要的影响。

一、北京地区就地城镇化的现实选择

近年来，北京地区农村就地城镇化建设取得了较大的成效，主要表现在城乡统筹、部门联动、生活城镇化以及农民培训转移就业方面，政府出面，下大力气进行社区建设，使城镇市化的进程一直走在全国的前列。

(一)北京地区农村经济社会发展总体特征

1. 北京地区农业发展、农村建设和改善农民生活的机遇

(1)北京地区的人口构成及地域分布。根据国家统计局北京调查总队 2012 年 3 月发布的数据，2011 年年末北京市共有常住人口 2018.6 万人，其中外地来京人口 744.2 万人。这些常住人口中，男性 1040.7 万人，占 51.6%；女性 977.9 万人，占 48.4%，性别比(以女性为 100)为 106.4。在这些常住人口

中，0～14 岁人口 183.7 万，占 9.1%；15～64 岁人口 1653.2 万，占 81.9%；65 岁及以上人口 181.7 万，占 9%。常住人口平均年龄 37.5 岁。全市常住人口中，居住在城镇的人口为 1740.7 万，占 86.2%；居住在乡村的人口为 277.9 万，占 13.8%。从地域分布来看，居住在城市功能拓展区(海淀、朝阳、丰台、石景山)的常住人口最多，占到 48.9%；城市发展新区(房山、通州、顺义、昌平、大兴)次之，占 31.2%；首都功能核心区(东城、西城)和生态涵养发展区(门头沟、怀柔、密云、平谷、延庆)较少，分别占 10.6%和 9.3%。(见图 1)

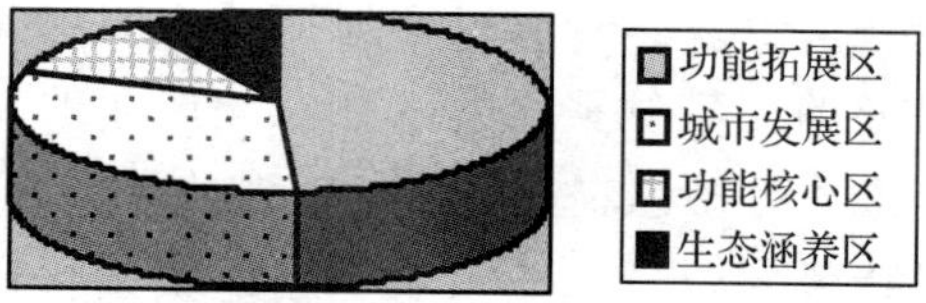

图 1　北京常住人口的功能区分布

自 2005 年以来，北京市不同的区县由于自然条件、发展环境、资源禀赋和人口经济发展基础等比较优势的不同，各自承担着不同功能，16 个区县划分成了四大功能区，即首都功能核心区、城市功能拓展区、城市发展新区和生态涵养发展区，其中城市功能拓展区人口比例不断加大。

在北京常住人口中，各区人口的数量发生了较大的变化，城区人口占全市常住人口的比重下降，近郊区人口比重继续上升，远郊区人口的比重略有上升。整个北京市人口的地域分布呈现出由城区向外扩散的趋势。

(2)北京地区农业劳动力情况。近年来，随着首都经济的快速发展及城镇化进程的加快，北京地区产业结构发生了巨大的变化，其中第三产业增长迅速，第二产业比重下降较大，农业产业呈现出了稳中有降的态势。(见图 2)

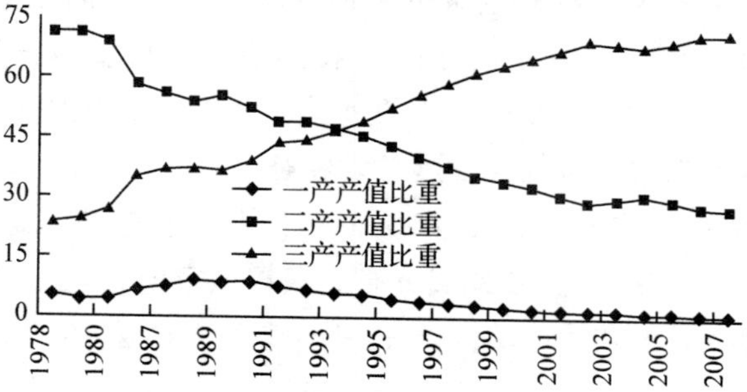

图 2　1978—2007 年北京产业结构变动趋势

数据来源：《北京统计年鉴(2004—2008 年)》

从第一产业劳动力状况看，截止到2011年年末，北京各郊县共有农业户籍人口268.3万，农村劳动力总数为163.2万人，其中144.2万人已实现就业。已就业人口中，第一产业从业人员合计60.4万人，占比为42%，其中从事农作物种植人口为46.0万人，从事林业人口为82465人，从事畜牧业人口为48987人，从事渔业人口为4852人，从事农林牧渔服务业人口为7966人。农业生产经营户为61.8997万户，其中纯农户22.0706万户，农业兼业户2.6658万户。

自20世纪90年代初期以来，由于北京积极引入竞争机制和减轻原有大中型国有企业的社会负担，一方面使得北京各大中型国企充满了经营活力，北京市经济在1993年以来得以高速增长，但另一方面也出现了严重的结构性失业。（见图3）

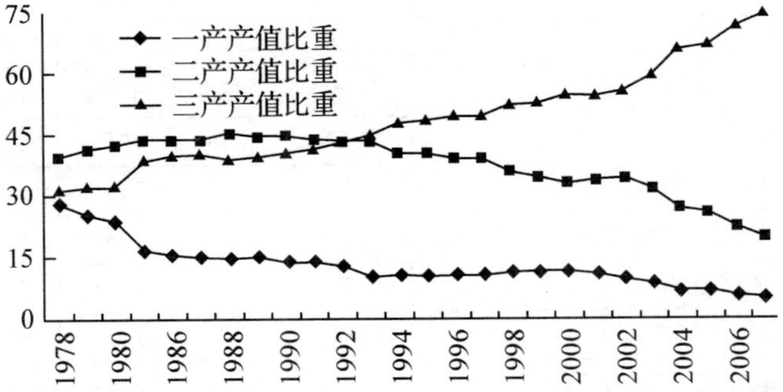

图3 1978—2007年北京就业结构变动趋势

数据来源：《北京统计年鉴(2004—2008年)》

近年来，随着北京市产业结构的调整，第一产业和第二产业的就业比重都有所下降，2010年，北京市进入全市劳动力市场的本市农村务工人员94947人，占各类求职人员总量的两成多，较上一年增加2251人，与去年相比增加2.43个百分点，呈现持续增长态势。随着农村产业结构的调整和城镇化进程的加快，产生了大量农村失地和富余人员，为实现其就业，在国家一系列相关政策的扶持下，全市公共职业介绍机构加大对农村劳动力的服务力度，广泛开发、搜集适合农村务工人员就业的岗位需求信息，通过劳动技能培训、职业指导和政策咨询等多种途径，使农业从业人员中拥有专业技术的人员数量每年都有所上升。（见表1）

表 1　2003—2007 年北京各行业每万从业人员拥有专业技术人员

（单位：人）

项目	2003 年	2004 年	2005 年	2006 年	2007 年
农、林、牧、渔业	2377	2106	1963	2212	2330
采矿业	1468	710	1061	1075	1304
制造业	2023	1865	1781	1894	1969
电力、燃气及水的生产和供应业	2523	2579	2309	2769	2588
建筑业	2298	3047	3130	3508	3757
交通运输、仓储和邮电业	907	961	1035	1020	987
信息传输、计算机服务和软件业	5411	5268	5140	5469	5359
批发和零售业	2114	2183	2116	2082	2266
住宿和餐饮业	1230	1218	1103	1078	1052
金融业	4579	4228	4509	4896	3874
房地产业	2287	2285	2203	2182	2224
租赁和商务服务业	2349	1753	1926	1911	1737
科学研究、技术服务和地质勘查业	5062	5400	5119	5288	5498
水利、环境和公共设施管理业	1300	1505	1389	1279	1446
居民服务和其他服务业	1921	1865	1634	1445	1675
教育	6860	6331	6426	6385	6212
卫生、社会保障和社会福利业	7353	7061	7098	7006	7062
文化、体育和娱乐业	4877	4595	4559	4645	4569
公共管理和社会组织	2780	1535	1298	1048	960

数据来源：《北京统计年鉴(2004—2008 年)》

(3)北京地区农村劳动力外出从业情况。2010 年，北京农村户籍人口中外出从业人为员 50.7712 万人，其中，在乡外县内从业人员为 26.6481 万人，在县外(地)市内从业人员为 23.58591 万人，在省外从业人员为 5372 人；外出从业人员中，从事第一产业人员为 6335 人，从事第二产业人员为 15.9182 万人，从事第三产业人员为 34.2195 万人。

从北京地区农村劳动力从业情况看，留在农村从事农业生产劳动的人口占有相当大的比例。江汉大学商学院苏长权指出，除农村务农人员外，农业外出务工人员已经分化为以下几个阶层：A. 农民工阶层。常年或大部分时间从事第二、第三产业劳动，但户口仍然是农业户口，有承包田，身份还是农民，不享受城镇居民的各种补贴，不享受公费医疗等劳保待遇。这一阶层大体上可分为外出就业的农民工和离土不离乡的农民工两类。他们的人数仅次于农业劳动者。B. 雇工阶层。即新型的农村工人阶级，他们受雇于私营企业或个体工商户。C. 农民知识分子阶层。在农村从事教育、科技、医药、文化、艺术等智力型职业的知识分子。D. 个体劳动者和个体工商户阶层。即农村拥有某项专门技术或经营能力，自有生产资料或资金，从事某项专业劳动或经营小型的工、商、服务行业的劳动者和经营者。E. 私营企业主阶层。即企业的生产资料私有、自主经营，以盈利为目的且雇工在8人以上的企业主。F. 乡镇企业管理者阶层。即乡村集体所有制企业的经理、厂长以及主要科室领导和供销人员。他们有集体企业的经营权、决策权，是乡镇企业的管理者。随着农村乡镇企业的持续发展，这个阶层的人数和势力正在迅速发展之中。G. 农村管理者阶层。即乡村两级的农村基层干部，是农村政治、经济、社会生活的组织者、管理者。这样庞大的社会群体的政治安定、经济发展、社会秩序和治安的维护，靠着这几十万个农村基层党政组织、几百万农村干部的工作。

根据国家统计局有关抽样调查和有关统计资料推算，上述几个阶层在农民总数中所占的比例分别约为：农业劳动者占55%～57%，农民工占24%，雇工占4%，农民知识分子占1.5%～2%，个体劳动者和个体工商户占5%，私营企业主占0.1%～0.2%，乡镇企业管理者占3%，农村管理者占6%。（见图4）

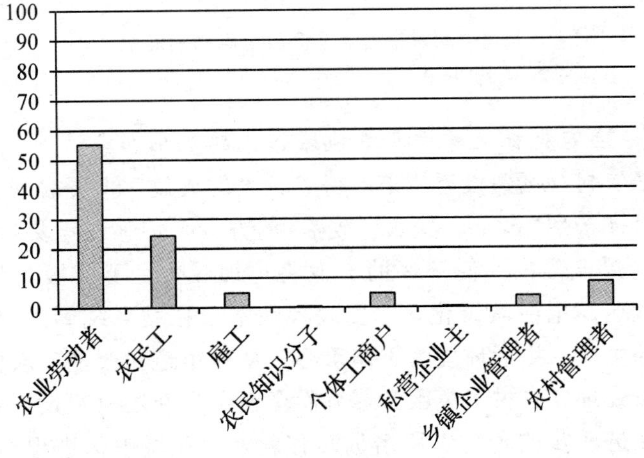

图4　农业从业者的职业分化

从北京地区四大功能区就业情况来看，各功能区对劳动力的需求各不相同。城市功能拓展区是就业人数最多的区域，北京市一半左右的城镇单位从业人员在这一区域就业；首都功能核心区的城镇单位从业人数占到1/4左右；城市发展新区的从业人数要多于生态涵养发展区。从各区域从业人数所占比重的变化情况看，比重变化最快的是城市发展新区，其从业人员所占比重由2000年的9%上升到2007年的16.9%；首都功能核心区的从业人员比重下降了6%，城市功能拓展区的比重下降了2%，生态涵养发展区的比重变化不大。2005—2007年间，从业人员增长最快的是城市发展新区，年均增长速度为6.4%，城市功能拓展区的从业人员增长速度快于生态涵养发展区，年均增长速度分别为5.4%和1.8%。（见图5）

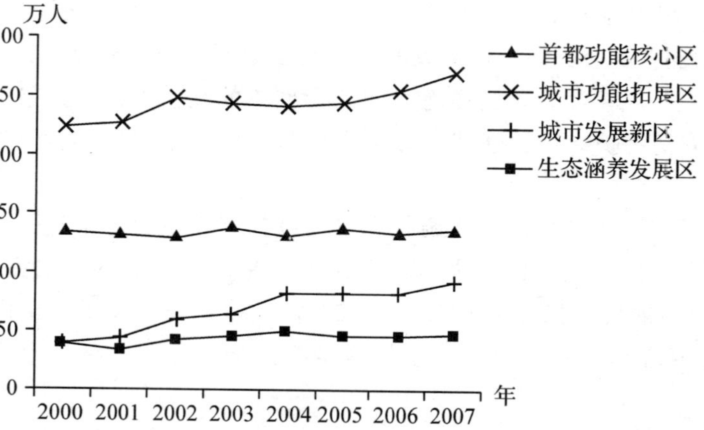

图5　北京市各功能区就业结构的演变

数据来源：《北京统计年鉴(2004—2008年)》

2. 北京地区农村社区建设及就地城镇化的基础和条件

北京地区农村社区建设近年来取得了较大的成效，主要表现在城乡统筹、部门联动，具体按照“多予、少取、放活”的方针，加强政策集成，扩大公共财政在农村的覆盖范围，使郊区的产业将更加壮大、公共服务将更加便利、环境将更加宜居。生活城镇化，主要表现在本市在城乡统筹发展中，以改善农民和农村的生产、生活环境为工作重心，从村镇道路改造、农民饮水安全、农村污水垃圾处理、乡村卫生服务等方面全面推进新农村建设，农民的生产、生活条件正在进一步改善。农民培训转移就业，在城镇化进程中，一部分农民将逐步转入城市就业和生活，政府出面对城乡结合部、远郊地区、山区等不同地区的农民实行分类培训。据北京市政府公布的信息，2007 年，北京市建立农村富余劳动力培训基地 71 个，建立农村劳动力转移就业基地 54 个，共完成农村富余劳动力转移培训 3.4 万人次，使 6.5 万农村劳动力实现非农就业。

另一方面，各部门相继出台了引导城市人力资源向农村流动的政策和办法，市教委组织了 103 所城市学校与 103 所农村学校对口帮扶，市科委组织近 400 名科技指导员入村进户，培训农民 3.5 万人，市卫生局培训了 965 名农村卫生业务骨干，并计划为每个村培养一名全科医生。

(1)优越的地理位置。北京位于东经 115.7～117.4 度，北纬 39.4～41.6 度，地处华北平原西北端，东距渤海 150 公里，西、北、东北三面由太行山和燕山山脉环绕。北京处于中纬度暖温带，又距海不远，使其具备了适合农业和城市发展的气候条件；另一方面，北京西靠黄土高原的能源和原材料基地，南邻粮、棉、油等物产丰富的黄淮海平原，北抵我国最大的内蒙古牧区，这些都为北京的农业和城市发展奠定了良好的物质基础。

(2)良好的自然生态条件。除了优越的地理位置，北京同样拥有良好的自然生态环境。一方面，北京三面环山，山地总面积占到全市面积的 60%以上，分布于平谷、密云、房山、门头沟、延庆、怀柔和昌平七个区(县)，山区植被茂密，空气清新，水源涵养丰富，为农业和旅游业的发展提供了良好的自然条件；同时，北京也处于永定河、拒马河、潮白河、温榆河和泃河五条河的流域内，五条河流贯穿北京山区，对北京的水源和生态涵养发挥了重要作用。良好的生态环境蕴藏着极高的生态价值，也为农村地区的就地城镇化提供了保障。

(3)巨大的发展潜力和丰富的待开发资源。“十一五”时期，北京借助 2008 年奥运会这一难得的历史机遇，乘势而上，成功实现了“新北京、新奥运”的战略构想，经济社会发展质量明显提高，综合实力大幅提升，城乡面貌显著改善。新时期新阶段，在新的形势下，北京的发展潜力仍然十分巨大。首先，2008 年奥运会的成功举办向世界展示了一个昂扬向上、奋发进取、充满魅力的北京，在未来，北京必将迎来更多、更高层次与世界合作的机会；其次，“人文北京、科技北京、绿色北京”已经上升为城市的发展战略，这必将为北京进一步优化发展结构、转变经济发展方式注入新的活力；此外，城市发展功能区的明确定位，新的发展区域的崛起也为北京的城镇化和现代化，为城市的科学发展和平衡发展奠定坚实的基础。

北京发展的优势还体现在其丰富的待开发资源上。北京的矿产资源比较丰富，储量排名全国前三位的有十六个矿种，不仅煤、铁、金等产值较高，广阔的山区也提供了丰富的石灰石、花岗石、大理石等建材储藏；除此以外，北京还有大量待开发的生态资源和山区、农村地区的旅游资源，在农家乐、民俗村、园林采摘等项目成为旅游新热点的背景下，这些资源为农村的发展提供了新的契机。

(4)独具特色的农业主导产业。北京市第一产业，原先以单纯的粮食种植业为主，随着农业产业化的水平不断提高，现在已经逐步发展成以观光农业和设施农业等为特色的多元化发展格局。在农业的发展过程中，北京紧紧抓住建立都市型现代农业体系的目标，利用其丰富的自然资源和动植物资源、强劲的科技研发能力、密集的资金投入和优良的区位条件，形成了以粮油、蔬菜、果品、畜禽及其产品、水产、观赏性动植物、其他农副产品等七大类名优特色农产品为龙头，品质优良、特色鲜明的农业主导产业。门头沟的樱桃和京白梨、大兴庞各庄的西瓜、平谷的仙桃、房山的磨盘柿、怀柔的板栗、西洋参以及北京鸭等名优农产品均在国内外享有盛誉，而这些特色农产品与旅游业的有机结合更是大大延伸了特色农业的产业链，提高了农产品的附加值。北京农业主导产业的做大做强，对提高农产品的综合效益和市场竞争力，对农村经济的发展，对促进农业增效、农民增收都有着重大的意义。

3. 北京地区农村社区建设及就地城镇化的制约因素

(1)农村居民生活水平地区差距较大。从农民纯收入的分区县统计数据来看，2011年，城市功能拓展区农民的人均纯收入平均为18954元，其中朝阳区为19839元，丰台区为16554元，海淀区最高，为20015元；城市发展新区农民的人均纯收入平均为13852元，其中房山区为13527元，通州区为14273元，顺义区为14314元，昌平区为13441元；大兴区为13723元；生态涵养发展区农民的人均纯收入平均为13182元，其中门头沟区为14031元，怀柔区为12991元，平谷区为13387元，密云县为12924元，延庆县最低，为12761元，最高与最低相差7264元。由此可见，按城市功能区划分，农民生活水平仍存在比较明显的差距，尤其是城六区与偏远区县，农民收入的差距更大。

(2)土地资源相对紧缺。紧缺的土地资源也是农村社区建设及就地城镇化的制约因素之一，毕竟无论是社区的建设还是城镇化的推进都需要充裕的可利用土地作为保证。当前，北京土地资源紧缺的状况正在加剧。一方面，北京土地资源先天不足且消耗速度过快。北京虽然土地面积较大，但62%是山地，可利用土地事实上并不充裕，但土地消耗的速度却相当惊人。据统计，1999年以来，北京土地资源消耗的平均增长速度超过70%，远远超过经济增长速度。征用与消耗的多数是农业用地。征用土地后，37%用于住宅建设，23%用于交通建设，如果按此速度继续下去，北京可利用土地20年后就将全部用尽；另一方面，土地利用较为粗放。北京土地利用的产出率只有上海的60%，香港的1.7%，这就大大制约了土地的使用效益。近几年，从土地市场的交易情况看，北京的土地供应量持续下降，地价则是节节攀升，“地王”频现。2012年上半年，受可用土地减少和政策调控双重影响，土地供应量同比下降63.5%，与2011年下半年相比降幅更是达到了72.5%。

(3)规模化生产尚不成熟。农业规模化生产和农业产业化经营是现代农业的发展方向，也是提高农业效益、增加农民收入、加速农业发展的必由之路。就北京地区来看，经过一个时期的发展，农业的规模化生产和产业化经营程度有了显著的提高，农业产业化组织发展迅猛，组织形式多样，农业产业结构较为均衡，农业龙头企业实力显著增强，农业产业化的经营效益日益显著。但与此同时，一系列问题的存在表明，北京的农业规模化和产业化仍不够成熟，主要表现在以下几个方面。第一，农业产业化组织区县间分布严重不均，表现为远郊区县多，近郊区县少；北部多，南部少，这就制约了农村地区的同步、协调、均衡发展。第二，农业龙头企业的数量偏少，带动能力和带动范围有限。目前北京地区较大的农业龙头企业，销售收入仍只有二三十亿元的规模，净利润也只有几千万元，辐射范围和带动能力仍需进一步增强。第三，农业规模化和产业化的利益分享机制仍有待完善，由于相关法律法规的不健全以及农户在企业和产业化组织面前所处的相对弱势地位，农民尚无法充分享受农业规模化经营带来的收益，这就在一定程度上制约了农民的积极性，也不利于农业和农村持续快速发展。

(二)北京地区就地城镇化的可行性

1. 首都特色农业是就地城镇化的基础

在农业的发展方面，北京结合地区实际，发挥优势特长，走出了一条独特的发展路子。第一，依托发达的旅游业实现自身发展。凭借其拥有的丰富旅游资源和庞大游客数量，北京将旅游服务业和农业发展紧密结合，依托特色旅游把特色农产品优势做大做强。通过观光采摘、民俗游览、特色农产品展示等旅游项目，给农村和农民带来了收益，提高了知名度，也推动了农业和农村的发展。第二，依靠深厚的文化底蕴促进自身发展。凭借其拥有的长期的文化积淀和丰富的文化内涵，北京将文化元素与农业的发展紧密结合，对特色农产品进行文化创意加工，赋予其艺术美感和文化内涵，提升其附加值；规划出“一区（县）一色，一沟（村）一品”的发展道路，充分发挥各区域的传统与特色；对各区县旅游品牌进行清晰定位，房山的“北京祖源、休闲胜地”、通州的“滨水新城、漕运古镇”都充分展现了其文化内涵。第三，依托良好的生态效益巩固自身发展。北京注重将发挥农业的生态效益和推动农业的发展紧密结合，在实现农业增产增效、农民增收的同时，也为广大农村带来了更为良好的生态环境，提高了生态效益，为未来农村的就地城镇化奠定了坚实的基础。

2. 走就地城镇化和新农村建设并重的道路

就地城镇化和新农村建设是北京地区农村就地城镇化的两个关键词。一方面，通过新城的规划，吸引周边农村人口集聚，新城的示范效应也可有效带动周边农村的就地城镇化进程；另一方面，北京鼓励未能列入新城发展规划的村镇向中心村镇聚集，形成村镇集团，发挥集聚效应，吸纳农村剩余劳动力，发展多种产业，实现原有村镇的快速就地城镇化。到2010年，全市就地城镇化率已达84%，其中城六区的朝阳、丰台、海淀均超过93%，远郊的怀柔、密云、延庆等就地城镇化程度相对较低的地区就地城镇化率也超过了65%。

在新农村建设方面，北京依托自身优势，成功实现了农业发展方式的转变。通过与旅游业和文化创意产业的有机结合，北京地区的农业已经由传统农业转变为现代农业，农业为旅游休闲服务，也成为文化的载体，农业的附加值比传统的种养殖业有了极大提高，现代农业也成为农村地区快速发展的主要动力。

农村基础设施建设成效显著。通过大量资金的投入，通过一系列基础设施工程的实施，农村水、电、路、气、房、通信等基础设施配套已基本完成，农村人居环境和农民的生产生活条件得到显著提高，农村面貌有了很大改观，农村可持续发展能力显著增强，经济、社会、生态效益全面丰收。农村基础设施的改善，同时也提高了旅游业的接待条件和服务水平，反过来又促进了现代农业的发展。

3. 完善以工促农、以城带乡的创新发展机制

党的十七届三中全会做出了“我国总体上已进入以工促农、以城带乡的发

展阶段”的判断，建立健全这一机制也是缩小城乡发展差距的必由之路。几年来，北京在发展过程中较为妥善地处理了工业与农业、传统农业与现代农业、农业发展与农村就地城镇化的关系，城乡的差距明显缩小，城乡发展的局面更加协调。

近年来，北京市财政的支农资金持续增长，2010 年达到 158.6 亿元，比上年增长 11.7%，资金的使用结构也更加优化，更多资金被用于农村基础设施的建设和民生的改善，资金的使用效果更加“看得见、摸得着”；农业产业链进一步完善，通过农产品深加工不断增加农业产值，真正让农业的效益和农民的收入最大化；农村医疗体系和困难农户救助体系也更加完善，公共服务越来越多地惠及农村、服务农民。另一方面，北京还着力为农民进城就业创造更加便利的条件，打破城乡户籍差别，符合条件的农业户籍人员可申请办理城镇户口；逐步解除对农民进城就业的限制性政策，降低农民进城的门槛，疏通农民进城就业的渠道，依法保护进城就业农民的合法权益。

现阶段，北京城乡基本公共服务的均等化已经初步实现，在多项公共服务方面已基本实现了城乡一致：养老保险在缴费、待遇标准上已经实现了城乡统筹；农民新农合参合率已突破 98%；城镇失业人员的岗位补贴、社保补贴、减免行政事业性收费、小额担保贷款、职业培训补贴已延伸至农村；多个区已经实现了城乡低保统筹，未实现地区的标准差距也已显著缩小；农民职业培训机会显著增加。

二、北京地区发展特色农业的潜力分析

(一)产业规划和政府引导的作用

1. 特色农业发展的地理条件、土壤、气候等因素分析

北京地势西北高、东南低，西部和东部为连绵的山地，东南部为平原。山地的基岩有多种，包括火成岩、变质岩、沉积岩等；平原区沉积物主要为次生黄土和砂、砾石等。多种类型的地质地貌是形成多种土壤类型的前提。

(1)北京的土壤，受地带性和垂直带性因素以及地貌、水热条件、岩性等因素的影响，从山地到平原的分布具有一定的规律性。海拔较高的山顶和山脊部分，土壤为山地草甸土；针叶林带，土壤为棕色森林土；落叶阔叶林及次生林带，土壤主要也为棕色森林土；暖温带针叶林带，土壤为淋溶褐土；低山丘陵区土壤主要为淋溶褐土、典型褐土和粗骨性褐土；平原区土壤则主要为河流冲击物质形成。不同的土壤类型对应不同的 pH 值，适合不同作物

的生长，从而为发展多种作物类型的特色农业奠定了基础。

(2)北京气候四季分明，春季干旱，夏季炎热多雨，秋季天高气爽，冬季寒冷干燥；风向有明显季节变化，冬季盛行西北风，夏季盛行东南风。北京地区年降水量一般在500～700毫米之间，由于北京的地势特点，降水从东南向西北逐渐减少，且形成山前地区多雨、背风盆地干燥的降水特点。这种气候特点除了适宜发展基本农作物种植和畜禽养殖之外，也适宜发展果业和多种蔬菜种植业。

2. 农业生产传统、劳动力结构和相关的政策

从建国后农业的发展过程看，北京地区在农业生产中一直非常注重发挥自身优势、打造特色品牌、提高农业效益。20世纪50年代即投入大量资金对农业基础设施进行了全面改造；20世纪80年代提出了“服务首都、富裕农民、建设社会主义新农村”的发展方针，主打优势农产品，优化农业结构；进入20世纪90年代以后，北京的农业开始由传统农业向现代农业转型，尤其是进入21世纪以来，农业的生活和生态功能得到进一步开发，特色农业的优势得以进一步发挥。

在特色农业的发展过程中，北京十分重视劳动力结构的优化和素质的提升。通过农业科技人员的送科技下乡、对相关农户进行定期集中培训等措施，农村劳动力的素质有了明显的提高，农业生产的效率也得到了显著提升。2011年，乡镇及行政村农林牧渔从业人员为58.1万人，比2010年减少2万人，增长－3.4％，但各项主要产值指标均实现了较快的增长，其中农业产值163.37亿元，增长5.9％；林业产值18.92亿元，增长12.5％；牧业产值162.73亿元，增长16.6％；与农林牧渔相关的服务业产值6.6亿元，增长11.9％。

在政策层面，北京也先后出台了一系列支持特色农业发展的政策，包括加大财政专项支农资金的投入和信贷投放；制定和完善对农业在税收、土地、劳动用工等方面的扶持政策，进一步加大扶持力度；继续扶持农业龙头企业，完善公司加农户模式，进一步推进农业产业化经营；进一步加强特色农业与旅游业的有机结合，建设都市型现代农业走廊，发挥农业的生态效益等。这些相关的政策支持为特色农业的健康发展提供了有力保障。

3. 挖掘农业生产潜力，提高农业的贡献率

改革开放以来，随着首都地区产业升级和优化，农业产业对经济增长的贡献率一直处于低水平徘徊。尤其是近年来，首都地区农业产值增量与国内

生产总值增量之比，基本没有大的提升。这表明在经济增长中农业的贡献并不大。（见图6）

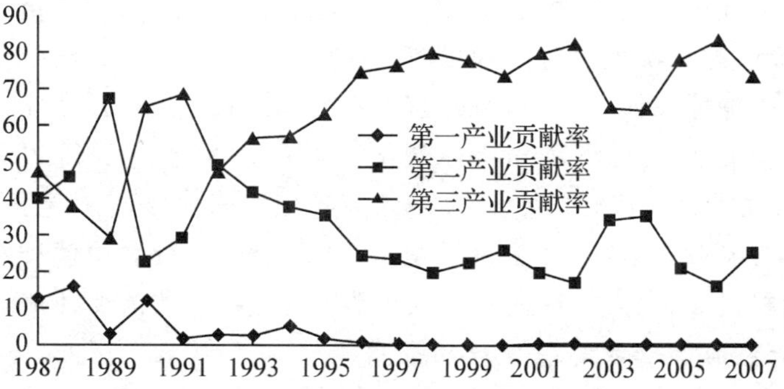

图6　北京市三次产业对经济增长的贡献率

数据来源：《北京统计年鉴(2004—2008年)》

尽管如此，受国际经济危机影响和国际国内物价水平的持续走高，北京第三产业对经济的贡献率为74.37%，比2006年贡献率减少了8.61%。而首都地区第一产业对经济的贡献率为0.29%，比2006年贡献率增长了0.04%。这表明首都地区农业存在着较大的上升潜力，尤其是在应对经济不景气的情况时，第一产业无疑可以弥补第三产业下滑带来的影响。

(二)适度规模化经营的特色农业成果

1. 规模经营与农户生产规模的扩大

规模化经营是现代农业发展的大趋势。规模经营一方面可以降低单位成本，提高产品的市场竞争力，迅速扩大产品影响；另一方面也可以增加对农业龙头企业的吸引力，加快公司加农户的农业产业化模式的形成，有利于延伸农业产业链，提高农业效益。在北京特色农业的发展过程中，政府有意识地向农民普及规模化生产的相关知识，剖析各地规模化生产和集约化经营的成功案例，引导农民认识到规模经营的优势和效率，从而扩大生产规模；再者，从政策上扶持规模生产，对生产规模达到一定程度的农户给予补贴，鼓励农民整合资源，进行规模化生产。

2. 以村为单位的示范引导模式

虽然规模化经营的优势十分明显、收益十分可观，但不可否认，其风险比传统经营方式同样有成倍的增加，这就要求基层干部在推进规模化生产过程中要充分发挥带头作用。北京地区农业的规模化经营之所以能够快速推进，正是因为涌现出了一批起到表率作用和示范效应的村干部。门头沟区王平镇西王平村党支部书记、村委会主任魏喜振，带头出资，在全村建成薄皮核桃基地500亩，栽种薄皮核桃树13000株；建成樱桃采摘园100亩，栽种优质大樱桃树4000株，实现了村内有意向村民的100%就业；延庆县延庆镇广积屯村村主任助理徐磊祥，带头发展设施农业，率先出资4万元建设6个蔬菜大棚，带动全村开展规模种植，经过两年时间，大棚由不到200亩发展到1000多亩，农民收入成倍增加；大兴区庞各庄镇王家场村村主任助理陈墨，身体力行带头创业，出资10多万元租下10亩土地进行食用菌种植示范基地建设，帮助村民20余人实现就业，也带动了邻近村庄的菌类种植。

3. 鼓励农业经营权与管理权的分离

在规模化生产的情况下，农业生产经营就不仅需要明确对土地承包经营的责任，更需要专业化的知识和管理技能。这就要求经营管理职能从所有权当中剥离出来独立行使。土地和作物的所有者不再参与具体的经营管理活动，而是聘请相关的专业机构进行管理，管理者的职责是保证农业生产活动的顺利进行以及产品的顺利销售，同时管理者凭借其付出的管理劳动从所有者处取得报酬。经营管理和所有权的分离能够使农业生产销售各环节的运行更加高效顺畅，有利于降低农业成本，增加利润。北京地区在实际操作中，采取多种措施鼓励引导经营管理分离，提倡有资质、有经验的专业机构参与农业规模化生产区域的管理工作。2009年6月10日，北京市农业投资有限公司投资2000万元在平谷区兴建的500亩现代化蔬菜种植基地便是由作为2008年北京奥运会蔬菜供应商的北京华利丰农产品种植有限公司进行具体的经营管理。

4. 以连片开发的方式扩大生产规模

农业生产规模化不仅需要作物面积的扩大，更需要联合后生产能力的提高，这就要求在土地集中基础上实现集约化生产，从而要求建立专业的合作社。目前，北京郊区以土地入股和土地流转形式建立的专业合作社，主要有两种形式。一种是农民以土地承包经营权入股成立的专业合作社，合作社建立后将集中的土地统一开发，租赁给专业公司和种植大户经营，农户主要获取地租收入，但合作社本身不从事具体的生产经营；同时，公司或大户根据需要聘用部分农民劳动力打工，农民可得到工资收入。这种形式的土地股份合作社目前只有两家，分别是平谷区百合兴盛土地专业合作社(土地入股120亩，涉及农户147户)和通州区林泽家园土地(股份)专业合作社(土地入股451

亩，涉及农户 71 户）。另一种是农户将土地承包经营权流转到合作社，由合作社统一开发经营，并组织农民劳动力在合作社参加劳动，或者将部分土地反包给农户管理。农户可以得到四部分收入：土地流转租金收入、工资性收入、承包收入、年终盈余返还收入。这种形式的合作社比较多，比较典型的是密云县下屯种植专业合作社、房山区泰华芦村种植专业合作社、门头沟区西马樱桃种植专业合作社等。

（三）构建特色农业服务网络体系

1. 建立以质量为中心的技术服务体系

农业技术服务体系是指能够为农业生产经营主体提供产前、产中、产后全程技术服务的组织机构和网络系统。新中国成立以来，历经政府主导的一元化发展阶段、社会化技术服务体系的起步阶段与改革阶段之后，北京正在探索新型的社会化农业技术服务体系。目前已初步建立了以质量为中心，公益性农业技术机构为主，科研院所、农民合作组织、农业龙头企业、科技园区、基层技术人才等共同参与，多元化的农业技术服务体系。形成了政府公益机构专职型、科研院所兼职型以及市场化模式三大服务模式。通过各种农业技术服务实体的创办，农业技术资源传播平台的搭建，政府、科研机构、龙头企业、合作组织、农户的各方联动以及各类专业农业技术人员的指导帮扶，北京地区农业技术服务体系的覆盖面日益扩大，服务的良好效果也日益凸显。以质量为中心的农业技术服务体系的建立和完善，丰富了农业技术服务的内容，也为北京特色农业的发展提供了有力的技术支撑。

2. 完善现代农业流通网络

北京现代农业的快速发展对农业的流通网络提出了更高的要求，提高农产品的流通效率也成了农业发展过程中亟待解决的问题。对此，北京地区一方面着力完善传统的农产品流通网络，新建一批农产品批发市场、农产品连锁超市、社区农贸市场和便利店等批发终端和零售终端，完善原有终端的功能，扩大销售终端的辐射范围，捋顺农户、批发商、零售商和中介组织的关系；另一方面，以特色农业和创意农业为依托，创新农产品流通模式，如通过开展观光采摘活动直接实现农产品的销售，通过创意活动增加农产品的附加值后跳过中间环节直接进入高端消费市场销售等。这些方式均大大减少了流通环节，大幅度提升了农产品的流通速度和质量，降低了流通成本，切实提高了农产品的流通效率。通过对原有流通模式的完善以及对新的流通模式的开发，农产品流通过程更加顺畅，农业生产者和农产品消费者的福利都得到了显著提高。

3. 提高农产品仓储和分级能力

北京许多特色的农产品，如各种果品、乳制品、畜禽产品等，都需要特殊的储藏条件保持品质，因而提高农产品的仓储能力、改善仓储条件对北京农业的发展就显得尤为重要。近年来，北京地区在提高农产品仓储能力方面做了许多工作，除新建多处粮食和果品储备库外，政府还出资帮助粮农、果农建设简易粮食、果品储备库，帮助企业建设标准较高的气调库和冷藏库，并提供储藏技术的支持和其他相关配套服务。另外，从2007年开始，京郊各区县冷库向果农开放，果品销售旺季果农未能销售的果品均可入库冷藏，各区县还计划将储藏能力扩展至1.2万吨，以更好地服务果农。这一措施出台后，水果的销售价格可以保持稳定，果农的收入也会有明显增加。

在农产品的分级方面，北京地区一方面逐步健全农产品质量等级标准，使主要农产品的分级有据可查、有规可依；另一方面，投资引进主要特色农产品的分级包装和检测设备，扩大现有分级包装企业的规模，减少设备闲置时间，提高利用率；政府还采取措施，积极鼓励农户参与所生产农产品的质量分级、筛选工作。农产品分级能力的提高实现了农产品的分类销售，实现了优质优价，增加了农产品的市场竞争力，也提高了产品生产者的抗风险能力；而将农产品的分级与生态、创意等元素相结合，能够有效提升农产品的附加值，有利于农业产值的增加和农民的增收。

(四)促进特色农业的产业化

1. 建立农业协会和农业合作社

近年来，随着京郊现代农业的快速发展，各地区农户的合作意愿也大大增强，各类农业协会和农业合作社迅速发展，且呈现出覆盖范围广、合作方式多样、服务内容扩展、组织运行规范的新特点。尤其是服务内容方面，由传统的以销售服务为主向科技培训、农业保险、项目实施、信息服务等方面延伸，对农业发展和农民增收发挥了更大的带动作用。

农业协会和农业合作社等农民专业合作组织对内提供各种便民服务，降低农民生产成本，有力促进了农业的现代化；对外积极参与市场竞争，可以有效克服“小规模、分散化”家庭经营的弊端，解决“小生产、大市场”的矛盾，增强农民市场竞争能力，提高农户抗风险能力，实现农民利益最大化。有些农业协会和农业合作社还按照会员农户销售数量进行二次返利，这就进一步增加了农民的效益，增强了与农户关系的紧密度。随着各类合作组织发展规模的不断扩大和组织建设的逐渐规范，专业合作组织必将发挥越来越大的作用。

2. 建立和引进农产品龙头企业

农产品龙头企业是实现特色农业发展的关键环节，在农业产业化体系中具有不可或缺的重要地位。特别是科技型龙头企业，其本身掌握一定的技术研发能力、市场开拓能力和生产加工能力，能够有效地将原来部分由农业技术机构承担的产前、产中的推广活动以及产后的加工、运销等经营性服务职能分离出来，减少交易成本，更多地让利于农民，并有利于农业生产标准化、专业化水平的提高。

在特色农业发展过程中，北京地区充分发挥了龙头企业的带头作用。以农副产品加工或流通企业为龙头，通过合同契约、股份合作制等多种利益联结机制，带动农户从事专业生产，将生产、加工、销售有机结合，实施研、工、贸一体化。采取“公司＋农户”的基本组织模式，发挥龙头企业的技术研发能力、市场开拓能力和生产加工能力，将小规模生产经营转为大规模生产经营，从而产生规模效益。

伴随着特色农业的发展，北京地区的农业龙头企业总数显著增加，生产规模不断扩大，带动效应不断凸显，科技创新能力逐渐增强，正在成为推动北京郊区经济发展和农民增收的重要力量。

3. 政府调控与新农产品市场的开拓

在农业产业化的发展进程中，北京地区采取多种措施开拓产品市场，为特色农产品打开销路，为农户增加收益。第一，注重发挥好大型农产品批发市场的带动作用，以专业批发市场为纽带，带动特色农业发展，并通过合同契约与农民、农民大户及协会会员构筑较稳定的经济关系，形成产销一条龙服务模式。专业批发市场具有很强的市场凝聚力和辐射带动作用，有助于结识新客户、开拓新市场。作为北京最大农副产品批发市场的新发地农产品批发市场就在农产品集散、价格形成、信息发布、市场开拓等方面发挥了重要作用，成为北京地区农业产业化体系中的一艘“绿色航母”。第二，对市场进行进一步细分，对不同的目标市场和目标客户提供不同的产品和服务，增强特定产品对特定市场和目标客户群体的吸引力，如将文化和艺术创意融合在特色农产品的加工过程中，其制成品即可瞄准高端市场，从而达到开拓市场的目的。此外，还有诸如农超对接、利用知识产权和注册商标等开拓市场的方式。

4. 提高农业产品本地深加工能力

北京一直以来都把发展农产品深加工作为现代农业建设的重要一环和提高农业效益、促进农民增收的重要抓手。早在2001年，北京市就推出了扶植农产品深加工企业的“三银计划”，通过深化银企合作、加强对农业产业化企业的宣传力度以及对优秀企业的表彰，有效推动了农产品深加工企业的发展。到2011年，北京规模以上农产品加工企业产值已突破750亿元；培育了一批年销售收入超过50亿元的大型和超大型农产品加工企业，部分企业已成功开始上市融资；农产品深加工龙头企业的带动作用明显增强，农产品加工基地布局得到优化，建成了一批农产品加工示范基地和创业基地，农产品深加工率已超过60％，增值率超过90％；农产品加工制品的质量和信誉明显提升，高端产品的比例增加，一批具有较高市场占有率和较强市场竞争力的名优品牌已经形成。农产品深加工能力的不断提高必将继续推动北京的特色农业向纵深发展。

（五）确立具有首都特色的农业品牌

1. 推出农产品特色品牌

品牌是现代市场经济的制高点，代表着质量、效益、竞争力和生命力。因此，特色农业要实现跨越式发展，树立有影响力的特色品牌是必不可少的环节。北京地区在特色农业的发展过程中，贯彻现代农业的经营理念和发展思路，以市场为导向，以龙头企业、农业合作组织等为主体，在政府推动下积极实施农业特色品牌战略。一方面，引导现有农产品生产经营企业扩大规模、提高产量、增加市场占有率，为品牌建设打下基础；另一方面，督促企业严把农产品质量关，确保农产品品牌在消费者中拥有较好的信誉和口碑；此外，敦促企业以市场为发展导向、以创新为活力源泉，结合北京实际，将特色农业与旅游业、文化创意产业等有机融合，扩大品牌的辐射范围，提高影响力。经过不懈的努力，目前，顺鑫蔬菜、北京鸭、百年栗园、牵手饮品、三元食品等早已成为家喻户晓的名优农产品品牌；王致和、张一元等百年老字号品牌经过调整和转向也焕发出了新的活力；更为可喜的是，燕山板栗、平谷大桃、西洋参、池沼公鱼、磨盘柿、京白梨、密云冬枣等越来越多的北京特色农产品已经开始着手打造属于自己的特色品牌。

2. 加大品牌宣传力度和宣传意识

北京地区对特色农产品的品牌宣传和品牌价值提升十分重视，采取了多种措施帮助企业宣传自身产品，扩大企业影响。

第一，帮助企业树立品牌营销和广告宣传意识，协助农产品生产和加工企业制定适合自身特点的宣传策略，引导企业增加宣传投入，扩大宣传力度；第二，政府通过有影响力的新闻媒体，采取开辟报纸期刊专版专栏、制作专题新闻报道、网页新闻和广告等多种形式对龙头企业和特色品牌进行宣传，帮助企业提升品牌知名度、拓宽销售渠道；第三，以特色旅游业为载体宣传农业品牌，北京发挥旅游资源丰富的优势，将农产品品牌的营销植入到旅游项目之中，通过特色果品采摘节、创意农产品展示、生态游园观光等旅游项目，在向游客推销高品质农产品的同时完成了品牌的宣传和推广；第四，通过各种展会宣传特色农业品牌，北京利用作为首都经常举办全国性农产品展会的便利条件，通过农产品品牌大会、农产品推介会、农商洽谈会、农产品交易会、农产品产销对接会、特色农产品博览会等展会积极宣传本地农产品及品牌，取得了良好的效果，通过各类展会的推介，北京越来越多的农产品品牌开始走出北京、走向全国。

三、以首都特色农业为依托的农村就地城镇化道路

(一)城乡结合、农商融合的生产就业格局

1. 大量吸纳和吸引了农村劳动力

通过现代农业的发展，北京地区的农业结构得到了调整，农业潜力也得到了发掘，农民的就业、创业空间得到了显著增加。特色农业发展对劳动力的吸纳作用主要表现在以下几个方面。第一，现代农业本身效益的增加会吸纳更多农村劳动力的就业。这是因为，一方面，农业效益的增加会内在地产生扩大生产规模的要求，而生产规模的扩大无疑需要更多劳动力的支持；另一方面，随着农业的现代化和技术含量的提高，也需要更多的劳动力在农业的产前、产中、产后提供相应的服务。第二，特色农产品加工企业成为吸纳农村劳动力就业的主要渠道。在北京，特色农业的发展造就了一批从事农产品经营、加工、流通的龙头企业，这些企业成为吸纳劳动力就业的主力军。截至 2009 年 6 月，北京共有农业产业化龙头企业 368 家，其中销售收入亿元以上的有 73 家，年销售收入 418.5 亿元，实现利润 31.5 亿元，提供的就业岗位超过 8 万个。第三，由特色农业发展带动起来的涉农产业成为吸纳农村劳动力就业的新增长极。典型的例子就是依托特色农业的旅游服务业和相关的文化创意产业等，这些涉农产业是北京未来现代农业的主要发展方向，也是彻底解决农村劳动力过剩问题的根本出路。

2. 分流和转移了农村劳动力就业

所谓特色农业的发展对农村劳动力的分流和转移过程，事实上是指现代农业使劳动力在地域和产业间的分布得以优化的过程。北京地区特色农业的发展，不仅使得处于特色农业产业链条上的劳动力数量得以增加，同时也改变了劳动力的地域和行业分布：一方面，劳动力的劳动不仅仅局限在土地和农业上，而是随着涉农产业的发展延伸到了二、三产业；另一方面，农村劳动力也不仅仅在农村从事劳动，而是随着农产品加工企业规模的扩大和市场的延伸进入了城市。

以顺义区的大孙各庄镇为例，该镇利用本地区的特色农业做文章，成功分流和转移了大量农村劳动力的就业。一方面，对于年轻和新生劳动力，通过技能培训提高劳动力素质，而后推荐到相关的农业龙头企业就业；另一方面，利用特色农业对二、三产业的带动，发挥农民合作组织的作用，将就业渠道向二、三产业延伸，拓展了大量的就业岗位；此外，对于从事传统农业、人均收入较低的家庭，镇、村采取特色农业农户结对帮扶的方式，帮助其转变发展方向，发展特色农业或相关的服务业，以增加其收入，拓宽就业门路。

3. 培育农村市场，构建专业化农村市场体系

北京特色农业的发展激发了农村市场的活力，使农村市场出现了前所未有的繁荣局面。在特色农业及其他相关产业的带动下，农民重生产、轻市场的传统观念得到了改变，关心、支持市场建设和培育的积极性和自觉性得以激发。传统的农民成为了农村市场新的市场主体，开始正视市场、了解市场并积极参与市场；再者，特色农业的发展促进了农村市场的发育，农村市场的发展开始与特色农业和农村经济的发展同步，大中小结合、批发零售结合、综合专业结合的农村市场体系开始形成，既有标准高、规模大、辐射远、功能全、开放性的大市场(如新发地、岳各庄、八里桥批发市场等)，又有规模较小、适合当地实际的小型集贸市场；此外，北京农业龙头企业的发展也促进了农村市场的繁荣。农产品加工企业和农村市场相辅相成、互为发展，每个龙头企业辐射范围内都有活跃的农村市场，每个农村市场周围都有农产品加工企业，通过“企业＋市场＋农户”的模式，既促进了企业发展，又使市场得以壮大、农民进一步增收，一举多得。

(二)点线结合、适度集中的农村社区发展局面

1. 农村社区规划和布局日趋合理

农村社区的科学规划与合理布局是搞好新农村建设，实现农村就地城镇

化的重要前提。“十一五”期间，伴随着现代农业的快速发展，新农村规划在京郊农村从无到有，由简到繁，从政府推动和主导到农民和社区不断深入参与，农村社区规划和布局日趋合理。

与旅游业和文化产业紧密结合，依托农村社区发展的现代农业，对农村社区的功能提出了更高的要求，相应地也就要求村镇的规划更趋科学合理。为此，北京从 2005 年起就展开了新农村社区的规划试点工作，组织了在京的 48 家高水平的规划建筑设计单位，义务下乡为远郊区县 73 个不同类型的试点社区编制规划。政府相关部门还组成指导组，深入各村庄查看，倾听农民的意见和建议，确保新规划充分考虑特色农业的发展要求和农民的实际需要。到 2010 年年底，北京所有农村社区均完成了新农村规划，新规划契合各村镇特色，满足各村镇发展需求，充分体现了科学性与合理性。

密云县穆家峪镇的华润希望小镇就是北京农村社区科学规划的一个典型。该小镇是按照“地域相近、产业相似、习俗相同、便于发展”的原则，在完善乡镇总体规划、土地利用规划和新农村建设规划的基础上，统筹考虑穆九沟区域整体发展进行建设的。建设分为两期进行。第一期的阁老峪村建设项目由居住、农业和休闲三个领域的示范区构成，采取将 5 个自然村迁村并点、原址改造的方式改善农民居住条件，提升村内基础设施水平。在产业发展上，天福号农庄已经投产，木棉花乡村酒店、五丰农业基地等产业项目也正在筹划建设中；二期涉及的 5 个行政村将采取集中建设新社区、集中上楼的形式，实现农民“居住在社区、工作在园区”。社区内，将建立大型文化广场和集村务办公、商业服务于一体的公共服务区，让百姓足不出村就能享受到医疗、社保、司法等“一站式”公共服务。

2. 加大农村交通网络建设

特色农业的发展对农产品及其加工制成品的快速周转和流通提出了更高的要求，由特色农业发展带动的乡村旅游业也要求农村的交通条件更加便捷。北京地区在发展过程中一直将农村路网的改善作为特色农业发展和农村城镇化的重要组成部分，经过多年的努力，北京农村地区的路网日趋完善，便利的交通条件成为农业发展和农村城镇化的助推器。

从 2002 年到 2005 年，北京市用三年时间实施“村村通油路”工程。随着 2005 年密云、平谷、门头沟、延庆 4 个区县新增 341 公里通村油路，新连通 88 个行政村，北京在全国率先实现行政村“村村通油路”的目标。该工程实施的三年中，北京共新建了 1691 公里通村油路，连通了最后 512 个未通油路的行政村，实现了全市4000个行政村都有沥青或水泥路的目标。当前，北京市正全力以赴，将油路向常住人口有一定规模的自然村延伸，力争使农村路网进一步完善。

通州区自撤县建区以来，先后新建、改造、打通了通胡路、通马路、内环路、滨河路、故城东路等11条公路，使国家和市级高速公路在通州境内得到延长。各乡镇也竞相筹资，强化公路建设。目前，次渠、台湖、漷县、觅子店、胡各庄、宋庄等90%以上的乡镇都拥有自己的中心大街，并直通较近的高速公路。台湖镇先后筹资2000万元，扩建修建政府大街、创业路、民营路，总长达到10公里，使全镇21个自然村全面贯通，并与京沈高速公路上下口接通。纵横交错的高等级公路使通州区的经济发展真正步入了快车道。

3. 构建完备的农村基础设施体系

农村基础设施的完备程度决定着农村各产业的可持续发展能力与农村的城镇化进程，只有抓住农村基础设施这个关键环节，才能为加快特色农业的发展提供坚实的物质基础，才能确保社会主义新农村建设稳步推进。北京地区在发展特色农业的同时，十分重视加强农村地区基础设施建设，综合运用财政资金和信贷资金，建设便捷、通达的农村交通体系、公交系统和电力通讯设施。

根据第二次全国农业普查的数据，2006年年末，北京市25.14%的乡镇地域内有火车站，83.61%的乡镇地域内有二级以上公路通过，78.14%的乡镇有邮电所，96.17%的乡镇有储蓄所，46.99%的乡镇有公园，68.85%的乡镇有综合市场，11.48%的乡镇有农产品专业市场；80.14%的乡镇实施集中供水，29.79%的乡镇生活污水经过集中处理，46.81%的乡镇有垃圾处理站；100%的村通公路，100%的村通电，100%的村通电话，100%的村能接收电视节目；93.57%的村饮用水经过集中净化处理，89.17%的村实施垃圾集中处理，3.56%的村有沼气池，35.18%的村完成改厕，53.14%的村地域内有50平方米以上的综合商店或超市。

2008年，以奥运会为契机，北京农村基础设施建设进一步推进，完成了10万户农村厕所改造任务，解决了70万居民安全饮水问题，安装了5.1万盏太阳能灯，完成了645公里乡村公路大修，新建8个农村客运站，26条农村客运线路，实现了村村通公交。

目前，全市主干路网、电力、供排水、消防、通信等骨干基础设施网络已基本实现城乡全覆盖，轨道交通已覆盖部分区县，山区交通联络线和旅游环线已实现从京西南到京东北的全线贯通；新农村“五项基础设施”建设工程和“农村亮起来、农民暖起来、农业资源循环起来”工程扎实推进；垃圾无害化处理能力和处理率大幅提高，农村污水处理能力明显提高，城乡结合部污水实现了无害化处理；全市95%以上的村庄实现了集中供水，农村电网改造基本完成，基本解决了农民生产生活用电；固定电话网和移动电话网行政村覆盖率达到100%，有线电视光缆在十个远郊区县乡镇通达率达到100%；清洁能源、可再生能源和节能产品的使用在农村进一步推广，农村住宅、公共建筑已大部分完成节能改造；农村公共服务信息系统建设逐步完善，农村信息化程度显著提高；城市公共设施运行管护机制逐步向农村延伸，权责明确的管护经费筹集机制以及基础设施建设的投资机制正在形成。

4. 农民的生产生活方式更为现代化

北京地区特色农业的发展使农村迸发了活力，给农业带来了效益，也让农民增加了收入。与此相适应，农民的生产生活方式也更为现代化。

农民生产方式的变化主要体现在农业机械化和农业科技化上。根据第二次全国农业普查的数据，2006年年末，北京全市共有大中型拖拉机6855台，小型拖拉机19171台，大中型拖拉机配套农具8611台，小型拖拉机配套农具6052台，联合收割机1782台；2006年，机耕面积占耕地面积比重为79.96%，机电灌溉面积占耕地面积的比重为65.57%，喷灌面积和滴灌渗灌面积分别占耕地面积的15.15%和0.47%，机收面积占播种面积的比重达到27.41%；2006年年末，全市温室面积3483.40公顷，大棚面积6177.16公顷，中小棚面积5134.24公顷；2006年度共种植温室蔬菜18072.43公顷，食用菌391.60公顷，水果2760.47公顷，园艺苗木627.88公顷。

除了生产条件，农民的生活方式也更为现代化。2006年年末，农村居民平均每户拥有住宅面积128.14平方米，96.85%的住户拥有自己的住宅，97%的住户使用管道水，51.28%的住户炊事能源以煤气、天然气为主；农村平均每百户拥有彩电105台，固定电话72部，手机112部，电脑16台，摩托车15辆，生活用汽车12辆。农民的衣着消费开始趋于时尚化；饮食开始趋于合理享受化；住房消费趋于舒适化；家庭消费用品趋于高档化；交通趋于方便快捷化。

北京农民的文化生活也日益丰富多彩。目前，北京各涉农区县已有超过3000家数字影院，农民不出村便可欣赏到最新的影片，没有数字影院的村镇也统一配备了流动电影放映设备，保证每个乡镇每月放映不少于15场；北京还在远郊区县全面实施了周末专场演出，农民只需花10到15元便可看到高水平的文艺演出。

(三)农村生活水平和人居环境同步改善

1. 农民生活水平持续提高

北京地区特色农业的发展带动农民的生活水平节节攀升。2011年，北京农民人均纯收入达到14736元，比2010年增长13.6%，增长速度超过城镇居民0.4个百分点。其中，城市功能拓展区农民人均纯收入最高，达到18954元，同比增长13.8%；城市发展新区人均纯收入13852元，增长13.4%。

随着收入水平的提高，农民的消费水平也有较大提升。2011年，京郊农民人均生活消费支出为11078元，比2010年增长9.6%。从消费支出去向看，农民消费支出中，人均家庭设备用品及服务、其他商品和服务、医疗保健、食品、衣着支出，分别同比增长26.8%、19.8%、15.4%、15.1%、10.8%。人均居住、交通和通讯、文化教育娱乐用品及服务支出也均有小幅增长。

在农村居民家庭恩格尔系数方面，根据对北京3000户农民家庭的调查显示，2010年，农村居民家庭恩格尔系数为30.9%，其中20%低收入户的恩格尔系数为35.6%，20%的中等收入户为32%，20%的高收入户为25.6%。按照恩格尔系数值和生活水平的对应关系，北京地区大部分农民生活水平都达到了"富裕"水平，部分高收入农民已经进入恩格尔系数小于30%的"最富裕"阶段。

2. 农村人居环境持续改善

改善农村生活条件和人居环境是北京特色农业发展和新农村建设的出发点和落脚点之一。近年来，北京充分认识到改善农村人居环境的重要性和紧迫性，立足实际，将其作为新农村建设的重中之重抓紧抓好。第一，大力实施以搞好农村污水、垃圾治理为主要内容的农村清洁工程。广泛动员农民群众积极参与农村污水、垃圾治理，投工投劳整治排水沟渠、修建垃圾池、改建栅格式化粪池以及参与相关的维护管理工作，逐步建立起了农村污水集中处理体系与农村垃圾收集清运处理体系。对于治污设施不配套、对周围环境影响大的企业实行限期达标，不能达标的坚决关闭。不断加强对农村规模化养殖场的污染监管，强化废水、废渣的标准化治理。第二，逐步推进改水、改厨、改厕、改圈的"四改"工程。引导和组织农民把改水、改厨、改厕、改圈等有机地结合起来，逐步把农村建设成为生产发展、生活宽裕、生态文明的社会主义新农村。第三，加强农村基础设施建设，完善农村公共服务。逐步加大公共财政投入，重点解决饮水、修路、用电、防灾、生活能源等直接关系农民生产生活而农民自身很难解决的问题。建立多元投入机制，发挥农民企业家建设家园的积极性和主动性。积极发展农村公共文化服务网络，加强基层文化设施建设，丰富农民的精神文化生活，满足农村居民精神生活需求。第四，不断加强宣传教育力度，引导农民转变观念、移风易俗，不断增强农民维护环境卫生的责任感。建立健全村规民约，结合道德教育和精神文明创建，不断增强农民自我教育、自我服务、自我管理、自我约束的能力，培育农民关心生态、关心环境卫生的良好风尚。经过几年的努力，北京农村的人居环境得到了大幅改善，农村面貌焕然一新。良好的人居环境为生态农业和相关涉农产业的进一步发展打下了坚实的基础。

3. 农民综合素质持续提高

随着现代农业的发展，北京的农业已经超越了传统意义上的以种植业为主导的模式，农业科技的投入和应用逐年增加，对环境保护及生态农业的关注程度不断提高，这就对农民的综合素质提出了越来越高的要求。北京从特色农业的发展现实出发，针对现阶段部分农民文化程度不高、市场观念不强、创新精神不够的状况，有针对性地采取措施，帮助农民提高综合素质，适应现代农业的发展。具体措施包括：开展法制教育，增强农民的法制观念，树立农民依法经营、依法纳税、依法解决纠纷的意识；从农民需求入手，开展多种形式的培训，包括文化知识的培训、市场经营的培训和农业专业技术的培训，完善政府统筹、部门配合、社会参与的教育培训运行机制，建立健全农村教育和农民培训体系，加强对剩余劳动力的技能培训，加快农村劳动力转移，鼓励进城的农村青壮年劳动力返乡创业，鼓励优秀人才向农村流动，形成人才双向流动的良好机制；为农民提供更加完善的信息服务，一方面，及时向农民传递相关的科技信息和市场信息，另一方面，利用信息技术和现代化工具推进农民的素质教育。

通过这些措施的实行，农民的法制观念、市场意识和生产经营水平得到了较大提高，农民的就业渠道也得到了拓宽，“学习型、知识型、专家型”的高素质新型农民必将进一步助推北京特色农业的发展。

(四)村镇整治和农村治理模式创新

1. 农村社区的建设和整治稳步推进

在社区科学规划的基础上，2011 年，北京市提出了开展新型农村社区试点建设的要求，制定下发了《关于开展新型农村社区试点建设的意见》，在全市首批启动了10个新型农村社区试点建设。在新农村社区建设中，北京紧紧抓住率先形成城乡经济社会发展一体化新格局的战略目标，深入落实城市总体规划和城乡一体化规划，注重转变农村经济发展方式，促进优质资源和要素向农村转移，关注农民充分就业和农村公共服务水平的提高，力求通过试点建设，实现试点社区“产业发展、就业充分，环境宜居、住房舒适，设施完善、服务均等，管理民主、文明和谐”的目标。同时，通过试点探索规划、土地、筹资、就业、新民居建设以及社区服务的新途径。目前，房山区、延庆县、密云县的4个试点社区建设已经启动，已完成一批农户的新民居建设，年内即可陆续入住。平谷、大兴、通州、门头沟等区的试点规划也已通过区政府审批，即将启动建设，其他区县也正在抓紧进行规划和实施方案的审定和试点前期准备工作。

在社区治理方面，近年来，北京地区按照“生产发展、生活富裕、乡风文明、村容整洁、管理民主”的新农村建设要求，有针对性地对污水和垃圾处理、供水管网建设、路网改造、清洁能源、社会治安等突出问题进行了整治，取得了良好的效果。针对人口倒挂近40倍，人员类型混杂，治安状况较差的实际情况，2010年8月1日起，昌平区开始对辖区内村庄试点“社区化管理”方式，采用建围墙、安街门、设治安岗亭、封闭不常用路口、人员车辆持证出入、主要路段设置监控等方式对社区实行一定程度上的封闭化管理，从实施效果来看，这一管理方式显著减少了治安案件的发案率，实现了对流动人口的有效管理，社区街道的秩序和环境也都有了较大改善，这种治理模式未来将在京郊农村地区进一步推广。

2. 农村社区的治理难题得到破解

北京地区特色农业和相关涉农产业的发展加快了各农业生产要素的流动，也给农村社区的治理提出了新的要求、带来了新的挑战。在农村社区的治理实践中，北京地区完善体制机制、创新治理模式，使农村社区的治理难题得到了有效破解。

一方面，充分发挥基层党组织的战斗堡垒作用。实施思想政治统治力提升工程，结合特色农业发展实际，开展学习型党组织建设，提高党员干部在新形势下的管理能力；实施领导班子和基层干部领航力提升工程，选优配强班子、强化作风建设、做好教育培训、加强后备建设，努力提高各级干部引领特色农业发展、做好群众工作的能力；实施农村基层组织凝聚力提升工程，把推动农村科学发展和新农村建设作为农村基层党组织的首要任务，创新工作机制，整合社会资源，凝聚各方力量，充分发挥基层党组织的作用；实施农村党员队伍先锋力提升工程，做好党员发展、党员教育工作，发挥党员在农村社区治理中的模范带头作用；实施农村基层民主内动力提升工程，加强基层党内民主建设，完善村务公开，保障广大党员群众的民主权力，充分调动他们参与社区治理的积极性、主动性、创造性；实施农村基层党建推动力提升工程，加大组织指导力度，开展创先争优工程，形成责任明确、措施到位、保障有力、齐抓共管的党建工作格局。

另一方面，坚持维护农民群众的主体地位，切实关注民生、尊重民意。广大农民群众是新农村社区建设和农村社区治理的主体，北京地区在新农村社区建设中，注重维护农民的主体地位，尊重农民意愿，保障农民基本权益，尤其是土地权益、居住权益和资产权益。在农村治理模式的创新过程中，强调充分保障和体现农民的知情权、参与权、决策权和监督权，让农民全过程参与农村治理模式创新的酝酿、讨论、审核和实施，全方位参与新农村社区的经济、文化、政治和基础设施建设。要求各级政府建立和完善纠纷矛盾排查处置机制，畅通社情民意的表达渠道，及时解决群众反映的问题和合理要求，积极化解新农村社区建设中产生的纠纷和矛盾。

四、农村社区居民参与就地城镇化的影响因素

（一）影响农村居民参与就地城镇化进程的经济因素

1. 参与成本是决定农村居民认同就地城镇化的关键

北京地区特色农业的发展已经使农村的就地城镇化成为了不可逆转的趋势。农村居民作为就地城镇化的参与主体和直接受益者，其对就地城镇化的认同程度直接决定了农村就地城镇化的轨迹和进程，而农民参与就地城镇化进程的成本则是影响农民对就地城镇化认同程度的关键因素。

就京郊农村的实际状况来看，农村地区就地城镇化可能带来的规划变更、设施更新、村镇迁移、耕地占用会使就地城镇化区域的农村居民付出一系列成本，包括住宅搬迁、新居建设、社区功能配套设施购置的费用，耕地被占用后失去的收益，进入中心村镇或城市新增加的生活成本、交通成本、子女教育成本以及适应新环境、发展新产业、建立新的社会关系所需要付出的成本等。这些成本的高低很大程度上决定了农民参与就地城镇化进程的热情，而能否通过合理的规划和资源的优化配置降低农民的参与成本也成了北京地区能否顺利推进农村就地城镇化进程的关键因素。

2. 就地城镇化带来的收益是农村社区建设的基础

北京地区农村的就地城镇化能否持续推进、加速发展，除了成本因素以外还必须考虑其所带来的收益。对特色农业的发展来说，就地城镇化可以将大量的农村剩余劳动力转移至非农产业，为与特色农业相关的服务业等产业的发展创造更大的空间；就地城镇化有利于打破劳动力的城乡流动障碍，实现劳动力的跨区域转移；有利于特色农业的规模化经营，从而有效降低边际成本，取得规模收益。对就地城镇化覆盖地区的农村居民来说，农村社区的重新规划和建设可以使他们享受到更加良好的居住条件和更加优越的居住环境；基础设施的改造和完善可以有效提升他们的生活品质；搬迁到中心城镇的农村居民可以享受到更加优越的教育和医疗条件；城乡界限的逐渐模糊可以提升农村居民的社会保障水平；乡镇企业的蓬勃发展能够为农村居民提供更多高质量的就业机会；此外，更低的城乡收入差距、更广阔的人际关系网络、更大的发展机会等也是就地城镇化进程带给农村居民收益的重要方面。就农村居民而言，就地城镇化带来的收益与付出成本的对比将决定他们对待就地城镇化的态度。

3. 经济收入水平的提高是农村就地城镇化的重要条件

虽然北京地区农村的就地城镇化是政府主导模式，但在现阶段，政府尚没有能力包办一切，农民若想真正融入城镇，当前还必须承担多个环节的支出和费用。因此，就地城镇化对农民而言是有门槛的，若要顺利实现农村的就地城镇化，农民收入达到一定水平是必不可少的条件。若在条件不具备的情况下强行推进就地城镇化，将会造成农民失去原有的生产条件和生活来源，进入城市后却无能力享受较高质量的生活，结果要么是农民沦为城市边缘人，要么是农民流回农村，形成所谓“伪逆城镇化”。无论哪种情况，都违背了农村城镇化的初衷。

就北京农村居民的收入水平来看，2011 年，全市农村居民人均纯收入为 14736 元，其中城市功能拓展区平均为 18954 元(朝阳区平均为 19839 元，丰台区 16554 元，海淀区 20015 元)；城市发展新区平均为 13852 元(房山区平均为 13527 元，通州区 14273 元，顺义区 14314 元，昌平区 13441 元，大兴区 13723 元)；生态涵养发展区平均为 13182 元(门头沟区平均为 14031 元，怀柔区 12991 元，平谷区 13387 元，密云县 12924 元，延庆县 12761 元)。由此可见，一方面，北京地区的农村居民收入水平普遍较高，基本具备了实施就地城镇化战略的条件；另一方面应该看到，北京各区县之间农村居民收入差距仍比较明显，这就要求在就地城镇化进程中各区县要因地制宜，制定符合本区县实际的城镇化目标和发展规划。只有这样才能确保农民从就地城镇化的进程中获取收益、得到实惠。

(二)农村不同社会层次群体对就地城镇化的认识

1. 政府部门管理者认识的转变

就北京地区而言，农村地区的就地城镇化是伴随着特色农业及相关产业的发展而自然向前推进的过程。从政府部门管理者的角度看，一方面就地城镇化可以有效带动农村地区二、三产业的发展，吸纳农村的剩余劳动力，推进农村的现代化进程；另一方面，政府部门也可以从农村的就地城镇化进程中得到大量的利益，如农村二、三产业发展所带来的财政收入的增加，部分土地的出让拍卖获得的收益以及迅速推进的社会主义新农村建设带来的光鲜的政绩等。因此，从动机上说，政府部门管理者有强烈的加速推进农村就地城镇化的要求。

与此同时，政府管理者们关心的问题则是本地区的实际所能支撑的就地城镇化的速度和强度。他们必须认真评估本地区农村的发展状况适合走什么类型的就地城镇化道路；农民的收入水平能否支撑就地城镇化过程中基础设施改造、新社区建设、产业转移等所需要的各种费用支出；现有的就地城镇化方案是否符合本地区实际，能否满足大多数农民的需要，是否会造成农民沦为城市边缘人或者“伪逆城镇化”现象等问题。

2. 农村基层干部认识层次的提高

与政府部门的管理者不同，农村基层干部是农民利益的直接代表者；同时其自身作为农民，也是就地城镇化进程的直接参与者。对于就地城镇化进程，农村基层干部关心的问题主要包括以下几点。首先是收入水平，一方面，本村农民的普遍收入水平能否适应本地区的就地城镇化进程；另一方面，在农村实现一定程度的城镇化以后，农民的收入水平能否真正得到提高，是否会出现严重的贫富悬殊、两极分化等极端情况。其次是社会保障问题，由于就地城镇化必将进行产业的调整和升级，许多农民将会失去耕种的土地，转移到新的产业之中，在当前城乡社会保障体系发展尚不健全的情况下，失地农民的社会保障问题如何解决。再者是生活环境问题，在完成新农村社区的规划和建设与农民安置后，农民的生活环境是否真正得到了改善，这不仅包括水、电、气、路等硬件设施，还包括社区治安环境、物业服务质量等软环境。对以上几方面问题的认识和评估直接决定了农村基层干部对于就地城镇化问题的态度。

3. 普通农户自主意识的提升

广大农户是新农村建设和就地城镇化进程的直接参与者、直接受益者和直接利益相关者，他们的态度直接决定着就地城镇化进程的发展方向与速度，他们关心的问题也更加实际而具体。除对上述收入水平、社会保障及生活环境等问题的关注外，农户关心的问题还包括如下的方面。首先是拆迁补偿和征地补偿问题。获得合理的拆迁和征地补偿一直是广大农民的诉求。近几年来，因征地补偿问题引发的群体性事件已经占到农村群体性事件总数的65%以上，国内许多专家学者也呼吁应让农民分享土地增值收益，绝不应再利用征地拆迁继续盘剥压榨农民。因而在土地问题上能否得到公平对待成为农民关心的首要问题。其次是生活成本问题。伴随着就地城镇化过程和农户的转移安置，农户有可能面临更高的物价、更高的交通成本、更高的子女受教育成本等因素，这些新增成本能否与城镇化过程后的收入状况相匹配对他们来讲就显得尤为重要。此外还有幸福指数问题。基础设施的改善能否真正提升生活品质，农村环境的改变是否能够更好地满足农民的精神文化生活需求，幸福感能否随城镇化水平的提高而提高等也都是农户十分关心的问题。

4. 种植大户眼界的开阔和技能的提高

种植大户承包较多的土地进行农业的规模化生产和经营，可以有效降低成本、提高效益、获得规模收益，通常他们也是农村中收入较高的群体。这个群体一定程度的特殊性也决定了他们对于就地城镇化的态度和普通农户相比既有相似之处却又不完全相同。一方面，他们同样关心普通农户所关心的一系列问题；另一方面，他们对土地承包、政策导向、产业经营等问题同样十分关注。在土地承包方面，他们关注城镇化方案的规划和实施是否需要占用自己承包区域的土地，对已签订的土地承包合同的处理方式以及承包期限是否需要进行调整等问题；在政策导向方面，随着农村就地城镇化的推进，政府必将推动产业实现转型，新的产业政策之下对种植大户的扶持政策是否有变，对有转型设想(如将传统种植业与特色农业相结合，发展特色观光、农产品采摘等特色旅游业)的种植大户有无相应的扶植政策是他们关心的焦点；在产业经营方面，他们则关注农业产业化经营过程中引入的农产品特色加工企业能否与自己种植的农产品实现供求对接，便利的交通条件和相关基础设施能否降低农产品流通成本、提高自身经营效益等方面的问题。

5. 务工人员的认识及劳动成本的比较

农村外出务工人员占据了农村青壮年劳力相当大的部分，他们通常具有一定的技术和专业知识，从土地上脱离出来，奔赴各主要城市就业，寻求更高的收入。就北京地区而言，多数农村务工人员选择的工作地点是北京城区。京郊特色农业的发展及就地城镇化进程的推进将带动农村二、三产业的发展，提高对劳动力的吸纳能力，这也为外出务工人员的回乡就业提供了可能。对外出务工人员而言，对就地城镇化的认识将决定他们在外出务工和回乡就业之间的选择。

对务工人员来说，无论是外出务工还是回乡就业均可能产生如下几类成本：工作成本，指务工人员办理相关手续、参与职业培训、寻找工作的费用及相关的交通费用；生活成本，指务工人员及其家人在城市吃穿用住行的费用；教育成本，指务工人员子女接受教育的成本；赡养成本，指赡养在家的老人的成本；探亲成本，指务工人员在节假日的探亲所发生的交通费用及误工费用等。此外，进城务工还可能产生心理落差、归属感缺失、留守儿童人格培育不完善等非货币性成本。在农村完成就地城镇化，务工人员从事相似行业在城市与农村获得收益近似相等的情况下，对外出务工与回乡就业的成本比较将决定务工人员的选择。

(三)农村居民在就地城镇化问题上的价值取向

1. 生产要素参与程度的因素

(1)农民参与农业经营的意愿和能力。农民参与农业经营的意愿和能力制约着特色农业的发展和农村的就地城镇化进程。长期以来，农业生产经营效率低下、农民增收困难的现实削弱了农民参与农业生产的意愿，越来越多的农村青壮年劳力选择走出农村，进城务工，新生代农民弃农现象日趋突出。据统计，我国第一产业从业人员占社会从业人员比重目前已下降到 38.1%，北京的情况更为突出，2010 年，北京农业从业人员仅为 61.4 万人，仅占所有行业从业人员的 6%，2011 年更是降到了 58.1 万人。与此同时，劳动力老龄化局面愈演愈烈，劳动力后继乏人的情况日趋严重，80、90 后农民普遍缺乏继续从事农业生产和经营的意愿。这些都成为了北京特色农业发展和农村就地城镇化的制约因素。因此，下一步一方面要继续加大对特色农业的投入，切实以提高农业效益、增加农民收入作为农业发展的根本出发点和落脚点，增强特色农业对农民的吸引力；另一方面，必须继续发展农业规模化生产和农业产业化经营，拓展农业产业链，拓宽农业的就业面，将更多的劳动力吸纳到农业中来；此外，要加强对农民的教育培训，提升农民的素质，让更多农民能够在农业产业链中找到自身的位置，从而改变目前劳动力资源匮乏、农业发展受限的状态。

(2)政府实施的惠农政策和资金扶植。政府各项惠农政策的实施有助于降低农民的生产经营成本，提高农民的收入，从而能够调整农民的价值取向，有效提升农民参与特色农业和就地城镇化进程的积极性。近年来，北京一方面陆续出台新的支农惠农政策，另一方面全力拓宽原有政策的覆盖面，力求让尽可能多的农民获得收益、享到实惠。

在2011年的支农政策公开信中，北京市列出了十七项支农惠农政策，涉及种植业、蔬菜、畜牧、水产、农机、农民培训等多个方面。具体包括：全市范围内，在“夏淡”期间种植绿叶菜的常年种植蔬菜农户，市级财政每亩补贴现金80元；对实施秸秆机械化还田的本市农机户、农机服务组织及相关农业企业，给予每亩45元的现金补贴；对收购本市秸秆，并实施秸秆综合利用的本市单位，按实际秸秆收购量，给予每吨200元的现金补贴；对全市范围内种植大麦、小麦的农户施用拔节弱苗复合肥，按实际种植面积给予补贴，市级财政每亩补贴10元。此外，从2011年新粮上市起，粳稻最低收购价从1.05元/斤提高到1.28元/斤；对全市范围内种植水稻的农户，按实际种植面积给予补贴，中央和市级财政每亩补贴现金从76元提高到90元；对全市范围内种植蔬菜面积在10亩以上的农户，市级财政每亩补贴现金从60元提高到76元等。从实施效果来看，这些惠农政策对农业增产增效、农民增收都起到了很好的促进作用。

(3)农业技能培训和农业服务体系的建立。在农业技能培训方面，从2006年起，北京市就先后出台了《关于推进郊区农村劳动力培训与就业工作的意见》《北京市农村劳动力职业培训补贴管理办法》《关于实施培养和造就首都郊区社会主义新型农民行动计划的意见》等相关意见和办法，市级财政对农民培训的补贴力度逐年加强，再加上各区县出台的配套补贴办法，农民现在已可免费参加电工、焊工、家政等多种培训。此外，北京市还开展了教授、技术专家、青年教师、博士到村挂职或支教工程，科技入户工程，“百、千、万”林业科技培训工程，农民工培训基地建设工程，城市教师和医务人员对口支援农村工程等项目，整合了全市的科技文化教育资源，有效推动了农村教育、文化、卫生、体育等各项社会事业发展。

在农业服务体系建设方面，2011年2月，北京出台了《全面推进都市型现代农业服务体系建设的意见》，明确了“一年试点突破、两年初见成效、五年全面实现”的农业服务体系建设目标；提出了建设涵盖农业产前、产中、产后各个环节的九大服务体系，包括农业技术推广服务体系、动植物疫病防控服务体系、农产品质量安全服务体系、农业信息化服务体系、农资服务体系、农机服务体系、农业用水服务体系、农产品流通服务体系、农村金融服务体系等，为完善的现代农业服务体系的建设规划了道路、指明了方向。

2. 生活改善的影响因素

生活方面的因素主要包括农村基础设施、住房条件、社区居住环境等因素。在生活改善方面，农民的诉求主要在改善基础设施和住房条件两个方面。生活条件的改善能够在一定程度上改变农民对于特色农业和就地城镇化的认知，使他们以更积极的态度投身到就地城镇化的进程中。

2012 年，北京市投资 87 亿元，用于改善山区、棚户区农民的生活条件，工程涉及通州区、门头沟区、丰台区、房山区等四个区。2012 年 1 月，由北京住总集团工程总承包部承建的近 10 万平方米门头沟采空棚户区改造项目——石门营 A4 地块定向安置房已全部实现结构封顶，未来还将有更多的安置房竣工，周边农民的生活条件将得到进一步改善。

大兴区的魏善庄镇从村民的切身利益出发，多措并举，大大改善了村民的居住环境。到 2011 年年底，魏善庄镇已高标准完成了全镇 39 个村的村庄规划，完成了新农村街坊路硬化 78 万余平方米，使村民的出行条件得到明显改善；完成了 23 个农村文化大院的改扩建，丰富了村民业余文化生活；安装节能路灯 1300 余盏，发放绿色照明节能灯 9000 多户，完成节能房建设 106 户，节能门窗改造 290 户；完成农户改厕 5980 座，积极推广生物质气站、沼气站、户用小沼气、太阳能浴室等新能源的利用，美化了村庄环境，提升了村民生活质量；新修镇级道路 49 公里，镇级公路总里程达到 87 公里，道路交通网络不断完善，达到了村村通的目标；积极推进农村信息网络“村村通”和有线电视“户户通”工程，提高了农民休闲生活的质量。

3. 公共服务质量的因素

公共服务的质量也是影响农民对就地城镇化态度的重要因素。在就地城镇化进程中，相当一部分农民将会失去耕种的土地或者搬离原有的居住环境，如果城镇的公共服务体系不完善，使农民认为其在农村的生活优于城镇，或虽不如城镇，但因农村有土地而使其有一份固定收入，农民对就地城镇化的态度就不会很积极。

近几年来，北京一直下大力气推动城乡基本公共服务均等化的进程：搭建了农村社会公共服务事业建设工作平台，在统筹城乡、制度创新的原则下，进一步确立了城乡基本公共服务均等化制度，深入开展了医疗、养老、低保、就业、教育、文化、邮政等民生工程，轨道交通、水、电、气、网络通讯等基础设施建设不断向农村延伸，使广大农民享受到了越来越多的改革发展成果；2009 年，北京市出台了城乡劳动力就业“四项新政”，将促进城镇失业人员就业的岗位补贴、社保补贴、减免行政事业性收费、小额担保贷款、职业培训补贴政策向农村延伸，有转移就业愿望的农村劳动力被全部纳入城乡统一的就业管理服务范围；打破城乡户籍界限，将符合参保条件的本市城镇和农村居民统一纳入到城乡居民养老保险制度，并实现了缴费、待遇等标准上的城乡一致。至今，已有超过 95％的农民参加了城乡一体的居民养老保险；从 2009 年起，具有北京正式农业户口、享受农村低保待遇且无劳动能力的重度残疾人，可直接按城镇低保标准领取补贴。其中，朝阳区、海淀区、丰台区已经实现了低保待遇的城乡并轨，年低保标准达到 4920 元；完善了新型农村合作医疗制度，进一步缩小了城乡医疗保障差距。截至 2011 年，全市已有 276.83 万农民参加了农村新型合作医疗保险，参合率达到 97.65％。经过几年的努力，目前，北京城乡的就业、医疗、养老、低保、教育、邮政等公共服务已基本实现均等化，城乡一体化的新格局正在形成。

4. 农村居民就地城镇化过程中的精神需求

在特色农业发展和就地城镇化进程中，农村居民不仅要求基础设施、居住条件、社区环境、公共服务等硬件方面的改善，也需要更为丰富、更趋城镇化和现代化的精神文化生活，因此，要增加农村居民对就地城镇化的认同感，不仅应着力提高农民的物质生活水平，还应注重满足农民的精神需求。

2011 年 10 月，北京市下发《关于进一步加强新形势下农村精神文明建设工作的实施意见》，明确提出深化拓展群众性精神文明创建活动，大力繁荣发展农村文化，丰富群众精神生活，进一步构建思想观念进步、公共秩序井然、社会风尚良好、文化氛围浓郁、人居环境优美的农村精神文明建设新局面的方针；要求按照“以文惠民、以文乐民、以文育民、以文富民”的理念，开展“十个一”文明创建工程。确保每村一名文明宣传员、一个精神文明建设宣传栏、一所市民文明学校、一个综合文化活动中心、一个乡情村史陈列室、一个标准篮球场、一个乡村大戏台、一支特色文体队伍、一支志愿服务队、一个农村居民信息服务站；强调对“三农”题材文化产品创作生产的引导，组织开展文学艺术家下乡采风活动。实施“文艺演出星火工程”和“周末专场演出计划”，开展文化科技卫生“三下乡”活动和廉政文化进农村活动。组织群众开展文艺演出、体育健身、读书征文、书画摄影等活动。这些活动的实施，有效满足了就地城镇化背景下农民的精神文化生活需求，对进一步推进农村就地城镇化起到了良好的促进作用。

五、进一步发展特色农业是首都农村就地城镇化的新动力

当前优化城镇化布局和形态，加快就地城镇化管理，不断提升就地城镇化的质量和水平，是“十二五规划”对北京郊区城镇化小城镇建设的总体要求。按照“统筹规划、合理布局、完善功能、以大带小”的原则，以北京市中心区为依托，以北京各郊区县为发展重点，促进城镇协调发展，这是加快北京郊区就地城镇化进程的宗旨。

(一)北京地区就地城镇化的动力及各推动因素

1. 北京地区就地城镇化的动力

(1)以城市中心区建设为动力，带动城乡结合部地区城镇化。自1994年进行试点开始，北京地区城镇化进行开始加快，仅4年间就完成了第一道绿化隔离带工程建设，完成了128.1平方公里的土地绿化，162个村完成了部分或整体拆迁，20万农民融入了城市。2008年，以北京举办奥运会为契机，朝阳、海淀、丰台、顺义等区围绕奥运工程建设，对一批村庄实行了拆迁改造，农民搬迁上楼并得到妥善安置。2009年，为应对国际金融危机挑战，市政府实施土地储备工程，约80个村和6万户农民通过土地储备融入城市。

(2)以城市功能区建设为动力，带动农村就地城镇化。近年来，北京经济技术开发区实行了东扩和西扩工程，带动了大兴区、通州区部分农村的改造，加快了区域内就地城镇化进程。中关村国家自主创新示范区、昌平区“未来科技城”建设和朝阳区CBD东扩也将使区域内城镇化步伐明显加快。

(3)以重大产业项目建设为动力，带动农村就地城镇化。以顺义区为例，近年来，由于首都国际机场东扩、现代汽车生产基地建设、举办花博会等重点项目建设，带动了顺义区的就地城镇化进程。据顺义区统计，通过以上三大工程的带动，13个村庄实施了拆迁，近2万农民搬迁上楼，融入了城镇。

(4)以城乡结合部50个重点村建设为动力，带动农村就地城镇化。为了彻底改善城乡结合部地区农民生产、生活环境，市委、市政府按照广大农民的意愿，作出了加快全市城乡结合部50个重点村建设的决策。未来两年，随着50个重点村城镇化建设的完成，所在区域的面貌将发生明显变化，12.3万农民将融入城市。

(5)以新城和小城镇建设为动力，带动农村就地城镇化。2005 年以来，按照《北京城市总体规划(2004 年—2020 年)》的要求，北京市正在建设包括顺义、通州、亦庄等 11 个新城，实施以新城、重点镇为中心的就地城镇化战略。在新的总体规划指导下，按照疏散中心区人口和功能、聚集新的产业、带动区域发展的功能定位，新城和重点镇基础建设资金成倍增长，城镇建设速度迅速加快。按照规划，通州新城城区面积将由 42 平方公里扩大到 85 平方公里，城市人口将由目前的 36 万人扩大到 90 万人。

(6)以农民自主进行的旧村改造为动力，带动农村就地城镇化。改革开放以来，本市涌现了房山区韩村河村、昌平区郑各庄村、丰台区南宫村、通州区大稿村等一批农民自主开发、自主建设，完成农村就地城镇化建设的典型。近年来，在社会主义新农村建设中，又出现了朝阳区高碑店村、何各庄村，丰台区草桥村，平谷区挂甲峪村，延庆县小鲁庄村，密云县蔡家洼村等一批新的典型。这些村庄的农民虽然没有进入城市，但在离土不离乡的情况下，过上了城市人的生活。

2. 北京地区就地城镇化的各推动因素

(1)发展现代农业和增加农民收入是推进农村就地城镇化的关键。农村就地城镇化的推进必须以农民收入的增长为依托，而现代农业的发展则是农民收入增长的主要途径。因此，在就地城镇化进程中必须牢牢扣住农业增效、农民增收这条主线，以现代农业的发展为抓手，以农民收入增长为落脚点，在农业增效益、农民得实惠的过程中不断推进农村的就地城镇化。

就北京地区而言，现阶段应继续发挥自身独特的区位优势和强大的辐射带动作用，推进都市型现代农业的发展。要按照多功能化、现代化、集约化、市场化的要求，按照市场化导向、产业化经营、区域化优势、生态化发展等原则，做好农业产业结构优化、观光休闲农业的发展、特色农产品的推广、农业综合生产能力的提高、农产品质量和品质的提升、农业规模化生产和产业化经营水平的提高、农业现代流通体系的建设、农业生态环境的改善、农业社会化服务体系的构建、农业信息和科技化水平的提升等工作；要及时根据经济社会的发展变化趋势，调整农业的发展方向，拓展农业的发展空间；要积极运用现代化手段，加快农业的结构调整和功能转变，推进农业现代化，推动农业增质增效，带动农民增收。此外，还应进一步创新特色农业的发展机制，加强特色农业的科技支撑和政策支撑体系建设，建立组织协调工作制度，为推进北京都市型现代农业的发展提供全方位的保障。

(2)以提高农民素质为根本，尊重农民主体地位。农民既是农业生产经营活动的直接实践者，也是特色农业发展的直接受益者和农村就地城镇化的直接参与者。因此，要实现现代农业的快速发展和城镇化进程的扎实推进，实现农民生产方式、生活方式和思维观念的现代化就显得尤为重要。一个时期以来，伴随着北京地区特色农业的发展，农民的生产生活方式和思维观念都有了较大的转变，多数农民已经能够适应新形势下对农民素质的新要求；但不可否认，受历史和传统因素的影响，仍有部分农民竞争意识不强，从事现代农业技能不足，尚不能完全适应现代农业的发展要求。

针对这种情况，一方面，必须进一步尊重农民的主体地位，发挥农民的主人翁作用。要将提高农民收入、维护农民权益贯穿特色农业发展和就地城镇化进程的始终，切实搞清楚农民的所思、所想、所盼，从农民根本利益出发对发展进程科学合理规划、对实施步骤深入细致落实，真正找到农业发展和农民增收的契合点。另一方面，要以农业现代化、农村城镇化和农民知识化为目标进一步加强各类培训，切实提高农民素质。必须进一步完善政府、社会和农户多方参与的培训运行机制，健全培训体系，通过文化知识、市场经营、专业技术等方面的培训使农民素质得到全方位提高。同时要注重与农业生产经营龙头企业合作，有针对性地对农村劳动力进行就业技能的培训，从而加快农村劳动力的转移。此外，还应注重发挥农村各基层组织的作用，加大宣传教育力度，促使农民转变旧观念、接受新思维，全身心投入到发展特色农业、推进就地城镇化的进程中来。

(3)强化政府的指导和服务职能，发挥政府的主导作用。鉴于我国农业发展尚不成熟、农村市场机制尚不完善的实际状况，当前和今后相当长的一个时期内，特色农业的发展方向和农村的就地城镇化进程仍将由政府主导。因此，在未来特色农业的发展和就地城镇化进程中必须进一步强化政府职能，发挥政府的主导作用。一方面，必须继续加强对“三农”的扶持力度，制定惠农政策，加大资金投入，保障农业效益的持续提高和农民收入的持续增加；另一方面，政府还应在多个领域持续发挥引导和带动作用，如制定特色农业发展规划、优化产业结构和农业产业布局、明确区域功能定位、推进特色农业规模化生产和产业化经营、促进农业龙头企业和农户对接、加快农业基础设施建设、推动农业机械化、完善农业生产体系和农产品标准化体系、建立现代化农产品流通体系、发挥特色农业的生态效益、提高特色农业的科技含量和信息化水平、建立科学的农村土地流转机制等。此外，政府还应注重对农民思想观念的引导，力求通过对就地城镇化的宣传，帮助农民转变传统观念，提升农民参与特色农业经营和就地城镇化进程的积极性。

(4)推进农村综合改革，健全农村社会保障体系。农村社会保障体系的不完善给农民带来的不安全感一方面限制了农民农业生产中的投入，从而导致农业的规模化生产和产业化经营难以实现，另一方面也制约了农民的消费，影响了农民生活水平的提高。此外，农村社会保障体系的不完善也是影响农民参与就地城镇化积极性的重要因素。因此，在今后特色农业的发展过程中，必须注重建立完善的、覆盖范围全面的农村社会保障体系，以消除农民的后顾之忧，从而推进农村的就地城镇化进程。具体包括：继续完善新型农村社会养老保险制度的运行模式，扩大覆盖面；制定适合农民特点的养老保险办法，解决养老保险关系跨社保统筹地区转移接续问题；健全失地农民的社会保障制度，确保失地农民的基本生活得到长期保障；完善农村最低生活保障制度，加大各级财政对农村最低生活保障补助力度，提高农村低保标准和补助水平；落实农村五保供养政策，保障五保供养对象权益等。此外，还应注重完善农村受灾群众救助制度，落实军烈属和伤残病退伍军人等优抚政策，发展社会福利和慈善事业，发展农村老龄服务，加强农村残疾预防和残疾人康复工作等。

(二)北京地区农村就地城镇化的策略

发展首都特色农业，加快北京地区农村就地城镇化步伐，应加快推进城乡结合部城镇化建设、重点小城镇建设、郊区农村基础设施和公共服务设施的建设。目前北京实施力度还不够，要加快京郊就地城镇化进程，单纯靠市场力量是无法有力有效推进的。必须依靠政府来改变不合理的既有政策和制度，提供有利的配套政策措施。因此，针对推进北京地区农村就地城镇化问题，我们提出以下策略。

1. 农村发展模式应由外延式向内涵式转变

过去北京地区农村的发展模式，实际上是一种“无序均衡”的发展模式，即无序竞争和平均发展的模式，它导致城乡建设布局混乱、资源浪费严重。今后北京农村的发展，应努力向“有序非均衡”发展模式转变，即打破旧的无序均衡发展模式，立足于大城市的整体发展战略，进行统一规划，有重点地建设，结合各区县的区位条件、资源禀赋和产业结构等比较优势，从而实现资源的优势互补及大城市资源的优化配置，进而以此加大城市郊区的城镇化进程。

北京郊区农村的有序发展，离不开大城市中心城区与郊区规划建设的有序，各区域之间发展的有序，这种模式突出的是新城和中心城镇建设，以实现集聚经济、规模效益及自身特色。今后在制定政策上，应以实现“有序非均衡”发展模式为重要前提，加快京郊城镇化进程，改变过去长期在中心城区独立发展，割裂城市与城乡结合部均衡发展的相关政策导向。

2. 完善首都的总体城市规划

北京郊区的发展不可能离开区域的全局性考虑，真正的城市规划是在区域规划指导下的可操作性的规划。实现北京地区城乡发展的均衡性与协调性，需要制定科学可行的城市规划，尤其要完善科学的区域规划，加强城乡之间、城乡基础设施建设之间、建设布局与资源环境之间的空间综合协调，以顺利实现郊区功能、空间整合以及京郊城镇化合理有序的推进。农村的单个的区域规划必须服从城市群体的地域规划布局，以避免重复布局与建设，使各郊区县能够成为功能各异、特色鲜明、相互协调、优势互补的复合型经济体。

通过总体规划、协作建设，可以降低北京郊区城镇化的建设成本，进而实现中心城区与郊区建设的无缝对接，以实现区域间功能的优化配置，避免无序竞争。

(三)以郊区特色经济为依托推动农村就地城镇化

首都农村在推进城镇化进程的过程中，应以自己的优势来选择支柱产业，抓住已经或正在形成的特色产业，一业为主，多业驱动，给城镇化以有力的经济支撑。尤其是发展具有地方特色的支柱产业，提高产业化水平，把郊区城镇化进程与农业产业化、农产品市场建设及发展乡镇企业结合起来。

1. 基于北京郊区的资源优势分析

郊区可大力发展干果鲜品及副食业。北京郊区在城市整体功能中担负供给首都肉、禽、鱼、奶、茶、水果等鲜活农产品及其制成品的职能。其中，干鲜果品生产占主导地位，且上述产品同时也为中心城市的工业特别是轻工业提供原料。京郊的干鲜果品(尤其是特产鲜果和干果以及绿色食品)占有绝对优势，特别是密云、平谷、怀柔一带以核桃、板栗为主的干果，以桃、苹果、梨为主的鲜果以及以红肖梨、山楂为代表的特色果品，在北京市场上都受到了极大的欢迎。

2. 基于京郊丰富的旅游资源分析

可利用其人文景观、自然景观、生态和文化的多样性大力发展郊区旅游业。将森林资源的保护、生态环境的建设、珍稀动植物的开发和旅游相结合，形成集寻幽、访古、科考、休闲娱乐等多种形式为一体的生态旅游形式。另外，也可结合郊区特色农业的生产，发展农业观光旅游，积极开发与特色旅游相配套的商品，诸如特色农产品、郊区土特产、小饰品、纪念品等。郊区旅游业的发展在一定程度上可以带动远郊区第三产业的发展，如郊区服务业、商业以及建筑业等。

（四）提高劳动力素质为就地城镇化注入活力

针对首都郊区人口文化素质相对较低、干部群众观念落后，以及京郊城镇化进程缓慢的现状，应意识到人的因素在郊区城镇化建设过程中起到的至关重要的作用。

1. 做好农村劳动力的转岗、再就业培训

郊区应重视农村劳动力转岗、转移就业职业培训工作，有计划、有重点、分步骤地开展农村人力转岗培训，开发相关课程和教材，研究制定科学的教学内容和教学方法，增加资金投人。通过举办培训班、开展远程教育、提供免费信息和技术查询等多种形式，提高农民的技术知识水平，开拓他们的视野。

在城镇化进程中，可考虑大力引进高层次人才，每年接收一定数量的大学本科毕业生和专科毕业生到乡镇基层工作，以尽快提高郊区干部的整体素质。

2. 构建多元化人力资本投资体制

改革传统的一元化人力资本投资体制为多元化人力资本投资体制。一方面，国家承担最基本的人力资源开发投资和面向弱势群体的人力资源开发投资，具体应由政府部门从以下 3 个方面对人力资源进行投资：

(1)保健投资，即对医疗、卫生、营养、保健等服务进行投资，以恢复、维持和改善人的体力精力，从而提高人的生产能力；

(2)教育投资，即以一定费用去获得各种正式或非正式的学习场合系统地接受初等、中等、高等教育和职业培训的机会；

(3)人力迁移投资，即花费一定的费用进而实现人口与劳动力在地域间或产业间的迁移与流动，变更就业机会。另一方面，鼓励家庭、个人和企业进行更高层次的人力资源开发投资，以形成各自不同的特殊人力资本的投资渠道。

（五）城市扶持农村以形成就地城镇化的规模效益

1. 以规模经济推动新农村的发展

由于北京郊区乡镇及村镇数量过多，规模过小，难以形成规模效益。只有突破行政区划界限，整合邻近乡镇和村镇的力量，才能加大中心城镇建设和促进郊区人口的聚集。

加强新城建设力度可以疏解中心城区的人口和功能，扩大城区对广大农村的辐射，促进农村居民就地城镇化，节省成本。新城是首都中心城区功能在郊区的延伸，发展新城要找准新城定位，同时处理好新老城之间的关系。北京新城的发展可依托目前区位条件优越的通州、大兴、房山、顺义建设新城，以引导中心城区人口和功能疏解。郊区新城的发展要以交通为先导，实现市域范围内高速公路网，加快新城与中心城区之间的快速干道建设，同时，加强新城之间的联系，以使其尽快承担并发挥出吸引中心城区人口和疏解中心城区功能的“反磁力”职能。最终通过政府部门、法制机构、规划师和城市市民的共同努力，建设出具有规范的技术操作体系、严格的控制体系和健全的法律体系的新城。

2. 发挥金融对就地城镇化的有效支持

国内外城镇化建设的经验表明，财政政策对城市规划和建设有直接和广泛的影响，如发行城市建设债券，扩大县级政府的事权和财权，减免扶持产业和项目的税收等。北京郊区城镇化的基础设施和公共服务设施建设应遵循科学决策、统一规划和市场化运作的原则，实行建设投资的多元化、市场化、规范化，发挥各类投资者、经营者共同建设城市的积极性。应当逐步开放城市建设领域，逐渐改变由政府包揽城市建设的做法，按照“政府引导、市场运作”模式，逐步开放城市建设的投资领域，引导、鼓励社会力量直接投资城建，形成多元参与的城市建设融资格局。建设多元化资金筹集模式，要在争取更多国家和市级建设资金投入的基础上，依据“谁投资谁收益、谁开发谁经营”的原则，积极探索 BOT(建设——经营——转让)方式和 TOT(转让——经营——转让)方式等特许权经营，吸引更多社会资本参与城市基础设施和公用设施建设。

参考文献

[1] 北京市统计局、国家统计局北京调查总队编：《北京统计年鉴.2011》，北京：中国统计出版社，2011 年。

[2] 王振如、钱静：《北京都市农业、生态旅游和文化创意产业融合模式探析》，《农业经济问题》，2009 年第 8 期。

[3] 钱静：《都市农业、生态旅游和文化创意产业融合研究——以北京市房山

区青龙湖镇产业结构创新为例》，《北京农业职业学院学报》，2009 年第 2 期。

[4] 李瀛、沈一鹤：《浅谈都市农业对中国发展的影响》，《西北工业大学学报》（社会科学版），2009 年第 4 期。

[5] 马俊哲：《都市农业与京郊农业产业结构调整》，《北京农业职业学院学报》，2004 年第 1 期。

[6] 璐羽、孙小圣、李红：《发展北京都市农业产业集群的建议》，《科技导报》，2012 年第 26 期。

[7] 耿东梅、李云伏、杨国航：《北京都市型现代农业作物科学发展的思考》，《作物杂志》，2011 年第 2 期。

[8] 中共乐清市委党校课题组、吴金汉、陈振宇：《乐清市农村就地城市化的现状、问题及建议》，《中国城市经济》，2012 年第 3 期。

[9] 姜爱华、马静：《北京市城乡结合部社会保障的问题与对策研究》，《中国行政管理》，2012 年第 8 期。

[10] 张艳华、沈琴琴、张原、李洪坚：《北京市农村常住人口就业结构演变及趋势判断》，《中国经贸导刊》，2010 年第 3 期。

[11] 于爱芝、程晓曦、刘莹、丁新萌：《北京都市农业的战略定位与路径选择》，《城市发展研究》，2010 年第 9 期。

[12] 刘彦、张旭、郑策：《我国特色农业发展现状及未来趋势》，《中国畜牧杂志》，2012 年第 16 期。

[13] 崔茂森：《特色农业产业化与品牌化的协同关系研究》，《安徽农业科学》，2012 年第 24 期。

[14] 钱淼、王伟：《农民专业合作社对特色农产品品牌建设的作用》，《青岛农业大学学报》(社会科学版)，2008 年第 2 期。

[15] 王燕、魏国辰：《北京特色农产品物流配送现状与发展趋势分析》，《中国集体经济》，2009 年第 3 期。

[16] 王丽珍：《北京郊区特色果蔬农产品交易途径现状及思考》，《北京农业职业学院学报》，2012 年第 4 期。

[17] 闫万祥、王剑利：《农业规模化生产经营必须重视的几个问题》，《北京农业》，2012 年第 21 期。

[18] 刘洁、祁春节：《我国农业合作社制度创新的动力机制及完善对策》，《农业现代化研究》，2011 年第 2 期。

[19] 彭文英、杨燕英、徐丰：《城乡统筹背景下农村基础设施建设管理问题——以北京市为例》，《中央财经大学学报》，2012 年第 6 期。
[20] 吴晓展、彭文英、彭美丽：《北京城市发展新区村庄基础设施问题研究——以房山区为例》，《经济研究导刊》，2011 年第 3 期。
[21] 何国俊、徐冲：《城郊农户土地流转意愿分析——基于北京郊区 6 村的实证研究》，《经济科学》，2007 年第 5 期。
[22] 伍勤忠：《新产业 新民居 新生活——北京平谷区以乡村旅游推进新农村建设纪实》，《中国乡镇企业》，2007 年第 3 期。
[23] 吴智泉、陶春：《发展北京农村职业教育的意义与对策研究》，《中国电力教育》，2010 年第 27 期。
[24] 徐丹丹、杨静、孟潇：《北京农村公共产品供给的优先次序选择》，《管理学刊》，2009 年第 5 期。
[25] 陈俊红、尹光红：《论北京构建都市型现代农业社会化服务体系》，《沈阳农业大学学报》(社会科学版)，2010 年第 5 期。
[26] 张文茂：《北京“三农”发展趋势》，《前线》，2011 年第 9 期。
[27] 蔡国斌：《深化农村综合改革的建议》，《北京观察》，2008 年第 7 期。
[28] 翟年祥、项光勤：《城市化进程中失地农民就业的制约因素及其政策支持》，《中国行政管理》，2012 年第 2 期。
[29] 夏唐耀：《社会主义新农村建设中农民主体作用的研究》，江西农业大学硕士学位论文，2011 年 6 月。
[30] 张峰：《培育新型农民构建社会主义和谐农村》，《和田师范专科学校学报》，2008 年第 1 期。
[31] 黎元生：《农业产业组织创新：政府职能定位与行为边界》，《当代经济研究》，2006 年第 2 期。
[32] 徐永祥主编：《中国农民收入研究》，南昌：江西科学技术出版社，2007 年。

课题负责人：孙咏梅(中国人民大学中国经济改革与发展研究院　副教授)

北京农村社区防灾减灾能力建设研究

刘亚娜

中国是一个农业大国，农业在整个国民经济中发挥着至关重要的作用。农村社区化建设，直接关系到农村向城市转型过程中的经济可持续发展和社会稳定，农村的防灾减灾工作是政府和全社会面临的重要课题。党中央和国务院高度重视农村社区的防灾减灾工作，把降低农村社区的灾害风险、加强农村社区减灾能力建设纳入了国家发展规划。2007 年 8 月，国务院颁布了《国家综合减灾“十一五”规划》，把“加强城乡社区减灾能力建设”和“社区减灾能力建设示范工程”作为八大任务和八大工程之一。2008 年 10 月 12 日，党的十七届三中全会通过的《中共中央关于推进农村改革发展若干重大问题的决定》用一个完整章节篇幅部署“加强农村防灾减灾能力建设”，这体现了党对农村防灾减灾工作的高度重视，也体现了农村防灾减灾工作在农村经济社会发展乃至国家现代化建设全局中的特殊重要性。

一、农村社区化建设概述

(一)农村社区的内涵

社区的概念不是一个新的命题，对社区的定义也往往归结于社会生活的共同体。大体上都包括三种要素，即地域、交往和价值，社区是以共同居住的地域为基础，具有共同的社会联系和价值认同的社会生活共同体，是一种地方性社会。① 与城市社区相比，农村社区具有更广阔的地域，在人口聚集程度、生活方式和价值观念上都有着自身的特点。在单纯社会学意义上，农村社区既是社会的最简单形式，又是一种自然状态，这种社区实际是一种传统农业形态下的社区，其主要特征表现为成员对本社区具有强烈的认同意识，

① 徐勇：《在社会主义新农村建设中推进农村社区建设》，《江汉论坛》，2004 年第 4 期。

重感情、重传统，相互了解。①

我国学者对传统农村社区的界定强调其以农业生产为主，人口密度低、数量少等特征。娄成武等所著《社区管理》一书中将农村社区表述为以农业生产为重要谋生手段的人口为主的、人口密度和规模相对较小的社区。② 于显洋认为农村社区以农耕为主要生产功能或生活方式，以村落为居住方式，而且村落的规模通常较小。③

新型农村社区与传统农村社区在内涵上有所不同，马芒认为新型农村社区的概念要反映农村社区的基本职能，揭示城乡社区的区别和联系，以及反映市场经济条件下农村城镇化和工业化的要求。④ 项继权认为"建国以来，我国农村基层组织与管理体制经历了从社队制、村组制到社区制三次重大改革。农村社区正在从生产和行政共同体向社会生活共同体转变"⑤。徐勇指出传统农村社区是靠文化维系的共同体，新型社区则是具有多样性共同联系的地域共同体。⑥ 国务院发展研究中心农村部张忠法研究员认为，农村新型社区的规模介于小城镇和农村之间，适合安排就业和创业，土地利用集约，生态文明建设到位，环境整治卓有成效，社区服务水平较高。

从地域范围讲，农村社区在传统的行政村、自然村以及乡镇行政区域内，很多情况下社区的形成具有人为和行政的因素；在内容上，包含了农业生产方式、农民生活习惯和思想观念；在功能上，除却强调农村社区的社会生活共同体的内涵以外，基层社区组织、社区公共服务、社区经济发展和社区资源的统筹利用等内容也成为农村社区建设的内容。可见，农村社区已经超越单纯的社会生活共同体概念，而具有生产、生活、服务和发展的多重内涵，因而农村社区更是一个复合的共同体。在农村社区建设的试验中，不同的实验县(市、区)主要以地理区位(城郊结合地带或者集镇中心)、资源优势(生态

① 中国大百科全书总编辑委员会《社会学》编辑委员会：《中国大百科全书》(社会学)，北京：中国大百科全书出版社，1991年版，第206页。

② 娄成武、孙萍主编：《社区管理学》，北京：高等教育出版社，2006年版，第2页。

③ 于显洋：《社区概论》，北京：中国人民大学出版社，2006年版，第38页。

④ 马芒：《农村社区发展的特征与功能》，《中国发展观察》，2005年第10期。

⑤ 项继权：《从"社队"到"社区"：我国农村基层组织与管理体制的三次变革》，《理论学刊》，2007年第11期。

⑥ 徐勇：《在社会主义新农村建设中推进农村社区建设》，《江汉论坛》，2007年第4期。

旅游或者农业产业)、经济发展水平等作为评判的标准，开展农村社区建设试验。按照农村社区的功能定位，又可以大致分为管理型社区、服务型社区和综合型社区。而从社区规模、组织调整和农村社区布局来看，农村社区建设试验主要可以分为“多村一社区”“一村一社区”“一村多社区”三种模式。[①] 按照地域相近、规模适度、有利于集约配置公共资源的原则而形成的“多村一社区”模式有效地实现了农村资源利用和公共服务供给的“规模经济”，但是却面临着社区定位和理顺管理体制的问题；“一村一社区”虽然对管理体制和基层组织没有带来太大的困难，但传统的村落管理形式却未必能满足农村社区发展的需要，也难以实现公共服务的规模经济；“一村多社区”在传统村落基础上建立社区组织，发挥互助优势，但却使资源更加分散。

(二)农村社区在新时代的功能定位

农村社区化建设尚处于一个探索、实践的阶段，不同的地区在推进农村社区发展中，基于不同的发展理念，农村新型社区的功能定位也不尽相同。

第一，管理功能。一是自我管理功能。新时代背景下，建立农村社区的目的就是要扩大基层民主，实现村民自治。二是经济管理功能。农村社区不管是何种模式形成，都不可避免地存在一定的集体资产，涉及土地、厂房、资金等，在实际运行过程中必须对原有的集体资产进行产权界定，进而选择合适的市场化运作方法，如股份合作制等，以确保资产保值增值，从而更好地提升公共服务和社会保障的水平。三是社会事务管理功能。新型农村社区形成后，从原来分散居住到集中居住，生活方式、生活习惯会存在适应过程，因而社区的社会事务管理会成为一项重要工作。必须加强对社区的环境卫生、社会治安等社会事务的管理，维护社区良好的生活秩序。

第二，保障功能。农村社区是各种农村社会保障的基础环节，新型农村社区要承担起发展本社区的社会保障和福利事业的功能，同时要提供就业岗位，解决他们的民生问题，使村民在新家园中能安居乐业。

第三，聚集功能。农村社区的集聚效应体现人口集聚、经济集聚与公共资源集聚效应。

第四，传承功能。农村社区建设中，必须传承原有农村特色及优秀的传统文化，开展丰富多彩的文化活动。

---

① 杨炳珑：《农村社区建设体制机制研究》，http：//zqs. mca. gov. cn/article/ncsqjs/llyj/201001/20100100055884. shtml，2010 年 1 月 22 日。

（三）农村社区化建设的实践及重要意义

民政部在《关于在全国推进城市社区建设的意见》中指出："社区化建设是指在党和政府的领导下，依靠社区力量，利用社区资源，强化社区功能，解决社区问题，促进社区政治、经济、文化、环境协调和健康发展，不断提高社区成员生活水平和生活质量的过程。"农村社区化作为村民自治后我国农村的又一开创性改革，既有传统社区的地域性、生产性和同质性特点，也强调农村社区的功能，如公共服务职能、激发居民参与、整合社区资源、构建社区文化、倡导生态发展等，旨在实现和城市的公平对接，加强农民和国家基层政权的良性互动，为新农村建设提供重要平台，为统筹城乡发展提供基础。农村社区化建设的主要内容包括完善农村基本服务、健全村民自治制度、营建文明乡风。① 农村社区化建设加强农村基础设施、环境治理、社会保障和公共产品体系建设，以及各项公共管理服务和村民自治建设，突出社会协同和群众参与，整合社区资源，改变传统的自上而下的单一治理模式，形成上下互动的全新治理格局，促进农村经济、政治、文化、社会的协调、健康、有序发展，能加强农村的社会建设，实现政府职能从管理向服务转变。同时，通过农村社区化培育内生性的民间组织，能承接原来行政组织的职能，推动村民自治向居民自治转化，基层民主自治将更具广泛性、适应性和充满活力；另外，农村社区作为全新的社会共同体，能够密切党群、干群关系，提高基层组织的凝聚力，有利于服务型政府的构建。②

（四）当前农村社区化建设存在的主要问题及发展思路

随着农村社区化建设的不断深入，我国农村基础设施得到了极大的改善，农民参与社区建设的热情有了很大提高，农村资源得到了有效整合，文化建设不断加强，降低了国家提供公共服务的成本，农村正由生产共同体向生活共同体转变。然而，在具体建设过程中仍存在许多不足。

一方面，在我国农村社区的建设过程中，政府干预社区的发展，在一定程度上使新兴农村社区失去了自主发展、自治管理的意义，自治的社区组织成为政府的另一个延伸。另一方面，农村社区组织尚不健全。农村社区组织是农村社区建设的核心，是农民广泛参与社区活动、村民自治和管理服务的

---

① 赵乐：《浅析农村社区化建设中的政府责任》，《经营管理者》，2010 年第 1 期。

② 蔡勇志、郭铁民：《福建"六大员"与农村社区化建设对接的思考》，《福建论坛》（人文社会科学版），2009 年第 4 期。

有效载体。目前，我国农村组织仍然比较混乱，职责分工不明确，整体的功能得不到充分的发挥。第三，资金投入不足，基础设施薄弱，与城市公共服务差距甚远。政府对农村社区建设的投入尤其是资金投入不足已成为制约农村社区建设的重要因素。农村社区中道路、水电、通讯、广播、电视、网络、文教等为民服务的基础设施还相当缺乏，社区警务室、医疗站、商场、娱乐场所等的建立尚不完全配套。与城市相比，通过社区能享受到的社会保障、社会救助、文化教育、卫生保健、综治警务等公共服务、社区志愿互助服务、市场化的便民利民生活服务和物业管理服务相对比较薄弱。

在农村社区化建设过程中，首先，政府应发挥导向作用，在转变观念、加大投入、完善职能的基础上，加大农村社区基础设施建设力度，改善社区居住环境。采取有效措施，不断提高公共服务能力和水平。其次，扩大农村基层民主，完善村民自治管理。政府加强社区自治的法制化与规范化建设，健全完善自治政策法规和实施机制，形成社区自治组织指导下的居民自我服务、自我教育和自我监督。①第三，完善基层组织队伍建设，提高社区管理者的管理水平，发挥党员的模范带头作用，充分挖掘和发挥农村社区的各种人才资源，调动社区群众的积极性和创造性，最大限度地把各种力量凝聚到农村社区建设中来。

二、农村社区防灾减灾建设的必要性和重要意义

(一)社区防灾减灾能力建设的提出

灾害属于影响范围广、破坏性大、损失严重的危机。灾害特征主要表现为：第一是高度不确定性，由于诱发灾害的因素多种多样，因此，灾害的发生时间、层次和潜在影响都难以为人们所预料；第二是公共性，灾害往往会损害公共利益和威胁公共安全，即使灾害事件发生在某些特定区域，也会因为灾害的扩散性和潜在危害性，引发整个社会的关注；第三是突发性和紧急性，灾害事件爆发前，灾害诱发因素有一个积累的过程，但由于诱发因素的特征信号不强和人们信息收集、处理能力有限等原因，灾害的诱因难以为人们所发现，尤其是自然灾害，在爆发时人们会感到灾害是突然出现的，由于灾害突然出现，人们往往缺乏必要的准备，需要进行紧急处置来阻止灾害蔓

---

① 李雪强、王晓玲：《论政府在新农村社区化建设中的角色错位及矫正》，《农业考古》，2009 年第 3 期。

延；第四是极大的危害性，灾害往往会危及社会成员的生命及财产安全并对社会的政治、经济、文化造成巨大冲击，威胁到公共安全。①

灾害的不确定性、突发性、危害性、影响的传播性等特点对政府的危机管理能力提出了严峻的挑战。减灾防灾就是人类社会通过采取各种相应的行动和具体措施来达到减轻灾害影响的目的的活动。通过减灾防灾手段，避免或减少灾害的发生，从而减少灾害损失。如在大江大河的沿岸修建堤防工程，可抵御洪水灾害，保护沿岸耕地和人民群众生命财产安全，减少洪水灾害损失；在有条件的地方修建水库工程，汛期可拦蓄雨水，旱期可开闸灌溉，实现水资源的跨年度调节，提高防灾减灾能力，减少干旱灾害损失。减灾防灾有利于可持续发展。灾害学中有一条重要的灾害可减性原则，就是对自然因素造成的灾害，可以通过努力防治而减轻其损失程度，而且对非自然因素造成的灾害也可以通过控制而减轻损失。

社区是展开危机预防和应对的最基层的管理组织，它既能依靠行政组织网络延伸的力量，协助基层政权实施危机中的社会动员，又能利用自治的组织特性，组织社会力量参与防灾减灾，满足当地的需求、维护居民的利益。社区往往能够准确地掌握基层信息，有力地进行资源整合，与居民进行有效的灾害应对的沟通。更重要的是，社区在防灾减灾工作中具有迅速反应、及时行动的优势。

防灾减灾型社区是现代社会发展中产生的概念。2001 年国际减灾日的行动口号是“发展以社区为核心的减灾战略”，“以社区为核心的减灾战略其主导思想是依靠社区组织，在政府和非政府的协助下，动员所有居民参与社区防灾减灾建设”。美国联邦紧急事务管理局将减灾型社区定义为，长期以社区为主体进行减灾工作，促使社区在灾害来临前做好预防灾害的措施，以降低社区的易致灾性，避免让灾害变成灾难事件。2010 年 5 月 12 日“全国防灾减灾日”的口号是“减灾进社区”。“社区减灾”指的是活跃在社区里的各个主体，居民、企业、民间组织、基层政府等结成一种合作关系，在灾害面前具备基本的自救、互救能力。灾难发生后，在正式的救援机制启动之前，社区内部的社会网络与社会关系作为一种非正式制度可以暂时起到填补正式制度真空的作用。世界各国减灾政策的重点之一是重视以社区为中心的灾害管理。1989 年，世界卫生组织（WHO）在首届事故与伤害大会上通过的《安全社区宣言》中

① 蔡葳：《危机管理中的社区功能探析》，复旦大学硕士学位论文，2009 年 4 月。

就界定了"安全社区"的标准。1994年在日本横滨召开的第一次世界减灾大会明确提出了"社区减灾"的各项任务，认为在任何人都有享受安全权利的基础上，安全社区应当拥有保障安全的意识、技能、设施条件、预警系统、预防体系和工作网络。1999年在瑞士日内瓦召开的第二次世界减灾大会的管理论坛强调要关注大城市及都市的防灾减灾，尤其要将"社区"视为减灾的基本单元。社区是防灾减灾的"第一现场"，对防灾减灾工作具有重大意义。

(二)农村社区防灾减灾能力建设的必要性

第一，农村自然灾害风险大，对防灾减灾的需求尤为迫切。自然灾害发生时，农村地区抢险救灾压力大。随着全球气候变化和人类社会经济活动的加剧，自然灾害发生的种类增多、频率增大、破坏力增强，造成损失严重，我国面临的自然灾害风险日益增大，极端气候事件和巨灾频繁发生。① 就地震灾害而言，据对公元前2300年至公元2000年的历次强震统计分析表明，我国大陆历史上强度达到或超过8级的强地震共有16次，只有1976年7.8级唐山大地震发生在城市，其他的15次均发生在农村乡镇。"5·12"大地震震中也是位于四川省阿坝自治州汶川县映秀镇西偏南十多公里外的农村地区。

第二，加强农村防灾减灾能力建设是基于农村防灾减灾的严峻状况而提出的紧迫任务。相对于城市而言，农村防灾抗灾力量弱，主要体现在：一是许多农村防灾抗灾基础设施建设还有待进一步加强；二是不少农村灾害监测预警预报体系不健全，灾害应急指挥和救援体系不健全；三是广大农民群众灾害自救、互救常识普及不够，公众防灾减灾宣传教育亟待加强；四是农村地区的许多公路、铁路、桥梁、电力、通信等基础设施和机关、学校、医院、供水、供气等公共设施，以及绝大多数民房建筑质量标准不高，缺少应急避险场所，抵御自然灾害的能力有限；五是我国病险水库以及小煤矿、小金属和非金属矿山、小化工、小烟花爆竹等高危小企业几乎全部在农村，灾害隐患多。日益复杂、严峻的灾害形势，不容乐观的农村防灾减灾工作状况，迫切要求我们必须加强农村防灾减灾能力建设。②

第三，社区是社会生活的基本单元，是灾害"第一现场"。社区不仅第一时间要直接面对灾害，也要第一时间处置灾害。社区在综合减灾能力建设方

---

① 黄锦鹏、周汝文、肖启：《新形势下加强我国农村防灾减灾工作的思考》，《湘潮》(下半月)，2011年第5期。

② 李学举：《加强农村防灾减灾能力建设》，《中国减灾》，2008年第11期。

面，扮演并发挥着独有的减少人员伤亡、减轻灾害损失的重要角色和作用，社区能提供最初的救援和急救，减少灾害风险的能力不可低估。在唐山大地震中，据统计，地震共造成60万人被压埋，占当时唐山市人口的86%，其中20万～30万人通过灾害发生时的自救脱险，30万～40万人由邻里亲戚互救脱险，1万人由解放军救助脱险。①

（三）农村社区防灾减灾能力建设的重要意义

第一，在空间上有利于弥补政府应急覆盖范围的有限性。我国自然灾害具有种类多、发生频率高、分布地域广等特点，而农村地区地域相对广阔，人员相对分散，灾害发生时，迫切需要农村社区的村民防灾减灾组织以组织化的形式帮助村民自救来减少灾害的损失。在常规的社区管理中通过有组织的预防、培训、演练，以及在灾害中统一的应对和灾后有序的恢复与重建，可以避免单个村民应对自然灾害中的势单力薄、混乱无序的困难。

第二，在制度设计上有利于弥补政府防灾减灾信息的不充分性。我国农村地域广阔，各地区差异大，不同地区的村庄都是具有一定自然、社会、经济和文化特征的独立社会单元，彼此之间具有一定的异质性，因此，政府制定的政策、措施必须与当地实际相结合。大多数农民长期生活在自然环境复杂且艰苦的环境中，在生存和发展的压力下，他们拥有相当丰富的生产技能和生存发展技能，即所谓的“乡土知识”。而防灾减灾的科学知识和能力的宣传教育要与当地自然文化特点的“乡土知识”相统一，在防灾减灾规划政策和规划设计的制定中注重当地村民的参与，充分听取其意见。在切实结合农村社区的本土化特点的基础上，有效组织村民，使村民的活动能与政府部门相关政策、措施相配合。

第三，在时间上有利于缓解政府应急救灾的滞后性。突发事件发生时，如果有组织地指导灾民安全避难、应急抢险，救灾抢险效果将更加显著。在政府应急救助的过程中，从灾害发生到逐级上报，再到政府采取应急的行动，行政程序的局限，再高效的政府也无法弥补灾害初期的应对空白。通过农村社区的自身防灾减灾工作，能有效缓解政府应急救灾的延迟性。

第四，在实施过程中有利于培育和发挥村民的主体性。社会主义新农村建设中一直强调重视和发挥村民的主体性和主动性。在农村防灾减灾实践中，农民既是直接的受害群体，也是积极有效的应对主体，灾害的损失能激起他

① 张晓宁：《中国的社区减灾政策》，《中国减灾》，2010年第5期。

们积极预防、有效应对、恢复重建的热情，可以承担起应有的责任。农村社区组织能将其义务和责任通过组织化的形式统一起来，体现出村民对本社区村庄建设的主体性。①

三、北京农村社区防灾减灾能力建设概述

(一)北京农村社区建设概况及主要特点

农村社区既要承接城市功能的外溢，又要对城市的发展提供有力的支持。北京市作为全国的政治中心、文化中心，世界著名古都和现代国际城市，根据区位特征和自身特点，北京市确定了北京农村社区建设发展的思路和原则：坚持城乡联动，发展益农产业，建设可持续发展的社区，保证农业发展要求；因地制宜，改善村庄生活环境，建设宜居社区，吸引居民回乡居住；传承历史文化，注重自然环境保护，建设文化生态社区，开发短途旅游，带动第三产业。北京农村社区的建设以便民利民为服务宗旨，根据北京市统一要求，要在全市郊区农村建立社区服务站。按照“统一形象标识、统一项目设置、统一运行流程、统一服务规范、统一资源调配”的五统一要求，建立规章制度，完善服务项目，规范服务流程，在农村社区基本搭建“一站式”服务平台。同时，将农村社区服务站建设与新农村建设相结合、与村庄社区化管理相结合，实现社会服务资源共享，最大限度地满足村民的服务需求。在2011年度，丰台区提前完成50个农村社区服务站建设，通州完成59个服务点建设，朝阳区完成37个服务点建设，昌平区完成160个服务点建设等，并且在2012年度，各区政府将完成所有农村社区的社区服务站建设。

总结北京农村社区建设的特点，主要体现在以下几个方面：

第一，“社区化管理”成为北京农村社区管理的新模式。2006年8月开始，北京市共有668个村庄参与实施社区化管理，进入到全新的产业化时代。② 在北京城郊农村“社区化管理”实践和推广中，凸显社区边界的确立与封闭，以“维稳”作为首要目标，着重于社区内流动人口的管理。并力求通过以下几个方面的社区改造与建设，实现管理诉求。一是通过“筑围墙、安街门、把路口、设岗亭、人车凭证出入”，对原有开放失管的自然村落，实行相对独立建

① 黄斤：《多中心治理视角下的农村防灾减灾组织研究》，南京农业大学硕士学位论文，2010年3月。

② 何方：《北京：村庄“变”社区带来和谐生活》，《重庆日报》，2011年8月4日。

设、井然有序的社区化管理。房屋出租户一律统一挂牌招租，租赁给合法经营、务工的流动人口。二是将“三站一室”，即社区警务站、流动人口管理服务站、巡防工作站、民调室整合为村综合治理中心，主要进行“人口管理、安全防范、治安管理、信息搜集和服务群众”等工作。三是在村庄内按流动人口的5%、实有人口的2.5%的比例配齐了巡防队员和流动人口管理员。四是根据村庄内街巷数量、分布等情况，确定监控探头的数量和点位，进行统一安装，建立镇、村两级监控平台，全天专人值守。目前已有521个村完成社区化管理设施建设并投入使用。全市共投入11.5亿元，建设围墙10.2万米，安装街门1848个，安装探头4822个，建设综治中心480个、治安岗亭1517个，增加协警力量3442人，实施了村庄路面硬化、供水管网改造、污水处理、垃圾消纳、厕所改造5项工程，农村基本服务项目逐步覆盖。统计显示，全市已完成社区化管理的村庄可防性案件数量同比降低24%，百姓安全感上升到92.7%。①

第二，“优质化服务”成为北京农村社区建设的新理念。从2007年至今，北京农村社区建设以“产业发展、就业充分、环境宜居、住房舒适、设施完善、服务均等、管理民主、文明和谐”为目标，以“原址重建，稳步发展，多村并齐，异地建设”为建设模式，经过5年的大力发展，形成社区的科学规划、功能完备，小区内学校、购物、停车、文体活动等设施齐全，物业管理到位，绿化面积大，社区环境和谐美观。农村村民转居后，社区群众的认同感和归属感增强，“优质化服务”理念所带来的新成果，受到了广大农村社区居民的赞美与认同。

第三，“产业化发展”推动北京12个新型农村社区建设。2012年，北京建12个新型农村社区，2.6万农民入住新社区。目前全市有3900个行政村，村庄占地1100多平方公里，其中少于500人的行政村占到了40%，新型农村社区通过科学规划，把规模较小的村庄合并成大型农村社区，对于土地资源日益稀缺的北京而言，多村联建新型农村社区，无疑在一定程度上拓展了城市发展空间。试点社区的基础设施和公共服务设施全部参照城镇标准建设。除了通水、通电、通路等基本“硬件”外，农民还跟城市居民一样，享受集中供暖、管道燃气，甚至宽带入户。部分新社区在建设时还预留了中水管线，将

① 刘菲菲：《北京市农村社区化管理推广五种新模式》，《京郊日报》，2011年6月23日。

来社区污水处理形成一定的规模后，可以用中水冲厕，节约水资源。像城市社区一样，新型农村社区里，社区服务站、社区卫生站、警务站、科技文化活动中心、体育活动场所、连锁超市、银行邮政网点等，样样不缺。在规模较大的社区，还将配建中小学、幼儿园、医院、养老机构等。

(二)北京农村社区防灾减灾能力建设现状

1. 北京灾害的主要特征

作为一座拥有3000多年建城史和800多年建都史的城市，北京的自然灾害种类较多，在近2000年中，北京就有550年经历过中小灾害，遇大灾217年。各类灾难及重大事故隐患呈增长趋势，自然灾害及其衍生、次生灾害的危害性进一步加大。北京灾害的主要特点在于：

一是受北京及周边特殊地形影响，自然灾害种类多样。入汛后，北京灾情主要表现为风灾、雹灾和持续的干旱；冬季，又易受到短时期、强降雪的袭击，造成农作物尤其是经济类作物普遍受灾；另外，高温、大风、大雾、地震和病虫害等自然灾害也时有发生。

二是受季风气候影响严重，灾害频率高。我国是受季风气候影响严重的国家。而北京位于华北地区，属于典型的温带半湿润大陆性季风气候，夏季高温多雨，冬季寒冷干燥，春、秋短促，存在诸多产生突发事件的自然条件，气象灾害频发。局地性或区域性干旱灾害几乎每年都会出现。

三是灾害连锁反应显著。当某种气象灾害发生后，直接引起或诱发其他灾害发生和发展的现象称为气象灾害的连锁反应。在北京，人口急剧膨胀，资源被过度利用，一旦灾害发生，很容易引发次生灾害，使损失加剧。所以，北京的气象灾害往往与交通事故、流行疾病有着较为密切的因果、诱发关系。此外，北京农村地区，暴雨洪涝又常常会引发泥石流、山体滑坡等地质灾害的爆发。

四是灾害的突发性、反常性愈发明显。随着工业化、城市化的发展，北京环境问题早已成为了各方关注的焦点，不仅遭受着季节性、周期性灾害的破坏，极端的气候事件更是频繁出现，灾害的难预测性提高。此外，与经济发达程度较为落后的城市相比，北京的灾害具有更加明显的突发性。2004年以来，北京共发生极端天气43次，暴雨来势凶猛，历时短，灾情出现快，导致预报难以及时送达。而且，在北京，灾害的自然因素易与人为因素相互作用，由此带来进一步不可控的损失。

五是灾害应对协调统筹难度大。北京，作为国家的首都，作为政治、文化、金融中心，有众多政府、非政府机构，管理层级较多，流动人口数量大，人员情况复杂，这些因素都在一定程度上加大了对灾害统筹应对的难度。

六是城市化进程进一步诱发各种自然灾害。北京作为一座国际性的大都市，在城市化过程提高地面经济指数的同时，也给城市的水文环境带来了很多负面影响，北京不透水地面的面积逐年增加，城市受到内涝的影响越来越大，并且增大了水涝应对的难度。另外，伴随着工业化所带来的环境污染，城市的热岛效应增强，由强对流天气引发的暴雨洪涝灾害次数不断增加，降低了城市的生态安全。地下工程的不断扩建导致了地面沉降等一系列的慢性地质灾害以及潜伏性灾害。

七是灾害造成的损失日益严重。自然灾害，事发突然、破坏性大、人为可控程度小，因此其损失往往是极大的。加之北京地区人口密度大，房屋建筑密集，经济活动广泛，因此一旦遭遇灾害，其损失会加倍严重。灾害发生时往往造成人员伤亡、房屋倒塌，严重的还会危害工农业生产，在导致重大经济损失的同时，扰乱了社会的正常秩序。

最典型的案例如"7·21"特大暴雨事件。2012 年 7 月 21 日，北京城遭遇新中国成立以来最大的一次降雨，总体达到特大暴雨级别。最大降雨点房山区河北镇达到 460 毫米。暴雨引发房山地区山洪暴发，拒马河上游洪峰下泄。暴雨洪涝灾害造成房山、通州、石景山等 11 区(县)12.4 万人受灾，4.3 万人紧急转移安置。全市受灾人口 190 万人，其中房山区 80 万人。23 日，据初步统计，全市经济损失近百亿元。据央视新闻报道，北京"7·21"特大自然灾害已造成 77 人遇难，对基础设施、居民正常生活造成重大影响。

八是城乡结合部地区人口混居无序带来新的灾害风险。一方面，城乡结合部地区的环境卫生问题一直没有得到很好解决，脏乱现象比较严重。主要表现在：(1)多数街道保洁不到位，烂纸、破布、塑料袋等废弃物滞留路面。脏臭水沟常年污水横流，垃圾漂浮，严重危害了长期生活在这一地区的市民、农民和流动人口的身心健康。(2)大量生活垃圾暴露堆积。近一两年北京生活垃圾无害化处理水平有了较大提高，城区和大部分远郊区县已全部实现垃圾无害化处理，但城乡结合部地区垃圾无害化处理率偏低。2004 年全市城乡结合部地区各村共产生垃圾约 120 万吨，仅有 70%左右的生活垃圾被运送到指定的垃圾消纳场处理，还有 30%左右的生活垃圾仍滞留在村里没有得到处理。全市城乡结合部地区五分之一的村庄处理垃圾只是就近简易填埋，有 11 个村的垃圾甚至是无序堆放、随处乱倒。(3)绝大多数厕所不达标。厕所蚊蝇密度大，异味大。厕所一般没有门，有的厕所窗户只是一个洞，没有窗框、窗棂，更谈不上窗纱，无防蝇设施。50%的厕所清扫、清掏不能及时到位。居住在城乡结合部地区的人口占北京市人口总量的1/7，占北京市流动人口数量的四成。不良的卫生状况极有可能引发疾病传染风险。再者，城乡结合部在地域上是城市连接广大远郊村镇的桥梁，其环境卫生水平的提高可以起到辐射城市文明、引导广大农村地区改变落后的建设和生活习惯的作用。另一方面，城乡结合部的村民农舍、出租房屋及用于生产、储存、经营的场所消防安全隐患严重，极易发生火灾等灾害。此外，城乡结合部食品安全状况堪忧。廉价小作坊小吃泛滥，过期小食品、散装食品、玩具等的有毒化学成分严重超标，监管存在诸多漏洞。

2. 北京农村社区防灾减灾建设现状

北京以国家相关防灾减灾政策为基础和指导原则，结合北京地区的具体情况，形成了一批具有北京特色的防灾减灾政策及措施，取得了较大的成绩。目前北京市已建立起覆盖市、区县、街道、社区的四级综合减灾应急管理体系。2005年又专门成立了北京市突发性公共事件灾害应急委员会，统一指挥协调突发公共事件处置工作。同时，出台了《北京市突发公共事件应急预案》，建立起以市级总体预案为核心，多个专项预案相配套的突发性公共事件应急预案体系①。

相较城市社区，北京的农村社区还普遍缺少防灾减灾预案，因此在《北京市综合防灾减灾社区建设标准》中提出了“全市各社区综合防灾减灾预案编制率达到100%”的目标。这意味着，农村社区的防灾减灾的预案编制工作将得到更有力的推进。北京近年来越来越重视灾害预警和防灾减灾知识的宣传普及。市民政局网站首页上专门设立了防灾减灾专题，进入专题平台有各种防灾知识，特别有针对农村防灾减灾特点的“农村版”防灾减灾手册，以及各项防灾减灾政策，2012年更是新增加了“社区防灾减灾电子地图”项目。此外，入村镇、进社区的宣传活动也很多。昌平区北七家镇积极开展地震科普知识进农村宣传活动，在该镇燕丹村，镇政府机关工作人员会同区地震局工作人员在村头张挂宣传横幅，摆放宣传展板，回答村民咨询提问，为村民发放《家庭应急实用手册》、安全告知书、地震应急避险要诀、防震减灾知识扑克、“防灾减灾 造福人民”环保宣传袋等，宣传内容图文并茂，贴近实际，深受村

① 吉林：《北京的减灾实践》，《中国减灾》，2005年第10期。

民的欢迎；顺义区北石槽镇定期组织“防灾减灾·从我做起”安全宣传教育活动，消防队员现场示范如何正确使用灭火器，安监科、应急办、城管等部门设置咨询台，接受群众咨询，并发放《首都市民防灾应急手册》《家庭消防安全常识》《社区意外事故防范》等宣传资料2000余份。另外还有区县的创新模式，如房山区种植业服务中心就牵头建立了设施农业风险互助协会总会，并以村为单位建立分会，以完善的保障体系防止农民因灾致贫，解除农民遭受自然灾害的后顾之忧。

2005年10月11日，中共十六届五中全会通过的《中共中央关于制定国民经济和社会发展第十一个五年计划的建议》，将解决农村安全问题列为“大力发展农村公共事业”的建设内容之一，并明确提出要“加强各种自然灾害预测预报，提高防灾减灾能力，以保障人民群众生命财产安全”。12月31日，中共中央、国务院出台了《关于推进社会主义新农村建设的若干意见》，提出“注重村庄安全建设，防止山洪、泥石流等灾害对村庄的危害，加强农村消防工作”。2006年，《国务院关于加强和改进社区服务工作的意见》(国发[2006]14号)要求建立灾害事故的应急反应机制，不断提高社区应对突发事件的能力；《国务院关于全面加强应急管理工作的意见》(国发[2006]24号)提出：社区要针对群众生活中可能遇到的突发公共事件，制定操作性强的应急预案，经常性地开展应急知识宣传，做到家喻户晓；乡村要结合社会主义新农村建设，因地制宜加强应急基础设施建设，努力提高群众自救、互救能力，并充分发挥城镇应急救援力量的辐射作用。2007年8月，中国政府颁布了《国家综合减灾“十一五”规划》，把“加强城乡社区减灾能力建设”和“社区减灾能力建设示范工程”作为八大任务和八大工程之一。2008年10月12日，中共十七届三中全会通过的《中共中央关于推进农村改革发展若干重大问题的决定》认为，“中国农村自然灾害多、受灾地域广、防灾抗灾力量弱，必须切实加强农村防灾减灾工作”，并提出了“加强农村防灾减灾能力建设”的具体要求。2009年3月2日，国家减灾委、民政部发布消息，经国务院批准，自2009年起，每年5月12日为全国“防灾减灾日”。一方面顺应社会各界对我国防灾减灾关注的诉求，另一方面提醒国民前事不忘、后事之师，更加重视防灾减灾，努力减少灾害损失。

按照民政部要求，北京市充分结合社区实际，健全减灾工作制度、开展风险隐患排查治理、制定综合防灾减灾预案、因地制宜设置减灾设施和避难场所、组织防灾减灾宣传教育和演练活动等方面工作：一是社区灾害信息员队伍建设成效显著。2010 年年底前培训市、区县、街乡级灾害信息员近 1000 名；2011 年又培训了社区居(村)委会灾害信息员 2300 名，为灾害信息员持证上岗，提升全市基层社区灾害管理水平奠定了良好的基础。二是在全国率先推出社区应急预警项目。会同相关专家和单位，共同研发了社区应急预警广播系统，可在发生自然灾害或突发事件等紧急情况下，及时通知社区居民采取应急避险措施，以最大限度减少人员和财产损失。三是在全国率先实现社区应急疏散避险图电子化。依托市政务地理空间信息资源共享平台，对全市各社区的避险安置场所、居民疏散路线、社区风险源、社区人口情况以及各级政府和居(村)委会办公地点等进行标点、划线和标识。全面加强了基层社区防灾减灾能力和管理水平，在全国首次实现了社区应急管理和防灾减灾电子化运行、网络化管理的目标。截至 2011 年年底，北京市共创建“全国综合减灾示范社区”92 个。2011 年又有 103 个社区自觉提升社区防灾减灾硬件配备和软件环境，积极参与“全国综合减灾示范社区”评比创建活动。在“十二五”期间北京市将继续加强综合减灾示范社区建设。同时制定《北京市人民政府关于加强本市城乡社区综合减灾工作的指导意见》和《北京市综合防灾减灾社区建设标准》，进一步规范工作，提高北京市城乡社区综合减灾工作水平。①

“十一五”期间，北京的经济保持了平稳快速发展，住房和城乡建设系统在总结防御和应对特大自然灾害经验的基础上，突出工作重点，注重工作实效，经过全系统共同努力，成功应对特大自然灾害，城乡建设防灾减灾能力明显提高。通过村庄整治、农村危房改造以及抗震安居工程的建设，在一定程度上加强了村镇房屋和基础设施的防灾能力。但由于历史上城乡二元化管理，村镇整体抗灾设防水准仍较低，受灾时人员伤亡远比城市严重，小灾大损失的现象屡屡发生。“重救轻防”是目前防灾减灾工作的首要问题；此外，城乡建设存在防灾薄弱环节，大量村镇、城中村、旧城区的老旧民房和城乡结合部的私建建筑存在灾害隐患。因此，《北京市城乡建设防灾减灾“十二五”规划》明确提出今后防灾减灾工作的基本原则：贯彻“预防为主，防、抗、避、救相结合”的方针；坚持以人为本，城乡统筹，推动城市综合防御和村镇全面设防；坚持预防为主，平灾结合，做到防灾常态管理与灾时应急管理并重；

① 北京市民政局：《北京：创建减灾示范社区促进首都安全稳定》，《中国减灾》，2012 年第 1 期。

坚持科学防灾，综合防灾，统筹考虑空间管理与过程管理、近期安排与长远谋划。

此外，搬迁工程是首都山区农民实现安居乐业的有效途径，也是保护生态环境的有力措施。自2004年以来，北京先后实施了两轮搬迁工程，使6万余名农民摆脱了地灾威胁。2012年“7·21”特大自然灾害发生时，搬迁后的新村农民全部安全脱险。本世纪初，京郊有2.3万户、6.8万山区农民居住在洪水、泥石流等自然灾害区，或是面临用水、用电、出行的困难。针对这些情况，北京市委、市政府决定启动新世纪的山区大搬迁工程，让山区农民全部搬迁下山。搬迁工程分两个阶段进行，第一阶段从2004年到2007年，主要针对强泥石流、自然灾害等严重地区；第二阶段从2008年到2012年，针对一般性自然灾害区的搬迁。北京市政府2013年启动新一轮山区地灾易发区及生存条件恶劣地区农民搬迁工程，5年内搬离74458名受地质灾害隐患威胁的山区农民。搬迁范围是山区突发地质灾害隐患点所在地区，受洪水威胁地区及饮水困难、居住分散、交通不便的生存条件恶劣地区，共涉及7个山区县、60个乡镇、399个行政村、35089户、74458名农民。据统计，其中，地质灾害隐患区农民10838户、25681人，受洪水威胁地区农民14460户、29008人，生存条件恶劣地区农民9791户、19769人。2013年的山区搬迁计划，将涉及7个区县，31个乡镇，103个行政村，8379户，17454名农民。新一轮山区搬迁工作，优先搬迁居住在危险地区的农民，坚持“政府主导、农民主体”，充分尊重农民搬迁主体地位，严格履行民主程序。搬迁过程中因地制宜，按照不改变原有土地、山场承包关系，就近安全，有利发展，集约节约用地的原则，选择新村村址。鼓励区县探索多种搬迁方式，“搬得出、稳得住、能致富”，新村选址要依法进行地质和洪水灾害评估，妥善解决好搬迁农民的生活和就业问题。在搬迁资金方面，北京市将多方投入，采取“政府补贴一部分、部门集成一部分、社会捐助一部分、农民自筹一部分”的方式。搬迁新村将请专业部门进行科学选址，区县着力培育搬迁村致富产业，实现农民安居乐业。对地处灾害隐患区、短期内无法搬迁的农民，北京市要求汛期落实转移避险方案，采取相应工程措施降低隐患点危害程度。

四、北京农村社区防灾减灾能力建设实证调研与分析

（一）调查的基本情况

2012年6月至9月间，课题组在北京密云和怀柔调查了4个农村社区，

了解防灾减灾能力建设的基本情况，共发放问卷160份，回收有效问卷149份，其中村干部为27人，普通群众为122人。

一是密云县河南寨镇北金沟屯村。北金沟屯村位于密云县河南寨镇政府所在地，紧邻京承高速公路，距密云县城5公里。全村共有213户，502人，其中党员34人，村民代表30人。辖区面积1308亩，其中耕地面积712亩，山场面积436亩。村经济主要以第三产业为主。北金沟屯村基础设施相对较为健全。村内有平坦的水泥路，水泥路边安有路灯，交通方便。村委会对面有健身广场，村南有篮球场，为村民日常锻炼提供场所。紧邻球场是村里的老年活动中心，包含棋牌室、电影放映厅，厅内可容纳500人。几年来，北金沟屯村顺利进行新农村建设，大力发展经济，提升村里硬件条件，整治环境，多次被评为镇先进党支部、五好党支部，密云县精神文明建设文明村、密云县人均劳动所得十强村，北京市文明生态村、北京市先进村民委员会、北京市村务公开示范村、北京市卫生村。

二是北京市密云县河南寨镇中庄村。中庄村位于密云县城南7公里处，距河南寨镇政府1公里，密顺路由村中通过。全村382户，农业人口884人，非农业人口约210人，流动人口约130人，党员57人，村民代表34人，村内水泥路面平坦，交通方便，街道整齐，环境优美。村庄占地面积240亩，农用地面积1820亩，山场面积1162亩。中庄村共分为18个网格，其中村庄分为8个网格，农用地分为5个网格，山场分为5个网格。该村有较为健全的基础设施。村委会旁有文化健身广场，拥有一个电影放映厅，向村民播放宣传教育片、影视作品等。

三是北京市密云县石城镇河北村。河北村位于石城镇政府北7公里，全村194户，405人，其中党员38人，村民代表31人。村域面积10.2平方公里，森林覆盖率80%，林地生态良好，环境优美。本村交通便利，环湖公路从村中穿过，背靠青山，冬暖夏凉。新修建的大关桥直达该村，缩短了和县城的距离。

四是怀柔区胜利村，地处北房镇北部，紧邻雁栖工业开发区。全村245户，554口人，外来人口700人，村域面积1221亩，其中农地539亩。村内土地资源丰富，水电设施齐全，交通便利，具有较大的发展潜力。随着新农村建设的发展，本村路面已经全部硬化，并配有专业清洁队，环境改善显著。

调查对象区分了普通群众和村干部两类，以做对比分析。调查主要内容涉及两大方面，一方面是个人、家庭防灾意识和相关准备，设计有十三个问题，另一方面是社区防灾工作及管理，设计有九个问题。

(二) 北京农村社区防灾减灾建设调查相关结果分析

1. 在个人、家庭防灾意识和相关准备方面

第一，当被问及是否了解社区的防灾减灾政策及措施时，村干部当中十分了解的有44.44%，了解一部分的有55.56%，从未听说的为0。同比，普通群众的比例为27.87%、63.93%、8.2%。因此，无论是村干部还是普通群众均有超过受访者一半以上的人对社区的防灾减灾政策有一定的了解，同时，在群众中仍有少数从未听说过这类政策，比较而言村干部中没有不了解政策的，知识和工作储备相对较充实。同样，当突发性灾害发生时，是否知道如何转移到安全的地方？村干部中知道的有100%，不知道的为0，同比，普通群众的比例是83.61%、16.39%。

第二，当灾害来临时的应对举措主要是什么？村干部和普通群众的数据分别是，采取自救的占77.78%、81.97%；向家人求救的为7.41%、9.02%；向朋友求救的为0、2.46%；向邻居求救的为25.93%、9.02%；向社区求救的为14.81%、6.56%；拨打119的为33.33%、40.16%；拨打999的为22.22%、23.77%；拨打110的为37.04%、51.64%；拨打120的为25.93%、31.15%；向村委会求救的为14.81%、32.79%。启示在于在两组数据中都可以发现，在灾害发生时，自救仍然是民众脱险救灾的主要方式。因而，在政府引导下，加强防灾减灾工作非常重要，以此来增强村民的自救知识和能力，让村民具备自救的技能，可以大大减少灾害带来的损失和伤亡。同时，传统的如119、999、110、120等相关职能部门在防灾减灾中仍然发挥着极大而且是不可替代的重要作用，民众对其的依赖程度非常高。这也对政府相关职能部门完善职能、规范管理、健全流程提出了更高的要求。尤其是在今天灾害频发的时代背景下，社会的现实需求需要推动专业的职能部门的功能建设和完善。

第三，是否参与过灾害应对知识教育或应急演练，村干部和普通群众的数据分别是，经常参加的为33.33%、17.21%；偶尔参加的为59.26%、58.2%；没参加过的为7.41%、22.95%；不清楚的为0、1.46%。对于灾害的知识教育和演练，在当前北京农村社区里还没有大范围地推广和开展，均停留在偶尔的作为上，而且对于普通民众来说，没有参加过的比例要比村干部比例大，村干部参加培训的比例要比普通人群高。说明还有许多工作尚没有推广到普通群众中来。这对于以后的工作来说，农村社区管理层的工作还

需进一步深化和深入到基层中去。

第四，最希望通过什么样的方式学习灾害知识，村干部和普通群众的数据分别是：社区发放宣传资料70.37％、61.48％；报纸等媒体宣传40.74％、37.7％；个人自己了解7.41％、17.21％；社区举办的灾害常识和防灾讲座25.93％、34.43％；其他7.41％、0。由此可见，社区防灾减灾知识的习得无论是村干部还是普通群众对社区都有着极强的依赖，比例最高。社区发放宣传资料和社区举办灾害常识和讲座，受到广泛的欢迎和重视。此外，社区也可以有效地利用较为成熟的媒体辅助进行宣传和教育。

第五，是否参加过社区防灾减灾志愿活动，村干部和普通群众的数据分别是：参加过，发挥了作用48.15％、22.95％；希望参加，但没参加51.85％、68.03％；没参加，也不愿意参加0、9.02％。统计发现，村干部参与过防灾减灾志愿活动的比例要比普通群众高，但是后者却有较高比例的人表示希望参加，但由于各种原因没有能够参与到相关活动中去。因此，在今后的社区减灾工作中可以积极调动和发挥普通民众的志愿精神，发挥每一个民众的积极性，鼓励他们，并且创设各种渠道和机制让社区的每一个人都能参与到防灾减灾工作中来。

第六，当发生灾害时，在有余力的情况下绝大多数的人表示愿意帮助邻居。村干部和普通群众的数据分别是：愿意100％、92.62％；不愿意0、7.38％。

第七，村干部通知获知灾害将要发生，会做出什么准备。村干部和普通群众反映最多的是第一时间响应，迅速撤离到指定安全区域74.07％、82.79％；其他的如，自己在家中做预防工作比例分别是18.52％、14.75％；认为家中很安全，不需要作出反应7.41％、1.64％；不太清楚怎么办0、0.82％。可以看出的是，对于村干部的信息通告居民是较为信任的，因此在这方面，村级、社区的管理部门可以进一步加强完善其信息搜集和发布的工作，以便更好地为社区居民服务。

第八，可以适当地倡导和建议居民常备一些应急物品和设备。调查中发现，一般居民家中储备有一些常用的药品、水等应急物品。居民家中有的防灾设备，最多的是灭火器，村干部和普通群众的比例分别占到88.89％和68.03％；其次，较多的是急救药箱、锤子、应急手电筒等，如煤气泄漏警报器、绳索、防燃被褥、防燃窗帘、防尘口罩、防风防水火柴、防灾头盔（帽子）等较为缺乏。表示没有制定家庭防灾计划或在家庭中讨论过相关计划的占比例较大。

第九，家庭愿意在哪方面进行防灾减灾上的投入方面，加固房屋，以抵抗地震灾害的比例最高，村干部和普通群众分别为77.78%、59.84%；其次是购买保险40.74%、45.08%；购买防灾应急包等应急物品40.74%、27.87%；购买消防器材11.11%、13.93%等。是否买了人身意外类的商业保险，回答“一直都有”的比例相对最高，比例分别是48.15%、48.98%。因此，可以通过适当的宣传引导居民通过个人购买商业保险等方式来增强自身预防风险的能力。

2. 在社区防灾工作及管理方面

第一，当前北京社区的防灾减灾管理开展总体情况较好，在对现状的评价方面，普遍认为比较适当，比例分别占到74.07%、63.11%；应对突发性灾害的教育和宣传工作，在重大灾害发生后开展的普遍较少，比例分别是7.41%、5.74%；每年固定日子进行的居多，占到48.15%、42.62%的比例。因此，可以将防灾减灾的工作常态化，利用好时间节点，形成社区工作的基本内容，同时也能在居民中达成共识，养成防灾减灾的习惯。当然，每次灾后的总结和反馈也是很重要的，这个在调查中发现还存在不足。

第二，村委会在社区的防灾减灾工作中的重要性突出。当被问及所在社区的防灾工作由哪个部门负责时，绝大多数人认同村委会的职能，而相对乡镇政府、乡镇消防部门、乡镇公安部门等知晓度较低，同时，获得灾害消息的主要渠道也是村委会通知的比例最高，发生灾害时最想联系的组织也是首选村委会。有高达近100%的比例的人都知道村干部的联系方式。因此，可以着力加强村委会的功能完善，发挥其在防灾减灾工作中不可或缺的重要作用。

第三，目前调查村里具备的应对灾害的基础设施相对比较完善，主要有应急避难场所、消防设施、简易挖掘工具、急救器材、照明灯、报警装置、监控装置等。

五、推进北京农村社区防灾减灾能力建设的对策建议

（一）当前北京农村社区防灾减灾建设存在的问题

目前，中国农村社区减灾能力建设的整体发展不平衡，贫困地区和边远地区的防灾减灾基础建设比较薄弱；基层防灾减灾工作机制有待健全；社区灾害的隐患不清楚，基层减灾资源保障与客观要求差距较大；广大居民的减灾意识总体上还比较淡薄，减灾知识普及率低，避灾自救技能较差；社区的

自救互救能力和防灾减灾管理水平还需要进一步提高。①

调研分析可以看到北京农村社区进行防灾减灾建设的现状，需要进一步探究思考其深层次的问题及原因。

一是防灾立法亟待完善。北京市政府高度重视减灾事业，已经建立起单项减灾法规和减灾管理体系，在抵御各种灾害中发挥了重要作用。然而当前各种灾害频发，现有的减灾立法建设与客观要求还有较大差距，还没有形成一个从内容到形式都契合北京市市情的科学综合减灾法律体系。②

二是防灾减灾基础设施薄弱。一方面，防灾减灾基础设施总量少，目前北京已建成的33处可容纳159.6万市民的应急避难场所，对于北京1961万实际常住人口的规模来说，还存在很大的缺口。③ 另一方面，现有基础设施抵御自然灾害的能力不强。尤其是近年来，一些农田灌溉设施年久失修，损毁严重，难以真正发挥抵御自然灾害的功能。再者，防灾减灾基础设施建设与使用脱节。目前已建成的基础设施存在空间布局不均衡，宣传力度、模拟演练和后期管理工作不到位的情况，在建、用、管三方面缺乏统筹协调机制。已建成的防灾设施中，设施维护不力、场地被占用、指示标识破旧缺损等情况相当常见，有的甚至被商业开发内部经营高尔夫球场和高级会所。在发生自然灾害和突发性公共事件时，这样的基础设施很难保证公众能够有序、有效地紧急疏散和应急避险。④

三是灾害应对资金不足。突出体现在一方面财政投入不足，另一方面相应的市场机制仍不健全。

四是防灾减灾宣传教育力度不够，农民防灾减灾意识和能力不足。防灾减灾知识普及力度不够，农民对灾害知识了解甚少。目前的防灾减灾教育中的灾害应对的实际演练等技能教育缺乏。⑤

五是农村防灾减灾的组织缺失。我国民间组织等社会力量参与减灾的机制还不够完善，尚需从村委会等群众团体组织和公共组织中培育防灾减灾的

---

① 张晓宁：《中国的社区减灾政策》，《中国减灾》，2010年第5期。

② 贾二凤：《北京防灾减灾亟待立法》，《中国减灾》，2009年第7期。

③ 刘瑶：《北京市居民防灾减灾能力调查》，《中国减灾》，2012年第1期。

④ 周国强：《农村减灾综合对策初探》，《中国减灾》，2006年第12期。

⑤ 李学举：《中国的自然灾害与灾害管理》，《中国行政管理》，2004年第8期。

功能。①

(二)农村社区防灾减灾能力建设的相关经验借鉴

1. 国内相关经验借鉴

(1)浙江省高度重视减灾救灾工作，多方面强化减灾措施，提高全社会的防灾减灾能力②。

浙江省以丘陵为主的地理特点，以及较长的海岸线和季风性等气候特点，导致灾害频发。主要有台风、洪涝、干旱、风雹、寒潮、低温雨雪、龙卷风、滑坡泥石流等。浙江省各级政府把社区减灾作为重要工作列入经常性议事日程。从意识、预案、载体、能力四个方面加强建设：

第一，切实加强减灾意识教育。在社区普遍设立公益广告牌、减灾防灾工作宣传栏，在地质灾害隐患点、危险地段等设置警示牌，营造社区防灾减灾的良好氛围。利用国际减灾日、国家防灾减灾日和节假日，组织开展宣讲，发放《防灾手册》、《避灾自救手册》等宣传材料，在各类主流媒体刊登减灾宣传知识，在避灾安置场所张挂宣传图画、宣传演练预案等。同时，积极开展减灾示范社区创建活动，浙江省已有18个社区被民政部授予"全国综合减灾示范社区"。

第二，不断完善应急预案体系，浙江省已形成了从省到市县、乡镇、村的预案系统。2007年开始，注重系统性、操作性和实用性建设。系统性就是重视预案的衔接，做到"横向到边，纵向到底"，通过调查研究，推进乡镇、村(社区)应急预案编制工作，截止到2009年，90%左右的农村社区有了较为系统的应急预案，并着力细化预案，使之具备操作性。自省至县编制完成《自然灾害救助应急预案操作手册》、《突发公共事件人员基本生活应急保障行动方案操作手册》，进一步规范应急工作流程，提高救灾工作的应急反应能力。

第三，推进避灾安置场所建设工程。浙江省从2006年2月开始启动这项工作，边试点边推广，不断总结经验。在此过程中，省民政厅和建设厅联合下发文件，规范避灾安置场所设置、建设、使用管理、经费保障、监督管理等。每年派出检查组，督促指导各地加强管理，根据应急预案、转移安置人员的数量等规划设置避灾安置场所。

---

① 黄厅：《多中心治理视角下的农村防灾减灾组织研究》，南京农业大学硕士学位论文，2010年3月。

② 黄元龙：《浙江省农村社区的减灾模式》，《中国减灾》，2010年第5期。

第四，增强困难群众减灾能力。把五保、低保对象等困难群体作为减灾工作的重点。大力建设敬老院，推进集中供养工程建设。从2003年开始，共改扩建1100多所敬老院，农村五保对象集中在敬老院供养，集中供养率达到95.53%。开展农村困难居民危旧房改造。通过政府补助、社会帮扶、群众自筹等办法，共改扩建农村低保等困难群众住房51000余户。另一方面，高度重视灾民倒房恢复重建工作，政府对灾民倒房重建进行科学规划，强化质量，给予补助。

(2)湖南临澧县政府采取切实有效的措施抓防灾减灾工作①。

临澧县位于湖南省常德市西北部，属丘陵山地地形。临澧县是湖南省洞庭湖区多灾频发的严重县之一。据统计，自公元986年至2008年6月，共发生干旱、洪涝、大风、冰雹、冰雪冻害、生物和病虫害5192次，其中干旱灾害992次，洪涝灾害1288次，大风灾害479次，冰雪灾害470次，大雪冰冻灾害176次，生物灾害519次，地震灾害588次，地质灾害35次，疫病灾害241次，饥荒404次，各类灾害发生的总频率为173%。灾害损失重，自1949年至2008年6月，各类自然灾害造成直接经济损失31.77亿元。临澧县政府高度重视防灾减灾工作。

第一，建立"一委""一部""一中心"的管理体制。"一委"，即减灾委员会和专家小组，负责全县减灾工作。"一部"，即灾害应急指挥部，负责灾害应急指挥。"一中心"，即自然灾害救助中心(设综合股、救助互济股、减灾股)，负责全县减灾及灾害信息、应急指挥等工作。减灾委办公室、应急指挥中心设在救助中心，救助中心负责县减灾委日常工作。

第二，及时组织救灾演练。2003年10月10日，民政部救灾救济司、湖南省民政厅在自然灾害救助中心举办了"中国·湖南洪涝灾害救灾演练"。这次演练分灾害预警、紧急转移、应急救援、灾后救助四个部分，展示了启动《洪涝灾害应急预案》的全过程，模拟洪涝灾害救灾全过程实景演练，运用省、市、县三级网络信息平台支撑的演练，第一次实现省、市、县三级远程会商指挥的演练。之后每年都会举行有针对性的救灾演练。

第三，建立自然灾害数据库。2006年开展自然灾害数据库建设，并于2008年年底完成了数据采集审核任务。

---

① 李振炎、吉辉等：《社区减灾的社会参与——湖南省临澧县综合防灾减灾模式探讨》(上)，《中国减灾》，2012年第7期。

第四，建立城乡社区减灾模式。城乡社区减灾工作在党支部委员会、村(居)民委员会的领导下，成立农村(城镇)社区建设(安全)协会，组建社区减灾领导小组。构建综合减灾体系、应急预案体系、应急避灾体系、教育培训体系、资源保障体系。

2. 国外相关经验借鉴

(1)美国的经验。

美国在防灾减灾方面是国际上的典范，尤其在以下几个方面值得借鉴：

第一，制定完备的减灾规划，微观规划完整。[①] 美国不但制定了全国防灾计划，还制定了农村社区版的“可持续减灾计划”，内容包括：①土地利用规划，例如，对于农村所在位置的潜在自然灾害(如山崩、洪水、泥石流)和科技灾害状况的了解，居民房屋建筑用地选址的安全性检查等。②建筑物的管理与监督，各村成员都有要求地方政府确实执行对建筑物的管理并进行监督检验的权力。③示警系统设置，包括灾害预警、示警以及在电讯中断后的紧急通报系统。④紧急救助及医疗系统，各村都备有重组的紧急救助设备及人力动员计划。⑤灾害应对指挥系统，以村为单位，下至地方的横向联系，上至中央灾害应对机构之间都应被赋予不同程度的灾害应对指挥动员职责，并伴有经常性的演练。

第二，建立国家强制性洪水保险体制。[②] 早在1968年，美国国会就通过了《国家洪水保险法》，并于次年制定了《国家洪水保险计划》。1973年，美国国会又通过《洪水灾害防御法》，对《国家洪水保险法》进行修改，并把洪水保险计划由自愿性改为强制性。1979年起，国家洪水保险计划归属美国联邦紧急事务管理局统一管理。为了便于洪水保险计划的实施，联邦紧急事务管理局还组织绘制了洪水保险图。该保险图把行洪河道划分为行洪区和非行洪区，并规定在行洪区内不准建任何建筑，在非行洪区内可以修建建筑物，但修建前必须购买洪水保险。经过30多年的不懈努力，美国已经建成较为完善的全国性洪水保险体制。这一由专职机构专项管理、私营保险公司参与并具有强制性特点的制度，不仅提高了防洪减灾的工作效率，同时也带来巨大效益。

第三，美国还以普通市民为主要成员，组成了社区应急反应小组

① 吴新燕：《美国社区减灾体系简介及其启示》，《城市与减灾》，2004年第3期。

② 郑言：《国外防灾减灾的做法值得我国借鉴》，《现代职业安全》，2009年第8期。

(CERT)。① 要以社区为基础，发挥市民的主动性，通过一系列的公共教育、培训和志愿者服务等内容，达到上要保卫国家安全，下要做好社区和家庭的防灾准备工作的目的。

第四，关注人们的灾后心理恢复。往往人们在重压之下可能会变得暴躁、疲倦、极度亢奋、愤怒、孤僻。儿童和老人的灾后心理尤其脆弱，甚至不堪一击。及时有效地对这些人群进行心理辅导，可以缓解焦虑、抑郁的症状和绝望、无助的心态。对于我国来说，灾害善后的重点内容包括扩充灾害心理辅导的专业人员队伍、加大危机咨询服务经费的财政投入、强化政府和精神卫生专业人员对灾后心理干预重要性的认识等工作。

(2)日本的经验。

日本作为一个自然灾害频发的国家，不仅重视防灾文化的营造，而且注重制度建设。

第一，建立较为完备的立法等制度体系。《灾害救助法》作为日本的第一部防震减灾法律，时间可追溯到1947年。截至目前，日本国家级防震减灾法律达到近20部。特别是1995年阪神大地震后，日本在防震减灾体系和法律制度方面的发展更为迅速。而且，在这些法律中，每一条重要的法律条款后，都具有财政保障的相应条款。②

第二，重视灾害预防。③ 一方面，政府重视灾害应对的制度建设和责任划分。在灾害应对中，日本安全保障会议、内阁会议、中央防灾会议制定决策，警察厅、防卫厅、海上保安厅、消防厅等省厅全力配合。面对自然灾害，中央防灾会议作用显著。中央防灾会议的主席是首相，委员包括全体大臣等。灾害发生时，除了自卫队可以投入救援外，日本各都道府县警察总部都设有大范围紧急救援队，总人数约4000人，日本各市町村都设有消防总部和消防团，灾害紧急消防救援队全国共有2210支，人数约为3.1万人。另一方面，日本每年都要举行全国性的防灾演习。危机意识促使日本人提前采取措施，在灾害来临前做到有备无患。日本的东京本所防灾馆、大阪市生野防灾馆、东京消防博物馆等防灾知识学习体验馆，免费向市民开放。其中有地震体验设施、家庭防灾知识演示、灭火训练设施、暴风雨体验设施、人员逃生演示

① 游志斌：《美国政府构建"减灾型社区"的经验》，《中国减灾》，2005年第7期。

② 伍国春：《日本社区防灾减灾体制与应急能力建设模式》，《城市与减灾》，2010年第2期。

③ 郑言：《国外防灾减灾的做法值得我国借鉴》，《现代职业安全》，2009年第8期。

等。在这些馆内，民众能够亲身体验地震等灾害发生时的感觉，目的是使民众和其他有关人员掌握发生灾害后保护自己及援助他人所需要的最基本的技能。

第三，民间防灾组织壮大。在日本，以居民为主体的防灾组织——自主防灾会在社区减灾中发挥了重要作用。自主防灾会平时开展防灾、减灾教育；灾害发生后，最大限度及时开展救援；灾后，在避难所生活中发挥组织、协调作用。自主防灾会是联系政府和居民的重要桥梁。①

(三)北京农村社区防灾减灾能力的思考

北京农村社区防灾减灾能力建设应立足于社区建设的大系统之下，着力于在社区防灾减灾机构的主导下，明确社区灾害风险的基础上，健全灾害应急预案、开展防灾减灾宣传教育与培训、完善减灾基础设施，并动员各种社会力量参与减灾活动，使居民减灾意识与技能得到提高，社区综合防御灾害的能力得到加强。

1. 积极保护环境，维持生态平衡

要减少灾害的发生，首先要从保护环境入手。第一，要提高全体农村居民的环境保护意识，严禁乱砍滥伐、破坏植被和其他污染环境和破坏生态平衡的行为。第二，加大农村生活污染治理力度，采取分散与集中处理相结合的方式，因地制宜处理农村生活垃圾、污水；优化农村生活用能源，积极推广沼气、太阳能等清洁能源，减少大气污染物的排放。第三，加强自然生态保护，优先保护天然植被，坚持因地制宜，重视自然恢复；严格控制土地退化和草原破坏；保护和整治乡村现有水体，努力提高水体自净能力。第四，农业要以改善生态环境，转变生产方式，控制农业农村污染为目标，发展安全、高效、生态农业，建立良性农业生态系统，实现经济和生态、人与自然和谐发展。② 第五，城乡统筹规划，加大对农村环境治理的投入，加强对农村环境的监控，把农村社会、经济和生态环境作为一个整体来考虑，同步推进生态建设和污染防治。

2. 加强立法，保障防灾减灾工作有序管理和依法行政

我国目前防灾减灾方面的法律在不断完善，“十一五”期间，相继出台或

① 伍国春、田中重好：《日本“灾害文化”建设初探——以日本静冈县推进社区减灾为例》，《中国减灾》，2006 年第 4 期。

② 周国强：《农村减灾综合对策初探》，《中国减灾》，2006 年第 12 期。

修订了《中华人民共和国突发事件应对法》、《中华人民共和国城乡规划法》和《中华人民共和国防震减灾法》。各地根据自己的情况纷纷制定了防灾减灾的相关规范性文件。北京市相继出台了《北京市突发事件总体应急预案》《北京市综合防灾减灾社区标准(试行)》《北京市人民政府关于加强本市城乡社区综合防灾减灾工作的指导意见》，对北京市的防灾减灾工作起到很好的指导作用。但是，必须承认，我国的防灾减灾的法律体系还不够完善，缺乏专门的减灾法律，《防震减灾法》只涉及了地震灾害的防范和救助。我们应该借鉴其他国家的经验，如日本较完善的《灾害救助法》，加强防灾减灾方面的立法，保障防灾减灾工作的有序管理和依法行政。

3. 增加资金投入，加强农村基础设施建设

加大对农村基础设施建设的投入，及时更换、修理老化设施，改善农村基础设施条件，提高农村防灾减灾能力。如，农村的应急避难场所，要建立应急避难场所的建、用、管三方面的协调机制。在加快建设的同时增强全局规划，统一应急避难场所选址、设计、配套设施等方面的相关标准；充分利用现有场地设施，定期组织综合性和专业性的宣传展示、演习演练，号召农村社区居民积极参与；三是在法律法规中明确规定应急避难场所的管理和维护主体，对损坏设施和挪用场地的行为追究法律责任，以保障应急避难场所的使用功能。①

4. 推行农村灾害保险业务，化解农民风险

农村灾害保险作为一种专业化、市场化的风险管理机制，可以通过分散农业生产、农村建设、农民生活中的各类风险，为农村减灾发挥保障作用。要继续推行深化农村灾害保险业务，建立农村灾害保障体系，克服救灾救济单纯依靠国家的弊病，设立农村灾害救助基金，增强救灾实力，化解农业生产风险，减少农民灾害风险。②

5. 加大防灾减灾宣传力度，拓宽灾害预警信息渠道

对于农村社区而言，农村社区防灾减灾的内容主要包括：第一，了解可能的灾害，用各种手段和方法识别和宣传主要灾害的产生原因、产生时的预兆和自救方法，做好各项准备工作。第二，定期的演习，通过了解的灾害知识，定期进行一些防灾自救的演练和灾后的恢复、心理干预的练习，规避灾

① 刘瑶：《北京市居民防灾减灾能力调查》，《中国减灾》，2012 年第 1 期。

② 刘瑶：《北京市居民防灾减灾能力调查》，《中国减灾》，2012 年第 1 期。

害，并且在面对灾害时不会慌乱，成功进行自我救助和帮助他人脱离危险；第三，了解政府预防灾害的政策，宣传政府防灾的相关法律政策等，知道政府救助的方法。①《北京市人民政府关于加强本市城乡社区综合防灾减灾工作的指导意见》规定：每个社区每年至少开展4次社区居民综合防灾减灾宣传教育培训，社区居民防灾避灾、自救互救知识普及率达80%以上；辖区内学校定期开展相关工作。每个社区每年要组织开展突发事件应急演练，使辖区居民在突发事件发生时能够应对自如；辖区内学校每年要组织开展2次以上的突发事件应急演练。加强"灾难教育"，增强公众心理承受能力和处置能力。公众良好的心理承受能力和理智的处置能力，是一个国家国民素质的具体体现，需要通过持之以恒的防灾减灾教育予以实现。

要建立广泛、畅通的预警信息发布渠道，充分利用广播、电话、手机短信、电子显示屏和互联网等多种形式发布灾害预警信息，实现社区预警信息系统与本市突发事件预警信息发布系统的有效对接。重要预警信息在电视节目中能即时插播和滚动播出，在有效时间内将预警信息传送到农民手中，使他们在灾前采取有效防御措施，达到减少人员伤亡和财产损失的目的。② 在各区县试点安装社区综合防灾减灾预警及通讯传播系统，并逐步推广应用；争取在"十二五"及后一段时间实现"50%以上的社区达到气象灾害防御应急准备认证标准，社区在自然灾害和突发事件发生时预警预报及时"。③

6. 发挥村委会的堡垒作用，建立健全基层减灾组织体系

村委会要狠抓"八个一"工作落实，建立一个减灾领导机构、制作一个救灾应急预案、建设一支抢险救灾应急队伍、构建一个灾情预警预报网络、建立一个应急物品储备库、建立一个社区资源档案、建设一个或几个应急避难所、制作一个脆弱性人群花名册。④

建立社区防灾志愿者机制。首先，根据居民自愿的原则，由社区灾害预防组领导志愿者队伍，凡有志于从事社区防灾减灾事业、具有良好的思想道德素质和修养的公民，均可成为社区应急志愿者。其次，要明确社区应急志愿者队伍的工作内容，主要包括：灾害发生前，开展防灾减灾知识的宣传教

① 詹承豫：《农村社区减灾宣传与居民减灾意识培养》，《中国减灾》，2010年第5期。

② 俸锡金：《农村社区减灾能力建设的困境与对策》，《中国减灾》，2009年第10期。

③ 北京市人民政府：《关于加强本市城乡社区综合防灾减灾工作的指导意见》(京政发[2012]24号)，http://zhengwu.beijing.gov.cn/gzdt/gggs/t1238954.htm。

④ 吕芳：《当前中国农村的减灾政策概述》，《中国减灾》，2009年第10期。

育，提高社区居民对防灾减灾知识的了解，指导社区居民通过演练掌握一定的应急避险知识和自救互救技能；灾害发生后，负责做好社区灾害信息的收集报送工作，根据该区域救灾的需要，配合专业救援队伍做好应急救援行动，做好救灾物品的发放工作等。① 另外，很重要的一点是要确保志愿服务人员长期化。社区应该给志愿组织提供良好的发展机遇和环境，吸引和激励志愿者长期服务、终身服务。一方面，要减弱志愿组织的体制性因素，鼓励志愿组织自主发展，减少控制与干预，增强人性化因素；另一方面，志愿组织对于志愿者的激励机制应该多样化，才能产生良好的作用。②

7. 树立综合防灾减灾观念，落实综合防灾减灾工作

结合综合防灾减灾的理念和我国农村实际情况，农村综合防灾减灾应包括：(1)从灾害类型和应对情况来看，农村综合防灾减灾应包含中国农村所发生的各种类型的灾害，不仅要积极应对对农民和农业生产造成巨大损害的大型灾害，而且应充分考虑各种事关农民生产生活的中小型灾害。(2)从防灾减灾的过程来看，农村综合防灾减灾应包括灾前预防、灾中应对和灾后重建的全过程，并且要将灾前预防摆在突出重要的位置。(3)从农村综合防灾减灾的内涵来看，农村综合防灾减灾实质是一种制度供给，既包括在国家的体制框架下对农村的法规政策、规划体系、预警预防机制、应急应对机制、灾后恢复重建机制、资金筹集和安排机制以及涉及农村综合防灾减灾的农田水利设施、道路、通讯等生命线设施、避难场所等公共物品供给，也包括农村组织的自主组织形式和应对机制以及村级组织与国家防灾减灾制度相衔接的配套措施。③

8. 提高灾后恢复重建能力

《北京市城乡建设防灾减灾“十二五”规划》(以下简称《规划》)中明确指出今后要“加强对灾后恢复重建的指导”。按照统一规划、分步实施、基础设施先行的原则，指导灾区制定重建方案；确定合理的抗灾设防标准；加强质量监管，提高恢复重建工程的抗灾能力；加强对农村房屋灾后重建的技术指导，

---

① 安树志、常振广、文学工：《关于加强社区应急志愿者队伍建设的思考》，《高原地震》，2007 年第 2 期。

② 谭建光：《中国志愿服务发展的十大趋势分析》，《广东青年干部学院学报》，2005 年第 4 期。

③ 黄厅：《多中心治理视角下的农村防灾减灾组织研究》，南京农业大学硕士学位论文，2010 年 3 月。

积极推广应用农房抗灾实用技术。

在北京“7・21”暴雨后，针对农村受灾严重的情况，北京市也积极落实《规划》精神，采取了相应的农村灾后重建指导工作：

一是支持因灾损毁的设施农业重建和恢复生产。因灾损毁严重的设施农业重建的，纳入全市老旧设施农业改造范围，安排资金予以支持。二是支持因灾损毁的集约化蔬菜育苗场恢复生产。对因灾损毁的集约化蔬菜育苗场重建恢复生产的，安排一定资金予以补贴，增强蔬菜种苗供给能力，提高在灾后蔬菜恢复生产中的辐射带动作用。三是实施物化补贴促进蔬菜和粮经作物恢复生产。四是支持因灾损毁严重的规模化、集约化、标准化畜禽养殖场和水产养殖场(户)恢复生产。根据养殖场(户)设施、设备和受灾损失情况，给予一定补贴。五是加强动物疫病防控消毒确保灾后无疫情。六是加快落实政策性农业保险政策。督促政策性农业保险承保公司启动大灾应急预案，按照简化程序、合理定损、优化服务、及时赔付的工作要求，加快灾情的查勘定损速度，尽快将理赔资金发放到受灾农户手中。鼓励、支持和引导农户参与政策性农业保险，切实提高农户应对自然风险的能力。七是搭建灾后农业恢复生产金融服务平台。协调金融机构强化与区县合作，国家开发银行北京分行计划安排10亿元贷款授信额度，用于支持本市郊区救灾和恢复生产。①

9. 发挥优秀社区的示范作用

北京的社区建设工作在全国处于领先行列，应该利用这一优势，发挥优秀社区的示范性作用，在防灾减灾方面形成良好的学习借鉴的风气和制度。根据《北京市人民政府关于加强本市城乡社区综合防灾减灾工作的指导意见》，各区县要结合“综合减灾示范社区”“平安社区”“安全社区”“城市气象安全社区”“地震安全示范社区”等社区建设工作，在全市建成1000个以上的“全国综合减灾示范社区”和“北京市综合减灾示范社区”，其中农村社区不少于300个；在此基础上，实现50个以上的街道(乡镇)创建“北京市综合减灾示范街乡”、2～3个以上区县创建“北京市综合减灾示范区县”。

① 北京市农村工作委员会：《关于做好灾后农业恢复生产工作的通知》，2012年7月25日。

附录

北京农村社区防灾减灾能力建设调查问卷

您好！为了为北京减灾型社区的建设出谋划策，我们需要通过对您的了解，为进一步加强农村社区防灾减灾能力建设提供决策依据。请您配合我们完成以下问卷，谢谢您对我们工作的支持！

北京农村社区防灾减灾能力建设课题组

2012 年 6 月 27 日

您是：普通群众（　　）　　村干部（　　）

个人、家庭防灾意识和相关准备

一、您是否了解您所在社区的防灾减灾政策及措施？

1. 十分了解（　　）　2. 了解一部分（　　）　3. 从未听说（　　）

二、当突发性灾害发生时，您是否知道如何转移到安全的地方？

1. 知道（　　）　2. 不知道（　　）

三、当灾害来临时，您的应对举措是什么？

1. 自　救（　　）　2. 向家人求救（　　）　3. 向朋友求救（　　）

4. 向邻居求救（　　）　5. 向社区求救（　　）　6. 拨打 119（　　）

7. 拨打 999（　　）　8. 拨打 110（　　）　9. 拨打 120（　　）

10. 向村委求救（　　）

四、您是否参与过灾害应对知识教育或应急演练？

1. 经常（　　）　2. 偶尔（　　）

3. 没参加过（　　）　4. 不清楚（　　）

五、您最希望通过什么样的方法学习灾害知识？

1. 社区发放宣传资料（　　）

2. 新闻、报纸等媒体宣传（　　）

3. 个人自己了解（　　）

4. 社区举办的灾害常识和防灾讲座（　　）

5. 其他（　　）

六、您是否参加过社区防灾减灾志愿活动？

1. 参加过，发挥了作用（　　）

2. 希望参加，但没参加(　　)
3. 没参加，也不愿意参加(　　)

七、当发生灾害时，在您有余力的情况下是否愿意帮助邻居?
1. 愿意(　　)　　2. 不愿意(　　)

八、村干部通知获知灾害将要发生，您会作出什么准备?
1. 第一时间响应，迅速撤离到指定安全区域(　　)
2. 自己在家中做预防工作(　　)
3. 认为家中很安全，不需要作出反应(　　)
4. 不太清楚怎么办(　　)

九、您的家中有哪些防灾设备?
1. 灭火器(　　)　　2. 急救药箱(　　)　　3. 应急灯/报警灯(　　)
4. 长明蜡烛(　　)　5. 多用刀具(　　)　　6. 消防水桶(　　)
7. 锤子(　　)　　8. 应急手电筒(　　)　9. 煤气泄漏警报器(　　)
10. 绳索(　　)　　11. 防燃被褥、防燃窗帘等(　　)
12. 防尘口罩(　　)　　13. 防风、防水火柴(　　)
14. 防灾头盔/帽子(　　)15. 均没有(　　)

十、您是否制定有家庭防灾计划或在家庭中讨论过相关计划?
1. 是，制定或讨论了家庭防灾计划(　　)
2. 进行过模拟逃生或急救演练(　　)
3. 没有相关计划(　　)

十一、您家中的常备应急物品有(　　)
1. 速食食品(　　)　　2. 药品 (　　)　　3. 水(　　)
4. 保暖衣物和被褥(　　)　5. 其他(　　)

十二、您的家庭愿意在哪方面进行防灾减灾上的投入?
1. 加固房屋，以抵抗地震灾害(　　)
2. 购买保险(　　)
3. 购买消防器材(　　)
4. 购买防灾应急包等应急物品(　　)
5. 其他(　　)

十三、您的家庭是否买了人身意外类的商业保险?
1. 一直都有(　　)　　2. 以前买过，现在都不买了(　　)
3. 从未买过(　　)

社区防灾工作及管理

十四、您对所生活的社区的防灾减灾管理工作的现状有何评价？

1. 投入不足、重视不够、急需提高（　　）

2. 投入过多、重视过大、没有必要（　　）

3. 比较适当（　　） 4. 不清楚（　　）

十五、您所在的社区是否进行过应对突发性灾害的教育和宣传工作？

1. 重大灾害发生后（　　） 2. 每年固定日子（　　）

3. 经常（　　）

4. 从来没有（　　） 5. 不清楚（　　）

十六、您所在社区的防灾工作由哪个部门负责？

1. 村委会（　　） 2. 乡镇政府（　　） 3. 乡镇消防部门（　　）

4. 乡镇公安部门（　　）5. 不知道（　　）

十七、您通常如何得知身边的灾害消息？

1. 村委会通知（　　） 2. 灾害波及自己才得知（　　）

3. 村民口口相传（　　）4. 媒体（　　）

十八、您所在的村是否有应对灾害的基础设施？

1. 应急避难场所（　　）2. 消防设施（　　）

3. 简易挖掘工具（　　）4. 急救器材（　　）

5. 照明灯（　　） 6. 报警装置（　　）

7. 监控装置（　　） 8. 其他（　　）

十九、您是否知道村里的紧急避难场所？

1. 知道确切位置（　　）

2. 知道有，但不知道方位（　　）

3. 村里没有这样的场所（　　）

4. 不太清楚（　　）

二十、发生灾害时您最想联系的人或组织？

1. 村委会（　　） 2. 乡镇政府（　　） 3. 其他政府部门（　　）

4. 亲戚邻居（　　） 5. 专业救援组织（　　） 6. 不太清楚（　　）

二十一、您所在的社区村级组织在减灾中起到什么作用？

1. 普及防灾减灾知识（　　）

2. 组织疏导、救援、安置等重要工作（　　）

3. 帮助村民灾害重建（　　）

4. 村委会不起任何作用（　　）

5. 不太清楚（　　）

二十二、您是否知道村干部的联系方式？

1. 知道（　　）　　　　2. 不清楚（　　）

课题负责人：刘亚娜（首都师范大学管理学院　副教授）

首都农村社区建设与农民生活市民化路径探索

程世勇

一、首都社会经济的快速发展与城乡二元化结构难题

北京作为国家的首都和政治、文化、金融中心，近年来经济总量快速增长。据统计，2005 年至 2011 年首都经济总量以年均 10.4%的增速快速发展，截至 2011 年年底，北京市的经济总量已经达到 1.6 万亿元，人均国内生产总值提高到 1.2 万美元。在经济快速发展的同时，城市化与工业化进程也在不断深化。2011 年北京市三次产业比例分别为 0.9∶23.4∶75.7，服务主导型产业结构不断巩固，生产性服务业占国内生产总值比重提高到 48.7%，文化创意产业比重提高到 12.1%。同时，经济总量扩张的质量不断提升。2011 年全市万元国内生产总值能耗水耗分别下降到 27.8%和 36%，累计降幅均位居全国首位。城乡居民收入有了较大提高，城镇居民人均可支配收入提高到 32903 元，年均实际增长 8.2%，农村居民纯收入提高到 14736 元，年均实际增长 8.7%。①

然而，由于我国在相当长的时间内一直实行城乡二元结构的体制，对城乡统筹发展重视不够，虽然北京经过近年的努力城乡统筹发展速度较快，但从现实情况看，目前北京的城乡统筹还不尽如人意，存在比较突出的问题。从经济统筹角度来看，北京的城乡经济统筹发展成效有限，城乡经济仍然存在较大的差距。虽然，一个国家或地区在工业化、城市化进程加快发展时期，城乡之间和地区之间出现一定的发展差距是不可避免的，正因为这种差距的存在才促进了城乡之间要素的流动，促进了城乡的共同发展，但城乡居民收入差距呈现扩大趋势不利于城乡的和谐发展。北京城乡居民人均可支配收入

---

① 科学发展辉煌五年 经济总量上万亿级《北京地区国内生产总值实现高端高效》，http：//www.bjpc.gov.cn/gzdt10/mtbd/201206/t3337507.htm。

绝对差距由2003年的7386.38元上升到2010年的15811元，6年间其绝对差距增幅为89.24%，北京城乡收入差距比值由2003年的2.14上升到2008年的2.30，而国际上很少有国家城乡收入比超过2的，大多数国家低于1.5。北京城镇居民人均可支配收入和农村居民人均纯收入之间的差距由2005年的9793元扩大到2011年的18167元。加快推动农民增收，尽快扭转城乡居民收入差距扩大的趋势，成为北京统筹城乡发展的重中之重。

表1　北京市城乡居民人均可支配收入及其差距

（单位：元）

年　份	城市人均收入	农村人均收入	城乡收入差距	城乡收入比
2003年	13882.63	6496.25	7386.38	2.14
2004年	15637.80	7171.99	8465.81	2.18
2005年	17653.00	7860.00	9793.00	2.25
2006年	19978.00	8620.00	11358.00	2.32
2007年	21989.00	9559.00	12430.00	2.30
2008年	24725.00	10747.00	13978.00	2.30
2009年	26738.00	11986.00	14752.00	2.23
2010年	29073.00	13262.00	15811.00	2.19
2011年	32903.00	14736.00	18167.00	2.23

数据来源：北京统计信息网提供数据计算所得。

北京作为国家首都，1.7万平方公里的辖区内共有182个乡镇，3944个行政村，5413个自然村。16个区县中有7个是山区县，其中山地面积占总面积的62%，平原仅占38%，山多、地形差异大是北京农村城镇化的显著特点。而水资源匮乏也促使北京要走可持续的新型城镇化道路。北京人均水资源占有量不足300立方米，仅为全国人均占有量的1/6，世界人均占有量的1/25。作为国家首都，北京地区同全国一样面临着产业结构不合理、地区发展不平衡、城乡居民收入增长缓慢等制约“瓶颈”。究其原因都与长期固化的城乡二元结构这一突出矛盾有关。主要表现为农村众多、城镇功能弱，形不成生产要素集聚效应，难以带动区域经济的提升。而人多地少、特色且规模化的城镇短缺使大量农村剩余劳动力仍滞留在农村或两栖于城乡，农民增收与内需提升受到阻滞。城乡差距不仅表现在收入上，还表现在教育上。教育差距是更隐性、更深层次的城乡差距。首都城镇高中、中专、大专、本科、研究生学历人口的比例分别是乡村的 3.4 倍、6.1 倍、13.3 倍、43.8 倍 、68.1 倍。此外，城乡医疗水平差距及城乡社会福利差距也十分显著。目前，城市居民享受的住房补贴、物价补贴等各种补贴，以及各种社会保险如医疗保险、失业保险、最低收入保障等，农村地区的农民要么不能享受，要么保障的水平和层次较低。城乡二元化的结构矛盾还体现在政府公共财政支出的结构上。国家财政用于农业的支出占财政支出的比重不断下降，由 1978 年的 13.43%下降到 2003 年的 7.12%，到 2007 年微有提高。农业基本建设投资支出占国家财政支出的比重，1978 年为 4.52%，2003 年下降到 2.14%。公共财政资金分配向城市倾斜的倾向较为明显。

因此，首都经济的城乡二元化特征是十分显著的。城乡差距过大，已引起了中国政府的高度重视。胡锦涛总书记在十七届三中全会上明确提出：我国现在总体上已到了以工促农、以城带乡的发展阶段。北京市经过 20 多年国民经济的持续快速增长，通过体制创新逐步缩小城乡差距目前面临难得的机遇和条件。

二、首都农村传统路径下推进城乡一体化的制度尝试

改革开放三十多年来，首都农村与全国其他地区的农村一样，始终在探索打破城乡二元结构，实现经济可持续发展的体制创新模式，先后经历了农村工业化模式、农村剩余劳动力转移模式与新农村建设模式。

(一)缺乏规划的乡镇企业与乡村工业不利于城乡的可持续发展

不可否认，大力发展乡镇企业对促进农业发展、提高农民收入、发展农村经济及推进城乡关系协调发展发挥了巨大作用，但它不是实现城乡统筹发展的关键。这是因为：第一，乡镇企业发展难以吸纳规模庞大的农村剩余劳动力。在 1998—2009 年间，乡镇企业从业人数由 12536.5 万人增加至 15588.2 万人，增加约 3000 万人，从业人数平均每年增加约 280 万人。简单而粗略地算，即使按照每年增加 300 万人的速度，转移 1 亿农村剩余劳动力就需要 33 年。并且，近几年，由于乡镇企业面临转型，吸纳劳动力的能力更是急剧下降。第二，乡镇企业布局分散，随之产生了遍地开花的小城镇，使土地利用低效。乡镇企业的一个特点是布局非常分散。伴随着乡镇企业的发展，我国建制镇数目大幅增加。1978 年，我国乡镇数为 2176 个，到 1993 年，

乡镇数达 15805 个，年均增长 14.1%；乡镇就业人数则从 1978 年的 2826.56 万人增加到 12345.30 万人，年均增长 10.3%。但是，由于缺乏合理的规划，不少建制镇建设带有较大的盲目性，特别是在非县城的一般建制镇里，存在“小、散、低”现象，即建设规模过小，产业布局分散，土地利用率低。第三，乡镇企业的收入不高，难以有效遏制城乡收入差距扩大。乡镇企业从业人员的平均工资较低，收入增长得比较缓慢，虽然确实让农民增收，但增加的幅度却小于城市居民收入增长的幅度。以乡镇企业发展最好的 1984—1988 年和 1992—1996 年两个阶段为例。在 1984—1988 年，我国城镇居民可支配收入与农村居民纯收入之比从 1.84 上升到 2.17。而在 1992—1996 年，我国城镇居民可支配收入与农村居民纯收入之比分别为 2.59、2.80、2.86、2.71 和 2.51。可以看见，即便是在乡镇企业发展最迅猛的阶段，城乡收入差距也并未缩小。

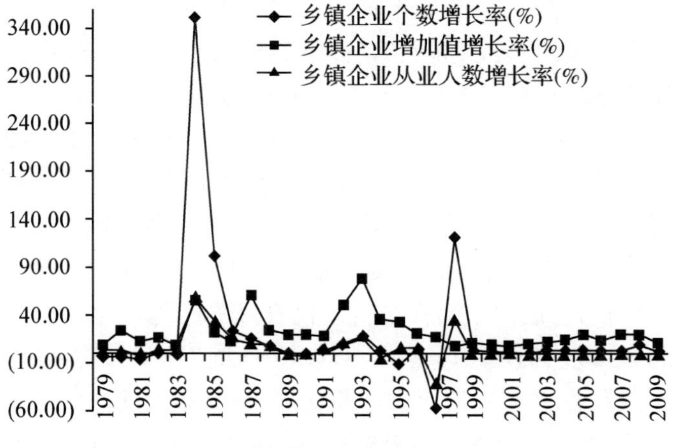

图 1　我国乡镇企业发展情况

(二)单纯进城务工形式的劳动力流动也不能实现城乡的可持续发展

毋庸置疑，农民进城务工对帮助农民增收、带动农村经济发展及促进城乡关系协调发展发挥了重要作用。但总的来看，这种模式已经难以持续下去，不是实现城乡统筹发展的科学路径。第一，农民游离于城市之外。目前，我国城市化的统计标准是在城市居住超过 6 个月以上，这里面包括近两亿进城务工的农民。但实际上，这部分农民虽然离开农村进入城市，但未能真正融入城市社会，即他们在劳动报酬、子女教育、社会保障、住房等许多方面并不能与城市居民享有同等待遇，在城市里没有选举权和被选举权等政治权利。

因此，如果以户籍人口算，我国真实的城市化水平会低很多。这种现象被学界称为“伪城市化”或“半城市化”现象。第二，农村土地资源严重浪费。在推动农民进城务工的进程中，农村土地资源浪费十分严重，即在农村出现大量耕地闲置、宅基地荒废、空心村等现象。中国社科院于2011年年末发布的《城乡一体化蓝皮书》显示，部分打工者进城遗留下来的乡村土地闲置率高达55%以上。刘彦随等(2012)的研究认为，近10多年来，我国农村空心化正处于快速上升发展期，外扩内空、人走屋空有加速趋势，还出现了一户多宅、建新不拆旧、新房无人住的现象。全国空心村综合整治潜力可达757.89万公顷，约合1.14亿亩。第三，新生代农民工的迷失。目前，1980年以后出生的、16周岁以上的新生代农民工已经成为农民工的主体。国家统计局2010年在10个省进行了新生代农民工专项调查，调查结果表明：新生代农民工总人数为8487万，占全部外出农民工总数的58.4%，已经成为外出农民工的主体。与上一代农民工相比，新生代农民工文化素质整体较高，但大多数人基本不懂农业生产，不再“亦工亦农”，而是纯粹从事二、三产业。新生代农民工群体自小就跟随父母移居城市，或是在农村初中(高中)一毕业就到城市“谋出路”，他们对城市生活较为向往，融入现代城市生活的愿望更加强烈。但在现实生活中，他们却或多或少地受到来自各个方面的排斥与歧视，在身份认同上处于“农民”和“市民”之间的尴尬境地。据《半月谈》杂志报道：江苏扬州2008年度和2009年度三成的刑事案件罪犯是新生代农民工；济南市2008年和2009年两年内超五成刑事案件是新生代农民工所为，超六成刑事犯是新生代农民工；北京市顺义区2010年1月至10月新生代农民工被告人占全部刑事案件被告人总数的39%，这个数字相比较2009年同期增长了60.7%。

(三)孤立的“新农村建设”也不能成为实现城乡协调发展的路径选择

《中共中央关于制定国民经济和社会发展第十一个五年规划的建议》提出要“建设社会主义新农村”，把建设社会主义新农村当作我国现代化进程中的重大历史任务。但所谓的新农村建设，并不是解决“三农”问题的根本途径。我们知道，解决中国“三农”问题的根本途径是减少农民，加快城市化进程。因为在农村人口占60%，总数为8亿，每个农户耕地面积只有7.5亩的情况下，任何使现有农民脱贫致富的企图都是徒劳无益的；即使将现有的农村人口从60%降低到不足30%，将现有的4.8亿农业劳动力至少减少到2.4亿，每个农户平均占有的土地也只提高到15亩，只相当于美国家庭农场土地面积的0.5%，欧盟的5%，日本的58%。而只有把农业劳动力减少到1.7亿，农村的土地才有可能实行规模化、专业化和集约化生产，农产品的成本才会大幅度降低，农产品市场化比例才能大大提高，农业技术水平和服务水平才能大幅度改进，农民的人均收入和生活水平才可能达到与城市人口相当或相近的水平，“三农”问题也才有可能从根本上得到解决。从这个意义上说，所谓建设新农村，只能是治标不治本的权宜之计。因为从长远的发展来看，我国现代化进程中的重大历史任务不是建设社会主义新农村，而是要加快城市化进程，逐渐使农村消亡。而过分强调建设社会主义新农村，容易使现行的导致城乡隔绝和二元社会形成的户籍制度、就业制度、教育制度、医疗卫生制度、社会保障制度进一步凝固化，使 8 亿农民长期束缚在土地上，从而阻碍城市化的进程，导致城乡差距进一步扩大。因为即使新农村建设得再好，也仍然是农村，城乡差距仍然存在。缩小乃至消灭城乡差别的途径，不是建设新农村，而是加快城市化进程，把农业人口越来越多地转移到非农业部门，把农村人口越来越多地变成城市人口。把主要精力放在社会主义新农村建设上，而不是放在深化包括土地制度、户籍制度、就业制度、教育制度、医疗和社会保障制度在内的各项改革上，不是着眼于加快城市化进程，那只能是事倍功半，甚至得不偿失。

(四)首都城乡二元化体制的实证分析：协整检验

本文采用 1985—2006 年北京地区居民可支配收入(Y)和居民消费支出(C)货币量值的时间序列数据为基础。① 由于年度统计数据受价格变动因素的影响，需要对数据进行整理，因而采用每年的居民消费价格指数(CPI)对原始数据进行平减，按 1978 年可比价格计算收入和消费数据。为了保证数据分析的质量和计量模型的经济含义，对相关变量数据进行自然对数处理。

变量选取：根据前面理论分析中所提出的我国城乡二元结构特征，为了实证检验收入和消费的城乡二元结构特征，这里分别以对收入和消费两个变量进行城乡二元化的计量检验；观察城乡收入和消费的弹性特征是否具有显著的差异性。如果这种弹性差异性显著，则说明我国不仅城乡收入具有二元化特征，城乡消费的二元化特征也十分显著。这里选取城市居民可支配收入(CY)和居民消费支出(CC)为一组；选取农村居民可支配收入(SY)和农村居民消费支出(SC)为一组。

---

① 程世勇、王勇：《当前扩大内需的制度选择：实证的视角》，《经济问题》，2009 年第 5 期。

本文从时间序列上分析 1978 年以来北京市城市和农村居民收入和消费的结构性问题以及影响关系。考虑到消费和收入数据在时间序列上有着显著的非平稳性，经典的计量模型是建立在平稳数据变量的基础上的，对于非稳定数据经典模型就不再适用了，因此在计量方法上采用协整理论和误差修正模型。根据协整理论，具有同阶单整性质的时间序列数据可能存在协整关系，他们的线性组合是平稳的。这意味着存在协整关系的非平稳经济变量确实存在着一种长期均衡的比例关系。由 Granger 表述定理(1987)，存在协整关系的变量之间的短期非均衡关系总能由一个误差修正模型表述，所以对同阶单整的时间序列数据我们可以检验其协整性，并在此基础上建立误差修正模型。

1. 农村居民收入对消费影响的计量检验

(1)农民收入和消费变量的 ADF 检验和单位根(Unit Root)检验(见表 2)。

表 2　农村相关变量的 ADF 检验

	方程 1	方程 2	方程 3	平稳性
lnSY	(2)	(1)	(1)	非平稳
lnSC	(3)	(2)	(3)	非平稳
D(lnSY，2)	* * *(1)	* * *(1)	* * *(1)	平稳
D(lnSC，2)	* * *(1)	* * *(1)	* *(1)	平稳

注：* * * 为 1%显著水平检验；* * 为 5%显著水平检验；* 为 10%显著水平检验。

根据农村收入和消费时间序列的 ADF 检验结果，虽然 lnSY、lnSC 原序列和一阶差分序列都是非平稳序列，但 lnSY、lnSC 在很高的显著水平上属于 2 阶单整序列。lnSY、lnSC 理论上有可能建立长期协整关系。我们采用 Engle－Granger 对时间序列的协整性进行检验。

(2) 协整分析和 ECM 模型。

初步的协整回归和 DW 检验结果表明方程存在一阶自相关，故在原方程中引入滞后项，得到合理的分布滞后模型，此模型基本上确定两时间序列的协整关系(见方程 1)。进而对残差 e2t 进行稳定性检验的结果不存在单位根，同时进行 Chow 结构性检验的结果表明时间序列是协整的并不存在结构性突变(表 3)。在此基础上，得到农村消费和收入的 ECM 误差修正模型(见方程 2)。

$lnSCt = 0.159 + 0.699 * lnSYt + 0.345 * lnSCt_{-1} - 0.10 * lnSCt_{-2} +$

e2t （1）

（6.35） （2.04）

Adjusted R2：0.98； DW：1.99

$$DlnSC_t = 0.747 * DlnSY_t + 0.263 * DlnSC_{t-1} - 0.889 * e2_{t-1} \quad (2)$$

（3.78） （1.42） （−2.47）

Adjusted R^2：0.73； DW：1.84

表3 残差单位根检验和Chow检验

	方程2	方程3	稳定性
e2t	＊＊(1)	＊＊(1)	稳定
F−statistic(1995)	0.032433	Probability	0.968
Log likelihood ratio	0.07914	Probability	0.961

2. 城市居民收入对消费影响的计量检验

(1)城市居民收入和消费的ADF检验和单位根(Unit Root)检验。

根据AIC信息准则，确定合理的滞后阶数，城市收入和消费时间序列的ADF和单位根(Unit Root)检验(见表4)，可知lnCC、lnCY经ADF检验都是非平稳序列，而D(lnCC)～I(1)；D(lnCY)～I(2)。故两序列lnCC、lnCY长期构不成协整关系。1985—2006年的实证数据不能支持经典消费理论关于消费和收入的基本结论。

表4 时间序列及差分序列ADF检验

	方程1	方程2	方程3	稳定性
lnCC	(5)	(8)	(8)	非平稳
lnCY	(4)	(1)	(1)	非平稳
D(lnCC，1)	＊＊(0)	＊＊(0)	＊＊＊(1)	平稳
D(lnCY，1)	不能拒绝	不能拒绝	＊(4)	非平稳
D(lnCY，2)	＊＊＊(4)	＊＊＊(4)	＊＊＊(4)	平稳

(2)结构性变化、选择性样本检验和再协整。

我们需要从实证的角度来检验这种假设：我们尝试用Chow检验，通过

“间断点”分析模型是否出现结构性变化(如下表)，1997 年前后，消费和收入序列关系的结构性变化显著(见表 5)。根据前面的结构性变迁假定，进行选择性样本检验，从 1997 年开始的时间序列数据，D(lnCC)～I(1)；D(lnCY)～I(1)。故 lnCC、lnCY 构成协整关系(见表 6)。

表 5　Chow 结构性检验

Chow Breakpoint Test：1997			
F－statistic	1.577672928	Prob	0.2363
Log likelihood ratio	5.759106747	Prob	0.124

表 6　ADF 检验

	方程 1	方程 2	方程 3	稳定性
D(lnCC，1)	/	* *(1)	* *(2)	平稳
D(lnCY，1)	/	*(2)	*(2)	平稳

(3)协整模型和 ECM 模型。

根据前面的协整关系，两序列基本上为协整关系。根据 AIC 信息准则，确定合理的滞后阶数进而对残差 e2t 进行稳定性检验的结果不存在单位根。最终得到如下协整方程(方程 1 *)。并在此基础上求得城市消费和收入短期均衡关系的 ECM 误差修正模型，见方程(2 *)。

$$lnCC_t = 2.086 + 3.26 * lnCY_t - 0.401 * lnCC_{t-1} - 2.208 * lnCY_{t-1} \quad (1*)$$

(3.16)　　(2.79)　　(－1.18)　　(－1.82)

Adjusted R^2：0.99　DW：1.84

$$D(lnCC) = 1.26 * D(lnCY) - 0.48 * D(lnCC_{t-1}) - 0.812 * e_{t-1} \quad (2*)$$

4.33　　－1.40　　－1.07

Adjusted R^2：0.563　DW：2.15

3. 实证计量检验结果

(1)我国农村居民收入对消费影响的计量检验的结果。

从 1985－2006 年农村消费和收入的时间序列分析可知，lnSC、lnSY 之间存在(1、1)阶协整关系。农村居民收入和消费的长期弹性关系为 0.699/(1－

0.245)=0.926。收入每增长1%，消费增长0.926%。从ECM模型得出：农村居民收入和消费的短期弹性为0.747，短期弹性小于长期弹性。收入增量对消费的影响并不十分突出。误差修正项为负值(−0.889)，这说明ECM能够很好地修正前一期的偏离。由此得到农村消费和收入的长期方程和短期方程。进行Chow检验的结果，改革开放30年来农村居民的收入和消费没有发生结构性的变化，收入和消费具有优良的协整性。

(2)我国城市居民收入对消费影响的计量检验的结果。

第一，从对1985—2006年城市居民消费和收入的时序数据分析可知，由于两个序列单整阶数不同，故lnCC、lnCY之间构不成长期协整关系。实证结果证明现代经典的消费理论并不能很好地解释中国城市居民的消费选择。

第二，通过引入结构性间断点Chow检验，证实消费和收入的协整关系在1997年前后发生了结构性变化。这印证了我们前面所作的假设：城市社会由于经济体制改革的原因，影响了城市居民的消费行为，故这种长期的均衡关系在转型社会的制度变迁中被打破。城市内部的消费和收入的结构性变化显著。

第三，通过1997年后的时序数列的ADF、单位根检验和残差项e2t的平稳性检验，我们得出：实践中lnCC、lnCY之间的协整关系还是存在的，存在长期的(2、2)阶协整。根据协整方程和ECM方程，经计算可得城市居民收入和消费的长期弹性关系为0.714，即收入每增长1%，消费增长0.714%，显著低于农村居民的收入消费弹性0.925。而城市居民收入对消费的短期弹性为1.26，显著高于农村居民的0.747。农村和城市居民收入的消费弹性是存在显著差异的。

基于上文的分析可以得出：由于我国长期以来城乡二元化的制度特征导致城乡居民消费的结构性差异。农村地区由于长期以来特定体制的影响形成了区别于城市居民的特殊消费结构。农村社会保障制度的滞后，中国社会在经济转型和城市化进程中的成本被农民所负担，增大了农民长期消费的不确定性和风险。农村居民的要素和资产性收入的市场化改革滞后。农村劳动力要素的城市化流动在身份上受到制度约束，这种长期形成的制度特征把农村和城市作为两个相互独立的经济系统分割开来，从而形成农村和城市两套独立运行的价格系统。土地和房屋等不动产的流动性受到管制。由于流动性限制，农民土地资产不能进行市场化定价。

三、首都新型农村社区试点：城乡统筹与农民生活的市民化

建设新型农村社区，是首都探索郊区城镇化与城乡一体化的新的探索。2011 年，北京市确定了 10 个新型农村社区建设作为试点，涉及昌平、延庆、密云、房山、门头沟、怀柔、通州、大兴、顺义、平谷十个区县，25 个村庄。

需要注意的是，新型农村社区建设与首都地区近年来提出的社区化管理是两个不同的概念。近年来，在城乡结合部村庄普遍推行的社区化管理，重点在于治理村庄的治安环境，而新型农村社区建设，是对农民民居、基础设施、公共服务、生态环境和产业进行全方位的改善和提升，是探索农村地区城镇化的一条新路子。首都地区新型农村社区建设，按照“地域相近、产业相似、习俗相同、便于发展”的原则，农村社区可以由几个村联建，也可以由一个村庄单独建设。2011 年，密云县穆家峪镇华润希望小镇、房山区青龙湖镇晓幼营新型农村社区、延庆县八达岭新型农村社区率先启动。

(一)首都新型农村社区建设——以延庆、密云、房山为例

案例 1：延庆八达岭新型农村社区建设。2011 年，延庆八达岭新型农村社区被北京市率先列为十个新型农村社区试点之一。长期分散在山间的营城子、程家窑、东沟、南元、石佛寺、西拨子和东曹营 7 个村的村民，2012 年陆续成为八达岭新型农村社区的新居民。原先的 7 个村，共 1690 户，3400 多人，将住进自己自愿选择的二层独栋、联排三层住宅或四层板楼，过上与城市居民同步的幸福生活。不仅住进了楼房，而且社区环境也完全与城市小区一样，除了通水、通电、通路等基本“硬件”基础设施，农民还跟城市居民一样，享受集中供暖、管道燃气、宽带入户、购物超市、社区医疗站、老年公寓等公共服务，部分新社区在建设时还预留了中水管线，将来社区污水处理形成一定的规模后，可以用中水冲厕，节约水资源。截至 2011 年年底，八达岭新型农村社区的污水处理、垃圾处理、变电站建设以及集中供水管网已经初具规模。

新型农村社区通过集中居住，节约了土地，为社区后续产业的发展节约了宝贵的土地资源。农民集中入住新民居后，旧村会腾退出大面积的宅基地。据统计，八达岭新型农村社区的 7 个村原村庄建设用地面积共 120 公顷，而社区规划的住房建设面积总共才耗费土地 25 公顷，加上社区基础设施和公共服务设施的用地 15 公顷，最终节约建设用地 80 公顷，节约了 2/3 土地。

八达岭新型农村社区将新型城镇化进程与产业发展结合起来。节约的 80

公顷建设用地，67公顷将用于社区旅游产业及相关产业的发展，在全力推进新型农村社区建设的同时，进一步加大高端、高效、高附加值旅游项目的引进，节约集约出的原村庄建设用地将结合八达岭景区、残长城景区、八达岭文化创意产业集聚区发展商务旅游、会议旅游、高端旅游接待等产业。而另外13公顷的土地则由各村集体统筹规划，发展社区产业。

图2　延庆八达岭新型农村社区

图3　密云穆家峪镇新型农村社区

案例2：密云穆家峪镇新型农村社区。① 穆家峪镇紧邻密云县城，与密云水库相连，“八山一水一分田”的资源禀赋条件，一直制约着当地农村的发展。2011年，该镇农民人均纯收入虽达到1.17万元，但其中农民外出务工收入比例占到60%，真正的经营性收入及财产性收入不足20%。同时，年轻人外出打工也造成了农村空巢现象明显。2011年，穆家峪镇与华润集团签订了建设“希望小镇”的新型农村社区建设合作协议。希望小镇一期采取将5个自然村迁村并点、原址改造的方式改善农民居住条件，提升村内市政基础设施建设。在产业发展上，天福号农庄已经投产，木棉花乡村酒店、凤凰苗圃基地、万家果园、五丰农业基地等产业项目也正在建设中。

希望小镇二期涉及的5个行政村，主要采取集中建设新社区、集中上楼的形式，要实现农民“居住在社区，工作在园区”的产业发展与生活模式转变，进而实现农民就地城市化。新型农村社区中的新民居，别墅户型从124平方米到224平方米不等，4类户型，400套，足够满足原来村子里800余人的居住需求。新型农村社区一边是传统样式的红砖平房院落，一边是整齐的别墅

① 京郊穆家峪打造密云版“希望小镇”，http：//www.bj.xinhuanet.com/bjpd_sdzx/2011—11/30/content_24235343.htm。

区。社区内将建设大型文化广场和集村务办公、商业服务于一体的公共服务区，让百姓足不出村就能享受到医疗、社保、司法等“一站式”公共服务。①

土地入股是密云穆家峪镇新型农村社区的一个典型特征。在希望小镇建设中，农民的农用地和宅基地将以股份形式参与经营与收益的分配。农用地以土地出租的模式流转到经济合作社，由合作社统一经营管理，农民从中获取稳定的租金收益。在农民迁入新房后，集约出的宅基地也可以入股，称为“地股”，农民以“地股”成立“宅基地合作社”，由“宅基地合作社”出地，华润出资共同组建了木棉花乡村酒店，每年按股分红。除了出租土地，希望小镇的农用地还有一种新型的合作社分包模式，由企业参股的经济合作社引入高端设施后，再将土地返包给部分农民，农民将获得土地流转收入和农产品出售收入。

希望小镇建设重点将在发展绿色经济、绿色产业，打造有机农产品、种植业、养殖业等产销一条龙的产业经济链条，同时发展绿色休闲旅游产业，将生态优势转化为发展优势，促进农民增收致富。同时，他们将成立多元化农村经济组织，发展生态、休闲、观光产业，帮助农民通过就业培训，实现家门口就业。

案例 3：房山晓幼营村新型农村社区。② 晓幼营村位于青龙湖镇西北，东接丰台，北接门头沟。村委会辖晓幼营、大平地、饮水井三个自然村，全村现有 725 户，1521 人，总面积 10867.5 亩。村内企业以矿山开采及加工为主，有 12 个采石场及 3 个石头加工场。村民的住宅绝大部分建于 80 年代，房屋建筑多以砖木结构为主。随着矿山关停，村里面临着企业转型及人口安置问题。早在 2010 年年初，新型农村社区建设开始筹划的时候，晓幼营村就率先抓住这一加快发展的重大机遇，迅速完成了村庄规划设计，经逐级申请，进入北京市第一批新型农村社区试点建设行列。③

一年多来，晓幼营村新型农村社区的民居工程已建起了 5 栋、共 2.2 万平方米、可安置 192 户村民的住宅楼，同步实施了水、电、热、气、路、绿

---

① 京郊穆家峪打造密云版“希望小镇”，http://www.bj.xinhuanet.com/bjpd_sdzx/2011－11/30/content_24235343.htm。

② 创新推动自主建设，全力推动晓幼营村新型农村社区试点建设，http://www.bjfsh.gov.cn/zhtlm/xnc/nc_jsxf/91590.html。

③ 创新推动自主建设，全力推动晓幼营村新型农村社区试点建设，http://www.bjfsh.gov.cn/zhtlm/xnc/nc_jsxf/91590.html。

化、互联网、有线电视等基础设施工程，现已具备了入住条件。下一步，该社区将实施回迁楼二期工程，计划投资1.2亿元，在年底前，建设总面积4万平方米的住宅楼，解决400户村民入住，加上一期工程，入住回迁楼的总户数可达到600户以上。晓幼营村新型农村社区建设，始终注重规划。晓幼营村结合自身的区位、资源优势，在坚持“节地、节能、节材、节水”的原则下，对社区进行规划，将村庄土地规划为生态节能型新型农村社区、观光农业区、仓储物流区、服务会展区与健康产业园区五个模块。其中，民居建设面积76200平方米，总投资1.7亿元，可节约建设用地1065亩，为产业发展提供了广阔空间。在产业规划及建设方面，占地1000亩、安置300名劳动力的红酒庄园项目已进入实施阶段。①

晓幼营村农村社区建设中的股份制改制是特色。村集体组织将集体资产和个人资产(含合法宅基地)进行评估后，由村民自愿与村委会签订入股协议，共同成立具有法人资格的投资公司。村集体和个人按入资额的多少持有投资公司相应比例的股份。村委会委托投资公司进行本村的新型农村社区建设。在全面进行清产核资和资产评估的基础上，对集体资产进行处置和股份量化。将集体净资产按不高于30%的比例量化为集体股，作为本村社员共同共有的资产，并转为社区股份合作社的股份，其股份分红用于村级事务管理费用支出和本村公益、福利性事业开支等。在新型集体经济组织经过较长时间正常运行，处理完遗留问题和需要补缴的费用，集体经济组织成员全部纳入城市社会保障体系。待其他条件成熟时，可以取消集体股，其份额按照改制时的个人股比例进行量化。个人股即村集体净资产总额中减除集体股所占份额后，全部量化转为按本村规定享有股东资格的个人在社区股份经济合作社的股份。②

(二)首都新型农村社区建设与城乡一体化

1. 推进城乡一体化是世界各国和谐城乡关系的共同选择

国外关于农村社区建设与城镇化的研究已经有近30年的历史。叶齐茂(2009)、陈峰(2010)、李潇潇(2010)、解安(2007)等人分别对德、日、美、韩等国的农村社区建设与城镇化历程进行了理论梳理。叶齐茂(2009)系统地

① 创新推动自主建设，全力推动晓幼营村新型农村社区试点建设，http://www.bjfsh.gov.cn/zhtlm/xnc/nc_jsxf/91590.html。

② 创新推动自主建设，全力推动晓幼营村新型农村社区试点建设，http://www.bjfsh.gov.cn/zhtlm/xnc/nc_jsxf/91590.html。

研究了德国的农村城镇化历程，归结出土地集约利用、可持续发展与基础设施供给的完善是其三大典型特征。与之对应，陈峰(2010)指出，日本的城镇化则是以“町村”合并为典型特征。“町村”合并使日本的城镇数量迅速上升。解安(2007)通过长期对韩国的“新村”运动的研究，认为韩国的城镇化主要以“新村运动”为标志，并开创了农村向现代化转变的“韩国模式”。通过“新村运动”，韩国农民整体脱贫，多年累积的城乡差距迅速缩小，韩国城镇化模式成果的核心在于政府的扶持与农民主体地位的提升。

而美国城镇化模式的不同特点在于，边缘区的小城镇、郊区小城镇和农业地带小城镇是其三种典型的模式。李潇潇(2010)进而指出，美国的小城镇建设表现出四大特征：一是规划科学，强调整体协调和功能分区，将城镇化与区位特点和特色产业相结合；二是注重城镇交通、通讯、排污等公共基础设功能的总体提升与长远发展；三是推进产业升级，实现城镇化与产业协调发展与小城镇在区域间的平衡发展；四是着力解决住房和就业难题并注重健全社会保障机制。因此，首都农村新型社区建设要坚持城乡统筹规划与多元模式并重。首都农村社区建设一是要坚持模式多元，根据区县的地理区位与发展水平差异选择不同的社区城镇化模式。二是要坚持统筹城乡空间规划、土地规划与产业布局规划，做到产业空间联动与区域转移相结合。三是要将社区规模弹性化与社区建设特色化相结合。将群众自建、家户联建、集体统建与招商承建与就地扩建、村庄合并、整体搬迁灵活结合。

2. 国内城乡统筹的改革实践已经为首都农村社区建设积累了经验

从 2003 年以来，成都、重庆、天津、浙江、河南、山东等地，都花大力气推进统筹城乡发展的改革试点，其中以成都作为城乡统筹综合配套改革实验区的实验最有代表性与可复制性。成都城乡统筹的五点经验也是首都农村在新型社区建设中需要借鉴和贯彻的基本经验。

第一，始终要注重科学规划，通过统筹规划推进城乡一体化。成都市在统筹城乡发展中，坚持城乡一盘棋，着眼于城乡经济、社会、自然和人的协调发展，结合土地利用总体规划和城市总体规划修编，高起点、高标准、高质量地编制了城乡一体发展的新规划，包括经济社会发展规划、城市总体规划、土地利用规划、城乡产业发展规划、基础设施建设规划、生态环境保护规划、社会事业发展规划等各项专项规划，形成了城乡统筹、相互衔接、全面覆盖的城乡规划体系，明确区分功能定位和产业发展重点，凸现区域经济特色。

第二，要集约发展，农村社区建设也不能“村村点火，户户冒烟”。要推进工业向园区集中。加大基础设施建设力度，提高工业集中发展区承载能力和服务功能。要推进农民向城镇或社区集中。在中心城区和农村实施农民新居工程，通过土地集中连片开发，统一兴建农民社区，水、电、气、暖、通讯等基础设施配备齐全，农民基本上可以享受到与城镇居民一样的条件。要推进农用地向规模经营集中。

第三，实现城乡体制机制的整合是关键。通过打破城乡分割的体制性障碍，实现城乡规划一体化、城乡产业发展一体化、城乡市场体制一体化、城乡基础设施一体化、城乡公共服务一体化、城乡管理体制一体化。在城乡一体化改革之始，成都就将“城市规划”变革为“城乡规划”，即城乡一盘棋，将广大农村纳入城市总体规划、土地利用规划、产业发展等各项规划范畴，一张蓝图绘到底，形成城乡统筹、相互衔接、全面覆盖的“全域成都”规划体系、城乡体系和监督执行体系。统筹推进“三个集中”，联动推进新型工业化、新型城镇化和农业现代化。通过建立城乡一体化的产业发展机制，成都正着力构建以现代服务业和总部经济为核心、以高新技术为先导、以现代制造业和现代农业为基础的现代产业体系，在产业结构调整中，形成了城乡一体化、梯度布局、三大产业协调发展的良好格局。

第四，通过公共财政支出结构的变化推进城乡公共服务的一体化。城乡公共服务的一体化是最能体现以人为本、共创共享的制度安排。成都大力推进公共服务改革，建立了城乡一体化服务体制和经费筹集、财政投入机制，在就业、社保、教育、卫生、文化等方面推动城乡公共资源均衡配置，推动城市公共资源优势向农村覆盖，使城乡居民共享改革发展成果。这种模式值得借鉴。

第五，要构建多元化的资金保障机制来推进农村发展。一是建立市场化投资机制。实施民间资金向民间资本转变，是弥补城市化建设资金不足的有效途径。成都市积极建立政府引导、市场运作、社会参与的投资机制，发挥政府投入对启动社会投资的杠杆作用，大量吸引外来投资，参与城市开发、建设和经营，投资工业基础设施、农民新居工程建设和土地规模经营，依靠社会化的多元投资。二是建设政府投融资平台。为发挥政府投资的引导作用，成都市非常重视投融资平台建设。重点抓好市和区两级投融资平台建设，形成对重点城乡基础设施建设项目的融资、投资、建设以及运营管理的有效机制。

3. 首都新型农村社区建设从立体多维的层面推进了城乡一体化进程

首都新型农村社区建设最直观的感受就是农民生活方式的市民化。一是职业的转换，农民转变成了产业工人。通过新型农村社区建设，发展二、三产业，创造了大量的就业岗位，不仅解决了本村居民的就业，而且还解决了附近村民的就业。二是低成本地住进了楼房，享受了现代的生活方式。在一般的农村社区，村民上楼后的住房面积是上楼前的 2 倍，达到人均 70 平方米，不仅居住宽裕，而且每家都可有 1～2 套住房对外出租，仅房屋租赁收入每年都是一笔不小的收入。

通过新型农村社区建设，农民的社会福利及社会保障也提升了。村民可以享有退休养老金、医保、农龄及工龄津贴，而且家庭还享受子女从幼儿园到大学毕业的全程教育补贴、水电暖燃气等生活费用补贴和粮油实物补助等多项福利。有些社区不仅推出了农民基本保障与城市居民的对接，而且还实施了农民社会保障的“双保险”。农民一方面享受城市的基本保障，同时也享受村集体的基本保障。

农村产业机构的优化升级。在建设中，各试点社区不断创新与发展适宜当地特色的产业模式，如华润希望小镇新型农村社区根据地理区位和资源禀赋，配套兴建了木棉花乡村酒店、天福号生态农庄、五丰设施农业等产业项目，打造集商务活动、观光度假、民俗旅游为一体的高端产业群。晓幼营新型农村社区在建设中划分为生态节能型社区、都市型景观农业区、花园式仓储物流区和高档服务会展区。通过开发特色产业，实现高附加值的生产与就业。

首都新型农村社区建设与城乡一体化的一个典型特征是最大程度地节约了土地。据统计，2011 年本市确定了密云县华润希望小镇、房山区晓幼营、延庆县八达岭、顺义区凤凰新村等 10 个新型农村社区试点，2012 年又新增加了平谷区老泉口、密云县司马台两个新型农村社区试点。这 12 个新型农村社区试点涉及 27 个行政村、1.18 万户、2.6 万人，原村庄占地达 1.15 万亩，规划新型社区占地缩减至 4000 余亩，节地率高达 60%左右。

首都新型农村社区建设与生活服务的便捷化。新型农村社区有社区服务站、社区卫生站、警务站、科技文化活动中心、体育活动场所、连锁超市，还有教育、养老、法律服务方面的机构，这些农村社区服务平台和社区服务网络，为群众提供更安全、方便、周到的服务，小事不出村，大事有人代理。此外，还为农民提供社区医疗卫生、就业指导、文化教育、社会救助和保障等公共服务。

四、首都农村社区建设全面推广亟待解决的四大问题

(一)农村社区建设钱从哪里来：政府的资金支持与财政转移

分税制改革以来，中央和地方的财政收入分配结构，限制了地方财政的增长，地方政府在推进城乡一体化进程中，首先受到的最大的限制就是资金的制约。首都城乡一体化进程可以归结为三个层次：首先是城市化转移一批；其次是城镇化聚集一批；三是新型农村社区建设提升一批。而如果这三个层次都需要政府大力的资金支持，以房山区新型农村社区试点为例，当时是在区财力十分紧张的情况下，区财政拿出 5000 万元资金，支持晓幼营村社区试点建设，保证了工程的顺利实施。如果农村社区建设进一步推广，那么巨额的资金投入问题便是地方政府首先要面对的问题。

据统计，2011 年市级财政总收入 2516.9 亿元，其中：公共财政预算收入 1644.4 亿元；中央返还及补助收入 205.4 亿元；中央专项转移支付上年结转使用收入 50.0 亿元；中央专项转移支付收入 301.2 亿元；财政部代理发行地方政府债券收入 54 亿元。此外，公共预算外的政府性基金的总收入为 1047.4 亿元。而在市级财政总支出中，城乡社区事务支出仅为 48.5 亿元，占公共财政预算支出的 3.4%；农林水事务支出 69.6 亿元，仅占公共财政预算支出的 4.9%，两者加在一起，市财政对农村的公共支出比例仅为 8.3%。①

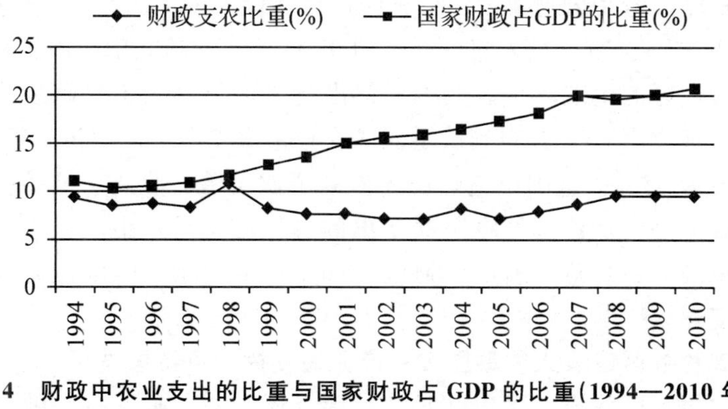

图 4　财政中农业支出的比重与国家财政占 GDP 的比重(1994—2010 年)

① 杨晓超：《关于北京市 2011 年市级决算的报告》，http：//www.bjcz.gov.cn/zwxx/czyjsxx/t20120727_389742.htm，2012 年 7 月 26 日。

首都财政支农政策不尽完善，基层政府和农民的财政性负担较重。政府政策的取向对城乡收入差距的走向起着重要的作用，政府财政支出结构的变化是体现政府政策偏好的最直接反映。在市场经济条件下，农业的弱质性和它在国民经济中的重要地位客观上要求国家财政加大对农业的投资力度，支持那些投资大、周期长、风险高，但外在效益显著的项目，如农村基础设施、农业科技研发和推广、生态环境保护等以弥补市场机制在资源配置中的缺陷，增强农业的竞争力。然而长期以来政府对农村的财政支出不仅有限，而且出现相对下降的趋势，不仅低于发达国家水平，更低于发展中国家水平。近几年尽管国家加大了对“三农”的投入力度，进行社会主义新农村建设，但城市偏向的总体格局并未根本改变。在市场经济条件下，政府的职能主要是向公民提供公共产品和服务，为私人产品的生产创造良好的社会环境。对农村地方政府而言，其首要任务自然也是提供更多、更好的地方性公共产品服务，比如新型农村社区、农村社会治安，乡村发展规划，农田水利设施，农村道路、电网、通信、广播等基础设施，农村社会保障，农业科技及信息，农村基础教育及公共卫生服务等，其中有些公共产品可以按照受益原则有偿提供，而那些同时兼具非竞争性和非排他性，或者外在效益显著的公共产品则应该由政府免费向农民供给。

据悉，北京市政府从2009年开始对京郊农村实施五项基础设施建设，主要包括街坊路硬化美化、老化供水管网改造、生活污水无害化处理、农户垃圾分类、户厕改造和公厕建设五个方面，计划投入121亿元。调查表明，截至2010年7月末，全市已投入建设资金约95亿元。五项基础设施工程有效改善了广大农村地区的生态环境。其中，使出行更加便利的街坊路硬化工程最受农户称道，满意度为99%；其次是保障农户用水安全的老旧供水管网的改造，农户满意度为97%。基础设施建设还提高了农民劳务收入，间接拉动了相关产业发展。但是，从首都城乡公共支出的总体结构看，距离城乡公共服务均等化，距离统一、规范、透明的财政转移支付的要求，财政体制方面还需要后续的制度建设。

(二)农村社区建设人往哪里去：产业的支撑与可持续发展

新型农村社区建设，不单纯是建社区，还有一条很关键，就是人往哪里去的问题。不能在社区里住着城市模样的房子，还用最传统的方式耕种着自己的农田，那就不叫新型农村社区了。因此，发展特色产业，推动农民就业是首都新型农村社区建设发展的长效机制。①

首都农村社区建设，民生就业始终是根本。要根据区域特色培育特色产业增长点和园区经济模式。山区主要以发展休闲旅游产业为主导，平原城镇则要依托优势资源发展优势非农产业，而近郊城镇则要大力发展低碳产业与新技术产业，形成区域产业互补联动机制。一是每个社区都要立足自身资源和优势，因地制宜确定产业发展方向，具备条件的可建设规模适当的工业产业园区，发展没有污染、劳动密集型农产品加工业和工业品初级加工业，吸纳社区群众就地就业。二是通过建设用地指标转移到工业集聚区，用于哪个企业发展，必须吸纳当地群众到企业打工。三是社区服务业要全部使用社区群众。四是通过土地流转，农业公司和农业合作社要吸纳部分群众作为农业产业工人，在公司从事农业生产。五是市有关部门制定优惠政策，鼓励社区居民自主创业。确保涉及建设新型农村社区的群众全部无偿安排各项培训，为他们的就业打下基础。②

房山区近 2 年来在新型社区建设与开展农民职业培训方面走到了全市的前列。据统计，2011 年全年开展各级各类培训 15 万人次，为房山区培养一批具有先进科技文化知识、符合时代需要和经济发展需求的新型农民：培养 1500 名大专以上专门人才；3000 名中专层次实用技术人才和高素质劳动者；对各类劳动者进行 9 万人次的职业技能培训；对农民开展 6 万人次的社会文化生活培训。继续实施农民学历提高行动计划，大力提高全区农村从业人员的文化技术水平。继续实施农民职业技能培训行动计划，大力开展对全区各类农村劳动者的职业技能培训 9 万人次，包括农村实用技术培训 6 万人次，农村实用人才培训 1 万人次，农村劳动力转移培训 1 万人次，乡镇企业职工岗位技能培训和科技人员继续教育 1 万人次。继续实施农村社区教育和创建学习型社会行动计划，大力开展对农民的科技普及、健康文明等各类社会文化生活培训 6 万人次。全面推进学习型村镇建设。对农村居民和小城镇居民普遍开展形势政策教育、法制教育、科普教育、人口教育、健康教育、环境保护教育、老龄教育、社会公德教育、职业道德教育和家庭美德教育等社会文化生活教育，使他们树立正确的道德观和荣辱观，不断提高思想素质和文

① 新型农村社区建设中必须解决的几个问题，http：//www.zlxc.com/Article/showArticle.asp？ ArticeID＝218010。

② 新型农村社区建设中必须解决的几个问题，http：//www.zlxc.com/Article/showArticle.asp？ ArticeID＝218010。

明水平，不断改善生活环境，提高生活质量。

(三)农村社区社会保障能否靠得住：城乡一体化的社会保障

建设新型农村社区的出发点和落脚点，是提高广大农民的生活水平、生活质量、生活环境。农民满意不满意、农民高兴不高兴、农民拥护不拥护，是衡量这项工作成败的关键。所以，民生问题，特别是社区化管理后，农民的社会保障问题成为新型农村社区建设的一个核心问题。长期以来，我国城乡统筹社会保障面临的问题主要体现在以下几方面：

一是城乡保障的覆盖面差异较大。目前，城镇居民社会保障项目和覆盖面均大于农村居民。我国在城镇已经初步建立起涵盖养老、医疗、工伤、生育、失业、社会优抚与补助和城市最低生活保障等项目的广覆盖、多层次的完善的社会保障体系，保障水平也在不断提高，可以说目前对城市居民已经建立起了一套“从摇篮到坟墓”的社会保障制度。但在农村，社会保障项目还比较少，比如失业保险、工伤保险、生育保险及住房保障等不少社会保障项目没有或基本没有。

二是城乡保障水平的差距大。城镇居民的社会保障标准高于农村居民。据统计，2010 年城乡居民享用的社会保障费用支出比已达 100∶1，而城乡人均社会保障费用支出数额上的差距也已大于 1500 元。以养老保险为例，黄英军(2010)指出，2008 年城镇居民人均年基本养老保险待遇支付已达 13933 元，而同年农村居民人均年基本养老保险待遇支付仅为 1109 元，城镇水平约为农村水平的 12.56 倍。

三是城乡公共财政的支出结构不公平。长期以来，我国存在着资源配置厚城薄乡的问题。从政府社会保障投入角度来看，我国政府用于社会保障的比例是世界最低的，中央财政用于社会保障的支出占中央财政总支出的比例只有 10%左右，而这 10%投入的绝大部分给了城镇职工。国家财政对农村社会保障的投资仅为城市的 1/30。地方政府由于财政的压力，也缺乏建立农村社会保障制度的动力，对农村社会保障的投入极其有限。

四是城乡社保管理体制不统一。1998 年劳动与社会保障部成立后，对城市社会保障进行了一系列改革，现已基本实现了统一管理，其制度化和社会化程度有很大提高，运行机制开始趋于成熟。相比而言，农村社会保障多头管理的现状并未改变：合作医疗归卫生部门管理，社会养老保险归劳动与社会保障部门管理，社会救助、社会福利归民政部门管理。由于建立时间短、管理不统一等原因，其管理效率较为低下，运作不够规范。因此，城乡二元体制及其导致的条条分割、政策分割与传统管理方式亟须改变，比较僵化的经办机制还在排斥社会机制与市场机制。

新型农村社区建设的最终归宿点就是实现城乡一体化，社保制度的统筹是关系民生幸福的重要内容。因而，今后在首都新型农村社区建设中，首先要政府主导，强化保证责任，就是要明确社会保障是公共品，是市场机制失灵或部分失灵的领域，因而只能由政府主导，这是中外社会保障制度建设与发展进程的重要特征。在中国，保障民生与改善民生是执政党的宗旨和各级政府的根本职责，而社会保障制度作为保障民生与改善民生的根本性制度安排，更应当成为各级政府的重大使命。因此，无论社会保障制度如何变革，地方政府都不能推卸自己的主导责任。在现阶段乃至未来一定时期，政府对社会保障制度建设还需要给予更高程度的重视、更多的财力投入，更快地推进制度建设，同时落实社会保障制度其他责任主体之间的责任分担机制，以充分调动各方积极性，动员各方资源，弥补政府力量不足，最终促使社会保障制度全面、可持续发展。

具体而言，就是要不断协调城乡社会保障制度之间的差异，按照逐步完善、逐步过渡的原则，逐渐改变城乡社会保障制度失衡的状态，从和谐社会的根本宗旨出发，进行城乡社会保障体系的统筹规划与设计，重点解决城乡低保、残疾人等群体的社会保障问题。同时，通过制度衔接，缩小差距，将统筹社会保障制度改革与城乡二元经济结构制度改革有机结合起来，在城乡、工农、区域之间安排过渡的中间制度，不断缩小城乡之间的社会保障水平差距。

（四）农村社区土地产权制度不对等：集体土地与小产权房问题

农村建设用地资源的集约使用是首都农村新型社区建设的着力点与资产配置的核心。仅以目前北京市的 12 个新型农村社区试点为例，这 12 个新型农村社区试点，共涉及 27 个行政村、1.18 万户、2.6 万人，原村庄占地达 1.15 万亩，规划新型社区占地缩减至 4000 余亩，节约出的农村建设用地总量达到 7000 多亩。在社区建设中，如此规模的建设用地大部分将被用于工业开发，集体土地产权制度的缺陷将制约着首都农村新型社区建设未来的发展。

土地作为不动产，最重要的特点是具有抵押功能。虽然法律上没有禁止也没有明确规定集体建设用地的资产抵押功能。但是在实际的经济行为中，使用集体土地的民营企业不能到银行进行抵押贷款，同时村民的宅基地和房屋也不能到银行进行信用抵押。建设用地使用权作为一种商品，具有物权上的抵押特征，如何进一步规范好集体土地在城市化流转中同国有土地资产相同的财产权利，对于土地资源的配置和土地价格的发现有着重要的意义。我国的《宪法》规定，城市土地属于国家所有，而农村的土地属于集体所有。虽然土地的国家所有制和集体所有制都属于公有制范畴，但国有土地产权和集体土地产权的法律地位并不平等，没有做到同地、同权、同价。

笔者所调研的北京昌平郑各庄，在发展中就为集体建设用地流转中集体土地的资产抵押问题所困。北京昌平区北七家镇郑各庄村，有 568 户，1390 口人。2005 年被评为中国十大魅力村庄。郑各庄村集体通过旧村改造和集体建设用地流转，建立宏福工业园。郑各庄把全村 4332 亩土地规划成普通住宅区、高档住宅区、科技工业区、旅游观光区、文化教育区、商业服务区等六大功能板块。同时，在继续办好工业创业园的同时，积极发展房地产、旅游、教育等第三产业并提供配套服务；依托当地丰富的地热资源开发大型旅游项目——温都水城，大力发展旅游业。目前村企业资产 10 多亿，园区年产值 6 亿元。但是正是由于企业使用的是集体建设用地，无法对集体资产进行评估和抵押，企业进一步的发展受到很大限制。在访谈中，北七家镇党委副书记、宏福集团总裁这样说：

集体土地的资产抵押问题已经严重地制约了我们这些企业的发展。C 村“宏福集团”作为一个村办企业，虽然账面上有 10 多亿的资产，但是就是因为我们使用的是集体性质的土地，我们从银行贷不出一分钱。虽然我们有“温都水城”这么好的项目，而且我们还想带动临近地区并形成区域发展的合力，但现在我们缺少的就是资金。所以，如果这个问题解决不了，我们就只有一条路：那就是我们把土地的“出让金”补了，把我们的地征归国有。因为只有这样，才能够运用资产杠杆。

另一方面，在首都新型农村社区建设中，有些区县已经探索在集体建设用地上建设租赁房项目，从合约理论分析，实际上“租”和“卖”没有本质的区别。那么，如果社区农民的民居要向市场出售、要继承，如果社区开发的房地产下一步要出售，又需要哪些制度跟进，这些都关系到新型农村社区长远发展的根本。例如，在延庆新型农村社区建设中曾这样规定，集中建设新民居，实现了土地的集约利用。腾退出的宅基地，将恢复成农田。村集体的建设用地将统筹规划，用来发展农村的休闲农庄、乡村酒店等新兴产业。另外，目前在海淀唐家岭等地试点的集体建设用地建设租赁房的模式，今后在新型农村社区也将展开。村集体可以将房屋租赁给大企业或者工业园区的员工居住，从而获得长久稳定的经济收益。

但长期以来城乡分割的土地管理体制，很大程度上已经成为制约农村建设用地地权市场发育和城乡利益结构均衡化的制度约束。虽然各地都在进行农村建设用地流转，并且形成了多样化的流转模式，但对集体产权歧视所形成的制度约束始终是一个重要的制度障碍。《土地管理法》第四十三条规定："任何单位和个人进行建设，需要使用土地的，必须依法申请使用国有土地。"即无论是公共利益开发建设，还是商业利益的开发建设，只要有土地需求，必须使用国有建设用地。虽然农村集体建设用地和国有建设用地同为建设用地，但制度上限制了集体产权属性的建设用地参与城市化建设的功能。而"任何单位和个人进行建设，需要使用土地的"，也有例外情形，如果是兴办乡镇企业、乡(镇)村公共设施、公益事业和村民住宅此三项建设用地需求的，可使用农民集体建设用地。但乡镇企业破产后闲置的集体建设用地是否可以进入城市建设用地市场呢？从严格的《土地管理法》的法律分析，这是不允许的。集体建设用地也必须通过国家征用，变为国有产权性质的土地后才能进入城市土地市场交易。

五、首都农村新型社区建设的政策建议

(一)科学的规划是首都新型农村社区持续发展的基础

党的十八大报告多次提及城镇化，首都农村新型社区建设正是城镇化的形式与载体。要走中国特色新型工业化、信息化、城镇化、农业现代化的道路，推动信息化和工业化深度融合、工业化和城镇化良性互动、城镇化和农业现代化相互协调，促进工业化、信息化、城镇化、农业现代化的同步发展，科学规划的重要性必须要提到更重要的地位上来。

没有规划的发展就是粗放型的发展。首都农村新型社区建设的规划要按照"长远不落后、眼前要领先"的原则科学规划，要将社区发展规划与镇域规划和区域规划内在地嵌套和统一起来。通过规划，协调好新村社区自身经济与区域经济的关系，整合新村社区区位、交通、资源、环境等优势条件，从宏观层面为新村社区经济发展定位定性。新型农村社区建设应努力把自己的发展方向与镇域和区域经济的发展方向调整一致，借助区域发展的力量实现腾飞。坚决做到"没有规划不开工，没有设计不建房"。社区规划要体现特色，结合现有的产业基础，如围绕文化产业、高产农业、高效农业来做。产业规划要与社区规划同步进行，宜工则工、宜商则商、宜农则农，做大支柱产业，

做强富民产业，实现产业与人口的有机融合，二产与三产良性互动，就近转移农民，尽快富裕农民。

因地制宜，科学规划，避免盲目发展、短期建设。在农村社区建设中，要深入调查研究，科学论证，因地制宜地制定科学规划。规划要体现前瞻性、科学性。经验告诉我们，随着农村经济社会的快速发展，农民生活水平的日益提高，规划工作必须要发挥超前性、前瞻性，才能科学引导社区建设。高起点的规划，能够在一定时期内满足日益发展的农村经济社会需求，因此规划的科学性也至关重要。

以人为本是农村社区建设科学规划的核心。村庄规划实施重点在于规划的科学性、适用性以及可操作性。农民是村庄的建设者、居住者和使用者，也是规划最直接的利益相关方，规划实施的好与坏，农民最有发言权。因此，农民意见的征求是规划实施总结工作中最重要的部分，在进行规划实施的总结时，以多种方式认真听取基层农民意见。要根据实际情况定期进行总结，以便及时反馈规划实施中存在的问题，及时调整和优化规划，提高规划实施实用效能。同时，在新农村社区建设中，在立足优势、突出地方特色、科学规划的同时，要注重不断学习、借鉴、吸纳外地的新农村社区建设及管理的先进经验。

要把新型农村社区建设的规划放到统筹城乡发展、加速城乡一体化进程的大格局中去定位，实行社区规划与城市发展、区域乡镇规划体系、土地利用、空间布局等规划“五规合一”，综合考虑区域条件、人口分布、产业优势、辐射能力、发展前景等诸多因素，注重现代理念与民风民俗等人文元素的有机融合，民居美观性、实用性与周边环境的衔接统一，以生态良好、功能完善、住房敞洁、服务配套、特色彰显的高品位规划吸引农民群众主动融入到社区建设中来。

（二）发展模式与融资模式的多元化是农村社区发展的动力

据初步估算，发展一个万人社区的建设资金大概在 4 亿元左右，人均 4 万元。钱从哪里来？可以从两方面来着手。一是通过倡导农民自主进行社区建设的方式，自筹资金解决。政府主导型的农村社区建设主要依赖政府投入，而农民自主型的社区建设可以最大限度地依托集体资本和民间资本运作。昌平北七家镇郑各庄就是农民自主型城镇化的典型案例，依托城镇化探索集体经济治理模式创新。在产业升级与生产方式转变条件下，通过大力发展合作社、股份合作经济、股份经济等形式，实现集体资产增值。村集体召开村民代表大会，表决采用哪种模式。在建设资金的筹集上，也采取多种形式，有的是村集体自筹一部分，政府补贴一部分，农民自己拿一部分；有的采取大企业带动的形式，由企业和村集体共建，双方共同开发配套产业。

政府主导的新型农村社区建设，资金的瓶颈可以通过以下几种方式解决。

一是利用节约出来的原村庄集体建设用地解决主要建设资金。经测算，通过撤村并点、集中建设，人均节约土地大约 1.4 分，这是集体建设用地，是宝贵的资源。如果把这个指标转移到产业集聚区和城区用于发展工业化和城镇化，原地复耕后还给农民，用于高产高效农业生产，大约可置换 2.1 万元(15 万元/亩)。如果就地兴办二、三产业，将可置换出更多的资金(每人大约 7000 元)。

二是政府拿一点儿。主要用于基础设施和公共服务设施建设(万人社区，两块投资总数在 5000 万元左右)。过去政府对农村的基础设施和公共服务设施建设欠账太多，现在政府有了一定财力，要倾斜用于新型农村社区建设。温家宝总理在 2012 年中央农村工作会议上提出：要更加注重发挥公共财政的作用，长期坚持把国家基础设施建设的重点放到农村。市政府考虑，一方面，要按照涉农资金集中打捆使用的要求，将现有涉农资金(23 项，6 亿元左右)整合使用，向社区建设倾斜；同时，安排一定专项资金“以奖代补”用于新型农村社区基础设施和公共服务设施建设，同时，要求县(区)也要集中财力倾斜支持。

三是通过市场化运作省一点儿。比如，农村社区公共服务设施中的幼儿园、商业超市、网络通信设施、公交站点等，通过市场化运作，由经营公司投资建设。

四是群众自筹一点儿。这主要用于弥补社区居民楼房建设资金不足部分，或者说是改善群众住房环境，增加住房面积不足部分。如果经济条件允许，要住大房子，个人就要按成本价出一部分资金(一般情况下，个人出资在 8000 元左右)。通过试验区启动的新型农村社区情况看，这四个方面，基本解决了社区建设的资金问题。

五是社会、企业捐助一点儿。广大农村、农民为我国工业化的发展、城镇化的发展、经济的发展做出了巨大贡献，或者说是做出了牺牲。我们一直在提“工业反哺农业”，这不仅仅是指在政策方面，也应该成为一种自觉行为。因此，市里号召社会各界，尤其是一些有实力的企业进行帮扶，支持新型农村社区建设。

此外，加大政府公共财政投入力度，将农村社区建设经费纳入财政预算。涉农部门要统筹涉农资金支持农村社区建设。有关部门在政策允许的情况下，该扶持的重点扶持，该减免的坚决减免，该优惠的尽量优惠。探索部门和企事业单位定点帮扶农村社区建设工作制度，鼓励动员社会团体、企事业单位和个人以捐赠、投资方式兴办农村社区项目。逐步建立起以各级财政资金、各级涉农资金、村集体积累资金、村民自愿投资投劳为主体，社会各界参与、捐助为补充的农村社区建设多元化投入机制。

(三)集体土地产权制度创新是首都农村新型社区发展的保障

党的十八大提出，促进城乡要素平等交换和公共资源均衡配置，形成以工促农、以城带乡、工农互惠、城乡一体的新型工农、城乡关系，让广大农民平等参与现代化进程、共同分享现代化成果。首都新型农村社区建设进程中，完善农村集体建设用地地权制度是社区持续发展的基础性要素。

实践证明，通过首都农村社区建设，推动北京地区集体建设用地流转，可以有效缓解当前建设用地短缺的资源瓶颈，推进北京地区的城市化和工业化进程。要素流动的核心问题是形成城乡统一的要素流动机制。具体来讲，就是通过体制改革实现国有建设用地和集体建设用地两种产权、一个市场。最终实现同地、同价、同权。城乡土地实行同地(指按土地规划确定的同一土地用途，如同属农地或建设用地，或同属宅基地)、同权[指具有同等的占有、使用、收益和处置(包括转让、出租、抵押)的权利]、同价(指相同用途、相同位置的土地应具有相同的价格，而不能由于所有制不同实行价格歧视)，就是要让农民分享工业化和城市化的成果，及由于工业化和城市化所带来的农村土地的增值。城市居民的宅基地，虽然是国有，但是其使用权可以出租、抵押、继承和转让，而农村居民的宅基地(使用权)却既不能出租、抵押，又不能继承、转让，城市居民的住宅可以卖给出价高的任何人，而农村居民的住宅不能卖给出价更高的城市居民，这既违反了同地、同权、同价的原则，又限制了居民迁徙定居的自由。

目前，国内有些地区已经对农村建设用地附属物的管理体制进行了创新，如河南新乡的“两证”模式，即为入住新型农村社区的群众办理集体土地房产证，责任田办理土地承包经营权证。其中，房产证允许在本市范围内交易、转让、互换、抵押、继承。

农村建设用地流转价格信号扭曲的根源是两种产权属性差异化的地权制度。当前所延续的城乡分割的土地管理体制，使农村建设用地资产价值被严重低估，在很大程度上已经成为制约农村地权市场发育的路径依赖。从城乡一体化的地权交易制度层面进行制度创新，不仅能消除城市化进程中地权交易价格的“双轨制”，而且能实现土地和资本的最优组合和城乡财富分配结构的合理化。

一是要通过首都农村社区建设推动农村建设用地“经营性”地权制度。农村建设用地具有建设用地的一般属性。从土地用途上讲，其和城市国有土地用途是无差异的。二者的差异主要体现在所有权和身份上的差异。农村建设用地“经营性”地权实现跨城乡流转是指土地使用权突破城乡之间的身份限制，使其成为城市土地供给一级市场的重要组成部分。农民集体建设用地使用权向城市流转，一方面提高了资源的使用效率，实现了土地和资本的有机结合；另一方面从分配制度上实现了土地所有者在城市化进程中的财富效应，从根本上缓解经济转型中城乡财富分配结构的不平衡。用途管制是现代土地管制的核心，不论私产还是公产，农业用地转为非农业用地都会受到严格的管制，而对身份和所有权差异所实施的管制不仅缺乏法理依据，更不符合市场经济条件下多元产权平等的基本原则。

农村建设用地地权的流转能从根本上解决目前城市土地市场国家垄断的局面。根据法律规定，国家由于公共利益的需要，可以征用农民集体土地。国家所征用的集体土地，不仅包括农业用地，而且还包括建设用地(如拆迁)。在农村建设用地流转制度缺乏的前提下，不论公共利益用地还是商业用地，必须要向唯一的土地供给者——地方政府——申请。因此，农村建设用地市场缺失的条件下，国家土地征用不必满足公共利益这个前提。这个基本的结论在实践中可以获得充分的验证：地方政府动辄以公共利益为招牌，把不同性质(工业、商业用地)的土地需求都通过低价的国家土地征用途径解决。而从经营性地权制度上实现农村建设用地跨城乡流转，能从根本上破除国家对土地市场的垄断。一方面实现了公益性用地国家征用和非公益性用地土地市场交易获得两种不同性质的城市化土地供给模式。由于公共利益用地仅占土地需求的1/3左右，因此市场化交易的农村建设用地将成为城市土地供给的主体。而另一方面，通过农村建设用地“经营性”地权的市场化流转，确立了土地的价格发现机制，有利于规范征地行为和资源的优化组合，将有力地促进产业结构的发展升级。

今后在农村新型社区建设中，必然要涉及小产权房建设。对于小产权房建设，要基于集体土地管理体制的创新分类处理。第一，对于违法占用耕地建造的小产权房首先要确定其非法占用耕地的性质，严肃处理以维护法律尊严，保护有限耕地。正在建设的小产权房应立即停止建设，在售的要停止销售，已经售出的要退还房款。第二，对于建在宅基地、村镇及社区建设用地上的小产权房，要用科学长远的眼光看待，尽量利用经济手段解决问题。很多小产权项目已建成十余年，规模庞大，如果实施强制拆除必然会激发社会矛盾。对于此类没有严重影响国家和城市的统一规划的普通住宅类小产权房，在补办相关手续、补交相关费用之后应当给予相应的正式产权，或者政府通过收购等方式将这些小产权房转变为经济适用房或回迁房。对于在远郊区没有开发价值的荒山、沙化地带建造的别墅可以依照现行政策加收奢侈品消费税，补办手续后转为合法住房，允许其在一定范围内流转。

二是要通过首都农村社区建设推动农村建设用地"资产性"地权制度。农村建设用地"资产性"地权和土地金融二者是紧密联系在一起的。土地作为一种要素，其功能不仅体现在商品的使用权(经营权)上，资产属性还是其功能的重要组成部分。随着市场的深化，集体土地资产的货币化进程将是一个客观的金融深化过程。虽然土地经营制度改革始于农村，但土地使用权的资本化率先在城市国有产权性质的土地交易中获得实现。农村建设用地"资本性"地权的含义是指，以加速城乡建设用地地权流动性为基础，通过地权的抵押、证券化和股份化等金融产品创新，实现经营性地权的资本化，从而最大限度地增加交易双方的财富总量和风险规避程度的土地金融创新。这种诸如抵押、入股、转让等多样化的地权资本化的交易形式，在农业用地领域获得制度保障，而农村建设用地流转中的资产功能的制度保障的意义要远远大于农业用地承包权的资产化。农村建设用地资产性地权，有助于培育多层次地权市场，使农村建设用地使用权要素获得充分的流动性。

农村建设用地资产性地权制度的建立，一方面作为土地所有者的农村集体组织通过土地的资本运作，依托于资本和土地的空间组合实现跨期选择和风险规避，能最大限度地实现土地的财富效应。另一方面，持有经营性地权的企业可以通过资产抵押或其他形式的资产货币化能有效增加资产总量，从而实现资产的杠杆效应。从某种程度上讲，消除建设用地流转中价格扭曲和城乡建设用地价格双轨制的关键在于农村建设用地资产性地权的建立。作为重要不动产的农村建设用地，"资产性"地权功能的实现需要基本物权制度的保障，从法律上要建立同国有土地对等的农村建设用地"用益"物权和"担保"物权制度。通过物权制度，推进农村建设用地地权的流动性和生产要素的组合效率。通过地权的流动性，实现有效的资产定价机制和要素的配置效率。农村建设用地“资本性”地权能有效实现土地的财富效应和理顺城乡利益的分配结构。

消除城乡土地价格双轨制，实现要素组合效率均等化。农村建设用地“经营性”地权和“资产性”地权的制度构建是当前土地制度改革的核心。国有土地、集体土地城乡一体化的地权制度，将从根本上解决城乡建设用地长期以来的功能性差异，打破城市土地单一的国家所有制的形式，形成城市土地产权国有和集体所有并存的二元所有制结构。

城市土地国有和集体所有二元的所有制形式是市场体制深化的结果，能从根本上破除国有垄断的土地价格双轨制，实现同一化的市场价格机制。城乡两种产权属性的建设用地在市场深化的过程中，实现土地功能的趋同是制度演变的基本路径。这种城乡一体化的制度模式，不仅能有效实现城市化进程中土地资源的最优配置，而且能最大限度地实现农村集体土地的财富效应。通过建立无差异的城乡建设用地地权制度，农村建设用地地权交易中要素组合实现最优化，城乡建设用地要素组合效率将会趋同。

参考文献

[1] 王霄：《农村社区建设与管理》，北京：中国社会出版社，2008年。

[2] 王云斌：《中国农村社区建设的起源与发展》，民政部全国农村社区建设实验工作讲习班资料，2008年。

[3] 唐忠新：《农村社区建设的含义和重要意义》，戚学森主编，《农村社区建设理论与实务》，北京：中国社会出版社，2008年。

[4] 曹明贵、盛正国、念延辉、王军编著：《新农村的制度建设》，北京：经济科学出版社，2007年。

[5] 李立清、李明贤：《社会主义新农村建设评价指标体系研究》，《经济学家》，2007年第1期。

[6] 朱孔来、姜明：《对社会主义新农村有关理论及测度指标体系的思考》，《山东社会科学》，2007年第6期。

[7] 郭翔宇、余志刚、李丹：《社会主义新农村的评价标准、指标体系与方法》，《农业经济问题》，2008年第3期。

[8] 黄剑文：《社会主义新农村建设指标体系研究》，《安徽工业大学学报》(社会科学版)，2008年第4期。

[9] 周亚莉：《社会主义新农村评价指标体系探讨》，《统计与决策》，2006 年第 13 期。
[10] 周亚莉：《社会主义新农村综合评价模型探讨》，《云南社会科学》，2006 年第 4 期。

课题负责人：程世勇（首都师范大学管理学院　副教授）

后　记

自2008年6月首都新农村社会与文化建设研究中心成立以来，在北京市委社会工作委员会和北京市社会建设工作办公室的支持和指导下，围绕首都经济社会发展的重大理论和现实问题，发挥首都师范大学学科优势和特色，精心组织，认真策划，每年确定一个研究主题，组织开展课题研究工作。

研究中心已经连续开展了“首都新农村社会建设应用对策研究”“首都新农村生态文明建设与对策研究”“世界城市与城乡一体化建设研究”“首都社会管理与区域协调发展创新研究”等课题的研究，研究成果分别在“首都新农村建设论丛”中结集出版。2012年以来，研究中心围绕加强和创新农村社区建设与管理这一重大主题，开展了“北京农村社区建设与管理创新研究”的课题研究，本书就是这一课题的研究成果。

“北京农村社区建设与管理创新研究”课题涉及政治学、社会学、管理学、经济学、法学等多个学科和专业，研究中心组织了政法学院、文学院、管理学院的部分师生参加研究。为保证研究工作正常进行，课题组成员多次深入京郊区县进行问卷调查、入户访谈、数据采集、跟踪分析，掌握了大量的第一手研究资料，在此基础上提出了可供操作的对策建议，确保了研究成果的质量和水平。

本项目的子课题主持人包晓光、聂月岩、李敬德、张静波、孙咏梅、刘亚娜、程世勇老师为完成这项研究任务付出了辛勤的努力。北京市农村工作委员会李成贵研究员、北京市农村经济研究中心焦守田高级经济师、中国人民大学公共管理学院朱立言教授、北京工业大学张荆教授等专家对课题研究提出了宝贵的意见和建议，首都师范大学社科处刘丁鑫博士为本书的出版做了重要的编辑工作，在此一并表示衷心的感谢！

梁景和
2013年4月